谨以此书纪念
在伟大的湘南起义中英勇牺牲的英烈们！

朱德同志率领南昌起义军余部和湘南起义农军共万余人开赴井冈山，与毛泽东同志率领的秋收起义部队胜利会师，组成了中国的第一支主力红军——红军第四军，他任军长，毛泽东同志任党代表。这次胜利会师，大大增强了井冈山革命根据地的力量，在中国革命历史上具有重大意义。

——胡耀邦《在朱德同志百周年诞辰纪念会上的讲话》

（原载中央文献出版社《回忆朱德》

1992 年 5 月第一版第 16 页）

历史已经证明，有了湘南起义，才有井冈山会师，才有巩固的井冈山根据地，甚至可以说，才有光辉的井冈山时代。

——萧　克《〈湘南起义史稿〉 序》

（湖南人民出版社 1986 年 11 月第一版）

湖南社会科学普及
Hunan popularization of Social Science

湖南省社会科学
普及读物出版
资助项目

本书由湘南起义纪念馆策划推荐

浴火湘南

1928年湘南起义纪实

曾广高 / 编著

湖南大学出版社
·长沙·

图书在版编目（CIP）数据

浴火湘南：1928 年湘南起义纪实／曾广高编著．

长沙：湖南大学出版社，2025.5. -- ISBN 978-7-5667-
4134-9

Ⅰ. K263.09

中国国家版本馆 CIP 数据核字第 2025W63B81 号

浴火湘南——1928 年湘南起义纪实

YUHUO XIANGNAN——1928 NIAN XIANGNAN QIYI JISHI

编　　著：曾广高

策划编辑：祝世英

责任编辑：肖晓英

印　　装：长沙创峰印务有限公司

开　　本：710 mm×1000 mm　1/16　　印　　张：24.5　字　　数：427 千字

版　　次：2025 年 5 月第 1 版　　　　印　　次：2025 年 5 月第 1 次印刷

书　　号：ISBN 978-7-5667-4134-9

定　　价：88.00 元

出 版 人：李文邦

出版发行：湖南大学出版社

社　　址：湖南·长沙·岳麓山　　　　邮　　编：410082

电　　话：0731-88822559（营销部），88821691（编辑室），88821006（出版部）

传　　真：0731-88822264（总编室）

网　　址：http://press.hnu.edu.cn

电子邮箱：464827408@qq.com

目 次 CONTENTS

第四章　星　火

第五章　烽　火

第六章　烈　火

第七章　怨　火

第八章　野　火

第九章　流　火

第十章　圣　火

第一章 | 地火

热血点燃的圣火在地下运行

> 慈禧老佛爷竟然因李鸿章进圆明园游玩了一次将其革职查办，可见"大清"腐朽荒唐到何等地步！

　　清朝末年，安徽合肥出了个李鸿章，他得中兴名臣曾国藩的真传，成为清廷重臣。1896 年，他以文华殿大学士衔奉旨"赴俄面贺俄皇尼古拉二世加冕典礼"，然后出使德国、荷兰、比利时、法国、英国、美国、加拿大等国，历时近 200 天，行程约 9 万里，在历览西方国家之先进发达的同时，尽享上国大臣的尊荣。然而，意气风发之余，他也感叹"五洲列国，变法者兴，因循者殆"。面对大清的没落与衰朽，他归国后向太后与皇帝历陈欧美的强盛，诚心建议"须设法自强"。此番出使，他满以为实现了以夷制夷的妙策，定当得到朝廷重用，然而朝廷却只给了他个"总理衙门上行走"的虚衔。他郁郁寡欢，无所事事，走

李鸿章

进被英法联军烧毁的圆明园，面对废墟，感叹了一番，不想回到家里，竟然等来一道无情的诏书：李鸿章擅入圆明园游览，殊于体制不合，着交部议处，部议革职，但念李鸿章万里远归，未暇详询，出于好奇，贸然入园，法无可恕，情有可原。得旨罚俸一年，不得抵销。原来李鸿章出国期间，慈禧太后下旨重修圆明园，老佛爷和皇上常亲临工地视察，禁止一切人进入园内。这令李鸿章心情郁闷，也让后人觉得不可理喻。

李鸿章原本是个开明有为的大臣，他创建了中国第一支用洋枪洋炮装备起来的步兵队和洋炮队，组建了中国第一支远洋海军，兴办了中国第一家大型综

慈禧太后

合工业企业——江南机器制造总局，创建了中国第一家外文翻译馆，派出了中国第一批官派留学生，主持修建了中国第一条铁路，创建了中国第一个电报局，还创建了中国第一个海军基地……此次出使西方，周游世界，受到欧美各国政要的隆重接待和礼遇。孙中山称赞他说："中堂佐治以来，无利不兴，无弊不革，艰巨险阻，犹所不辞。"然而，当李中堂从海外载誉归来时，慈禧老佛爷醋意大发，竟给他来了个"擅进圆明园，革职改罚俸"的惩处。你在国外再风光，回到中国，你还是我大清皇家的一条犬！

李鸿章再一个万万没想到的是，赴俄后，他的以夷制夷之妙计并未实现，相反，却被俄国人以调包计骗签了丧权辱国的《中俄密约》，引发了列强对中国的瓜分潮，自己也成了千夫所指的大"卖国贼"。之后，他支持大清变法，却因身败名裂，名声不佳，为诸君子所拒。他期盼朝廷重用，一展抱负，却被朝廷视为老迈昏庸，只在与列强签约谈判时，令其与列强进行口舌之战。大清国贫弱衰朽，无实力抗争，李鸿章唯有"丧权辱国"之份，其奈他何！

这是为什么？大多数中国人不明白。

腐朽的大清帝制是中国落后的根源，不改革就没有出路。可是如何改革？改良式的"变法"，让"六君子"血洒北京菜市口。

1888 年，出生于广东省广州府南海县丹灶镇苏村的康有为上书光绪帝，痛陈国家危亡，批判因循守旧，要求变法维新。他提出了"变成法，通下情，慎左右"三条纲领性主张。1884 年，康有为开始写作《大同书》，鼓吹创建人人平等的人间乐园，对当时中国社会影响至深。1895 年至 1898 年，康有为积极地进行了变法实践。1895 年 4 月，正在北京参加会试的各省举人，听

康有为

说清政府要与日本订立丧权辱国的《马关条约》，极为愤慨。康有为连夜起草了一份一万多字的《上今上皇帝书》。各省举人一千多人集会，通过了这份万言书。5 月 2 日，这份万言书送交都察院，这就是有名的"公车上书"。书中，康有为建议皇帝"下诏鼓天下之气""迁都定天下之本""练兵强天下之势""变法成天下之治"。政治方面，他指出："东西国之强，皆以立宪法，开国会之故。国会者，君与国民共议一国之政法也。"经济方面，康有为提出了发展工业、振兴商业、保护民族资产阶级利益的主张。文化教育方面，康有为提出了"开民智""兴学校""废八股"的主张。在他的旗下，聚集了一大群变法图强的志士，甚至光绪帝也被他们鼓动。在他们面前，大有革新帝制、施行宪政、强盛国家的曙光……

然而，他们错了！

1898 年 9 月 21 日，以慈禧太后为首的封建顽固派发动政变，幽禁光绪帝，大肆捕杀维新党人，维新志士谭嗣同、康广仁、林旭、杨深秀、杨锐、刘光第六君子喋血北京菜市口，康有为匆忙逃往日本，变法大梦成空。

谭嗣同临刑前悲愤地说：我自横刀向天笑，去留肝胆两昆仑！有心杀贼，无力回天；死得其所，快哉快哉！

当 21 世纪初年，南非曼德拉和平接管政权时，中国有人提出中国暴力革命的合法性问题，似乎中国也应走和平改良的道路。可是他们忘了，跟六君子一样，中国共产党的早期领导人李大钊、瞿秋白、蔡和森、向警予、邓中夏……全都死在了统治者的屠刀下。他们能容你改良么？1945 年 10 月，毛泽东去重庆谈判，当时蒋介石在日记中记有三种处置毛泽东的方案，其中第一种就是暗杀！

当统治者手中有权、有力量时，他们是不会自行退出历史舞台的。

"有心杀贼，无力回天。"这是为什么？中国大多数人仍然不明白！

> 沸腾的血是有热度的，它点燃了人们心中的怒火。彻底推翻清王朝成为 20 世纪初年中国热血青年的奋斗目标，湖南更是反清的先锋。

血洒北京菜市口的六君子中，最有名的是谭嗣同。谭嗣同，湖南浏阳人，是中国近代著名的政治家、思想家、维新志士。他主张中国要强盛，只有发展民族工商业，学习西方资产阶级的政治制度。公开提出废科举、兴学校、开矿藏、修铁路、办工厂、改官制等变法维新的主张。写文章抨击清政府的卖国投降政策。1898 年英勇就义时，年仅 33 岁。

谭嗣同等六君子的血，洒在京都，溅向中国广袤的土地上，化作点点星火，点燃起奋发图强的人们心中的圣火，在暗夜中运行……继谭嗣同之后，仅湖湘大地，就有黄兴、宋教仁、陈天华、蔡锷、禹之谟、刘揆一、刘道一、谭人凤、姚洪业、杨毓麟、蒋翊武、焦达峰、陈作新等一大批志士仁人，加入到反清斗争中，湖南人为武装反清斗争做出了巨大贡献。

1911 年 9 月，武汉文学社社长、湖南澧州（今澧县）人蒋翊武与武汉新军中的共进会会长孙武，联合起事，蒋翊武任起义军事总指挥，湖北人孙武任参谋长，成功地发动了具有划时代意义的武昌起义。汉阳、汉口的革命党人纷纷响应，分别于 10 月 11 日夜、10 月 12 日光复汉阳和汉口。起义军掌控武汉三镇后，湖北军政府成立，黎元洪被推举为都督，改国号为中华民国，并号召各省民众起义响应。中国同盟会领导人、湖南著名反清志士黄兴、宋教仁赶赴武汉三镇主持大局，湖南第一个响应武昌起义，宣布湖南独立，脱离清政府。

此后，各省纷纷宣布独立，脱离清王朝。12 月 29 日，南方十七省选出孙中山担任中华民国第一任临时大总统。1912 年 1 月 1 日中华民国在南京正式成立，孙中山就任临时大总统。1912 年 2 月 12 日，清太后宣布退位，大清帝国结束了它 268 年的封建统治。

正当国民四海欢腾，庆祝推翻帝制、走向共和的时候，孙中山革命胜利的果实被大军阀袁世凯窃取。1912 年 2 月 15 日，南京国民政府在袁世凯的逼迫下选举袁世凯为临时总统，孙中山退位。孙中山领导的国民党，以为用内阁制可以制约袁世凯，没想到袁世凯心狠手辣，于 1913 年 3 月 20 日派人暗杀了坚持责任内阁制的宋教仁。10 月 6 日，国会选举袁世凯为第一任大总统，袁世凯随即于北京故宫太和殿就职。11 月 4 日，袁世凯下令解散中国国民党，并收缴国民党议员证书。1914 年 1 月，袁世凯悍然下令解散国会，于 5 月正式改内阁制为总统制，实现了他的集权梦想。

1915 年 1 月 18 日，日本驻华公使日置益按日本首相大隈重信的训令，在绘印有无畏舰与机关炮图案的日本陆军省用笺上，写就灭亡中国的"二十一条"，并直呈中国总统袁世凯，用此作为日本赞同袁世凯称帝复辟的前提条件，要求袁世凯认可。这"二十一条"共分五项，首项即提到山东问题，要求中国政府正式承认日本继承德国在山东的一切权益并加以充分扩大。日本的企图是将其对山东权益的侵略，用条约固定下来。5 月 9 日，在袁世凯指令下，除第五项"容日后协商"外，中国代表接受了日本的无理要求。1915 年 5 月 25 日，袁世凯与日本签订出卖中国主权的《中日民四条约》即"二十一条"卖国条约，成为中国历史上最大的卖国贼。1915 年 12 月，袁世凯竟然不顾国人的反对，在日本人的支持下，废共和制为君主制，然后在国人的唾骂声中做了八十余天皇帝，于 1916 年 6 月 6 日一命呜呼。

袁世凯死了，君主制垮了，中国却并未回到共和的路上来，各地军阀在日、美、英、法、俄等帝国主义的支持下，各自拥兵自重，张作霖、段祺瑞、冯国璋、曹锟、吴佩孚等，在中华大地上展开了军阀大混战，而这实际上是日、美、英、法、俄等帝国主义势力瓜分中国的争战。

战火连绵，疮痍满目，中国的出路何在？

> 国将不国，民族危亡之际，一大批热血志士探求救国之路，两条不同的革命之路，摆在了人们的面前……

20世纪初年，中国危亡之秋，各种救国之路纷纷涌现：实用主义、无政府主义、基尔特社会主义、复古主义、国家主义、教育救国、实业救国、科学救国、社会民主主义、新村主义、泛劳动主义、空想社会主义、三民主义、马克思主义……

著名的革命家、文学家鲁迅，原本崇尚医学救国，他认为中国之所以贫弱，是因为中国人身体不行（被称为"东亚病夫"），因此选择了学医。然而，当鲁迅在日本仙台学医的课间电影中看到众多"体格强壮，神情麻木"的中国人，淡然地围观被当作俄国侦探处死的同胞时，深感悲愤，于是他毅然弃医从文，决意唤醒国人的精神。

毛泽东当年组建新民学会时，也并非崇尚马克思主义，而是一名无政府主义者。新民学会的诸同仁都经历了对各种主义的探索激辩、反复争论。最终，毛泽东、蔡和森等人经过探讨，确立了"改造中国与世界"这一新民学会的宗旨，并且选定了马克思主义为学会的思想武器，明确提出了组建一个"中国共产党"的建议。毛泽东为何选择马克思主义道路？1921年1月1日，毛泽东《在新民学会长沙会员大会上的发言》中说得十分清楚：

现在国中对于社会问题的解决，显然有两派主张：一派主张改造，一派则主张改良。前者如陈独秀诸人，后者如梁启超、张东荪诸人。

改良是补缀办法，应主张大规模改造。至用"改造东亚"，不如用"改造中国与世界"。提出"世界"，所以明吾侪的主张是国际的；提出"中国"，所以明吾侪的下手处；"东亚"无所取义。中国问题本来是世界的问题，然从事中国改造不着眼及于世界改造，则所改造必为狭义，必妨碍世界。至于方法，启民主用俄式，我极赞成。因俄式系诸路皆走不通了新发明的一条路，只此方法较之别的改造方法所含可能的性质为多。①

实践证明，所有的改良主义办法都行不通，最终成气候的是三民主义、马

---

① 见《毛泽东文集》第1卷，人民出版社1993年版。

克思主义。三民主义、马克思主义指导下的革命是两条不同的革命之路，但不约而同，都是推翻旧政权的暴力革命。

中文的"革命"一词，出自《周易·革卦·象传》："天地革而四时成，汤武革命，顺乎天而应乎人。"意思是：天地有阴阳寒暑的变动，从而形成四季，四季在不停地变化更迭，万物也都生生不已，商汤（商朝的开国国君）和周武（周朝的开国国君）革除前一个朝代的"天命"（推翻旧王朝的统治），是对上顺应天意，对下顺应民心的。所以，中文的"革命"一词，从一开始就有改朝换代的意味。然而，改朝换代大有讲究，怎样换，换成什么样的朝代，对谁有利，这才是关键。

孙中山提出了革命的三民主义：（1）民族主义：驱除鞑虏，恢复中华。（2）民权主义：创立民国。（3）民生主义：平均地权。孙中山穷毕生精力，想改变落后的中国，他实现了前两条，却无力实现第三条。因为他领导的中国国民党，原本就是地主、资本家利益集团。平均地权，那就是革自己的命。革命的不彻底性，导致了胜利果实被袁世凯窃取，进而导致了军阀大混战。

孙中山之后，中国出了陈独秀、李大钊，他们提出了另一种革命，即接受德国人马克思设想的革命，"承认无产阶级专政，直到阶级斗争结束，即直到消灭社会的阶级区分"（1921 年 7 月《中国共产党第一个纲领》）。中国共产党在陈独秀、李大钊的领导下，短短的几年时间里，就由全国最初的五十多名共产党员，发展成为中国的第二大党，1927 年就已超过五万人。共产党人在全国各地的发展势头，是孙中山所没料到的。

后来，孙中山意识到他的三民主义的缺陷无法使革命成功。1924 年 1 月在国民党"一大"上，孙中山接受了中国共产党反帝反封建的主张，重新解释了三民主义，确定了"联俄、联共、扶助农工"的三大政策。也就是说，部分地赞成了共产党的主张。然而，孙中山个人的认识，并未形成国民党全党的认识，国民党内的大多数人，并不赞成共产党的革命宗旨，因为自己要革自己的命，原本就是不可能的事。从利益趋动的社会规律来说，国共双方是注定要成为战场对手的。这就导致了 1927 年 4 月 12 日国民党反动派对共产党人的大屠杀，到 1928 年，中国共产党党员由五万多人锐减到不足一万人。中国共产党人的革命烈火，几乎被国民党反动派扑灭，不得不转入地下……

问题的复杂性不仅如此，在中国共产党内部，同样存在着对革命道路认识上的不统一。陈独秀在共产国际的误导下，一直坚持资产阶级民主革命时期依靠的对象是国民党，对国民党要团结、要忍让、要依赖的观点，这是国民党能够在如此短暂的时间里将共产党人打入地下的主要原因。1927年8月7日，中共中央在武汉汉口召开紧急会议，结束了陈独秀"右倾投降主义的领导"，一个湖南人在大会上愤怒地批判："广大的党内党外的群众要革命，党的指导却不革命，实在有点反革命的嫌疑。"他总结共产党人失败的原因说："……从前我们骂中山专做军事运动，我们则恰恰相反，不做军事运动专做民众运动。蒋唐都是拿枪杆子起的，我们独不管。……须知政权是由枪杆子中取得的。"

这个在党的八七会议上大声疾呼，并断言"枪杆子里面出政权"的湖南人，就是毛泽东！他就是中国共产党第一次全国代表大会的湖南代表，湖南共产党的创始人，韶山山沟里出来的毛润之！

寻梦的湖南人

> 20世纪初，一些热血青年愤世嫉俗、企求国富民强而不得路，他们苦苦寻找一条让"中国龙"觉醒的便捷之路。

湖南，在中国近代历史上写下了浓墨重彩的一笔。"挥毫当得江山助，不到潇湘岂有诗？"湖南文源深，自古有"古道圣土""屈贾之乡""潇湘洙泗"的美誉，是中华农耕文化和道德文化的发源地，是中国古典文学、理学的发祥地。在长期历史进程中形成的湖湘文化，成就了"惟楚有材，于斯为盛"的磅礴气象。而毛泽东则是湖湘文化孕育出来的集大成者！

毛泽东，湖南韶山冲里的石三伢子，1893年出生在韶峰脚下，后来成为20世纪世界上最伟大的政治家之一。似乎他从诞生的那一刻起就注定了要成为轰动世界的人——"泽东"，润泽东方，惠施天下，鸿鹄之志，何其高远！

石三伢子不一般，一生下来就有着与众不同的刚毅果敢、聪慧灵气。为了读书，竟然跃入水塘，与父抗争。"春来我不先开口，哪个虫儿敢作声！"少年毛泽东的一首《咏蛙》诗，更彰显了他的傲气、霸气、王气。青年毛泽东，以"二十八画生"之名张贴告白求友，轰动长沙学界，其特立独行，分外引人注目。

独立寒秋，湘江北去，橘子洲头。看万山红遍，层林尽染；漫江碧透，百舸争流。鹰击长空，鱼翔浅底，万类霜天竞自由。怅寥廓，问苍茫大地，谁主沉浮？

携来百侣曾游，忆往昔峥嵘岁月稠。恰同学少年，风华正茂；书生意气，挥斥方遒。指点江山，激扬文字，粪土当年万户侯。曾记否，到中流击水，浪遏飞舟？

聚有志青年，纵论天下大事，担当历史使命，"改造中国与世界"，挥洒万丈豪情。一首《沁园春·长沙》，见证了青年毛泽东的文采风流、青年毛泽东的鸿鹄之志、青年毛泽东的志趣与神采。聚集在毛泽东身边的蔡和森、邓中夏、张昆弟、郭亮、萧子升、何叔衡、罗章龙、李维汉、谢觉哉、向警予、杨开慧、蔡畅、夏曦、萧三、夏明翰等一大批师友，成为中国革命的历史风云人物。

毛泽东曾精辟地评价李鸿章说："水浅而舟大也。"大清的社会制度是水，李鸿章之类英才是舟。水浅舟大，寸步难行。改造之法，在于"引水蓄深，兴风推舟也"！打破旧制度，建立新制度，人尽其才，物尽其用，公平公正，国家才能兴盛，社会才能进步。何处引水，引什么样的水？20世纪初年中国人遍寻寰宇，引进了空想社会主义、乌托邦主义、无政府主义、共产主义等一大堆"主义"，最终成为主流的却是孙中山自创的三民主义和西方马克思的共产主义。毛泽东成了共产主义的忠实信仰者，成了中国共产党的创立者之一。

1921年7月，参加完中国共产党第一次全国代表大会，毛泽东与何叔衡回到湖南发展地方党组织，他们四处奔走，从支部到区委再到省委。在他们的努力下，湖南成为当时中共全国党组织发展最快的一个省。

> 在中国共产党建党之初的五十多名共产党员中，湖南籍的党员就有二十名，约占五分之二。

20世纪初年，怀抱救国图强之志的湖南寻梦人不少。据史料记载，湖南人参与了海内外八个早期共产党组织中六个早期组织的创建，中国共产党建党之初的五十多名党员中有二十名为湖南人。

当时，湘潭的毛泽东、宁乡的何叔衡等人在湖南本土入党，宜章的邓中夏、津市的朱务善、浏阳的李梅羹、炎陵的何孟雄等人在北京入党，永州的李达、江华的李启汉、湘乡的李中等人在上海入党，长沙的陈公培在法国巴黎入党，沅陵的周佛海在日本入党，等等。湖南何以会有这么多人同时在全国各地加入最初的共产党？这是一个深层次的有趣的文化现象。

这些人中，在北京的邓中夏，在上海的李达、李启汉，都是湘南人，他们是湘南共产主义思想的启蒙者和传播者。他们虽身在异乡，但对于寻求救国之路的家乡青年学子的影响，无疑是巨大的。据《中国共产党宜章历史》记载，早在1919年8月，邓中夏就利用暑期回乡的机会，在县城进行反帝爱国及马列主义演讲宣传，令宜章山城的青年学生耳目一新，为之振奋。相邀邓中夏演讲并组织学生听演讲的教师李文香，后来便成了中共宜章县第一任县委书记。当时县立女校的女教师曾璞（后改名彭镜秋）后来回忆说："邓中夏的报告和后来的书信来往，给我政治上很大的启蒙，使我逐渐了解了马克思主义。邓中夏确是我的革命启蒙老师。"曾璞后来参加广州起义成了一位职业革命者。她口述的经历成为那个时代极具代表性的宜章青年追梦的人生历程。

追梦的湘南族

> 有人寻梦，有人追梦。那共同的梦就是救国图强，让中国人的脊梁挺直起来！追梦人如同今日的追星族，遍及湘南。不同的是，那时追梦人心中的梦，是信仰与理想！

　　让中国人的脊梁挺直起来，是 20 世纪初中华大地上的青年学子的共同梦想。然而实现梦想的路，却各有不同。一部分人是走"大鱼吃小鱼"，军阀混战之路；另一部分人是走唤起民众、富民强兵之路。两条道路都以夺取政权为前提。选择前一条路的人为国民党，选择后一条路的人为共产党。国共两党也曾有过第一次国共合作时北伐中原、打倒军阀的辉煌。

　　在这两条路的选择上，湘南的追梦人大多站在了共产党的旗帜下。虽然湘南有邓中夏、李达、李启汉三位党的创始人，但湘南共产党的火种，却是由毛泽东亲手点播的。此时的李达、李启汉都远在上海协助陈独秀建党，邓中夏则远在北京协助李大钊建党。

　　湘南重镇衡阳，位于湖南省中南部，湘江中游，是"南北交通大动脉"京广线上的一个枢纽城市。衡阳历史悠久，山水优美，以石鼓书院为代表的人文景观与以南岳衡山为代表的自然景观享誉国内外。这里自古是湘南行政区首府，曾是衡阳郡、衡州府的官署所在地。民国三年（1914），废府存道，改衡永郴桂道为衡阳道。衡阳道所辖县仍如清代衡永郴桂道，为湘南 24 县，相当于如今的株洲市、衡阳市、郴州市、永州市四市辖区。

　　1921 年 8 月，毛泽东自上海开完党的第一次全国代表大会回湘，第一件大事就是发展党的组织。这年 10 月 10 日，中共湖南支部正式成立了，毛泽东任书记。毛泽东于 10 月中旬亲自到衡阳的湖南省立第三师范学校（简称湖南三师）演讲，发展共产党员。这时全省有党员 10 余人，其中就有湘南衡阳的夏明翰，郴州的黄静源，永州的蒋先云，耒阳的贺恕、蒋啸青，宜章的高静山，他们都是首批由毛泽东介绍入党的湘南人，而且都是湖南省立第三师范学校的学生。1922 年 4 月底，毛泽东第二次到衡阳发展党的组织，其中又有袁

痴、雷晋乾、唐朝英等
一批湘南学子加入中国
共产党。1922年5月，
湖南成立了中共湘区委
员会，有党员30余人，
而湘南党员数占湖南党
员总数的三分之一以上。
故湖南三师有"湘南红
色革命摇篮"之称。这
些学子都是毛泽东的粉

石鼓书院

丝，是湘南最早参加革命的追梦族，也是毛泽东撒在湘南的红色革命种子，成
为湘南百万工农起义的奠基人。

黄静源（1900—1925），湖南郴县人。早年就读于湖南省立第三师范学
校。1919年6月，他与蒋先云等一起组织成立湘南学生联合会，为负责人之
一，并参加了由毛泽东发动和领导的湖南"驱张运动"。黄静源就读湖南三师
时，参加过"学友互助会"，这是一个受新文化运动影响的进步团体。1921年
3月他与蒋先云等人成立"心社"，稍后湖南三师成立社会主义青年团，"心
社"成员全部入团。1921年冬，由毛泽东亲自介绍，黄静源加入中国共产党，
并成为湘南第一个党小组组长。1922年10月，湖南三师学生支部成立，第一
任党支部书记是张秋人。张秋人离湘后，黄静源接任支部书记。1922年他参
加了湖南水口山矿工大罢工，并于1923年组织和领导了湖南三师驱逐反动校
长刘志远的运动，取得胜利，但黄静源与其他52名学生因发动学潮，同时被
校方开除。1924年他奉命到安源从事工人运动，任工人俱乐部株洲办事处主
任。1925年当选为安源路矿工人俱乐部副主任。

1925年9月21日晚黄静源被逮捕，受尽酷刑，坚强不屈，于10月16日
被杀害于安源俱乐部广场前。时年25岁。

黄静源的牺牲，对湘南各县基层党员影响极大，共产党人不惧压迫、为民
牺牲的光辉形象，深入湘南人民心中。

蒋啸青（1882—1928），字式嘉，号常青，耒阳市肥田人。他早年毕业于
湖南优级师范学校，历任衡阳省立三中、三师、三女师等名校教师、校长等

职，在学生中享有崇高威望，素有"湘南教育王"之美称。1919 年蒋啸青发起组建湘南学联，并任学联指导员。1921 年秋，他经毛泽东介绍加入中国共产党，并创建中共湖南三师党小组。

第一次国共合作期间，蒋啸青奉命投笔从戎，任湖南讨贼军总司令部宣传委员，后改任湘军总司令部参谋。1924 年 2 月，受党组织派遣，返回衡阳复任湖南三师校长，并任中共湘南区委委员，培养了一大批湘南共产党人。

"马日事变"后，蒋啸青避走武汉。1928 年初，他赶回耒阳参加湘南暴动。4 月初，耒阳军民向井冈山转移时，蒋啸青未能赶上大部队，率胞弟蒋次青，堂弟蒋式麟及儿子蒋乐群等在上架、大义一带开展游击斗争。4 月 18 日，他们在上架古楼山被敌包围，蒋啸青的全部亲属皆壮烈牺牲，他本人受伤被捕，于 4 月 26 日被国民党杀害于洣江口，终年 47 岁。

中共志士，与辛亥革命志士一脉相承，他们都是为了中华民族的复兴献身的。

湖南双峰县民主革命先驱禹之谟，是近代中国国民党的先驱，先入华兴会，后入同盟会，曾是湖南商会会长，堪称富商。但他为了积贫积弱的中国的复兴，跟随孙中山毁家纾难，终至被捕入狱。临刑前挥笔写道："身虽禁于囹圄，而志自若；躯壳死耳，我志长存！"

1903 年，18 岁的四川巴县人邹容著《革命军》一书。该书被誉为"中国资产阶级革命史上最重要的文献""中国近代《人权宣言》"。在这本书中，邹容写道："巍巍哉，革命也！皇皇哉，革命也！""革命！革命！得之则生，不得则死。毋退步，毋中立，毋徘徊……"

孙中山的同乡，他幼年时期的同学陆皓东，提取父亲的遗产作为活动经费，积极资助在海外活动的孙中山。陆皓东亲手绘制了同盟会的会旗青天白日旗（后为国民党党旗）作为起义旗帜。后来，他为掩护革命党人不幸被捕，在狱中遭受严刑逼供，宁死不屈，奋笔疾书痛斥清政府腐败、投降卖国。临刑前写下绝笔书："今事虽不成，此心甚慰，但一我可杀，而继我而起者，不可尽杀！"1895 年 11 月 7 日英勇就义。孙中山后来称誉他是"中国有史以来，为共和革命而牺牲者之第一人"。

"继我而起者，不可尽杀！"继追随孙中山的革命党人之后，又有了共产党人！

"杀了夏明翰，还有后来人！"

革命者，不可尽杀！革命者的自信和铮铮誓言，何其相似！

夏明翰、黄静源、蒋先云、蒋啸青、袁痴……湘南追梦人，还可罗列出一大串。这些人虽然并不都是贫下中农出身，但正是他们的热血，点燃了湘南大地，使得地火变成了明火！

第二章 明火

惹火烧身的土豪劣绅

> 时间进入 21 世纪，一些所谓的知识精英们众口一词，说中国革命根本就是一场闹剧，是穷人眼红富人的抢劫！然而他们不知道的是，中国革命是部分富人对自己阶级的背叛，舍命背叛"富人阶级"的革命者数不胜数！

盘点 20 世纪初年中国革命先驱的家庭成分，你会有一个惊人的发现：中国共产党的创建，主要依靠一批先进的知识分子。中共一大 13 个代表，就其社会成分而言均属于知识分子，没有谁是真正的工人或农民。甚至第一至第四届都如此。中国共产党第一次代表大会召开时，全国五十多名党员中，只有 2 名工人，一个是上海的李中，一个是武汉的郑凯卿。农民党员一个也没有。

中共领导层的阶级成分里加进工农分子，是在共产国际的要求下实现的。1927 年 7 月，当国民党与中共彻底决裂以后，共产国际执委会在《关于中国革命当前形势的决议》中要求中国共产党"必须要使工人和农民组织的领袖以及在内战时成长的党员，在党的中央内取得决定的影响"。在此之前，中国共产党 1927 年第五次代表大会曾作出专门的决议：吸收工农分子到党的中央委员会里来。而湘南宜章的"农民大王"毛科文，也在这次代表大会上被选为中央候补委员。

党的中央委员会如此，湘南地方党组织也不例外。各县最早的共产党员，无一例外是在外就读的学子。如前所述，湘南最早的共产党员邓中夏、李达、李启汉、夏明翰、黄静源、贺恕、蒋先云、唐朝英等，家庭出身没一个是富农以下。有一个例外是湘南特委秘书长袁痴，出身贫苦，父亲早逝。但他有一位富有的外公，在他外公的支持下，他得以到衡阳的湖南三师就读。

"万般皆下品，唯有读书高。""书中自有颜如玉，书中自有黄金屋。"送子读书应是当时望子成龙的地主老财们的共识。然而，让他们没有想到的是，20 世纪初年的中国学界，已不再是单纯的"之乎者也"。西学东进，让蒙昧的中国知识界有了比较，有了选择，有了醒悟，有了躁动。

湘南五岭腹地，有一座五盖山，又名雾盖山。五盖山位于湖南省东南部，面积 8000 公顷，海拔 400～1619 米，森林覆盖率达 85%。山高林密，沟壑纵横，良好地保存着 1466 公顷的原始森林，里面栖息着水鹿、麂、野猪、獾、狸、兔、白鹇、红腹锦鸡等 130 多种野生动物。由于山高林密，山上山下温差大，又是南北气候交汇点，这里春雾朦胧，夏雨晶莹，秋霜凛冽，冬雪苍茫，云遮雾绕，一年四季气象万千，变幻迷离。山上有座碧云庵，庵门上刻有半副上联："霜雪雲雾露盖山头"。凡联对，总应有上下起收，如此才完整。此庵的开山祖僧又作怪，写了那个上联，留个下联空着不再理会。直把后人折腾得人仰马翻。明清以来，远远近近的文人墨客执笔续对者甚众。许多续联的内容文采音节格律无一不可与上联媲美，信手拈来一条，即与此上联浑然一体。然而让人奇怪的是，却总也无人将后续佳作誊填上去。于是，庵门的下联至今仍空白着，呈永远的期待状。五盖山的名称即由此出：因为"霜雪雲雾露"都是雨字头，且这五种气候现象都长年出现在山头，故名"五盖山"。

在五盖山南麓，有一个山清水秀的小山村，名邓家湾。这个小山村群山环抱，古木森森，村前小河清澈，流水蜿蜒，本名不见经传，但 1894 年这里一个婴儿的降生，却让这个小山村名传天下，这个婴儿就是中国共产党北方组织的创始人之一邓中夏。

邓中夏的祖上，颇为富有。其父邓典谟，清末举人，曾任清朝温州、台州两府学务佐治员，北洋政府诠叙局主事，湖南省参议会候补议员，南京国民党行政院一等书记官等职。1894年10月5日，邓典谟之妻梦见五盖山上一白虎下山，扑入怀中，她骤然惊醒，生下一小儿，取名邓隆渤，字仲澥。乡间民俗，小儿出生遇异象，必主大富大贵。邓中夏白虎转世的说法，传遍乡邻，其父母高兴异常，满怀期待，送其读书，自是毫无疑义。邓中夏也确实聪敏过人，不负期待，顺利考入了北京大学，宜章全县仅他一个，再无别人。

然而，邓典谟注定要失望了。1919年8月，邓中夏暑期归来，在小山村和宜章县城举行反帝爱国的演讲，句句入耳，却又字字惊心。邓典谟不知道的是，儿子就在这年5月4日，在北京领导了著名的五四运动，他是北京学生联合会总务干事，是这场震惊世界的学生运动的主要领导人之一。火烧赵家楼，痛打驻日公使章宗祥，号召举行全国罢课，哪一条都是不见容于当局的死罪！这时的邓典谟毫不知情，他只是觉得儿子的话有几分道理，爱国反帝嘛，有什么错？只是言辞过激！有话不能好好说，有意见不能好好提吗？

然而接下来的发展，就让他追悔莫及了——儿子邓中夏加入的中国共产党，竟然煽动农民斗地主，打土豪，自己竟然成了儿子要打倒的对象！惊天霹雳啊！邓典谟百思不得其解，望子成龙无望不说，这孽子还成了家族的叛逆者！

在湘南革命先驱里，著名的衡阳革命烈士夏明翰出身豪绅家庭。祖父夏时济（1852—1923），字彝珣，又字思沅，号环猿。中过进士，任过清朝户部主事。父亲夏绍范（1869—1914），字孝棋，以优贡入仕，清朝诰授资政大夫，1901年钦加三品衔，1910年署理归州知州，继赴日本考察政务，是清代一位阅深历广，又不墨守陈规的地方官员，写有《日本官职志》《东游笔记》等书。母亲陈云凤，1870年出生，是清末"铁面御史"陈嘉言的长女，曾被赐封为诰命夫人。她追求真理，博学多才，正直刚毅，是一位颇具传奇色彩的潇湘女杰。陈云凤一生吟咏不辍，晚年自编诗集2册，一为《严余吟》，一为《衡岳吟咏》，此外还著有文集一册。她既是明翰兄弟姊妹的生育者，也是他们走向革命的启蒙老师和最忠实的支持者。当夏明翰因投身革命被祖父断绝接济后，她变卖首饰予以支持。

　　湘南起义党的地方领导人湘南特委书记陈佑魁，湖南麻阳人。1900年出生在一个富裕家庭。8岁入学读书，曾就读于芷江联合中学，毕业后于1922年入长沙湖南自修大学学习。不久经毛泽东介绍加入了中国共产党，并成了中共湘南特委书记、湘南24县武装暴动总指挥、湘南起义总指挥。

　　郴县栖凤渡有个叫李佑如的革命烈士，出生于一个地主家庭。他7岁入私塾，13岁转新学堂，1921年考入长沙湖南省立第一师范学校，1924年考入湖南公立法政专门学校法政系。1925年夏，李佑如加入中国共产党。"五卅运动"期间，他与郴州籍同学以湖南教育促进会的名义，回到家乡从事反帝爱国宣传活动。夏荒时节，他竟然强令自己的父亲开仓放粮接济灾民，并动员自己的家人以及亲友拿出数百银圆在本村番岭寺开办小学，免费招收贫苦子弟入学。大革命失败后，他坚持在本县栖凤渡一带秘密从事恢复农民协会、农民赤卫队的工作。1928年2月初，湘南起义部队攻克郴县县城后，李佑如当选为中共郴县县委宣传委员兼县苏维埃政府党代表，大力宣传县苏维埃制定的《土地分配法》，带领贫苦农民开展插标分田的土地革命运动。同年3月下旬，当起义部队向井冈山转移，县委机关亦同时撤离时，李佑如奉命留在湘南，坚持斗争。他常打扮成"游学先生"到各地联络失散党员，发展工农武装。同年4月，他在宜章县赤石司被当地反动地主武装逮捕，并押至宜章县城受审。面对酷刑拷打，李佑如守口如瓶，不吭一声，于4月24日惨遭杀害。

　　蒋先云、黄静源、贺恕、唐朝英等湘南早期共产党人，他们的父辈都和邓典谟一样，经历了痛彻心扉的绝望……他们都想不通，送儿女们读书，何以儿女后来都成了自己的冤家对头？

　　这些富家子弟读书明理，他们明白：天下兴亡，匹夫有责；中国落后，随时有亡国之险，国之复兴，在于革新政治；革新政治，必触动统治阶级利益；统治阶级维护自身利益，必镇压革新；而要求革新的，是统治阶级内部的有识之士，他们力量不足，必唤起工农大众参与，才有实现之可能；而要让工农大众参与，必须满足工农大众的基本利益诉求，这就必须实行土地革命——这就是中国土地革命的逻辑！

　　湘南起义，自然就是这种革命逻辑的必然结果。

千年岩浆成明火

> 惹火烧身的地主老财们不明白儿女怎会革自己的命，他们不知道信仰的力量，更不知道什么是信仰。是千年岩浆铸造了信仰之火，信仰之火点燃了古老华夏的燎原明火，成就了中国大地的凤凰涅槃，浴火重生！

中国人为什么要革命？富家子弟衣食无忧为何也要革命？

五千年文明古国，到 19 世纪末年，在腐朽的清政府的治理下，竟然日落西山，被日本这样的小国家打得溃不成军。中国人颜面无存，无论穷富，都感到了巨大的耻辱！这一切，都源于国弱民贫，而国弱民贫的根子在于制度落后、政府腐败。改革政体，进行宪政革命，却以失败告终。中国的出路在哪里？如何才能重建中华文明，振兴中国？无数学子探寻求索，苦于无门。

听听那个倒海翻江、搅红了湘南的苦孩子的叙述吧：

我于一八八六年生在四川省仪陇县的马鞍庄。我家是穷苦佃农。为了一家二十口人的生活，我们租种了二十亩地。我六岁时，进了一个姓丁的地主办的私塾。为了上他这个学，他要我交学费，还待我特别坏，就好像他是在办慈善事业似的。我食宿都在家里，每天要走三里地去上学。放学后，我还要干各种各样的活儿，例如挑水放牛这类的事。我在这所学校里学了三年。

后来，这个大家庭在地主的压迫下没法活下去了，由于经济上的原因，我们分了家。我过继给一个伯父，就跟着他到大湾去住了。我亲生的父亲对我很不好，可是这位伯父却像疼亲儿子那样疼爱我，送我去上学，学了六七年的古文。我是我们家惟一受过教育的，为了要上学，我只好一面读书，一面干各种活儿。

我在一九〇五年考过科举，一九〇六年到了顺庆县，在一个高等小学里读了六个月书，接着又在一所中学里读了六个月。一九〇七年我到成都的一所体育学校里学习了一年，然后回到家乡仪陇县，在县立高小教体育。一九〇九年，我到云南省会云南府，进了云南讲武堂，直到一九一一年辛亥革命时我才离开那里。我那时的志愿一直想当个军人，而这个讲武堂可能是当时中国最进步最新式的了。它要求很严格，所以我能被录取，感到很高兴。

我一向崇拜现代科学，觉得中国需要产业革命。我小的时候，听到织布的以及其他走街串巷的手艺人讲太平天国的故事，给了我很大影响，那些人在当时是新闻的传播者。由于有了革命的想法，一九〇九年我进入讲武堂不到几个星期，就参加了孙中山先生的革命党——同盟会。

一九一一年，我当时是个连长，跟随有名的云南督军蔡锷率领的滇军，参加了推翻清朝的革命。一九一一年的辛亥革命是十月十日在武昌开始的，二十天以后云南也举行了起义。同年，我被派往四川和清朝的总督赵尔丰作战。我们打败了赵尔丰，第二年的四五月间回到了云南。一九一二年下半年，我被任命为云南讲武堂的学生队长，在那里我教授战术、野战术、射击和步枪演习。

一九一三年，在蔡锷部队中我被任命为营长，在法属印度支那边界驻扎了两年。一九一五年，我升为团长，被派往四川去和袁世凯的部队作战。打了六个月的仗，我们胜利了。随后我升了旅长，部队驻扎在四川南部长江上的叙府和泸州。我的部队是第七师的精锐部队第十三混成旅（后改为第七混成旅），在当时是有些声望的。可是我们遭受了重大损失，作战中半个多旅被消灭了。我在这一带驻扎了五年，不断地跟听命于北京段祺瑞政府的卖国旧式军队作战。

一九二〇年年底，我回到云南府和反动派唐继尧作战，这时蔡锷已经死了。蔡锷是南方最进步的共和派青年领袖之一，他对我有很大影响。是他第一个举起反叛的旗帜，反对一九一五年袁世凯称帝，保卫共和国的。

一九二一年九至十月，我当上了云南省警察厅厅长。那时，唐继尧卷土重来，他追了我二十天，我还是带了一连士兵逃了出来。另一个同伴也带了一连人和我一起逃走，但他被唐继尧捉住，受刑致死。我带领一连逃难的士兵到了西康，所走的路线正是后来一九三五年红军长征的路线。我们渡过金沙江，到打箭炉附近的雅州，在会理州停了一下，然后进入四川。我先到嘉定，然后去重庆，受到督军刘湘和重庆警备司令杨森的接待。一九二二年六月还和他们一道看了龙船会，这两个军阀后来当然受到过红军的进攻。但是在当时，刘湘并没有悬赏要我的人头，却急于要给我一个师长的位置，我谢绝了，因为我已决定给自己找一条新的革命道路，去找共产党。刘湘所以对我为他效劳感兴趣，是因为我的特殊战术已经出名，令人害怕。我这一套对付专制军队很有成效的战术，主要是驻在印度支那边界时，跟蛮子部落和土匪作战的经验中学到的机动游击战术。我和军队逃兵纠合组织的流窜匪帮打过硬仗，从中学到的经验，特别有价值。当然，我把这种游击经验同从书本和学校里得到的知识结合起来。

我带兵的特殊战术是这样的：我本人身体健壮，可以和弟兄们共同生活，跟他们打成一片，从而获得他们的信任。每次作战，无论大小，我总事先勘察地形，精密计划每项细节。我的主要战术一般都很成功，因为我细心处理一切，亲自领导部队。我总是坚持从各方面弄清敌人阵地的情况。一般来说我和民众的关系很好，这给我很大帮助。蔡锷以其指挥战术著称，他教了我很多东西。那时滇军是新式军队，有德国步枪作为武装。我认为对于指挥员和战士都很重要的另一个因素，是对政治形势的了解，这样，他们就会有为主义而坚决战斗的高昂士气——你仗打得越多，就越能掌握局势。

我在四川离开刘湘以后，就乘了长江的船顺流而下，去上海寻找共产党。这时，中国已回到军阀的封建主义时期，前景是十分暗淡的，我感到非常泄气。我在四川当军官的最后一年，即一九二〇年，我染上了吸鸦片的恶习。但一九二〇年底回到云南时，在从唐继尧手中逃出来以前，我买了一些戒烟药，一九二一年向西康进行第一次"长征"时开始戒烟，在去上海的船上，继续戒烟。到上海时已经戒得差不多了，在上海广慈医院又狠狠地治疗了一个星期，最后才完全根治了。

一九二二年我离开四川去寻找共产党时，一点也不知道怎样同党组织进行联系，只是下定决心无论如何也得联系上。事实上党还只是几个月前才组织起来，这是我后来知道的。我对共产主义和布尔什维克主义的兴趣，是在自己读了有关俄国革命的书籍后引起的。惟一的其他影响是跟留法归国学生的几次谈话。我驻在四川的时候，凡是我能找到的有关世界大战和俄国革命的材料，我都读了。在此之前，我把全部精力都放在为在中国实现共和以及孙中山的民主而战上。但是，一九一一年辛亥革命的失败和后来全国陷入劳民伤财的军阀混战，使我大失所望。我认识到中国革命必须更深入进行，必须像俄国革命那样彻底。俄国革命的不断胜利，给了我希望。

在上海，我找不到共产党，因此就到北京去继续寻找。当时孙中山的机关报《民报》的编辑也和我一起去寻找共产党。但是，在北京我的运气也依然不佳，仍然没找到共产党，于是，我又返回上海。这样，在一九二二年这一年，我从南方到北方，又回到南方，到处乱跑，就像一匹脱了缰的马似的。北京给我的主要印象是国会的腐败和荒唐可笑。然而在另一方面，我又遇到很多学生，我和他们中的一些人一同旅行，他们的行为给了我很好的印象。

回到上海以后，我见到了孙中山、汪精卫、胡汉民以及其他国民党领袖。孙给我的印象是一个非常真诚、坚决、明智的领导者。他要我去四川打陈炯明，我拒绝了。他又要我到美国去，可是我的兴趣是去德国研究军事科学，亲眼看看世界大战的后果。九月，我乘船去欧洲，途经新加坡、马赛，然后到了巴黎。在埃菲尔铁塔上照了一张俯瞰全城的照片，颇感得意。

在柏林，我遇到了周恩来（现在是红军军事委员会的副主席）和其他同志。我总算在柏林找到了中国共产党！一九二二年十月，我到达柏林，当时我大约三十六岁。我一找到了党，便立即加入。这是一九二二年十月的事。

……

这个"我"，就是朱德！朱德口述的是他由一个穷苦人出人头地，又放弃较为优裕的生活走上革命道路的艰难历程，也是他共产主义信仰形成的心路历程。朱德在他的自述中说："关于我有百万家财的传说是不确实的。在云南我是有些财产，但不多。我的妻子也稍稍有一点。但是，一九二一年我被迫逃走时，我的财产全部被唐继尧没收了。"朱德是一个忠厚廉洁的人，他不可能有百万家财。但以他在军阀时代的旅长、警察厅厅长身份，他在正常收入下生活优裕是不可否认的。但他志不在此，改变中国落后现状成为他舍弃优裕生活的巨大勇气和力量，这就是信仰的力量！

信仰是什么？信仰有什么力量？信仰是精神的守望，是灵魂深处的追求。信仰，是一个人的灵魂！它是一个人结合自己的人生经历、认识水平、人生志向所选择的道路。信仰坚定的人，从一而终，决不后悔，哪怕为此付出生命的代价！

四川乐至县一个叫陈毅的书生，1901年生，字仲弘。父亲陈昌礼，早年是乡村私塾教师，后举家迁往成都市，成为抄抄写写的普通小职员。陈毅在家中排行第二，5岁读私塾，7岁时随外祖父到湖北。

陈毅的家庭在当时的中国社会也算是富裕的。他家境比朱德好，年龄比朱

德小 15 岁，但他的人生志向却与朱德相同。他 1919 年赴法国勤工俭学，1921
年回国，即走上职业革命的道路。1927 年 8 月他参加了南昌起义。在南昌起
义失败，所有将领各寻生路的时候，正是这位四川小老乡紧跟朱德，坚定支持
他把队伍带下去，并一起领导了伟大的湘南起义。新中国成立时，他被授予元
帅军衔，位列十大元帅第六位。在中共十大元帅中，刘伯承、徐向前、罗荣
桓、聂荣臻、陈毅五位元帅都出身于书香门第，他们的父亲都是私塾教师，但
他们又都不是大地主、大富豪，他们在家庭环境和人生经历中，感知的仍是底
层生活百态。同时他们又对上层社会生活和国家社会形态有一定的了解，政府
的腐败、制度的落后、国家的贫弱、社会的不公，他们体验最深。"改造中
国"成为他们这一代知识青年的共同理想。

一代知识青年，既包括信仰共产主义的热血青年，也包括其他党派的热血
青年。20 世纪 20 年代，以孙中山三民主义为理想信仰的国民党，他们中的许
多人同样有改造中国的理想信念。国民党第一次全国代表大会通过了新的党
章，重新解释了三民主义，形成了"联俄、联共、扶助农工"等重大政策，
实现了第一次国共合作。第一次国共合作掀起轰轰烈烈的国民革命，而共产主
义革命，借着国共合作之机，由地火演变成明火，在中国广大农村熊熊燃烧起
来。尤其是湖南的农民运动，成了国民党始料未及的一段历史。而湘南农运，
仅次于湘中发达地区的农运，它成了湘南起义的前奏曲……

叶公好龙新篇

> 共产党领导农民大力支持国民革命
> 军北伐，蒋介石盛赞湘南农民运动，背
> 转身却屠刀相向，演绎了一幕"叶公好
> 龙"新剧……

大革命时期，毛泽东以一篇《湖南农民运动考察报告》，酣畅淋漓地写尽
了农民翻身求解放的热烈、豪气、壮阔。农民运动既是国共合作的成果，也是
中国共产党要改造中国的必然选择！

毕竟，国共两党改造中国的内涵有本质的区别：

共产党开宗明义，是要消灭阶级，是要走人类共同富裕的道路；而国民党代表的是富裕阶层，他们要改造的仅仅是政权，想的是自己掌权，既捍卫自身利益，也期待国家富强。后者一方面痛感国家贫弱、民族危亡，奋起救国图存；另一方面又认为自己享有的优裕生活天经地义，不容更改，谁要敢冒犯，他就是大逆不道，就得承受惩罚。因此，当毛泽东高呼农民运动好得很的时候，一大批国民党头面人物直斥毛泽东的农民运动是痞子运动，糟得很！

然而，党内有见地的共产党人深知，中国农民是中国革命依靠的对象。没有中国农民的参加，不解决中国农民的贫穷问题，中国革命就是一句空话，是不可能成功的，国家之富强根本无从谈起！因为维护少数富人利益的政权换汤不换药，让这样的政权领导革命也就失去了意义！

1921 年 10 月，毛泽东到湖南三师发展第一批中共党员，成立了党小组，湘南便播下了共产主义的种子。1922 年，张秋人到衡阳成立了湖南三师党支部。1924 年 5 月，李维汉到衡阳主持成立了"中共湘南地方执行委员会"（简称湘南地方执委），领导湘南 24 县的革命斗争。首任湘南地方执委书记是戴述人。1926 年 7 月，戴述人调中共湖南区执行委员会工作，中共湖南区委任命郭亮为湘南地方执委书记，但其因故未能到职。8 月 15 日，省委任命陈佑魁为湘南地方执委书记。

陈佑魁

1926 年的湘南，在中共湘南地方执行委员会的领导下，几乎各县都成立了党的特别支部，宜章县还率先成立了第一个县委。

陈佑魁是个青年才俊，面相丰满白净，两道剑眉，一双慧眼，不怒自威。他写得一手好文章，先后在《新时代》《锦江潮》《少年》《大公报》、《湘报》增刊《五一节纪念号》、《湖南学生联合会周刊》等报刊上，发表数十篇宣传马列主义、鼓动工农起来革命的文章。为了加强党对湘南一带工作的领导，陈佑魁以极大的精力，着实地抓了党组织建设。据郴州地方党史统计，到 1927 年春，湘南已建立有党的县委 4 个、特别支部 5 个、支部 49 个，共有党员约数百人（各县党史正本中，只有少数县有党员统计数，多数没有；有统计数的也是约数，没有原始文献的记录）。

陈佑魁在 1926 年底至 1927 年上半年，还公开以共产党员的身份，参加国民党衡阳市、县党部的工作，并派共产党人参加各县的国民党县党部创建工作。因此湘南各县国民党县党部负责人，大都是共产党员。各县农民运动，便在国民党领导的名义下走向公开，轰轰烈烈地开展起来。据 1926 年 11 月各县的报告，已成立县农民协会或筹备处的，有衡阳、茶陵、衡山、祁阳、蓝山、耒阳、郴县、宜章、临武、永兴、汝城、嘉禾、攸县、新田、常宁、酃县等 16 个县，成立农运通讯处的有零陵、道县、安仁、桂东、资兴、东安、宁远等 7 处。计有区农民协会 280 个，乡农民协会 2461 个，加入农协会的总人数 32 万余人。以衡阳县为例，成立了区农协 23 个，乡农协 244 个，会员群众数猛增到 88111 人。到年底，农民喊出了"打倒土豪劣绅"的口号，普遍要求推翻乡村旧的统治机构。

到 1927 年春，据湘南各县报告，湘南各县农协会员近万人的有零陵、宁远、道县、兰山等县，超过 1 万不足 5 万的有茶陵、安仁、嘉禾、常宁、新田、桂东、资兴、酃县、桂阳、汝城等县；超过 10 万不足 20 万的有衡山、耒阳、郴县、攸县、宜章等县；衡阳一县就达 60 万。整个湘南地区有农协会员 150 万人，约占当时全省农协会员总数的三分之一。

农民运动在湘南蓬勃发展无疑是因为中国共产党的鼓动，但中国共产党的鼓动之所以如此奏效，是有其深刻的社会背景和现实理由的。

九十多年前的中国，是个积贫积弱的落后国家。当时的中国，民族工业几乎为零，我们从以下产品的名称中就可以看出当时国家的落后：切水果的铁皮小刀叫"洋刀"，点火的火柴棍子叫"洋火"，照明用的煤油叫"洋油"，墙上的铁钉叫"洋钉"，好一点的细白布叫"洋布"……这些小日用品都靠外国进口，更不用说飞机、大炮、枪械、火车、汽车这些东西了。由于落后，中国备受列强欺凌，先后签订了许多丧权辱国的条约。国家贫穷落后，根源在于社会制度。在当时的社会制度下，极少数人富有，绝大多数人贫穷，尤其是农民，他们遭受的压迫剥削是我们今天的人无法想象的。那时的农民，自己没有土地，帮地主打一年长工，不但没有一分钱收入，还要欠劣绅的租金。当年一个叫曹彬的郴县县委书记写了一首《劣绅刮钱歌》，记录下了农民的苦情：

田里稻谷金子黄，收割全进劣绅仓；

　　　　春种秋收忙一阵，过年过节没米粮。

　　　　山中大树根根连，农民种树苦无边；

　　　　长成大树归财主，农民割草要罚钱。

　　郴县良田人孙开楚，1928年参加湘南起义并跟随部队上井冈山，曾任八路军总政治部组织部部长、军工部政治委员。他在1927年间写了一首题为《五字经》的歌谣：

　　　　财主要发财，财源哪里来？

　　　　土地加租税，租债利滚利。

　　　　劣绅霸田土，杀机露出来。

　　　　抓兵派捐款，逼你把田卖。

　　　　劣绅占房地，惹出事端来。

　　　　抓你进牢房，妻儿逃四海。

　　　　劣绅占你妻，祸从天上来。

　　　　讲你是贼子，赶你走天涯。

　　又有宜章人高静山，曾任红九军政委，写过一首《农民歌》：

　　　　打起鼓、敲起锣，听我唱个农民歌。

　　　　农民做事多辛苦，天光累到日头落。

　　　　吃的稀粥杂粮饭，睡的烂被稻草窝。

　　　　穿的土布不遮体，一年四季打赤脚。

　　　　如今世道不平等，有的苦来有的乐。

　　　　大户人家酒肉臭，作田农民挂鼎锅。

　　郴县早期党员，总工会委员长李翼云，在郴州办农民夜校时，编了这样一个段子：

　　农夫说："我种田，我割麦，肚子饿了没有吃。哪里有米麦？"泥瓦匠说："富人有米麦！我筑墙，我造屋，一年四季住破屋。哪个有房屋？"裁衣匠说："富人有房屋。我做衣，我缝裤，北风起了无衣服。哪个有衣服？"先生说："富人有衣服。富人不种田，不造屋，不做衣，哪里有米麦，哪里来房屋，哪里来衣服？这都是我们的血汗，我们的骨肉！"

　　永兴县革命烈士刘让三，在1928年时也写过一首叫作《农民恨》的歌谣：

树是农民栽，

地是农民开，

田是农民种，

为什么一年到头苦难挨？

从这些通俗易懂、明白如话的关于农民的歌谣中，我们感受到了当年湘南农民的生活是多么穷困，当时的社会是多么黑暗。农民没有文化，他们说不出自己的苦情，是这些读书人帮他们总结出来的。这些歌谣把农民的苦处说透了，说到了贫苦农民的心坎里，于是，他们觉醒了，他们亮堂了，他们站起来了……

农民运动并不像当年国民党上层诬蔑的那样，是"痞子运动"，是"流氓专政"；也并非今天有些所谓的"精英"诬蔑的那样，是"穷棒子抢劫富户"。那是一场全面的社会革命。在农民协会的领导下，广大农民们不但光明正大地向地主提出减租减息、开仓济贫、公平买卖、禁止欺压百姓的政治、经济要求，还尝试解放妇女、扫除封建迷信，并要求铲除吸毒、卖淫、嫖娼、赌博等社会恶习，兴办各种福利事业。如宜章县党史记载：宜章曾开展"四禁"，扫除城乡陋习。长期以来，鸦片、赌博、盗窃、花鼓淫戏成为宜章城乡的四大毒害。尤其是鸦片、赌博更是猖獗，危害更甚。农民运动兴起后，在农民协会的领导下，到处收缴烟枪、摧毁赌场。碕石、满塘农会把天塘圩、太平圩的赌摊一扫而光，并约法三章，凡是参与赌博的每人罚款 5 元，对煽动搞赌博的还要抓进牢房。1927 年春节，宜章城乡赌风受到遏制，花鼓淫戏也销声匿迹。农民协会还兴办各种福利事业，为广大群众办好事。赤石区茶园农会用文昌会的部分公款，办起信贷合作社。规定农民贷款利息为 1 分 2 厘，存款利息为 1 分。这种信贷合作社既方便了群众，又制止了高利盘剥。近城区农会设立防疫会，专门请来医生为群众看病。1926 年发生瘟疫，区农会所请的两个医生，积极为病人看病，还为群众放痧治疗，深得群众好评。农会举办农民夜校，组织男女青壮年上学学文化。夜校的教室有的借用学校的，有的设在宗祠里。碕石、鹧鸪坪、大黄家等地的夜校办得最出色。上述福利事业的兴办，更增强了群众对农会组织的热爱和对农民运动前景的信心。整个湘南大地，沉浸在一片盎然的春意中……

1926 年 12 月 31 日，国民党湖南省党部特派员、中共临武县特支书记袁痴，在全县农民运动大好形势的鼓舞下，为县农民协会庆祝元旦节拟写了一副气吞山河的长联：

抱定三民主义，与帝制派奋斗，与军阀派奋斗，有志竟成，且看贪官污吏，土豪劣绅，誓扫若侪登鬼箓；联合五族同胞，遵马克思遗言，遵孙总理遗言，余勇可贾，从此西欧东亚，南非北美，尽归吾党作神交。

22年后，袁痴的这一伟大预想胜利实现！这就是一个共产党人的胸襟与情怀。

这一时期的湘南农民，所做的最有成效的一件事是支援国民革命军北伐。

1926年初，国民党领导下的广州国民政府决定北伐，以扫清中原各路军阀，开创中国统一大业。

1926年5月初，中共领导的国民革命军第四军独立团（以下简称独立团）由肇庆、新会到达广州，准备入湘作战。独立团于1925年11月21日在广东肇庆成立，团部设在肇庆阅江楼，团长是共产党员叶挺。全团有2100多人，设有三个营及二个直辖队。

独立团到达广州时，周恩来在广州叶家祠堂召开独立团连以上干部会议并作了重要讲话。在讲话中，周恩来分析了北伐的重要意义和有利条件，指出独立团作为北伐先锋是光荣的，任务是艰巨的。他向部队提出几点要求：第一，要加强党的领导，加强政治工作；第二，要注意发动群众，组织群众；第三，要搞好统一战线工作，与友军友好相处；第四，作战要勇敢，要有牺牲精神；第五，要起先锋作用、模范作用、骨干作用；第六，要打胜仗。

独立团团长叶挺，即是后来中国革命史上大名鼎鼎的共产党新四军军长。这支部队是当时共产党员最多、直接受中共领导的一支正规部队，其中就有黄埔三杰之一、共产党员蒋先云。

5月20日下午，叶挺率独立团乘火车抵达韶关，随即开始了艰苦的长途跋涉，在翻越层峦叠嶂的南岭时，连日大雨滂沱，部队冒雨而行。27日，到达湖南郴县，31日，进抵永兴，到处受到热烈的欢迎。6月5日，独立团进占攸县。当叶挺独立团进入湘南境界时，中共湘南地下党专门发出通知：充分发动群众支援北伐军顺利通过湘南。

中国人民解放军上将李涛在《忆工农革命军第二师第一团》的回忆录文章中提到：

1926 年 5 月，北伐军由广东出师北伐之初，中国共产党湖南省郴州特别支部派朱青勋同志和我由郴县回到汝城，去发动群众，响应北伐。

　　沿途各县都有组织起来的工人农民前来送茶水、送军粮、挑弹药，并组织联欢会慰问北伐军。这在国民革命军以往的战斗中、在其他地区是不可想象的。宜章曾动员 300 多工农群众打着红旗到广东坪石去迎接北伐军，并输送了 40 多名子弟参加北伐军。

　　1926 年 7 月 1 日，国民政府军事委员会才颁布北伐动员令，9 日国民革命军在广州誓师，发布《北伐宣言》，北伐战争正式开始。

　　7 月 27 日，国民革命军总司令蒋介石由广州出发，乘火车到韶关。粤北当时还没有铁路，蒋介石改坐轿子，由士兵抬着翻山越岭，进入湘南。此时叶挺独立团已经攻克长沙。

　　8 月 3 日，蒋介石由良田到郴县，受到热烈欢迎。蒋在日记中写道："将来革命成功，湖南当推第一。"当天，县城机关官员，各工商会头面人物，以及士绅约 200 人前往南关上列队迎接。蒋介石着军装，乘坐四人抬的敞轿缓缓而来，前后 100 多名配挂驳壳枪的卫兵护拥，从南关上入城，经裕后街、东街、北街，至东门口的淑仪女校驻扎。4 日，蒋介石在郴县召开军事会议，研究第二期作战方案。晚上，国民党郴县党部在国民党县党部礼堂（北街崇义堂）召开欢迎蒋总司令大会，政府官员、各界士绅共 100 多人参加。从淑仪女校到县党部会场，沿途有蒋介石的卫兵站岗，警卫森严。欢迎会上，郴县党部常务执行委员罗任首先致欢迎词，然后请蒋介石发表演说。蒋介石首先赞扬了湘南的农会组织完善，工农运动为他省所不及，然后勉励大家同心同德，把国民革命贯彻到底。5 日，蒋介石离郴北上衡阳，行前，蒋介石电邀国民党湖南省党部书记长夏曦赴衡面叙：

　　限即刻到。湖南省党部夏委员勋鉴：中正于江日午抵郴州，沿途备受民众之欢迎，并见党部、农会组织完善，为他省所不及，殊深欣美。中正约七日可抵衡州，望兄甚切，请于八日来衡，是盼。中正江日叩。①

　　据各地党史调查情况，在湘南各县农民协会、国民党党部（共产党人主持）的领导下，湘南人民倾其所有，在物质上、人力上、军事情报上给予了

　　① 原载民国十五年 8 月 6 日湖南《大公报》。

国民革命军大力支持，加之共产党人领导的独立团奋勇争先，北伐军出师一路顺利，打得各路军阀如秋风扫落叶般，至10月10日攻下武汉三镇，仅三个多月时间。由此得出一个结论：中国的农民革命，是在共产党人的启发下发动起来的。觉悟了的湘南农民是在共产党人的鼓动、组织下成长壮大起来的可依靠的革命力量。大革命时期，两湖地区的农民运动为国民革命军的北伐事业做出了巨大的贡献！

然而，到了1927年4月12日，蒋介石却突然举起屠刀"剿共"，将他所赞美的湘南农民协会置入血海之中……

燎原之火烧穿反革命者的假面具

> 第一次国共合作的政治基础是新三民主义。孙中山先生重新解释了三民主义，把旧三民主义发展成反帝反封建的革命的三民主义，得到了中国共产党人的高度赞扬和热烈拥护。轰轰烈烈的国民革命烈火，使以蒋介石为首的反革命者害怕了……

湖南农民运动的兴起，促使广大农民觉醒起来，他们集中精力破坏地主阶级的政治权力，主要办了十四件大事。这十四件大事件件都是开天辟地的新事。哪十四件大事？毛泽东总结道：

第一件，将农民组织在农会之下；

第二件，政治上打击地主；

第三件，经济上打击地主；

第四件，推翻乡村土豪劣绅的封建政治——打倒都团；

第五件，推翻地主武装，建立农民武装；

第六件，推翻县官老爷衙门差役的政权；

第七件，推翻祠堂族长的族权和城隍土地菩萨的神权以至丈夫的男权；

第八件，普及政治宣传；

第九件，农民诸禁；

第十件，清匪；

第十一件，废苛捐；

第十二件，文化运动；

第十三件，合伙铺运动；

第十四件，修道路，塘坝。

其中农民诸禁，"最禁的严的便是牌、赌、鸦片这三件"；文化运动是办农民夜校，让农民扫盲；合伙铺即合作社的意思。

在这场轰轰烈烈的农民运动中，毛泽东认为，"以长沙为中心的湘中各县最发展，湘南各县次之"。之所以次之，就在于湘南反动势力相对于湘中来说更强大。毛泽东在他的考察报告中指出：当农民运动起来以后，湘中地主武装大部分会投降农会，站在农会一边，而湘南地主武装"则站在和农会敌对地位，如宜章、临武、嘉禾等县"。

基层农会与地主阶级的斗争，必然反映到上层统治阶级那里。到1927年春，北伐军已占领黄河以南大半个中国，江南已被国民党一统天下，统治者已由旧军阀转变为国民政府。但政府要员、军队大员仍为地主阶级，他们不可能让农民专了自己的政！

"农民在乡里造反，搅动了绅士们的酣梦。乡里消息传到城里来，城里的绅士立刻大哗。我初到长沙时，会到各方面的人，听到许多的街谈巷议。从中层以上社会至国民党右派，无不一言以蔽之曰：'糟得很。'"而实际上，"宗法封建性的土豪劣绅，不法地主阶级，是几千年专制政治的基础，帝国主义、军阀、贪官污吏的墙脚。打翻这个封建势力，乃是国民革命的真正目标。孙中山先生致力国民革命凡四十年，所要做而没有做的事，农民在几个月内做到了。这是四十年乃至几千年未曾成就过的奇勋。这是好得很。完全没有什么'糟'，完全不是什么'糟得很'。'糟得很'，明明是站在地主利益方面打击农民起来的理论，明明是地主阶级企图保存封建旧秩序，阻碍建设民主新秩序的理论，明明是反革命的理论。每个革命的同志，都不应该跟着瞎说。你若是一个确定了革命观点的人，而且是跑到乡村里去看过一遍的，你必定觉到一种从来未有的痛快"。毛泽东如此满怀豪情地写道！

三民主义的核心是民族、民权、民生。农民干的十四件大事，正是有关民族、民权、民生的好事。

在农民运动进行得轰轰烈烈的湘中、湘南农村，"孙中山先生的那篇遗嘱，乡下农民也有些晓得念了。他们从那篇遗嘱里取出了'自由'、'平等'、'三民主义'、'不平等条约'这些名词，颇生硬地应用在他们的生活上。一个绅士模样的人在路上碰了一个农民，那绅士摆格不肯让路，那农民便愤然说：'土豪劣绅！晓得三民主义吗？'长沙近郊菜园农民进城卖菜，老被警察欺负。现在，农民可找到武器了，这武器就是三民主义。当警察打骂卖菜农民时，农民便立即抬出三民主义以相抵制，警察没有话说。湘潭一个区的农民协会，为了一件事和一个乡农民协会不和，那乡农民协会的委员长便宣言：'反对区农民协会的不平等条约！'"这是多么生动的三民主义实践，多么有效的国民革命！然而它不见容于国民政府！

1927年4月12日，蒋介石在上海发动反革命政变，对共产党人进行大屠杀，仅4月12日至15日，就有300多人被杀，500多人被捕，5000多人失踪。5月21日，许克祥在长沙发动"马日事变"，当日屠杀共产党人和革命群众100多人。

然而，早在5月1日，湘南宜章的中共党组织就被国民党血洗，县委书记李文香惨死。

李文香，一位出身贫苦的乡村教师，学生时代品学兼优，因家境贫寒送不起礼，曾三次以全县第一名的成绩参加省考而落榜。落榜后，他当了一名私塾先生。他同情穷苦人，为穷孩子说公道话，因此得罪私塾老板，丢掉饭碗，变成游学先生，直到30来岁才在县立小学立下脚来。

李文香为人正直，是非分明，严于律己，深受学生爱戴和崇敬。他的学生邓中夏成为中国共产党的早期领导人之一，他的另一个学生高静山，则是宜章县早期党组织领导人，并成为李文香的入党介绍人。高静山是宜章第一个党小组组长、党支部书记，但后来李文香被选为第一任县委书记，又成为学生高静山的直接领导。这种角色转换，显示了当年共产党强大的生命活力。

1925年，毛泽东由长沙出发前往广州农民运动讲习所，路经宜章，曾在李文香的"文萃书店"与高静山、李文香长谈，毛泽东听取了他们的工作汇报，高静山和李文香也聆听了毛泽东关于党的工作的指示，并与毛泽东建立了工作联系。不久，跟随毛泽东一同下广州的长沙纱厂工人周振岳，以国民党湖南省党部农运特派员的名义被派到宜章工作，领导宜章的工农运动。1927 年毛泽东的《湖南农民运动考察报告》中提到的宜章、临武、蓝山地主武装破坏农会的许多情况，就是他们提供的。

李文香

宜章县在李文香的领导下，成为湘南农民运动最火爆的县份之一。到 1926 年 11 月止，全县除村农会外，计建立县农会 1 个、区农会 10 个、乡农会 185 个，总计 196 个；入会会员达 14183 人，其中雇农 1438 人、佃农 8936 人、半自耕农 1637 人、自耕农 1283 人、手工业者 802 人、小学教员 87 人。为保证农会会员队伍的纯洁性，根据农会章程规定和要求，凡加入农会的人，必须要有两个农会会员的介绍，并需经农会审查批准，决不允许土豪劣绅入会。农会减租减息，强制地主平粜；禁止卖淫嫖娼，吸毒卖毒，打牌赌博；办起夜校，普及文化；办起了合作社，为农民借款提供方便；等等。宜章广大乡村充满了革故鼎新的朝气。然而，宜章的地主阶级没有一天停止过破坏。据《中国共产党宜章历史》第一卷记载：

1926 年初，农运刚刚兴起，一些狡猾的豪绅就暗中纠集一些流氓地痞和未加入农会的群众，成立"假农会"妄图与中共宜章党组织领导的农会对抗。如黄沙区成立的"区农会"，近城的西乡、白沙的洛阁成立的乡、村"农会"，农会权力由当地的一些土豪劣绅把持。他们以"农会"的名义掌管着公堂公款，横行乡里。这些"农会"实际上是由土豪劣绅一手拼凑起来的"保产会"。中共宜章县委领导的农会成立后，与他们进行了针锋相对的斗争，逐个揭穿他们的阴谋与罪行，把受蒙蔽的农民群众争取了过来。

这些土豪劣绅拼凑"假农会"的阴谋被揭露后，他们不甘心自己阴谋的失败，于是又挖空心思采取了更加恶毒的手段，制造谣言，巧立名目诬陷农会干部，并收买刺客妄图杀害农会干部。如白沙区洛阁村的土豪劣绅暗中用 1000 块银圆的巨金收买刺客，妄图暗杀农会干部。农会干部一直在注视着他们的一举一动，提高了警惕，使他们的阴谋未能得逞。

1926 年 11 月初，近城区西乡农会为组织农民武装，召集豪绅们开会，要他们捐款派钱，作为购制刀枪的经费。李纯成、邝孝先、邝子润这些土豪劣绅当时慑于农会的威力，当面唯唯诺诺应允。可是，他们回去后，暗地里在背后捣鬼。这些豪绅们聚集在西乡进行密谋策划，并杀鸡喝血盟誓，要与农会对抗到底。随后，他们又暗中勾结县长刘卓，以农会"私造枪支，图谋造反"的罪名，于11月11日突然袭击，将农会干部颜子乐、颜拭云、李光萱、彭庆弼等5人抓捕关入县监狱，图谋杀害。

事件发生后，近城区的农民群众与县立初级中学的师生们义愤填膺，立即举行集会，向县长公署提出强烈请愿，要求马上释放被无理抓捕关入大牢的农会干部。县农民协会也立即致电省农协会，省农协会立即电示："由县农协核办"。

11月13日，县农协通知近城区东、南、北三乡农民，连夜汇集县城。

大革命时期宜章农民协会会员证

宜章县农会会员证

当晚，宜章城内火光冲天，群众把县长公署围得水泄不通。县长刘卓慑于群众的压力，慌忙把关在监狱里的颜子乐等西乡农会干部全都放了出来，并将他们请到自己的卧室里就坐，向他们道歉说："诸位受辱，实属错误，此事，千错万错是我错，请列位高抬贵手。"并当场令号兵吹号鸣放鞭炮，护送颜子乐等回家。近城三乡农民群众反破坏斗争终于获得全胜，再一次给了那些为非作歹的土豪劣绅当头一棒！

苣篱区满塘乡的土豪劣绅，亦百般作祟，当农会宣布禁赌时，他们从中捣鬼，捏造赌博者的名单，诬说农会干部"聚众赌博"，煽动一些暴徒围攻农会干部，这一破坏阴谋也被农民协会及时粉碎。

各地的土豪劣绅们的种种阴谋一个个都被揭穿了，宜章挨户团头子邝镜明和邓镇邦等，犹如热锅上的蚂蚁，坐立不安，日夜寻找机会妄图为其主子报仇。11 月 27 日深夜，邝镜明在养正书院召集排以上的头目秘密开会，与他们同饮"公鸡血酒"，盟誓要与共产党、农民协会对抗到底。

12 月 1 日，当县农民协会集会庆祝省工农代表大会的召开时，邝镜明与豪绅彭匡一等，于当天上午，暗中派遣一批地痞流氓，跟踪捉拿上街张贴庆祝标语的县农会干部，幸亏被农会干部及时察觉，才免遭其害。反动派接着又私造"第一区农民协会联合会"条章，煽动百余名不明真象的群众，手持木牌沿街大声呼喊着："取消第一区农民协会"的口号，进行煽动。县农民协会当场将其破坏行径，呈请县长公署追究。邝镜明、邓镇邦等不但不改邪归正，反而变本加厉。第二天，他们亲自率领 10 余名团丁，借"取消压迫农民的挨户团"的标语为口实，捣毁近城区农会，捆绑区农会委员长萧景顺，将他带到挨户团，百般拷打，并把他关押到监狱里。反动派的暴行，激起广大工农群众的愤恨。中共宜章县委和县农会立即采取行动，顿时，全城轰动起来，迅速聚集一大批工农群众，赶到挨户团所在地，强烈要求释放被捕的农会干部。邝镜明等慑于人民群众的威力，不得不把抓捕的农会干部萧景顺放出来。穷凶极恶的挨户团头目们的阴谋诡计，再一次破灭。

1927 年 1 月至 4 月，宜章掀起了以农民运动为主体的革命高潮。全县农民紧紧地团结在各级农会组织周围，听从农会的指挥，向着阶级敌人发起猛烈进攻。这个时期，农村的土豪劣绅都被革命的威力吓得胆颤心惊，不敢乱说乱动。在诉苦斗争会上，农民大胆地斥责那些顽固的土豪劣绅，愤怒之下，竟敢赏给他们耳光，让这些封建恶霸、土豪劣绅威风扫地。一些狡猾的土豪劣绅为了躲避农会的斗争，竟然弃家逃跑，有的北窜长沙、衡阳；有的南逃广州、韶关，或投亲靠友，或寻找"大树"保护。农会便把这些土豪劣绅平日从农民身上剥削来的家产统统没收充公。

这期间，农村中的一切权力都归农会。乡村里发生的一切矛盾都要请示农会出面处理，甚至连农民一些口角纠纷也要农会干部出面调解。在与土豪劣绅的斗争中，对那些罪大恶极、民愤特大的不法土豪劣绅，农会根据广大农民群众的要求，将其处以极刑。黄沙区处决了反动劣绅李畔池、黄国汉，白沙区处决了欧贴贴父子。对处决这些地方恶霸，广大农民群众感到扬眉吐气，拍手称快。农民协会取代了千百年来由封建地主、土豪劣绅把持的区、乡、村政权，农民成了农村中真正的主人。

从以上材料中可以看出，毛泽东所讲的"农村革命是农民阶级推翻封建地主阶级的权力的革命。农民若不用极大的力量，决不能推翻几千年根深蒂固的地主权力"是多么正确！不如此，中国千百万农民何来"民权"？又哪有"民生"？

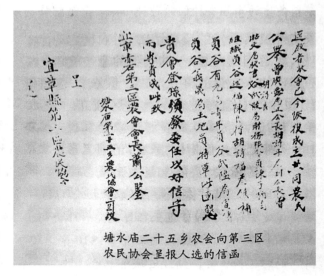

塘水庙二十五乡农会向第三区
农民协会呈报人选的信函

农会信函

当然，地主阶级出于本性绝不会主动放弃广大农村的治权，他们要夺回乡村治权，必然会百倍疯狂地反扑。李文香是一个富有远见的基层党组织领导人。他与毛泽东一样，早就有了武装保卫农民运动的觉悟。据《中国共产党宜章历史》第一卷记载：

中共宜章县委高度重视农民武装建设。1926 年 7 月，派遣余经邦回赤石茶园（今属杨梅山镇）老家活动，首先组织秘密农会，后由农会出面，打着防止土匪骚扰的旗号，将该村文昌会的积谷 120 石变卖，将筹得的经费开办地下"兵工厂"，自制武器，武装村里青壮年农民，建立宜章第一支农民武装——茶园农民自卫队，余经邦任自卫队队长。这支农民武装早上操练，上、下午生产。茶园农民武装的建立，为宜章人民开展武装斗争奠定了基础。

1927 年 1 月 7 日，茶园农民武装暗中侦察得知，赤石挨户团一个排，奉令调回宜章县城驻防。余经邦即率领茶园农民自卫队和香花树等地农民群众，手持鸟铳、梭镖，埋伏于赤石挨户团回县城必经之路——富里坪、香花树下。当赤石挨户团到来之时，余经邦一声令下，将一个排的团兵围住，一举缴获了他们 30 支枪，除挨户团排长黄文耀逃脱外，其余团兵全部被俘。此事，民国县志"事纪"曾这样记载:"民国十五年十二月,共产党与团队决裂。共产党杨子达等久欲组织农军,以枪支在总团手,不得逞。遂于是月围缴驻香花树下团队枪30支……"茶园农民自卫队首战告捷,大灭了挨户团的威风。第二天,赤石区农民在三望坪举行庆祝集会,会上,在庆祝农军首战获胜的欢呼声中,赤石区农民协会也宣告成立,并选举萧孝传为赤石区农民协会委员长。

……

1月15日,余经邦奉县委指示,率自卫队来到县城,与近城区农民武装会合,成立宜章县农民自卫军总队。县委委员颜秉仁任总队长,余经邦任大队长,戴崇德任参谋。总队共有100余人,30多支枪。总队部设在东山养正书院(即今宜章县一中)。宜章县农民自卫军总队的建立,标志着宜章农民革命的武装斗争进入了一个更新的阶段。

……

各区、乡农会为了严防敌人的破坏活动,保障工农运动的顺利开展,在县委、县农会的领导下,分别建立了梭镖队和少年先锋队等农民武装,负责站岗放哨,检查来往行人的通行证明,对维护地方治安,严防敌人的破坏活动发挥了重要的作用。

然而,当时中共上层不但不重视发展农民武装,反而还压制农民建立武装。理由是,国共合作时期,不能得罪国民党。共产党要一切服从国民党,一切维护国民党,一切听从国民党。这就大大地制约了基层发展自己武装的积极性,严重削弱了农民革命武装力量,给农民革命事业带来了灭顶之灾。

1927年4月28日,李文香从县农民协会驻地回到县立初级中学校门口时,被事先埋伏的刺客开枪射击,腿部中弹受伤。枪声震动了宜章县城,城内工人、商民、学生及农民运动讲习所的学员闻讯纷纷赶到现场,大家愤慨不已,特别是农讲所的学员们,他们立即出动,在县城各界群众的配合下,四处搜捕行凶的刺客,通宵未眠,个个表示:不捉住凶手,决不罢休。

次日拂晓,刺杀李文香的凶手正准备乘船去坪石领赏,被农民发现,当即缉拿送县。人民群众强烈向县当局请愿,要求严办凶手。县长在群众的强大压力下,不得不把刺客黄方源等三人就地处决。

就在这革命与反革命展开生死较量的时候,混入党内的黄方涛原形毕露,公然叛变了革命。原来,刺杀李文香的刺客中,有一个就是黄方涛的堂弟黄方源。黄方涛于 4 月 30 日晚上，逃奔广东坪石，勾结邝镜明与国民革命军第一游击中将司令、汝城大土匪胡凤璋，带领匪兵 200 余人，连夜从坪石三青洞出发，偷袭宜章县城，围攻驻东山养正书院的农民自卫军总部和县立初级中学。农民自卫军仓促应战，结果在枪战中参谋戴崇德、排长邓金治、战士曹云怀等不幸中弹牺牲。李文香因遇刺腿伤未愈，大家要背着李文香突围。李文香为了大家安全撤退，坚定地对同志们说："你们赶快突围吧，我个人牺牲是小事，保全大家是大事。"由于李文香的坚持，同志们只好把他隐藏在一个楼梯底下的杂屋里，然后忍痛离开。敌人扑进学校，到处搜索，李文香不幸落入敌手。近城区农会负责人萧景顺及县委委员吴泗来的儿子吴统业也同时落入敌手。邝镜明趁机从狱中将其父亲邝绍任劫走。高静山、周振岳、毛科文、杨子达等被迫连夜摸出北门往郴县方向转移。

5 月 1 日早上 8 时，反动派惨无人道地将县委书记李文香割耳、挖眼、刮舌，然后用箩筐抬着游行示众，最后将他残酷杀害。同时，他们还枪杀了近城区农会委员长萧景顺以及吴统业和萧贤若，抄了李文香、吴泗来和妇女委员刘冬春的家。

李文香成了蒋介石背叛革命后湘南牺牲的第一个共产党人。

此后，湘南陷入了血海之中……

国民党蒋介石之辈假三民主义的真面目暴露无遗。

第三章 ┃ 血 火

百倍的清算

> 　　轰轰烈烈的农民运动中，各地农民面对几千年封建地主的压迫暴发出强烈的反抗，因而个别地方发生了一些"过火"的行为。但当地主劣绅们卷土重来时，对革命的农民实行百倍的清算。湘南大地，血流成河……

　　1927年那个酷热的夏天，是一个血腥的夏天。

　　在轰轰烈烈的农民运动中，从1925年底到1927年春，湖南全省农民协会审判枪毙的土豪劣绅不到100人。

　　然而，1927年5月21日，国民党唐生智手下的第33团团长许克祥发动反革命政变，破坏湖南省70余个革命机关，当晚就枪杀了100多名共产党员、国民党左派人士和革命群众。反动军官指挥的血腥大屠杀不仅仅发生在长沙，也发生在湖南其他各地。常德、溆浦、湘潭、湘乡、浏阳、衡阳等20余县，都先后发生了反革命大屠杀事件。据统计，"马日事变"后的半个月中，全省被屠杀的共产党人和革命群众在 1 万人以上。

这是百倍千倍的清算！

在这场大屠杀中，湘南党的地方组织被摧毁殆尽，共产党早期党员被杀戮殆尽：

1925 年 10 月 16 日，由毛泽东亲自介绍加入中国共产党的湘南第一个共产党员，郴县良田的黄静源，因领导安源工人大罢工，被反动军阀杀害于安源俱乐部广场前，成为湘南革命烈士第一人；

1927 年 5 月 1 日，中共宜章县委书记李文香，被国民党团防局杀害；

5 月下旬，湘南早期共产党员、担任湘粤桂边境特派员的嘉禾人唐朝英，在前往零陵组织农军时，因叛徒告密，被国民党反动派杀害；

6 月 6 日，中共郴县第一任党小组长，郴县总工会第一任委员长，湖南农民自卫军政治部主任李翼云在长沙被杀害；

6 月 8 日，中共永兴特支书记、县农协委员长黄庭芳被杀害；

6 月 11 日，永兴县省特派员杨仲芳、县农民协会副委员长刘璧璋、县总工会委员长廖孝泽等被秘密杀害于永兴县城；

7 月，桂东县农协委员长、共产党员李壁，在长沙被杀害；

8 月 15 日，中共汝城县党的创始人、特支书记朱青勋被杀害；

10 月 1 日，中共临武县党的创始人、特支书记，湘南特委秘书长袁痴被国民党团防诱捕，在押赴县城途中，即被临武县团防杀害于韩山脚下；

……

据不完全统计，国民党在 1927 年的 5 月至 10 月间，仅湘南郴州十余县就杀害共产党人、农会骨干、农会群众达数千人，是农会判决枪毙土豪劣绅的人数的数百倍！这是从数量上说的。

从手段上看，当时农会对付地主豪绅的手段是开斗争会进行大批判，戴高帽子游街，经公诉认定情节特别恶劣的才判决死刑，执行枪毙。但国民党地主阶级的报复却是直接杀戮，其手段之残忍更是令人发指——

国民党团防局捕获中共宜章县委书记李文香后，将其砍去四肢，割去舌头，挖掉双眼，用箩筐抬去示众，然后杀害；

资兴团防局在杀害农会干部唐禄明时，令团丁排成两行长队，每人用梭镖向他乱刺，将其全身刺出几十个窟窿，致其血尽而亡；

汝城 17 岁的妇女主任朱春荣，被土匪何其朗抓住，受尽酷刑，最后被铁丝贯穿双乳，游街后枪杀在县城城墙下；

嘉禾土豪劣绅王绥予，将抓获的嘉禾东区农协委员长王任予用柴刀剁成肉泥；

郴县五里牌农协委员长李道担被敌人残酷杀害后，其心肝被挖出来油炸后下酒；

……

如此残忍无道，足见其反动本性。

这就是历史！

什么是白色恐怖？这就是白色恐怖！

血火湘南

> 革命的烈火是扑不灭的，共产党人从血海中爬起，更坚定了意志。独夫民贼注定没有好下场……

1927 年 5 月 20 日，中共湖南省委书记夏曦得到情报，国民党要在长沙叛乱，他对同事说他要去湖北武汉向党中央汇报，说完就一个人走了，竟没有作任何对敌部署。第二天"马日事变"，省委机关被破坏，党组织群龙无首，一下子陷于瘫痪。中共湘南地区执行委员会书记陈佑魁随李维汉率领的湖南区委代表团，参加了中国共产党在武昌举行的第五次全国代表大会刚回到衡阳不久，得到许克祥叛变革命、残杀共产党人的消息后，立即召开地委紧急会议，研究应变措施。会议决定暂时放弃城镇，转向农村。市内除留少数没有色彩的秘密党团员坚持通信联络外，其他同志一律分散到四乡农村，暂时隐蔽，待机行事。同时会议根据中央命令，发出通知，要求各县农民协会武装解散，将枪送缴县政府。

从 5 月 1 日国民党杀害宜章县委书记李文香以后，湘南的形势并不比省城长沙好，到处是白色恐怖。湘南各县曾准备组织武装自救，但接到湘南地委发来的中央关于解散武装、放弃抵抗的命令后，陷入了无所适从的境地。耒阳县委本来布置了武装自卫，但在接到湘南地委关于放弃抵抗的通知后，将农会武器全部送缴给县政府，县委书记刘泰率领百余名党员于6月初赴武汉，分别加入了贺龙领导的二十军和卢德铭领导的中央警卫团，保存下了一大批党的骨干。这些党的骨干后来成了南昌起义、秋收起义的中坚力量，其中就有井冈山红军三杰之一的伍中豪。他随卢德铭参加了毛泽东领导的秋收起义，上了井冈山。留在家乡的几位负责人也躲进了山里。但国民党并没有放过他们，到处搜捕。《耒阳民报》主编、共产党员黄龙飞，在枫林灯盏窝被捕，受尽酷刑，最后被押往县城，斩首示众。他在遗书中写道："囚吾二日，百刑历尽，体无完肤，双腿已折，惨状罔闻。酷吏欲逼吾供，夺吾志。然筋骨可碎，志何可夺也？""自投革命始，吾已将身家置之度外矣。男儿七尺躯，生必勇，死必烈，为鬼亦必雄……"其宁折不弯、从容赴死的精神，昭然天下，令人肃然起敬。火田资家党组织负责人资党甫，被豪绅伍玉楼之子抓获，其妻赶去探监，敌人用梭镖将其夫妇二人刺穿胸膛，当场殒命。县总工会干事伍凤林、纠察队长刘德桂、店员工会委员长梁丁芝、农运特派员邓宗翰等人，在受尽折磨后惨死在耒阳城郊。农会会员伍徽寿惨死后，敌人将其头颅割下，勒令孩子作皮球踢来踢去，其状惨不忍睹。县总工会秘书长谢幼安被捕后，敌人将其压在巨石之下，直至气绝身亡。耒阳城乡，到处可闻残杀革命志士的枪声，到处可见死难同胞的鲜血。

与耒阳不同的是，中共宜章县委在县委书记李文香壮烈牺牲后，没有放弃抵抗。县委委员高静山、杨子达、毛科文与省农协特派员周振岳于4月30日晚，冲出邝镜明团兵的包围，连夜赶到郴县良田，于5月2日请来国民革命军陈嘉佑工兵队一个营，配合宜章农民武装打退了胡凤璋、邝镜明队伍，活捉了叛徒黄方涛和西乡大土豪李映奎（又名李仲菜）等3人，并缴获宜章盐卡30多支枪，重新武装了县农民自卫军。是日上午，中共宜章县委、县农民协会在大操坪召开大会。城乡工农民众3000余人，肩背武器，手执小旗，从四面八方赶了过来。会上声讨了邝镜明、胡凤璋的滔天罪行，揭露了叛徒黄方涛叛变革命的反动嘴脸，并宣誓要与反动派斗争到底。在群众的愤怒声中，大会决定处决黄方涛、李映奎等人，并将李文香等7位烈士公葬于艮岩。5月8日至9

日，胡凤璋、邝镜明、欧阳炯等乘陈嘉佑部队返回郴县之机，又率领反动武装卷土重来，盘踞宜章县城。他们疯狂进行反扑，大肆逮捕、关押农运干部和革命群众，仅两天的时间，就逮捕关押了100余人。对敌人的疯狂反扑，中共宜章党组织派人再一次赴郴县请来陈嘉佑部队，里应外合击退了邝、胡队伍，砸开监狱，救出被捕的人员，并捕捉了罪大恶极的土豪李乔等人，当即押赴奶子江全部处决。

为了保卫人民，打击敌人，中共宜章县委没有服从湘南地委关于放弃抵抗的命令，相反，重组了"宜章县农民自卫军大队"。大队约100人枪，由县委委员颜秉仁任大队长。大队下设三个中队，由邝孝志、颜拭云、黄文灿分别任中队长，驻扎在近城附近的高云山和黄岑岭大庙。人民武装的恢复，标志着宜章大革命的烈火并没有熄灭，党领导下的宜章人民面对白色恐怖仍然在继续坚持战斗。

5月下旬，胡凤璋、邝镜明再次卷土重来，占领了宜章县城。逃亡在外的土豪劣绅纷纷返回宜章。6月5日，邝、胡二人率部"围剿"驻扎在高云山（寺）、黄岑岭（大庙）等地的农民自卫军。胡凤璋率队从沙坪上坳向高云山进犯，邝镜明则率队从猴牯岭进攻黄岑大庙脚。由于敌军两面夹攻，农民自卫军终因寡不敌众被冲散。被冲散的农军，一部分由高静山、黄文灿等率领转移到汝城活动，一部分则转入地下，就地坚持斗争。随后，国民党对宜章人民展开了血腥的大屠杀：10月4日，县委委员、县农民自卫军大队大队长颜秉仁被捕后，宁死不屈，壮烈牺牲。11月13日，湖南省司法厅、民政厅指令宜章县长通缉宜章革命骨干15名。反动派迫害共产党员和革命干部的种种酷刑有：下"雷公尖"、坐老虎凳、踩杠子、熏辣椒烟、用香火绑在背上烧、烙红铁，直至挖眼、割舌、剖腹、剜心、枭首示众。反动派仅在西乡就惨无人道地残杀了革命干部和群众56人。乡农会干部颜拭云被捕后，被反动派用刀割肉，仍然大骂敌人，最后壮烈牺牲，他的6个儿子中有4个也先后被杀。全县被枪杀、受迫害而死者有1000余人。

郴县县委与耒阳县委相似，按照上级下达的指示，不得已执行陈独秀"农民不得进行武装斗争，湖南问题静候国民政府解决"的错误命令，解散了农民武装，将农民自卫队的200多条枪支交给了国民党第八军第一师第三团第三营营长陈铁侠。党组织被迫转入地下活动。国民党并没有因为共产党人放下武器而轻饶他们，而是将全县692名共产党员、革命干部和进步人士编入黑名单，在各地张榜通缉，搜山围屋，昼夜抓捕。甚至连与共产党员有过联系或来往的普通群众也不放过，妄图将革命者斩尽杀绝。栖凤渡农会委员长李固被定为"大暴徒"，反动派将其抓住后押送至县城候斩，农会组织数百名群众进城劫杀场，而县清党委员会组织反动武装阻拦，在马家坪打死农民37人。敌人杀害李固后，将其首级割下，装入铁丝笼内，挂在栖凤渡圩场的戏台上示众三日，不准收尸。永丰区农会委员长曹北煌也被定为"大暴徒"，反动派抓住他以后捆住他的手脚，然后用火将他活活烧死。县挨户团团长黄孝球带领人马，围住中共湘南地区执行委员会委员、宜章县委书记胡世俭的老家良田胡家湾，将全村男女老少39人赶到村前禾坪上，全部斩杀后放火烧掉了这个村庄。秀贤区清水塘村是共产党员李翼云、李才佳的家乡，反动派说这个村子是"土匪窝"。7月的一个晚上，反动派重兵围住村子，首先用机枪扫射，然后放火烧屋，致使全村男女老少无一幸存，整个村庄变成了一片瓦砾场，惨不忍睹。在灭绝人性的大屠杀中，湖南省军事特派员朱瑛、郴县共青团组织委员兼县儿童团团长廖昭福，以及7个区委书记、18个农会委员长均惨遭杀害。短短几个月里，郴县被杀害的共产党员和革命干部有368名，无辜群众1600多人（其中仅良田就有300多人被害），被毁灭的村庄8个。郴县沦为人间地狱。

5月21日，安仁县委书记易慎斋被国民党设计诱捕，22日凌晨，十七区农民协会委员长肖祖扬闻讯后，组织农会积极分子将易慎斋从反动分子的虎口中抢救出来，并乘着夜色将易慎斋护送到永乐江边的船头，让易慎斋坐船离开县城，安全脱险。6月14日何键命令盘踞攸县的湘东保安司令罗定到安仁"清乡""清共"。罗定即派遣一个营的兵力到安仁，疯狂捕杀共产党员和革命群众，当天就在县城西门外枪杀近郊区农协执行委员樊锡仕等10余人，制造了"六一四惨案"。随后，罗定又带人杀害了第八区农协执行委员长何舒福和农协委员数十人，还逮捕了共产党员和农运骨干200多人，对逃离虎口的共产党员和县区农协骨干，按职务大小，分为一二三等悬赏通缉。反动派还对革命分子的家庭反复查抄，对其家属百般蹂躏并进行罚款，一般的罚款为40至200银洋，最多的竟罚款600银洋。这期间，安仁每日枪声不止，城乡一片腥风血雨。罗星烈、罗德生、何新福、何楚善、何舒福、侯同生、段盛洪等农运骨干先后被害。特别是侯同生死得分外英勇壮烈。当国民党的刽子手将他押赴刑场要他下跪时，他坚贞不屈，不但不下跪，而且横眉冷对屠刀。敌人对他施尽酷刑，把他绑在南门浮桥的柱子上，用刀慢慢剐割，然后开膛剖肚，将他凌迟处死，手段之残忍，令人发指，现场群众无不掩面而泣。

6月4日，中共永兴特支在望江楼召开会议，讨论"马日事变"后的应变策略，参加会议的有省特派员彭师明、杨仲芳及许玉山、廖孝泽、刘明初等人。会议进行到晚上，街上突然传来枪响，刘丙衡等纠集的土豪劣绅、地痞流氓及警察局的警兵在全城大肆搜捕共产党人、国民党左派和革命群众。彭师明叫大家马上转移，参会人员都从楼上跳到河滩上逃走了。不幸的是，6月8日，中共永兴县特支书记、县农协委员长黄庭芳在去省城汇报的路上，被敌人杀害于耒阳地界。随着形势的恶化，永兴特别支部安排一批党员、工农运动骨干转移到汝城、广东等地，另外的转入农村，保存了大部分的党员骨干。

临武县反动势力极强，以团防头子、大地主曹唯凡为首的反动势力，对造反农民恨之入骨。中共临武特支书记袁痴本已逃出魔掌，没想到反动派竟然利用袁痴妻子的无知，哄骗她说袁痴已经没事了，让他安心回家。其妻信以为真，竟然叫人去桂阳喊袁痴回家，袁痴未进家门即落入虎口。在押往县城的路上，反动派担心农民劫牢，不经任何手续就在进城的韩山脚下的大路边，将袁痴杀死。临武特支成员全体被害，无一幸免。

其余资兴、桂阳、桂东等县，党的主要负责人因种种原因幸免于难，但党的组织基本瘫痪，被害党员、农运骨干，少则数十人，多则数百人。湘南大地一片血海。

然而，屠刀吓不倒有信念的共产党人，也吓不倒那些苦大仇深的穷人。古人云：民不畏死，奈何以死惧之？许多共产党人、农会骨干从血海中爬起来，一步步向湘南最南边的高山县城汝城聚集。星火汇聚，烈焰腾空，于是，汝城形成了与山下各县截然不同的革命高潮，被称为"新湖南"奇观，并引起了中共中央的关注。

军旗猎猎

一群从血海中爬出的汉子会聚汝城，打出了中国工农革命军的第一面军旗……

1927年5月以后，国民党血洗湘南大地，残杀无数共产党人和农会骨干，一举将湘南中共地方组织摧毁殆尽。但屠刀下幸存的共产党人和农会骨干，没有举手乞怜，没有屈膝讨饶，他们悄悄从血海中爬起，坚定地向南、向南，走向高山县城汝城，那里是国民党统治薄弱区，希望在那里重整旗鼓，重新站起来！

据《中国共产党汝城历史》第一卷记载：

1927年5月，耒阳、宜章、资兴、郴县、桂东等县数百农军相继转移至汝城。5月25日，广东仁化农军告急。汝城农军总部迅速派出80余人枪前往支援，与当地农军配合，一举攻下仁化县城，救出被关押的农会干部及群众300多人。其后，仁化农军撤至该县与汝城交界的城口渐溪山和汝城大坪的城溪一带开展游击活动，后撤至县城。

6月初，为统一领导汇集汝城的各县农军，中共中央指示成立"C.P驻汝特别工作委员会"（又称"党的临时特委"），任卓宣为书记，陈东日、陈佑魁、吴振民、朱青勋为委员。

6月中旬，广东惠（州）潮（州）梅（县）即东江一带农军300余人由吴振民、杨石魂、林军杰、李运昌（李方歧）、于鲲（于益之）等率领，艰苦转战千里，拟经湘赣边界的上犹、崇义进入汝城。汝城特别支部书记朱青勋派罗道喜等前往上犹县鹅形墟附近迎接。下旬，惠潮梅农军在罗道喜的带领下，转经桂东到达汝城田庄。至此，农军仅剩264名。

惠潮梅农军到达汝城后，即派阳兴光、方临川赴武汉向中共中央军事部长周恩来汇报东江农军转战汝城经过和汝城工农运动的情况。不久，吴振民率广东惠潮梅农军乔装国民党军队由汝城向武汉进发，路上又吸收数十名被解救的农协骨干参军。6月底，吴振民在衡阳与从武汉返回的方临川相遇，方临川传达了中央军事部长周恩来的指示。周恩来高度赞扬了汝城的工农运动搞得好，在四周白色恐怖下坚持斗争，是真正的新湖南。并告之目前武汉国共准备分家，形势十分恶劣，要求惠潮梅农军返回汝城，与汝城农军合编为一个师，番号为中国工农革命军第二师，就地举行武装起义，建立红色政权。惠潮梅农军迅速掉头重返汝城。

7月5日，国民党汝城县党部常务委员胡光昭、县农协委员长范大激联合签署文告，高度赞扬惠潮梅农军千里转战汝城的革命斗争精神。7月6日，中共汝城特别支部、汝城农军总部在县城小教场召开大会，欢迎惠潮梅农军胜利到达汝城，肯定了湘粤农军会师汝城、联合反蒋（介石）的重大意义。"一时间，汝城汇集农军达5000人左右，受到中共中央的关注。"

各地农军汇集汝城后，汝城农民革命运动再度高涨，全县有组织的工农群众达5.6万人，占全县总人口的三分之一以上。农民武装也迅猛发展，各区均组建了60人以上的自卫大队，各乡组建有20多人的纠察队，县成立巡查总队，由第一区农协委员长范卓兼任巡查总队总队长。全县农民武装达5000余人。其中，持枪的农民自卫军1000余人，梭镖队2000余人，其他组织起来的工农武装群众2000余人。每天早晚，城乡各处都有农民自卫军操练、巡逻，严加防范。一时间，所有农军枪上肩，刀出鞘，到处刀枪林立，群情激昂，盛况空前。汝城地方反动派极为害怕，称之为洪水猛兽。"在白色恐怖笼罩全省的情况下，汝城一隅工农运动却是生机勃勃，被誉称为'新湖南'和类似'十月革命'前夜的'彼得堡'"。

7月9日，中央军事部派特派员陈东日（湖南宜章人）和省军委委员武文元抵汝城组建湘南军事委员会。任卓宣为书记，陈东日、陈佑魁、吴振民、朱青勋、何举成、李涛等6人为委员。其后，整编了汇聚于汝城的各地农军，组建了中国工农革命军第二师（简称二师）。师长陈东日，副师长吴振民，参谋长武文元。下辖三个团，汝城农军为第一团，团长何举成，党代表朱青勋；郴县、宜章等地农军为第二团，团长高静山；惠潮梅农军为第三团，团长吴振民（兼），党代表李运昌。第二师成为"中国共产党领导的第一支打出工农革命军旗号的武装力量"。7月中旬，桂东县挨户团副主任何鉴率部从沙田向汝城田庄边境骚扰。中共湘南军事委员会令吴振民率惠潮梅农军和郴、宜农军急赴田庄，配合当地农民自卫军反击。三路农军联合进攻，将何鉴部击溃于沙田，农军一路追击至大塘、寨前一带。缴获步枪、鸟铳10余支，钢炮1门。经此战斗，桂东地主武装不敢再犯汝城边境。

7月下旬，中共湖南省委考虑湘南地委管区太宽，决定另外分区组织郴县、宜章、资兴、汝城四县特委，中心设汝城，书记夏明震，委员朱青勋、高静山、李一鼎。

《中国共产党汝城历史》一书详细记载了中国工农革命军第二师的来龙去脉。

工农革命军的提出、建立，是有一个过程的。

第一次国共合作时期，中国共产党协助国民党建立国民革命军，许多共产党人参加了国民革命军，并全力参与了国民革命军的北伐战争，取得了北伐战争的伟大胜利。其中以共产党人为主的国民革命军第四军叶挺独立团成为北伐战争中最为著名的一支劲旅，号称"铁军"。1925年11月21日叶挺独立团在广东肇庆成立。1926年1月，叶挺独立团正式改为国民革命军第四军独立团。以叶挺为团长的独立团，是第一次国共合作时由中国共产党直接领导的一支革命武装，但名称、番号却是借用国民党的，隶属国民革命军第四军，隶属关系也是国民党的。因此，这支队伍实际上还不能算共产党独立领导的部队。

1927年7月，共产国际执委会作出《关于中国革命目前形势的决定》，强调指出："开展土地革命，继续用'平民式'的方式，即用在无产阶级领导之下的工人、农民、城市贫民联盟之革命行动，为完成资产阶级民主革命而斗争；有系统的武装工人和农民。"但没有明确其名称。

同月，中共湖南省委在《关于湖南目前工作的计划》中首次提出了"工农要用种种方法取得武装（如夺取溃军、团防的枪枝或集资购买），并且秘密的从事武装训练"。但也没有给出这种武装的名称。

1927年8月3日，中共中央在《关于湘鄂粤赣四省农民秋收暴动大纲》中要求江西"积极参加革命军对反革命派的军事战争"。其中去掉了"国民"二字，但也没有冠以"工农"名称。直到1927年8月23日中共中央在《关于秋收起义中建立政权及土地问题给湖南省委的复示》中首次提出建立"工农革命军"的名称："在指定暴动的区域，未发难之先即应正式成立若干农军，暴动成功之后，须无限制的扩充数量，施以真正的军事政治训练，所有工农自卫军可改为工农革命军。"这就正式给出了共产党武装力量的名称"中国工农革命军"。

但是，这一中央正式命名，却落后于工农武装组织的实际斗争。

1927年6月，广东惠州、潮州和梅县的农军，由吴振民、余冠民、杨石魂、李芳歧（即李运昌）、于锟、林军杰等率领，辗转来到汝城。随后，郴县、资兴、永兴、桂东、宜章等县的部分农运干部和农军也来到汝城。1927年7月，中共中央军事委员会派陈东日、武文元来汝城组织和领导这一地区的武装斗争，八方党内英才会集汝城。此时湘、粤农军有5000多人，湘南、粤北的地方党组织负责人也会聚汝城。1927年7月9日，以陈东日为首，整合各方农军力量，正式成立了"中国工农革命军第二师"，陈东日任中共中央军事部驻汝城特派员、湖南军委委员、中国工农革命军第二师师长，任卓宣任湘南军事特别委员会书记，吴振民任副师长，武文元任参谋长，并由任卓宣、陈东日、陈佑魁、吴振民、朱青勋五人组成"C.P驻汝特别工作委员会"，任卓宣为书记，计划以汝城为中心，开展湘南秋收暴动。

由此可以看出，中国工农革命军第二师的成立，比8月23日中共中央正式给工农武装冠名"工农革命军"的通知实际早了四十多天，比毛泽东同志9月正式命名秋收起义武装为"中国工农革命军第一军第一师"早了足足两个月。

中国工农革命军第二师师长陈东日，原名原祥，号破晓，1902年12月生于宜章县栗源团栗源堡。1920年夏从县立高小毕业，考入长沙大同师范学校英算专修科，之后成为大同师范学生运动主要领导人，加入社会主义青年团，自此改名为"东日"。1925年7月毕业，考入广东国民革命军第二军军官学校第二期，在校期间加入中国共产党。北伐时任第二军教导师营、团指导员，副团长。"四一二"反革命政变后，陈东日因愤恨蒋介石的叛变行为，驻衡阳时从部队弄出一批枪支弹药，支援湘南地方党组织武装暴动。不久，他随部队开往武汉，与中央军委接上头。1927年7月初，受中央军委周恩来的委派，陈东日以中央军委特派员的身份从武汉到达湖南汝城。

任卓宣则是四川南充人，字启彰，后以"叶青"的笔名著称，生于1896年。他早年在私塾读书，后入南充县立中学（校长张澜）学习，毕业后在小学教书，深受梁启超及《新青年》的影响，思想激进。1919年得张澜推荐，离川北上，考入北京高等法文专修馆。1920年，他在时任四川省长张澜的资助下赴法，先在里昂附近一家钢铁厂当学徒，后在巴黎近郊一家工厂做技工。

其间他目睹西方资本主义制度的现实，又接触到大量思想学说，思想逐渐由实业（化工）救国转到无政府主义乃至社会主义。1922年与周恩来、陈延年等发起组织"中国少年共产党"，创办《少年》。不久，任卓宣又加入法国共产党，同时成为中国共产主义青年团旅欧总支部的成员。中共旅欧总支部成立后，他转为中共党员，并成为该支部负责人之一（一说为总书记），负责宣传事宜，与周恩来等办报刊（《赤光》等），写了许多介绍马克思主义的文章。1926年底，任卓宣奉命返国。由于其特殊经历，他很快在党内受到重用，先任中共广东区委宣传部长，继任中共中央党报委员会委员等职，并兼任黄埔军校政治教官。1927年末，由于党组织连续遭到破坏，中共湖南省委书记王一飞被捕，任卓宣被调到湖南，任省委宣传部部长，并负责领导长沙一带的革命活动，不久又奉调汝城任湘南军事特别委员会书记。

7月中旬，陈东日接到湖南省委转来的永兴县党组织负责人向大复的求救信："我在婆家很累，无人帮助，每天煮饭菜、喂猪、洗衣服等，家务劳动很重，生活困难，请家中来人搭救。"原来"马日事变"后，永兴县廖孝泽、郭怀振等50多位党、团员和工农运动的骨干分子被国民党逮捕，关押在永兴县监狱。陈东日立即派刘参谋先行秘密到永兴县城侦察敌情。在永兴地下党员廖致侯的带领下，刘参谋侦察了永兴县政府、监狱的地形与兵力部署情况后回到汝城，向陈东日作了汇报。7月下旬，陈东日、任卓宣率领一个连的兵力，突袭县衙门，抓住县长文斐，迫使他打开监狱，将廖孝泽、郭怀振等50多名革命志士全部救出。

7月下旬，中共湖南省委计划分片组织十一个特委，决定组织郴县、宜章、资兴、汝城四县特委，中心设汝城，书记夏明震，委员朱青勋、高静山、李一鼎。

1927年8月上旬，国民党令范石生率第十六军数万之众压向汝城边境，战争一触即发。8月14日夜，范石生调3个团的兵力分三路偷袭汝城。左翼王甲本团由泰来圩、城头、廖家、新塘进发，抢占城西虎头寨，进攻西关口；右翼谭天礼团由苏仙岭过永安中心洞至九塘江，包围县城北门；中路范石生率主力李学义团由泰来圩经担盐坳至叶家岭，堵截城南上黄门一带。何其朗率部由东乡经教场坪、西垣向县城东门进袭。而此时，湘南军事特别委员会正在召开紧急军事扩大会议，研究应变措施，师长陈东日主持会议。任卓宣、吴振民、武文元、朱青勋、范大澂、何翊奎、欧阳焜、朱书诚、钟碧楚、范修之、宋训玉、何亚奎、刘光明、高静山、黄文灿、李一鼎、于鲲等人参加会议。对敌人的重兵包围，与会人员竟然毫无所知。会议开到凌晨 3 点多，一声枪响，惊醒梦中人。大家仓皇出逃，却为时已晚。这支工农革命军被范石生击溃，惠潮梅农军大部牺牲，郴县、宜章、资兴农军余部散回家乡，汝城农军逃往江西。

师长陈东日回到宜章家乡隐蔽，后来成为湘南起义军宜章县工农革命军第三师副师长，上井冈山后，曾任职红二十军政委。不幸的是在赣西南肃反扩大化中被自己人错杀，年仅 29 岁。中共七大召开时，毛泽东提议为其平反。

军委书记任卓宣逃回省城长沙，是年冬天，任卓宣因叛徒出卖被捕，并被判处死刑。某日午后，当局枪决"共党要犯"，有 10 人从狱中被提出，任卓宣为其中第 7 人。至刑场，10 人依次排列，随即枪声大作，众人陆续扑地。任卓宣呢？枪声过后，他感到背后有一股强大的力量将他撞击在地不能动弹，接着又是几声枪响掠过耳际。倒在地上的任卓宣听到有人说："这个人没有死，补他一枪。"结果枪声响后，仍没有击中要害（一眼被击穿）。此后行刑者撤离刑场，而任卓宣也昏死过去。是夜，天降大雪，任卓宣被寒冷激醒，突然听到有人说："你还没有死吗？"任答："没死，请你补一枪吧。"那人又说："我并非官家人，我是来'剥鬼皮'（即剥死人身上衣服——笔者注）的，我可以救你，你家在哪里呢？"任卓宣忙说："我家在四川，在长沙还有一个表妹。"说罢，那人挽起任卓宣，急急离开刑场，就近送到一个农人家中。此后，得到通知的任卓宣表妹把受伤的任卓宣送进长沙的湘雅医院，这所医院是外国教会开办的，虽然知道病人的来历，但为了救死扶伤，仍尽心医治。这就是当年国民党"清共"在长沙留下的一个奇闻：两次枪毙，有一个共产党人居然还能死里逃生。可惜，不久后任卓宣再次被捕，叛变了革命，并成为国民党的一个反共专家——后来臭名昭著的中共大叛徒"叶青"。

中国工农革命军第二师的红旗在汝城飘扬了 37 天（7 月 9 日—8 月 15 日）。时间不长，但火红的工农革命军旗帜给湘南人民带来了巨大的希望：因为它是第一支真正意义上的工农革命军，是工人农民自己的队伍。其队伍成分也都是真正的湘南粤北工人、农民。工农革命军第二师的失败，更增加了湘南人民的痛，增加了湘南人民对国民党的仇恨！同时，工农革命军第二师在汝城的活动，引起了湖南省委、中共中央的极大关注，这才有了中共湖南省委、毛泽东的《湘南运动大纲》和中共中央《关于湘鄂粤赣四省农民秋收暴动大纲》确定以汝城为中心的湘南暴动计划。

谁主沉浮

> 在蒋介石掌控国民党的情况下，孙中山先生的"三民主义"走了样；而共产党在国民党的屠刀下，遭受巨创。中国革命向何处去？谁主沉浮？

1927年的武汉是中国革命的中心。

北伐军打下武汉三镇后，国民党中央党部、中共中央齐集武汉。身为国民革命军总司令的蒋介石，随东路军进入江西南昌后，待在南昌不肯西移武汉，在南昌筹划自己的势力范围，企图另立国民党中央，与武汉左派中央政府格格不入。其后，他甩开武汉中央政府，由南昌东移上海，发动了"四一二"反革命政变。

时在武汉的汪精卫、唐生智国民政府号称"左派"，当时也曾情绪激动地通电全国反蒋。然而，5月21日，唐生智指使他的第三十五军第三十三团团长许克祥在长沙发动了"马日事变"，屠杀毛泽东家乡的共产党人。7月15日，汪精卫撕下了"左派"面具，发动了武汉清党运动，迫使中国共产党人不得不转入地下，中共中央秘密迁往上海。

这一时期，毛泽东作为国民党中央代理宣传部部长，中共中央农民运动委员会书记，于1926年11月底到达武汉，在汉口建立中共中央农委办事处。12月17日他由汉口回长沙参加湖南省第一次工人代表大会、湖南省第一次农民代表大会。1927年1月，毛泽东对湖南湘潭、湘乡、衡山、醴陵、长沙5县的农民运动进行了深入的调研考察。2月12日，毛泽东回到武汉。其妻杨开慧于2月底携孩子一同来到武汉，住在武昌都府堤41号。在中共转入地下后，她又于8月离开武昌回到湖南。

在这八个多月里，毛泽东经历了中国革命史上的巨变，且一直在这个变化的核心区域。在这里，他写成了著名的《湖南农民运动考察报告》，旗帜鲜明地回答了国共双方对湖南农民运动的质疑。同时他主持了武汉中央农民运动讲习所的实际工作，对农民革命的情况做了大量的了解和运动宣传，一直为农民革命创造条件。在这里，他听取了全国各地来向中央反映的农民运动受压的问题，湖南各地反动武装袭击

武昌都府堤 41 号

农民协会的情况，以及湘南农民奋起反抗，残余力量会集汝城的情况。

毛泽东在国民党二届三中全会上，推动出台了《对农民宣言》《农民问题决议案》两个有利于农民运动的文件，其中《对农民宣言》指出：中国国民革命最大部分的目标是解放农民，以完成民主革命。地主阶级是一切反革命派的基础。革命需要农村的一个大变动，"使农村政权从土豪劣绅不法地主及一切反革命派手中，移转到农民的手中，在乡村中建设农民领导的民主的乡村自治机关"。要推翻封建势力，使这个斗争的胜利得到保障，"则农民得到武装实为重要条件之一。农民应有自卫的武装组织"。

然而，中共中央在陈独秀的主持下，坚持妥协退让，毛泽东在武汉召开的中共五大上提出解决农民问题议案，未被大会接受。当长沙"马日事变"发生，大批共产党人倒在血泊中时，陈独秀竟然下令要农民解除武装。

7月3日，眼见形式恶化，武汉国民政府即将叛变革命，中共中央紧急召开政治局扩大会议，在陈独秀的主持下，会议仍然强调"工农群众组织必须受国民党领导"，"工人纠察队必须置于国民政府的监督之下"。

黑云压城城欲摧。黄鹤楼下，都府堤41号的主人常常彻夜不眠。毛泽东一根接一根地抽烟，满腹愁思无法排遣。推窗望去，江水滔滔，黄鹤楼在夜空中静静地耸立在江边，听江水呜咽，看黑云翻滚，与小黑屋的主人无言交流

着……毛泽东转过身来，饱蘸浓墨，一挥而就，写下了一生稀见的愁词：

> 茫茫九派流中国，沉沉一线穿南北。
>
> 烟雨莽苍苍，龟蛇锁大江。
>
> 黄鹤知何去？剩有游人处。
>
> 把酒酹滔滔，心潮逐浪高。

毛泽东无法平静，时局错综复杂，中国革命走什么样的路，怎样才能打败国民党这个强大的敌人呢？结合几个月来对湖南农民运动的了解与思考，他的思路渐渐明晰了——武装暴动，寻找国民党统治最薄弱，我党农民运动基础最好，有一两团武装作后盾的地方，先建立起自己的政权……长沙，敌人太强大；湘西，我党群众基础太薄弱；湘南，对，湘南，汝城有一个农军师，那里山高林密，又在湘粤交通线一侧，湘粤赣三省交界处，三不管地带，是个最好暴动的地方……

毛泽东想到这里，拧掉烟头，伏案疾书，《湘南运动大纲》出来了：

一、湘南特别运动以汝城县为中心，由此中心进而占领桂东、宜章、郴州等四五县，成一政治形势，组织一政府模样的革命指挥机关，实行土地革命，与长沙之唐政府对抗，与湘西之反唐部队取联络。此湘南政府之作用有三：

（一）使唐在湖南本未稳定之统治，更趋于不稳定，激起唐部下之迅速分化。

（二）为全省农民暴动的先锋队。

（三）造成革命力量之中心，以达推翻唐政府之目的。

二、军力方面：

（一）请中央命令彭湃同志勿将现在汝城之粤农军他调。

（二）浏平军千人立即由郭亮率领赴汝城。

（三）江西革命军中调一团人赴汝城。

右三部分共兵力约一师，以革命军一团作中坚，至少有占领五县以上的把握。

三、湘南须受江西革命领导机关的指挥，革命的粤政府成立，则受粤政府指挥，并供给其需要。中央应命令江西方面执行此计划。

四、党的湘南特别委员会，受湖南省委的指挥，在交通阻隔时候得独立行使职权。①

1927 年的夏天，毛泽东将自己拟好的《湘南运动大纲》以中共湖南省委的名义，提交中共中央临时负责人。

以瞿秋白为首的中共中央接到毛泽东的《大纲》后经研究完全同意毛的计划，并将其纳入了 1927 年 8 月 3 日制定的《关于湘鄂粤赣四省农民秋收暴动大纲》（下文简称《四省暴动大纲》）。该大纲在叙述了四省联合暴动的意义、方式、注意事项、政策要求后，对四省暴动提出了具体要求：

湘：准备于不久时期内在湘南计划一湘南政府。建设革命政权及一切革命团体。在广东革命委员会指挥之下。

现即须组织湘南特别委员会，受省委指挥，于交通不灵通时得有独立指挥此委员会所能活动的地方工作。

特委：夏曦、郭亮、泽东、卓宣（书记泽东）。②

中共中央的《四省暴动大纲》，对四个省的规划大同小异。这个小异就在于对湖南的部署非常具体，指定湖南暴动地点在湘南，且特别指示成立湘南特委，指定毛泽东任湘南特委书记。这是大纲中唯一指定地点和人事的暴动部署。可见中共中央对毛泽东意见的重视！也见出暴动大纲的不成熟——其他三省竟没有任何具体的规划和措施。

8 月 7 日，中共中央紧急会议在武汉汉口鄱阳街 139 号召开。这次会议总结了大革命失败的经验教训，批判和纠正了陈独秀右倾机会主义的错误，确定了土地革命和武装反抗国民党反动派的总方针，并把发动农民举行秋收起义作为党当前最主要的任务。会议选举瞿秋白、李维汉、苏兆征等组成中共临时中央政治局。会上，毛泽东、邓中夏、蔡和森等人愤怒地谴责了陈独秀的右倾思想。毛泽东在会上慷慨激昂地说：

国际代表报告的全部是很重要的。第一，国民党问题在吾党是很长久的问题，直到现在还未解决。首先是加入的问题，继又发生什么人加入，即产业工人不应加入的问题。实际上不仅产业工人，即农民都无决心令其加入。当时大

① 见《湘南运动大纲》，原载中国人民解放军历史资料丛书编审委员会编《土地革命战争时期各地武装起义·湖南地区》，解放军出版社 1997 年版，第 56 页。

② 见《中共中央关于湘鄂粤赣四省农民秋收暴动大纲》，原载中央档案馆编《中共中央文件选集》第 1 卷，中共中央党校出版社 1989 年版，第 221-222 页。

家的根本观念都以为国民党是人家的，不知它是一架空房子等人去住。其后像新姑娘上花轿一样勉强挪到此空房子去了，但始终无当此房子主人的决心。我认为这是一大错误。其后有一部分人主张产业工人也加入，闻湖北亦有此决定，但仅是纸上空文，未能执行。过去群众中有偶然不听中央命令的，抓住了国民党的下级党部，当了此房子的主人翁，但这是违反中央意思的。直到现在，才改变了策略，使工农群众进国民党去当主人。第二，农民问题。农民要革命，接近农民的党也要革命，但上层的党部则不同了。当我未到长沙之先，对党完全站在地主方面的决议无由反对。及到长沙后仍无法答复此问题。直到在湖南住了30多天，才完全改变了我的态度。我曾将我的意见在湖南作了一个报告，同时向中央也作了一个报告，但此报告在湖南生了影响，对中央则毫无影响。广大的党内党外的群众要革命，党的指导却不革命，实在有点反革命的嫌疑。这个意见是农民指挥着我成立的。我素以为领袖同志的意见是对的，所以结果我未十分坚持我的意见。我的意见因他们说是不通于是也就没有成立，于是党的意见跟着许克祥走了。甚可怪的，唐军还仅承认只有八处军官家庭被毁，我党反似乎承认不知有多少军官家庭被毁。总之，过去群众对于党的领导的影响太少。第三，对军事方面。从前我们骂中山专做军事运动，我们则恰恰相反，不做军事运动专做民众运动。蒋唐都是拿枪杆子起的，我们独不管。现在虽已注意，但仍无坚决的概念。比如秋收暴动非军事不可，此次会议应重视此问题，新政治局的常委要更加坚强起来注意此问题。湖南这次失败，可说完全由于书生主观的错误。以后要非常注意军事，须知政权是由枪杆子中取得的。……①

毛泽东的发言，直抒胸臆，酣畅淋漓，他把在武汉积累的胸中愤懑，一股脑儿倒出来了。这个讲话，就是后来著名的"枪杆子里面出政权"的英明论断，也是湘南烽火的火源！

武汉的8月，已是腥风血雨，风声鹤唳。但中央新的领导确立，胸中块垒已除，毛泽东的自信得以坚定。得到中央首肯，让自己回湖南发动秋收暴动的毛泽东，放眼浩浩长江，禁不住回想起两年前写的那首《沁园春·长沙》：

---

① 见中共郴州市委党史资料征集办公室编《湘南起义文献集》，中共党史出版社2014年版，第33—34页。

独立寒秋，湘江北去，橘子洲头。

看万山红遍，层林尽染；漫江碧透，百舸争流。

鹰击长空，鱼翔浅底，

万类霜天竞自由。

怅寥廓，问苍茫大地，谁主沉浮？

……

剑指湘南

> 毛泽东自己草拟了《湘南运动大纲》，却又自己推翻了湘南暴动的计划，没有履职中央的任命。然而中央却剑指湘南……

"改造中国与世界"，我辈有责。谁主沉浮？舍我其谁！

1927年8月12日，充满自信的毛泽东由武汉秘密回湘，住妻子杨开慧板仓老家。8月18日，毛泽东以中共中央特派员身份参加中共湖南省委会议。

省委会议在湖南新省委书记彭公达主持下召开。参加省委会议的有毛泽东、彭公达、夏明翰、易礼容、贺尔康、毛福轩等。会议讨论了农民问题、土地问题、暴动问题。在暴动地点的选择上，彭公达主张全省全面暴动，并要毛泽东按中央要求去湘南主持湘南暴动；其他人都主张缩小暴动范围，其中毛泽东最坚决，他主张集中精力、财力、人力在湘中举行暴动。当彭公达表明了自己的意见后，毛泽东站起身来，针对彭公达的意见说："在起义的范围上，我不同意一些同志的主张，在全省同时起义，四面开花。当前的敌我力量对比是敌强我弱，我们不能不顾主客观条件，轻敌盲动，分散使用力量。"他握紧拳头扬了扬，继续陈述说，"我们要把五个指头捏紧，集中力量，先在群众条件好的湘赣边界发动暴动。"有人插话："在全省同时发动暴动，这是党中央的指示啊！"

毛泽东诙谐地说："兵法曰'将在外，君命有所不受'嘛。我们应从实际出发，根据具体情况来决定我们的行动方针。"

毛泽东之所以改变中央暴动计划，是因为形势有了变化。当时武汉国民政府警卫团卢德铭部没有赶上南昌起义，正好转道江西修水，靠近湖南来了，加上平浏农军1个团，还有安源工人纠察队1个团，号称3个团。此外还有中央警卫团传来消息，他们又收编了一个国民党的邱国轩团，这就有了4个团，完全满足了会上大家一致认为的暴动一定要有一两团武装的条件，机会难得！毛泽东又根据这段时间了解到的情况，认为举行全省规模的起义，主观和客观条件都不具备。在革命力量方面，人力财力都很有限，在全省范围内暴动，势必造成革命力量的过于分散。认为暴动可以在全省举行，这是一种低估敌人力量的盲动思想。他坚决反对全省同时起义，极力主张缩小范围，集中力量，在湘东赣西地区发动起义。

毛泽东的精辟分析和坚决态度，使得与会人员找不出合适的理由将其否定。最后，省委决定放弃其他几个中心，进行以长沙为中心的湘中和湘东暴动。同时暴动的有湘潭、宁乡、醴陵、浏阳、平江、安源、岳阳等七县。

然而，中共中央并不认同湖南省委的决定。事实上，中央对组织湘南暴动寄予厚望。为了成功举行湘南暴动，中共中央采取了一系列措施：

中共中央在发出《关于湘鄂粤赣四省农民秋收暴动大纲》的同时，给湖南省委专门发出了关于举行湘南暴动的指示信。

湖南省委：

一、寄上湘南工作计划一份，此计划系由毛泽东提出，已经常委通过者。

二、全湘农民暴动的指导、计划、分派工作人员的责任仍归省委。

三、以后关于军事调动委托前敌委员会决定，决定后呈报中央，转知湘委。

四、二德里十五号已非中央交通处了。

五、黄咸夷系新闻记者，湘省同学，现已大反动，并受民中宣传部命令，携款数万元回湘活动，请兄处注意。

六、汉口二德里十五号已不能用，请以后勿寄信或介绍人至该处。中央交通处及接头处俟定妥后即行通知。

七、湘南特委委员为泽东、郭亮、夏曦、卓宣，以泽东为书记，特此通知。

安中源①

_____

① 见《中共中央关于湘南工作计划等问题给湖南省委的指示》，原载中国人民解放军历史资料丛书编审委员会编《土地革命战争时期各地武装起义·综合册》，解放军出版社2001年版，第160页。

显然，随此信寄来了毛泽东草拟的《湘南运动大纲》。信中特别强调了《湘南运动大纲》已经中央常委通过，表明这个计划是中央的统一计划。按照下级服从上级的组织原则，湖南省委必须执行。

不仅如此，中共中央还同时给南昌起义前敌委员会发去了支持湘南暴动的指示信。

前委：

南昌暴动，其主要意义，在广大发动土地革命的争斗。因此，这一暴动，应当与中央决定秋收暴动计划汇合为一贯的斗争。在此原则之下，中央曾调令湘、粤、赣、鄂四省立即进行，响应南昌暴动：一方牵制破坏压迫南昌之敌；一方开始秋收斗争。同时决定由前敌分兵一团或二团交由郭亮处，希率领到湘南占据郴、宜、汝一带，组织湘南革命政府，受前方革命委员会指挥，并供给相当的饷弹。党内由毛泽东、郭亮、夏曦、卓宣组织湘南特别委员会，以泽东为书记。在湘省委指导下主持之。同时与前委发生关系，除派泽东克日动身往湘南工作。望兄处即遵照此信抽调兵力交郭亮即日率领前往目的地为要。

中原

八日①

1927 年 8 月 9 日，即中央给前委的信发出的第二天，中共中央临时政治局专门就湖南的暴动工作做出决议，并以信件的方式将此决议发给了湖南省委。决议指出：

中央又决定从南昌暴动的军事力量中抽调一团或二团交湘南特别委员会指挥，集合湘南现有的工农军等，夺取郴宜汝一带，设立革命委员会，帮助全省农民暴动规〔恢〕复全省政权。湘南特别〈委〉以毛泽东、任卓宣、郭亮及当地工农同志若干人组织之。泽东为书记，受湘省委指挥。但这里必要明白，湘南计划只是全省暴动计划中之一部分，只有在全省暴动之下，湘南计划才能实现才有意义。万不可本末倒置。②

① 见《中共中央关于组织湘南革命政府及特委致前委信》，原载中国人民解放军历史资料丛书编审委员会编《土地革命战争时期各地武装起义·湖南地区》，解放军出版社 1997 年版，第 41 页。

② 见《中共中央临时政治局对于湘省工作的决议》，原载中国人民解放军历史资料丛书编审委员会编《土地革命战争时期各地武装起义·综合册》，解放军出版社 2001 年版，第 144-145 页。

8月19日，中共湖南省委发出给中央的汇报信，信中没有如实说明放弃湘南暴动计划，而是说：

湖南现在因许克祥对唐生智的叛变，唐的军队已开往前线抵许，现在湘南与长沙事实上已经隔绝。因此另组织一个指导委员会，指导湘南暴动，目的先夺取湘南，如不可能时，决夺取桂东、汝城、资兴三县，建立工农兵政权——湘南革命委员会，坚决实行土地革命政策。①

8月22日，湖南省委的汇报信还在路上，中共中央又发出一信催促：

子任、公达回湘后，未得见只字报告，不知暴动工作准备到如何程度。是否可以即时发动，甚以为念。②

8月23日，中共中央收到湖南省委的汇报信，中央常委当即专门召开关于湖南工作问题的会议，听取了湖南同志的汇报，并拟出复函，交来人带回。复函强调：湖南暴动"可以湘南为一发动点"，"湘中发动，集中军力，扑城取长沙；湘南发动与湘中联合来攻唐许，并夺取唐许的武装，然后向长沙发展，会合湘中湘南的力量，取得政权，湘南湘中的暴动，尽可能的同时发动，免陷一地于孤立"。"湘南方面，仍须立即派得力同志前去，……"同时批评湖南省委：只单纯重视军事而忽视发动工农群众，是军事冒险主义；只重视长沙中心，而忽视湘南和其他区域，是十分错误的决策。

湖南省委接中央复信后，不服中央的批评。8月30日湖南省委复信中央，驳回中央的两点批评，说："兄处谓此间是军事冒险，令将长沙暴动计划取消，实在是不明了此间情形。是不要注意军事又要民众武装暴动之一个矛盾政策。""关于湘南工作问题，也该说明一句，我们是以长沙暴动为起点，并不是放弃湘南。没有把衡阳做第二个发动点，是我们的力量只能做到湘中起来，各县暴动，力量分散了，恐连湘中暴动的计划也不实现。所以我们决定不以衡阳做第二个发动点，但是湘南各县的暴动计划，及暴动准备，均已令有组织的

---

① 见《中共湖南省委关于湖南秋收暴动问题给中央的报告》，原载中央档案馆编《秋收起义》（资料选辑），中共中央党校出版社1982年版，第14页。

② 见《中共中央关于武装起义问题致湖南省委信》，原载中国人民解放军历史资料丛书编审委员会编《土地革命战争时期各地武装起义·湖南地区》，解放军出版社1997年版，第47页。

各县切实执行。"①

中共中央接到湖南省委8月30日的复信，十分愤怒，于9月5日复函湖南省委，提出严厉的批评：

你们说没有抛弃湘南计划，但是来信明明白白的说"恐怕力量分散了，所以没有把衡阳做第二暴动点。"事实上，你们至今没有派一个得力人去湘南工作。仅仅假想某部分军事力量可以利用而已。抛弃湘南实是一个大错误。就在战略上说，假使湘南不有大暴动，湘中暴动即能胜利也是不能持久的。至于怕分散力量更是不可解。假如真能把暴动主力建筑在农民身上，则湘南农民在湘南暴动，并无所谓怕分散力量的事情。

……中央训令湖南省委绝对执行中央的决议，丝毫不许犹豫。②

然而，毛泽东没有服从中央的"训令"，因为他根本就没有看到中央对他的训令。早在8月31日，毛泽东就与爱妻执手相别，踏上了秋收起义的征程——

> 挥手从兹去。更那堪凄然相向，苦情重诉。
>
> 眼角眉梢都似恨，热泪欲零还住。知误会前番书语。
>
> 过眼滔滔云共雾，算人间知己吾和汝。
>
> 人有病，天知否？
>
> 今朝霜重东门路，照横塘半天残月，凄清如许。
>
> 汽笛一声肠已断，从此天涯孤旅。凭割断愁丝恨缕。
>
> 要似昆仑崩绝壁，又恰像台风扫寰宇。
>
> 重比翼，和云翥。

1923年12月间，因时代的召唤，毛泽东别离爱妻杨开慧去广州参加国民党第一次全国代表大会。在离开长沙之际，毛泽东写下这首诗赠杨开慧。而1927年8月31日的这次离别，竟成了他们的诀别，此情此景，更为凄清。

---

① 见《中共湖南省委关于不同意取消长沙起义及湘南起义问题致中央信》，原载中国人民解放军历史资料丛书编审委员会编《土地革命战争时期各地武装起义·湖南地区》，解放军出版社1997年版，第55页。

② 见《中共中央关于秋收起义应注意的问题致湖南省委信》，原载中国人民解放军历史资料丛书编审委员会编《土地革命战争时期各地武装起义·湖南地区》，解放军出版社1997年版，第60页。

　　毛泽东走了，他放弃了亲手制定的《湘南运动大纲》，坚定地朝湘赣边界走去。然而，让他没想到的是，6个月后，他出现在了自己预设的湘南斗争场景中，仍然是这场斗争的主角之一。

　　自1927年9月5日以后，中共中央再也没有对计划中的湘南暴动下过一个字的指示。1927年11月9日至10日，中共中央临时政治局召开扩大会议，作出政治纪律决议案，撤销毛泽东湖南省委委员、中央临时政治局候补委员资格。同时还撤销彭公达的湖南省委书记职务，撤销易礼容、夏明翰的湖南省委委员资格。当时瞿秋白是八七会议上选出来的中共中央临时政治局常委，且是五个常委的主持人。中共中央秘书长是毛泽东的好友邓中夏。只是邓中夏于1927年8月调任江苏省委书记，对于政治纪律决议案，他是一无所知了。

　　历史证明：这一时期中共中央剑指湘南，对于湘南起义的一系列指示，有很多是十分正确的，如关于暴动要发动和依靠工农群众的指示，关于重视湘南暴动计划落实的指示，关于斗争中要把握政策的指示，关于迅速派得力干部到湘南进行组织发动的指示，这些无疑对后来的湘南起义起到了巨大的推动作用。1927年12月中共中央对朱德残部的关注和指示，更是如暗夜灯塔般充满光辉，如春风夏雨般及时。那是后话了。

第四章 | 星 火

扑不灭的山火

> 中共中央剑指湘南，指示湖南省委，"湘南方面，仍须立即派得力同志前去……"

在毛泽东放弃湘南起义计划，拒不履职湘南的情况下，中共中央发出最严厉的命令，"湘南方面，仍须立即派得力同志前去"，"中央训令湖南省委绝对执行中央的决议，丝豪不许犹豫"。口气之强硬，不容拒绝。

然而，参与湖南省委决策的中共中央特派员毛泽东未等中央指示到达，即已启程前往平、浏一带领导秋收起义去了。留守省委的彭公达不敢违抗中共中央命令，当即着手部署湘南工作。

中共中央在 8 月 22 日致湖南省委信中曾指示："请即调佑魁兄来中央工作。"① 陈佑魁即湖南省委于 1926 年 8 月 15 日任命的中共湘南地区执行委员会书记。1927 年 8 月初，中共中央直接任命毛泽东为湘南特委书记，至此，毛泽东的湘南地委使命终结。8 月 18 日，陈佑魁列席了新湖南省委会议，会上毛泽东改变中央计划，放弃了湘南暴动计划，决定举行长沙近郊秋收暴动，同时也明确了湘南特委组织不变，由陈佑魁接任特委书记。因此，中共湘南地区执行委员会就此更名为中共湘南特别委员会，简称"湘南特委"。就这样，陈佑魁留在了衡阳，没有去中央工作。对中央计划湘南暴动的意图，陈佑魁也是清楚的。因此，陈佑魁一回到衡阳，即展开了湘南的暴动组织工作。毛泽东的《湘南运动大纲》，由陈佑魁具体贯彻落实。

"马日事变"后，湘南地区执委机关在陈佑魁的领导下，保存得比较健全。1927 年 6 月湘南指导委员会成立，指挥湘南各县政治军事党务，恢复组织，陈佑魁任湘南 24 县暴动总指挥。7 月初，湖南省委解散湘南指导委员会，设 5 个特委：郴县、宜章、资兴、汝城为一特委，书记夏明震；桂阳、新田、临武、嘉禾、宁远、蓝山为一特委，书记袁助非；安仁、茶陵、攸县、酃县为一特委，书记谭天民；耒阳、衡阳、衡山为一特委，书记陈佑魁；零陵、道县、江华、东安、永明为一特委，书记彭钟泽。11 月 7 日，省委又撤销上述 5 个特委，恢复湘南特委，辖耒阳、衡阳、衡山、安仁、零陵、道县、江华、郴县、宜章、资兴、汝城、桂东、桂阳、新田、临武、嘉禾、宁远、蓝山等县，书记陈佑魁。

省委 8·18 会议后，陈佑魁回到衡阳，立即展开基层组织建设。首先召集田兴、吴汉兴、罗子平、陈芬、夏明震等人参加特委紧急会议，作出了发动群众、组织群众、武装工农、加强工农队伍团结等决定。特委机关的另一部分同志，则转移到南岳，组织南岳周围的农民自卫队，对敌展开武装斗争。同时将特委成员陈芬、夏明震、向大复、邓宗海、姜敬祥、罗醒、文干周等分别派赴衡山、耒阳、郴县、永兴、安仁、道县、酃县等地，与当地党员取得联系，恢复和重建党的组织，发动工农群众，开展武装斗争。

---

① 见《中共中央关于武装起义问题致湖南省委信》，原载中国人民解放军历史资料丛书编审委员会编《土地革命战争时期各地武装起义·湖南地区》，解放军出版社 1997 年版，第 48 页。

当时，白色恐怖笼罩衡阳。陈佑魁在县城的处境十分险恶。为了坚持斗争，他常扮作大商人、小伙计或教书先生，坚守秘密联络站，联络同志，聚集力量，筹措枪支弹药，发布指挥命令。特委机关多次转移，从衡阳文化书社通讯处，先后转移到天马山黄荃家、江东何玉霞家，最后以潇湘河街三顺祠和八十一号街旁邓牧良家为交通联络站。陈佑魁乔装打扮，隐身于三顺祠。白天，他端坐在香案前，敲击木鱼，俨然活道人！夜晚，则接待各县来衡同志，把特委的指示传下去，指挥各路游击队，积极响应和配合全省的秋收暴动和起义。

1927年10月间，陈佑魁指导屈森澄、黄常岗等在衡北组织暴动，屈森澄带领农军二百多人夺取了衡山石桥团防局的步枪30余支。罗子平带领几十人来支援，并广泛发动受苦农民参战。一夜之间，起义武装力量由200多人猛增到约7000人，杀土豪劣绅68人。衡山南岳、界牌、北乡、麻町、元山、石头桥、西乡等处周围数百里的人民群众相机而起，暴动声势浩大，乡里的反动劣豪几乎全被肃清，县伪团防局与我方战斗月余，均节节失败。在衡北暴动的影响下，各地武装暴动风起云涌，相继建立了"衡北游击师""第九支部"（工农革命军第九师第三团前身）等农民革命武装。后在此基础上，正式建立了工农革命军第七师、第八师、第九师，与地下党支部互相联络，在衡阳西北乡等山区坚持武装斗争。衡山、衡阳的反动军队和挨户团龟缩县城，不敢出门。

1927年底，湖南省委又奉临时中央命令，布置年关暴动，攻取各个县城。陈佑魁即派屈森澄去衡山，派夏明震、杜家俊、溥模等9人去耒阳、郴州一带开展斗争。随后又派团特委书记周鲁担任特委军事部长，去以上地区协助指导军事行动。

经过一段时间的努力，衡山、耒阳、永兴、郴县、宜章、资兴、桂阳、蓝山、临武等县的党组织又迅速恢复或重建起来。特委机关重新进行了整顿，积极酝酿开展反对新军阀的示威运动，并重建了印刷机构，开始印刷党的文件和传单。在各地党组织的秘密领导下，衡阳、衡山、耒阳、水口山等地农村不断发生暴动；茶陵一带，党掌握着1400多人枪，一直同特委保持着联系；酃县、安仁、攸县的武装斗争也在猛烈地进行着。陈佑魁亲自到水口山矿区，依靠宋乔生等党团员骨干，组织上千工农群众，用梭镖、大刀解除了矿井队和矿务局两处反动势力的武装，得枪360多条，有力地支援了各地农民的武装斗争。然而，在严酷的斗争中，以陈佑魁为首的湘南特委的"左"倾情绪却在不断滋长。如在衡山召开的特委紧急会议就没有考虑革命处于低潮的实际情况，盲目地决定在各地公开举行反新军阀宣传活动，致使一些地下党组织遭到破坏，许多同志惨遭杀害，不少革命群众和同情革命者被关进牢房。当时，在汝城、郴州一带工作的部分同志主张利用敌人的内部矛盾，让我们的一部分武装力量暂时接受范石生收编，以谋保存工农武装力量。可是，陈佑魁等特委成员却认为这个办法是错误的，是投机行为，决定"凡我之武装，皆不能受范收编"，拒不接受郴、汝党组织的正确意见。这就使党的组织工作变得被动。第七师、第八师、第九师农军相继被打散。由于当时上级党组织的"左"倾思想越来越严重，下级机关干部的思想也跟着"左"转，给湘南起义工作带来巨大的损失。

事实上，瞿秋白领导的党中央，其"左"的思想路线有一个发展过程，最初并不是那么的"左"。

在目前发现的中共中央对于湘南暴动的相关指示中，最早提出比较"左"的口号的是1927年8月3日发布的《关于湘鄂粤赣四省农民秋收暴动大纲》。其中有两句话：一是在总的暴动口号中提出"夺取一切政权于农民协会，歼灭土豪劣绅及一切反革命派，并没收其财产"；二是在针对江西秋收暴动的要求中提出"尽量杀戮土豪劣绅与反革命派"。

稍后的8月23日的《中共中央关于秋收起义中建立政权及土地问题给湖南省委的复示》中提出了"暴动杀尽豪绅反动的大地主"的口号。但这个复示中，关于土地问题一节又有人性化的政策指示：

对地主家属则以能耕者给田，不能耕者则没收为原则，土地没收后由革命政府宣布简单的田税税率法（累进的田税，至多不超过收入百分之三十），每乡区提出救济贫民的基金（包含地主的老弱家属）……

这一点，毛泽东早在中共湖南省委8月18日的会议上已经明确讲道：

这个没收土地的政纲，如对被没收土地的地主，必须有一个妥善的方法安插。因此主张在不能工作或工作能力不足及老弱的地主，应由农协在农业税之内征收若干农产物平均分配给此等分子。

可见当时中央的政策还并不是乱杀乱烧。

到8月29日，《中共中央关于两湖暴动计划决议案》提出"暴动杀尽土豪劣绅反革命的大地主及一切反动派""暴动为死难民众复仇"的口号，便有进一步"左"的发展。其中没有了对"反动大地主"的界定，而是用了"杀尽""一切"等极端语。

然而，中央在不断与各省联系的指示信中，对于基层一些极"左"的做法又提出了严肃的批评。1928 年 1 月 20 日，中共中央给李维汉同志的信中，专门就湘南特委的"左"倾错误思想提出了批评：

由于他们（湘南特委——编者注）远处深山与中央的政策隔绝，但他们农民分配土地，工人占据工厂的倾向，确表现一分社会关系与广东同志之组织三 K 党，谓革命为大杀、大抢、大烧，广州工人同志要求提出没收一切资本家的财产纯全一样。附上他们的报告，希兄至湘时加以纠正。①

1928 年 1 月 27 日，中央致信广东省委指出：

省委对北江的工作大纲，北江特委致朱德的信，内中都充满了一个不正确的观念。这个观念便是以"杀人、放火、抢物"为暴动原则，为革命目的。特委信中有"鼓励自由杀人"、"奖励焚烧房屋"的话。省委决议案更主张布告民众准自由杀人，杀国民党党员，反革命房屋一律焚烧，兵士杀自己长官。这种主张不是无产阶级革命先锋的正确意见，而是农民暴动受了土匪流氓主义——亦是三 K 党的影响的反映。②

同时，中央严厉指出：这是"跟着三 K 党流氓土匪主义后边而失掉无产阶级的立场"。

可见，上级"左"一分，下属"左"一丈。"左"倾思想提倡的某些极端行为，往往容易被某些缺少理智的人接受，并加以发挥。

尽管如此，陈佑魁的组织工作还是成功的。到 1927 年 11 月，湘南各县已基本恢复了党的组织，并组织农会骨干互相串联，秘密筹备武装暴动。

郴县：早在"马日事变"后不久，郴县县委书记陈芬身份暴露，即与衡山县委书记凌云对换。凌云到郴县后，即着手恢复县委，调整了县委领导班子，书记凌云，组织委员孙开球，工农委员李杰，宣传委员伍一仙，军事委员万伦，青年委员邝朱权（后叛变），委员夏明震（1927 年 8 月来郴）、段玉庭、

---

① 见《中共中央关于湖北湘南工作问题致李维汉信》，原载《中央政治通信》1928 年 3 月 24 日第 21 期。

② 见《中共中央关于广东全省起义等问题给广东省委的指示》，原载《土地革命战争时期各地武装起义·综合册》，解放军出版社 2001 年版，第 412 页。

曾子刚、李才佳、李佑余。县委取代号"郑杰"。县委机关设在"惠爱医院"，建立了9个区委党组织。1927年9月，凌云不幸被捕牺牲，由夏明震接任县委书记。10月中旬，县委在五盖山、良田、萧家岭秘密召开扩大会议，制订和通过了郴县暴动计划，同时重新整合了全县暴动队伍力量，成立了郴县武装暴动营，营长万伦，党代表伍一仙。营下面设6个暴动连。

10月25日根据中央和省委的多次指示，中共湘南特委派周树堂、邓华堂、邓三雄等人在郴县、桂阳交界的东华山主持召开郴县、永兴、桂阳、耒阳、宜章5县党组织负责人和军事干部参加的军事会议。参加会议的代表有耒阳的陈得志，宜章的廖子泽，郴县的李才佳、王继武、曹飞，永兴的刘明初、邱尚文、李藩周、康子良、邓大亮、刘景升，桂阳的邓华堂、邓北钥、邓三雄、杨奎生（又名杨彪）、吴万程、邓芳林、邓友杰、邓友梓、邓三元、邓友玢、邓芳玩、邓葵金等，共30余人。会议开了3天，由周树堂、邓华堂主持，邓三雄作记录。会上周树堂传达了中央八七会议精神和省委关于举行湘南秋收暴动的指示，宣讲了中共中央致全体党员书，提出了当前革命的具体任务和要求，研究讨论了武装起义和土地革命等问题，号召五县联合起来，举行年关武装暴动。周树堂在报告中说："今后的任务是放手发动群众，组织革命的武装去击败反革命的武装。同时又要狠狠打击土豪劣绅，彻底推翻其统治，建立苏维埃政府，实行土地革命。"会议提出了"反对军阀、解除民团武装""打倒土豪劣绅和贪官污吏""反对蒋介石反动集团""团结工友农友们，杀尽反革命分子不留情""建立苏维埃政权，实行土地革命"等革命口号。会议决定：一、以县、区为单位成立游击队，打击地主、恶霸的反动武装力量；二、各县在11、12月统一行动，打击国民党驻湘南的军队；三、发动群众，扩大武装队伍，在斗争中解决武器问题。在此基础上成立暴动总指挥部，暴动总指挥由耒阳的周树堂、郴县的王继武担任。实行五县联合行动，与敌人进行武装斗争。

11月9日，郴县县委书记夏明震、暴动营长万伦、党代表伍一仙，带领秀良、秀贤2个暴动连，用仅有的一支枪和自制的土炮端掉了良田清乡委员会，打死挨户团士兵2人，缴枪10余支，子弹200多发。11月13日晚，曾子彬带领50多名暴动队员袭击良田挨户团，打死挨户团士兵16人，缴获步枪12支。11月18日晚，县委书记夏明震带领县暴动营，以虚张声势的战略端掉良田税卡，在税卡的挨户团士兵全部被擒，缴获步枪 4 支，子弹 600 发。11 月 21 日，良田和走马岭暴动连又联合攻打折岭税卡，缴获步枪 5 支。郴县暴动营的一次次胜利，激发了全县人民的革命热情，暴动的烈火迅速在全县熊熊燃烧起来。

宜章县：1927 年 5 月 1 日，县委书记李文香牺牲后，县委一班人和农军在高静山的率领下撤到汝城县。7 月，宜章农军编入中国工农革命军第二师，与郴县农军合编为第二团，高静山任团长，郴县的李一鼎任党代表。工农革命军第二师于 8 月 15 日被国民党第十六军范石生部偷袭，全师被打散，高静山率领被打散的宜章农军又返回宜章分散隐蔽。秋天，湘南特委派胡世俭任中共宜章县委书记，胡与高静山、毛科文、杨子达等联系上后，被安排到离城 60 余里的碛石学校，以教书为掩护开展工作。10 月 25 日，宜章县委派廖子泽参加了桂阳东华山的五县暴动筹备会议，回来后传达了中央关于组织湘南暴动的指示精神和八七会议精神。其间，湘南特委又多次派郴县的李一鼎、伍景濂到碛石传达特委的指示。县委在碛石成立了中共碛石特别支部，彭晒任书记，吴统莲（后改名吴仲廉）任组织委员，彭暎任宣传委员。党员中有从湖南省立三师和女三师回来的十几人。不久，又在斗争实践中发展了一些贫苦农民入党，并在周家、鹧鸪坪、东溪等村发展了多名党员。年底，碛石特支党员数达到了 30 多人。碛石特支从大革命失败的教训中，深刻认识到必须掌握革命武装的重要性。为了控制武装，县委通过上层关系，派彭晒打入黄沙挨户团任副团总。11 月初，碛石特支又以"防东匪、办团防"为名，在村里组建了 40 余人的"挨户团"，把原来掌握在豪绅手中用于宗族斗争的一批枪接过来，控制在自己手里。彭晒等人还召集村中地主豪绅开会，以"保护家产"的名义，迫使豪绅捐款，购回 12 支新枪及几箱子弹；又在村里开办"兵工厂"，请来 8 名嘉禾铁匠制造土枪土炮和梭镖。经过精心筹备，碛石特支组建了一支有 30 多支步枪和 100 多杆土枪、梭镖的武装。同时，特支设立"教武场"，请来武师训练队员。彭晒等人白天认真习武，晚上则上"夜学"，在承启学校里向队员们宣讲革命道理，启发阶级觉悟，使这支革命武装队伍日益强壮。特支为了与周边各地的地下组织沟通各地情报，相互策应斗争，先后与粤北的韶关、曲江、梅花地下党组织，临武牛头汾支部，嘉禾南区党支部取得联系，形成了一个广泛的地下党组织网络。这时，杨子达、余经邦率领的原宜章农军三分队转至广东梅花后，以大坪杨家、石岱余家等地为据点开展活动，坚持地下斗争，在村里各自组建了农民协会，并与同在这一带活动的胡少海取得联系。胡少海是宜章岱下胡家人，早年参加李国柱部队，北伐时在程潜的国民革命军第六军任团长。因为同情革命，思想进步，大革命失败后他受到歧视被缴械，于是愤然脱离国民党部队，召集部属李光化及50余名湘南籍官兵，潜入湘粤边境的莽山及乳源、乐昌一带活动，成为宜章一支重要的革命力量。

耒阳：耒阳党的领导集体逃往武汉后，当地的党组织被国民党彻底摧毁。湖南省委于1927年8月将邓宗海从武汉调回耒阳重建党的组织。邓宗海冒着极大的风险，在极端困难的环境下，潜入耒阳县城。他在西门外资家村一间偏僻的小屋中暂住下来，设法与隐蔽在城内的伍云甫取得了联系。恰逢刘泰、徐勋等一批参加南昌起义部队的人员被打散后潜回耒阳老家隐蔽。邓宗海、伍云甫、刘泰三人接头之后，秘密深入农村，安慰烈士家属，联络失散党员，仅用一个多月时间，就恢复了全县主要区乡党组织，还发展了一批意志坚定的青年积极分子入党。9月中旬，邓宗海在哲桥元子山向李天柱、资桂林、徐鲁候、周施等到会党员传达了中央八七会议精神和省委秋收暴动计划，要求大家分头通知党员按时参加全县党员大会，重组耒阳县委。9月底，邓宗海在南岭背文家村秘密召开全县党员大会，再次传达中央和省委的指示精神。会议研究决定成立"中国共产党耒阳县委员会"，邓宗海任书记，谭衷任组织委员，徐仲庸任宣传委员，刘泰任工运委员，刘霞任农运委员，伍云甫任秘书长，钟森云、李树一、邝郿、张奉岗、伍华为县委委员，后又增补徐鹤、徐勋为县委委员，县委机关办公地点设城西聂州村培兰斋，并决定创办县委的油印内刊《耒潮》，由秘书长伍云甫负责编辑、油印，3天发行1期。10月，县委在《耒潮》上发表了《拿起刀枪，为烈士报仇》的社论，号召全县人民和各级党组织立即行动起来，以牙还牙，以血还血，向敌人展开针锋相对的斗争。社论就像一颗重磅炸弹，在城乡各地产生了强大的冲击波，使许多感到迷茫的民众重新看到了曙光。

在县委的领导下，各级党团组织和农协组织迅速拉起武装队伍，由数人到数十人组成若干战斗小组，拿起了梭镖、土铳，有的还搞到了手枪和步枪。每个小组均制作一面三角旗作为标志，制定了各式各样的联络暗号。武装除奸活动大多采用昼伏夜行、速战速决的偷袭战术。队员们白天下地劳作，夜间紧急集合，选准目标，快速奔袭。对罪大恶极、手上沾有烈士鲜血的土豪劣绅和投降变节分子一律处死；对罪行较轻的予以口头警告或留书示警，震慑和瓦解敌人营垒。各乡土豪劣绅胆战心惊，纷纷躲进县城，致使城区房租暴涨几倍。

县委书记邓宗海亲率一支武装小分队，在耒郴公路两侧活动。其组织数百民众，一夜之间，将沿线四十多里路数百根电线杆全部砍倒，并张贴大量的标语口号，大造声势，震慑敌人。当敌军组织力量前往"进剿"之时，邓宗海率队跳出包围圈，顺势攻击三顺寺和元子山两地挨户团，杀掉几个首恶分子。谢竹峰、李振鹏领导的小分队，在集贤乡、哲桥乡先后处决了伍澄平、肖裕禄等几个屠杀工农的刽子手，然后西渡茭河，奔袭常宁烟洲民团，大获全胜。县委工运委员刘泰和周鲂、贺寿彭率领武装小分队于12月的一个晚上潜入白沙镇，恰逢国民党法官曹水仙娶儿媳大摆筵席。当地豪绅、官僚、地痞云集曹家，喝酒看戏打麻将，堂上堂下张灯结彩，一片喜庆景象。小分队乘其不备，攻入大堂，当场处决了11名顽抗分子。此举震动全县，扬威湘南。不久，由县总工会副委员长罗涛和张奉岗率领的300多名农民武装，突袭云峰镇挨户团，趁团丁开饭之际，冲进敌营，智擒守哨，在一片喊杀声中，排枪齐发，打死打伤团丁10余人，缴获枪支20多条、子弹1000多发，大胜而归，再次给了惊魂未定的耒阳县政当局一顿"惨痛教训"。

年末，县苏维埃政府特派员谢翰文和雷发徕潜至耒阳、衡阳、常宁交界的烟炭山，以组建"圈子会"作掩护，打着"杀富济贫，除暴安良"的旗号，带领50多名游击队员，劫杀了一批土豪劣绅。当地富户说到黑杀队，那真是谈虎色变，心惊胆战。谢翰文率队进入桐梓山后，利用地形优势，纵横捭阖，频频出击，队伍迅速扩大到200多人。消息传到常宁水口山铅锌矿区，中共水口山特别区委派人进山联系游击队进矿配合工人行动。谢翰文等人乔装成商人，大摇大摆进入常宁，支援矿山工人举行暴动，两次奇袭矿警队，缴获大批枪支弹药，帮助组建了战斗力极强的工人纠察队。矿山当局惊恐万分，急电省府派兵弹压。水口山工人领袖宋乔生亲率工人纠察队进入桐梓山游击区，与谢翰文领导的农民武装会合，成立"桐梓山游击队"。

永兴县：1927年7月，湘南特委派向大复到永兴恢复重建党组织，在城内建立秘密联络点，和散落各地的党团员取得联系。9月上旬，在全县的党团员的秘密串联走访之下，各地的党团员陆续恢复联系，向大复见时机成熟，在永兴城内邓家祠堂召开秘密会议，宣布重新成立中共永兴特别支部，向大复任特支书记。会议部署了工作任务，即继续联络幸存的地下党团员，恢复基层党组织，发展党团员，组建武装力量，开展武装斗争。参加会议的有何宝臣、邝振兴、廖孝泽、傅赐骏、戴彦藻、戴彦凤、黄平、何近道等。他们被分别派到全县各区乡开展工作。

1927年10月25日，湘南特委召开五县东华山会议，永兴江左的党员李藩周、刘明初、康子良、邱尚文、邓大亮、刘景升等6人参加了会议。

12月，黄克诚受党组织派遣，由武汉回到家乡油麻圩，与邝振兴、李卜成、何宝臣、尹子韶、刘木、刘馨、黄平、康子良等取得联系，在江左开展活动，先后介绍李卜成、尹子韶等人加入中国共产党。

12月初，湘南特委在衡阳湘江河上召开会议（称"江心会议"），正式制订了湘南暴动计划，对各县武装暴动作出了具体部署。会后永兴特支及时传达了这次会议精神。

12月上旬，中共永兴特支在城关附近的白头狮宝塔山召开了特支扩大会议，参加会议的有向大复、黄克诚、李卜成、黄平、刘馨、何近道、邝振兴、李腾芳、邓燮文、许玉山、张正山、廖鸾凤、廖致侯、曹镇南、曹代隆等15人。会议传达了中共中央八七会议和11月9日在上海召开的临时中央政治局扩大会议的精神。

12月下旬，向大复调走，李一鼎继任中共永兴特支书记。月底，在原特支的基础上，中共永兴县临时委员会成立，隶属中共湘南特委，县委书记李一鼎，组织部长刘馨，宣传部长邝振兴，军事委员黄克诚，县委委员许玉山、刘让三。党组织的恢复，为武装暴动提供了组织保障。

随着党组织的恢复，永兴各区、乡农民武装也纷纷建立。江右九区在支部书记许玉山的领导下建立了九区赤色独立团，推举原九区农民自卫队队长曹钧为团长，许郁为党代表，由广州起义回来的何昆任教官。江左区县农协委员刘木，以办武馆的名义，组建了一支600余人的武装。油麻圩黄克诚、尹子韶组建了一支100余人的武装，县城城郊党支部戴彦藻联合宝源煤矿工人纠察队，组建了一支工农赤卫大队，大队长为陈伯诚。

安仁县：1927年9月份，湖南三师学生、共产党员廖超群受共青团湖南省委派遣潜回家乡安仁，在安仁发展了10余名共青团员，成立了安仁新的革命组织——共青团安仁区分部。后来湖南省委管辖的茶攸安酃特委任命徐鹤为中共安仁县委书记，但徐鹤也未去安仁就职，暂蔽耒阳西乡，只是委派联络员徐克全到安仁秘密联系地下党组织，了解一些情况，指导工作。10月底，唐天际回到家乡华王，以探亲访友为名，暗地里同隐蔽在家乡的共产党员唐德丝接上了头，然后通过唐德丝又与县委联络员徐克全取得了联系。唐天际以家乡华王乡为支点，秘密延伸发展农会组织。11月，徐克全通知唐天际参加县委会议。这次县委会议重点研究了发展党员、建立党的组织、恢复农民协会、组建农民武装的问题。会上，唐天际与湘南特委派来的联络员文干周见了面，和与会人员一起对安仁重建党的组织等问题进行了商讨。此时的中共安仁县委转属湖南省委领导下的湘南特委管辖。会后，唐天际按照湘南特委和中共安仁县委的指示，在华王发展了唐如庆、唐虞、唐德寅、唐冬发、唐楚材等5名党员。12月26日，中共华王支部建立。中共华王支部有党员7名，唐天际为支部书记。12月底，中共羊脑支部、豪山支部相继成立，谭昌伸、刘嘉可分别担任支部书记。至此，形成了以徐鹤为书记，下辖中共豪山支部、中共羊脑支部、中共华王支部3个党支部的中共安仁县委。

桂阳县：1927年10月，原朱德副官周树堂（耒阳人）被党组织派到桂阳组织暴动，他与邓华堂、邓三雄等人多方奔走，联系上郴县、永兴、桂阳、耒阳、宜章5县的党组织，于1927年10月25日在桂、永、郴三县交界的东华山东华庵召开了郴县、永兴、桂阳、耒阳、宜章等5县党组织负责人和军事干部参加的军事会议，史称"东华山会议"。11月初，邓华堂、邓三雄又赴永兴，与尹子韶、黄克诚、康子良在永兴油麻圩的濂溪书院，召开了桂阳、永兴两县毗邻地区部分党员会议，进一步研究了两县农民武装在起义中如何协同作战的有关事宜。12月，邓华堂、邓三雄等人在洋字团园林寺组织召开会议。参加会议的都是当时洋字团各村武装骨干，共200余人。其中，园林寺附近的南衙村、北衙村就有邓友焕、邓友湘、邓长友、邓三太、邓光富等40余人参会。

资兴、桂东、汝城等县，在工农革命军第二师8月15日惨败后，将3县农军500余人撤往桂东湘赣边活动。9月中旬，农军会集濠头，改编为国民革命军第四军补充团，团长何举成，副团长于鲲，党代表任卓宣，下设3个营和1个特务连。随后队伍移往江西崇义、上犹一带活动，9月下旬奉中央指示折返湘南。9月23日，在江西上犹营前圩，何举成接中共湖南省委秘密指示："毛泽东已率工农革命军第一师向长沙进攻，令你部改编为工农革命军第二师第一团，就地举行起义，然后向衡阳方向前进。"部队重新整编为工农革命军第二师第一团，团长何举成，副团长于鲲，党代表任卓宣，副官谢发明，军需长何翊奎，下设3个营；同时，建立中共第二师第一团委员会，书记任卓宣，委员何举成、李涛。第二师第一团决定立即举行起义，以策应湖南省委的秋收起义计划，当天下午，即召开连以上负责人会议，具体部署起义计划。24日，何举成率团以一营为前锋，打着"国民革命军第四军补充团"的旗号向桂东县城进发，桂东县县长谢宪章组织队伍迎接补充团。26日夜，桂东县政府要员和土豪劣绅设宴为部队接风洗尘。席间，何举成举杯为号，当场逮捕了县长谢宪章、团防局长胡少彬等20多名反动官吏和土豪劣绅。随即，一营攻克了县政府，占领了政府办公楼；二营攻克了团防局，解除了挨户团武装；三营攻克了监狱，救出了郭振声、邓声掷等农运骨干和群众数十人。起义部队占领县城后，打出早已准备好的"中国工农革命军第二师第一团"旗帜，宣布起义成功。9月29日凌晨，部队经暖水向汝城进攻。第一营及团部特务连经白芒、泉水垅、厚坊垅等地至县城，占领县城制高点——虎头寨，准备攻击县城西南面；第二营由新铺前出迳口至土桥，围攻盘踞土桥的何其朗宣抚团；第三营由银岭头经东场包围县城东北门。上午，各支力量同时进攻，一举攻克县城，活捉了国民党汝城县清党委员何沛霖，县长邓邦彦及各机关职员皆仓皇逃走。部队占领县署后，分兵布防，城厢内外一片欢腾。其后，第二师第一团宣布成立汝城县苏维埃政府，并以工农革命军第二师第一团团长何举成的名义在县城贴出布告，号召汝城民众团结一致，共同奋斗，为实现革命最终目标而努力。布告全文如下：

为告布事：照得国民革命原为大多数之工人农民谋利益，乃自北伐胜利以后，蒋介石背叛于前，冯玉祥、唐生智背叛于后，整个的国民党和国民政府为土豪劣绅所占据，解散工会农会，屠杀工人农人，造成一新军阀统治的白色恐怖。我工人农人为讨伐叛逆，完成革命计，特在各省组织工农革命军，实行工农革命，打倒新旧军阀、贪官污吏、土豪劣绅，没收其财产，废除苛捐杂税及田租，工人占据工厂，农人占据土地，实行耕者有其田，以解决土地问题。各省各县具由工会农会及兵士选举代表组织工农兵政府，而后组织全国工农兵政府，以办到根本解放工人农人及由贫民变成之兵士，而联合世界之工农兵，共同奋斗，消灭帝国主义，完成世界革命。凡我湖南工人农人，火速闻风兴起，在湖南革命委员会指挥之下，一致行动。切切此布。

团长　何举成

民国十六年九月二十九日[①]

此一时期，处于西南边的临武、嘉禾两县，由于交通阻塞，党的组织发展较慢，但到 1927 年 12 月，临武成立了汾市特支，贺辉廷任支部书记，嘉禾成立了一个南区支部，黄益善任支部书记。他们也在艰难地筹备工农武装暴动。

国民党以为，以血腥手段必能浇灭湘南的革命烈火，然而适得其反，他们的血腥镇压，只能是火上浇油，只要留下一点火星，就必然重新燎原。而此时的湘南，星星点点，已经到处是火苗。湘南特委卓有成效的组织工作，使湘南大地遍布了有组织的工农群众，只要有人登高一呼，立即应者云集，形成燎原之势……

星火汇聚

> 屠刀挥舞，星火四溅。烈火是不能用刀扑灭的，蒋介石一生都没明白这个道理……

1927 年的湘南有点乱了！

刀光剑影，血流成河，鸡飞狗跳，牛奔马跑。外逃好像成了唯一的生路。可是，到了晚上，又是家鸡回笼，暗夜里，不少人悄悄地从外面回来了。

原来，不少在外"公干"的少爷、"秀才"被国民党追杀得无处藏身，不得已逃回家乡。而这批回乡的落魄"秀才"，大多是文武双全的共产党人。这就为湘南起义储备了一大批军政人才，使湘南成了藏龙卧虎之地。湘南大地

---

① 见《中国共产党汝城历史·第 1 卷（1921—1949）》，中共党史出版社 2009 年版，第 76-77 页。

上，星火汇聚，烈焰腾空，烽火遍地……

陈东日由湘赣边回来了！

1927 年 7 月初，陈东日受中共中央军委书记周恩来的指示，以中央军委特派员身份从武汉到达湖南汝城，把聚集在这里的广东东江农军和湘南一带农军组编成中国工农革命军第二师，由他本人任师长，就地举行暴动。这是中国革命史上的第一支"工农革命军"。不久，第二师受到国民党第十六军范石生部包围偷袭。陈东日率部突围后，转入湘赣边境活动，9 月由党组织派回栗源，以栗源堡国民小学校长的身份，秘密恢复党组织和农会，准备新的暴动。

黄克诚从武汉回来了！

黄克诚（1902—1986），湖南永兴县人，原名黄时瑄，生于湖南永兴县三塘乡下青村，湖南省立第三师范毕业。他于 1925 年 10 月加入中国共产党，并于同年年底考入广东国民党中央政治讲习班。北伐途中，他被分到第八军第四师第十三团任团指导员办公室政治助理员。后十三团改编成第二师第四团，黄克诚被分到团教导队当教官。再次作战时，黄克诚被分到了该团第三营任政治指导员。1927 年 6 月，黄克诚升任第四团政治指导员。这时，部队开始清党，共产党员一律要写悔过书，发表退党声明，否则轻者关押坐牢，重者杀头。黄克诚此时与党组织失去联系，不知所措。10 月，黄克诚决意脱离唐生智部，到武汉找党，终于与党组织接上关系。在武汉党的联络站接待他的是他在广州国民党中央政治讲习班的同学刘镇一、朱国中夫妇。他们给黄克诚开了找湖南省委的介绍信，让他回湖南。黄克诚欣喜万分，总算找到"家里人"了。可他刚离开党组织联络站不久，接待他的两名共产党人刘镇一、朱国中夫妇，就被国民党捕杀，夫妻一起壮烈牺牲了。黄克诚仰天长叹，泪洒长江。

黄克诚拿着刘镇一夫妇给他的介绍信，历尽艰辛，找到湖南省委，省委又介绍他到衡阳找湘南特委。

湘南特委的接头处设在衡阳市区一爿小商店里，我按照预先约定的接头办法前去接头，不料他们见我穿一身国民党军装，便产生了怀疑，不肯与我接头。我先后去过几次，与他们搭话，他们都不理睬我。没有办法，我只好先回家乡去，永兴的熟人多，或许能够找到当地的党组织，然后再设法与上级党取得联系。这样，我就回到了永兴，开始了大革命失败后的地下革命活动。①

几十年后，黄克诚这样回忆当时回乡的缘由，仍然透着无限的伤感与无奈。

黄克诚回到永兴家乡，不久就与当地党组织接上了关系。由于他有文化，又是团职军人，不久就担任了中共永兴县委委员……

萧克由广州回来了！

萧克（1907—2008），原名武毅，字子敬，乳名克忠，湖南嘉禾泮头小街田村人。他从嘉禾甲种简易师范学校毕业后，只身前往广州，考入黄埔军校第四期。1927年2月毕业后，他参加了北伐战争，在国民革命军第四军第二师第七十一团任中尉指导员，后随叶挺参加南昌起义，起义军南下途中任七十一团四连连长。起义军打到潮汕时，萧克当了国民党的俘虏，他顺口编了一套说辞，骗过了国民党审判官，放出来就成了流浪汉。由于身无分文，这个又饿又累又病的一米八的汉子，差点倒在广州街头。好不容易遇到一个熟人，可人家用怀疑的目光扫了他一眼，就转身离去。绝境中，他向街头一个写对联的老先生求告："让我代你写字卖，你给我几个铜板，我好几天没吃饭了……"老先生摇头晃脑，一脸的不信任，用怀疑的目光盯着这个一身丘八服装的高个子年青人。萧克再次乞求说："先生，让我试一下吧？"老先生最终同意了。萧克拿过文房四宝，摆开架势，龙飞凤舞，一气呵成，惊呆了老先生，也惊呆了路人——想不到丘八队伍里还有这样的人才！于是，老先生收留了他。

萧克卖字还真赚了几个钱，解决了温饱问题。他四处打听党组织，没有着落。卖字不是长久计，困落街头志难伸。不久，萧克凭着一身军装，来到国民革命军第十三军司令部，拿到一块十三军的铜牌证章，坐上了十三军的军车，到达韶关，从韶关又随军到了郴州。他在郴州街上寻寻觅觅，好几天不见中共党组织的踪影。最终，他脱下国民党军服，回到了嘉禾南区的老家。在家乡，萧克通过一个同学，找到了临武汾市特支书记贺辉廷，在这里，他终于找到了中国共产党，恢复了组织关系。他的二哥萧克允也是共产党员，此时也从湖北崇阳逃回了家乡。他们兄弟二人又联系了几个隐蔽在家乡的党员，同时发展了几个党员，组建了中共嘉禾南区支部。1928年1月，萧克通过汾市党支部，

---

① 见《黄克诚自述》，人民出版社1994年版，第27—28页。

找到宜章碛石特支，成了工农革命军宜章第三师碛石独立营的副营长……

邝墉由南昌回来了！

邝墉（1897—1928），又名光炉，字子一，号爱陶，出生于湖南省耒阳市仁义乡邝家村。1919年考入长沙省立一中，积极参加五四爱国运动，1922年考入北京大学，1923年在北京加入中国共产党。1924年，邝墉考入黄埔军校，成绩优秀。邝墉是中共党员，深得周恩来器重，也颇受校长蒋介石赏识，从黄埔军校毕业后一直留校在校长办公室工作，兼政治、军事教官。1926年北伐时他任国民革命军政治部宣传科科长，创作了不朽战歌《国民革命歌》，传遍神州。

歌词是这样的：

打倒列强，打倒列强，除军阀！除军阀！努力国民革命，努力国民革命，齐奋斗，齐奋斗。

工农学兵，工农学兵，大联合！大联合！打倒帝国主义，打倒帝国主义，齐奋斗，齐奋斗。

打倒列强，打倒列强，除军阀！除军阀！国民革命成功，国民革命成功，齐欢唱，齐欢唱。

这首革命歌曲其实是邝墉根据当时黄埔军校很多人都熟悉的法国儿歌《雅克兄弟》改编的，它的旋律与今天年轻人熟悉的著名童谣《两只老虎》相同。

1927年邝墉任叶挺独立团营长，参加南昌起义。起义失败后，他与部队失散，潜回家乡。

伍中豪由武汉回来了！

伍中豪（1905—1930），耒阳人，1922年秋考入北京大学文学院，受李大钊的直接影响走上革命道路，在校期间加入中国共产党。不久，他因参加学校进步活动受到军方通缉，于是返回家乡，参与创建中共耒阳党支部，并发展了大批党员。

1925年伍中豪考入黄埔军校第四期，毕业后在广州农民运动讲习所任少校副官，结识了时任国民党中央宣传部代部长、广州农民运动讲习所所长的毛泽东，并结为知己。这一时期他还认识了赫赫有名的周恩来、恽代英、彭湃等。毛泽东与伍中豪搭铺，同睡一张床。伍中豪十分佩服毛泽东对时局的分析和对中国前途的推算，他诚恳地对毛泽东说："我这一生就跟定了你！"

1926年7月，伍中豪参加北伐，随军进入衡阳市，被中共派回地方工作，任耒阳县团防局长。"马日事变"后，耒阳党组织率百余名中共党员集体到武汉投军，伍中豪任国民政府警卫团第十连连长。1927年9月，伍中豪随警卫团参加秋收起义，又投到了毛泽东麾下，任中国工农革命军第一师第三团副团长兼第三营营长，率部首攻白沙告捷。后来起义失败，部队在文家市会师，伍中豪坚决支持毛泽东转兵农村、建立革命根据地的主张。转兵途中，敌人前堵后追，形势非常严重。毛泽东采用了伍中豪"时东时西，时分时合"的战术，甩掉了敌人，使部队顺利到达三湾。之后伍中豪随毛泽东上了井冈山。

1927年11月伍中豪与张子清率队在江西上犹与朱德、陈毅相会，随朱德部编入范石生第十六军第四十七师第一百四十一团，得到范石生的装备弹药补充后，即返回井冈山，回到毛泽东身边。

胡少海由江浙回来了！

胡少海（1898—1930），原名振弼，学名占鳌，字绍海，1898年2月22日生于宜章县栗源团岱下胡家村。他家境富裕，祖父和父亲都是当地有权势的富绅。兄弟姐妹10人，他排行第五，故又有人叫他胡老五。他们兄妹有的在国民党军队供职，有的是当地的士绅，唯有他最终脱离了他的阶级。他先后到武昌、广东乐昌等地求学，1921年投入嘉禾李国柱部当兵。由于机智勇敢，胡少海不久就被破格提升为独立营营长。

胡少海

第一次国共合作初期，胡少海来到广东韶关南华寺，进入程潜主办的"攻鄂军讲武学校"第二期学习。在这里，他聆听了周恩来、林伯渠、廖仲恺、鲍罗廷等人的演讲，初步接触到马克思主义理论，耳目一新，明白了许多的革命道理。他精神大振，从而逐渐倾向革命，开始了人生的转折。

第二次东征时，讲武学校学员随军讨伐陈炯明。受到马克思主义思想影响的胡少海，意气风发，斗志昂扬，他与其他学员一马当先，首先攻入惠州城，为讨陈立下了战功。

1925年底，胡少海从讲武学校毕业，担任了攻鄂军的团长。

北伐开始后，程潜的攻鄂军改编为国民革命军第六军。在北伐战争中，胡少海率全团官兵，出广东，战湖南，攻武汉，克南昌，所向披靡。

四一二反革命政变后，胡少海虽然还不是共产党员，但他从蒋介石大肆屠杀共产党员和进步人士的倒行逆施中，认识到蒋介石同袁世凯、段祺瑞、陈炯明等新老军阀没有本质的区别，对共产党表示同情。然而，仅仅因为同情共产党，他就被剥夺了团长军职。胡少海意识到跟随国民党，中国革命无望，中华民族无望，个人前途无望。于是，他决心另谋出路。在一次执行任务时，他乘机率领一部分湘籍士兵秘密潜回在湘粤边境的老家，一面劫富济贫，一面寻找共产党的组织。当他得知中共宜章县委领导人高静山、杨子达等也隐蔽在这一带活动时，便积极寻找他们，取得联系后，又将自己的队伍毫不犹豫地交给了共产党。这支队伍经过整编，成为活跃在白色恐怖下的一支红色武装。

1928 年初，胡少海接应朱德、陈毅部队进入大坪杨家寨和莽山洞。1 月 11 日，胡少海以"国军副团长"的身份致宜章县衙各府拜帖，以结交示好，并以"协助地方维持治安"的名义，率先遣部队开进宜章城。胡少海受到豪绅地主和县政府当局的热烈欢迎，大家争着宴请"党国干臣"。次日胡少海引领宜章县长杨孝斌率县府头面人物迎接朱德部队入城，并在县参议会二楼大摆"鱼翅席"，为一四〇团长官"接风洗尘"。就在这个宴席上，胡少海配合朱德将全部官绅抓获，不费一枪一弹智取了宜章城，胜利揭开湘南起义序幕。胡少海成为智取宜章的主角，揭开湘南暴动序幕的旗手！

唐天际回来了！

唐天际（1904—1989），字时雍，1904 年 10 月 22 日生于湖南省安仁县杨柳田村。他在青少年时期，一边参加劳动，一边发奋读书，1920 年高小毕业，考入初中，因家境穷困辍学。1921 年他考入衡阳法政学校，因交不起学费再次辍学。

"五四运动"时期唐天际曾带领宜溪书院的同学声援北京学生爱国运动，振臂高呼"打倒军阀""打倒卖国贼"！中学时他开始接触进步刊物，产生进步思想，在家乡创立了扶贫济困、除暴安良的进步组织。

1925 年唐天际加入中国共产主义青年团，同年 7 月考入黄埔军校第四期学习。在校期间，他参加了广州国民政府第二次东征作战。

1926 年唐天际转为中国共产党党员，并受党组织委派回湖南工作，参加国民革命军第八军湖南政治讲习所学习。1927 年参加北伐战争，6 月任国民革命军第二十军特务营警卫连副连长。大革命失败后，他参加了八一南昌起义，任南昌卫戍司令部副官长。

南昌起义失败后，唐天际回到家乡，发动和组织农民暴动。他在湘南起义中担任了安仁县苏维埃政府主席。

黄埔军校第四期学员、北伐军营指导员、宜章县共产党员陈俊回来了。他担任了工农革命军第三师参谋兼第三连连长。

黄埔军校第一期学员、国民革命军第二十军第三师第六团少校副团长兼第三营营长、宜章县共产党员谭新由潮汕回来了。他在湘南起义中担任工农革命军第三师参谋长，1928 年 3 月 8 日在宜章观音寺反击战中牺牲。他是湘南起义中工农革命军第一位阵亡的师级将领。

黄埔军校第五期学员、同情共产党人的安仁军人颜文达回来了。

黄埔军校学员、郴县共产党员万仁回来了。他在湘南起义中担任中共郴县县委军事委员、工农革命军第七师独立团团长。1928 年 4 月他率队向井冈山转移，撤退至资兴时遭遇敌挨户团的阻击，不幸中弹牺牲。

黄埔军校第一期学员，广州中央农民运动讲习所学员，国民革命军第四军叶挺部副团长、郴县共产党人朱瑛以中共湖南省委军事特派员的身份回来了。他在郴县发动群众，组织武装，卓有成效。可惜他在起义前夕不幸被捕，壮烈牺牲。

黄埔军校学员、黄埔军校政治科区队长、北伐军左翼总指挥部宣传队中校队长、耒阳县共产党员刘铁超由潮汕回来了。刘铁超在湘南起义过程中的任职没有资料记载，但在后来的井冈山革命时期，他曾任红二十军军长、红三十五军军长，1932 年在战斗中牺牲。

黄埔军校学员、贺龙部第二十军营教导员、耒阳县共产党员谭衷回来了。他在湘南起义中任朱德的工农革命军第一师政治科科长，1929 年在耒阳牺牲。

黄埔军校第四期学员、叶挺独立团副官、永兴县共产党员李腾芳由南昌回来了。他担任了永兴县苏维埃政府肃反委员，后在撤退中牺牲。

黄埔军校第三期步兵科学员、汝城县共产党员邓毅刚回来了。党组织曾派他打入胡凤璋匪部，获取敌人情报，为消灭胡凤璋儿子立下功劳。井冈山时期他曾任红三十五军军长，1932 年在战斗中牺牲。

　　黄埔军校第一期学员、朱德部教导队队长、资兴县共产党员李奇中由潮汕回来了。湘南起义中他担任了资兴县苏维埃政府军事委员、独立团团长，后因战事失利、部队溃散而脱党。中华人民共和国成立后，他就任国务院参事室参事。

　　黄埔军校学员、国民革命军连长、耒阳县共产党员李天柱由潮汕回来了。他在湘南起义中担任耒阳县苏维埃政府军事委员会主席，耒阳县农军总指挥。井冈山时期，李天柱任湘赣省委候补委员、湘赣省军区副总指挥、红八军代军长，1935 年不幸在江西寻乌的突围战斗中牺牲。

　　……

　　以上仅只罗列了 1927 年底从外地回湘南的比较有名的共产党军事人才，还有许多无名的英烈和在外担任党的地下工作、因党组织遭受破坏无处立身的共产党人，也在这一时期回到了湘南家乡，成为湘南起义中的骨干。

　　由上可以看出，孙中山与中国共产党人共同创建的黄埔军校对湘南起义的影响。

　　黄埔军校是 1924 年孙中山在苏联和中国共产党的帮助下创办的新型军事政治学校。校名虽多次变更，但因校址在黄埔岛（又称长洲岛），通称黄埔军校。校本部建筑原是清末陆军小学堂和海军学校校舍。黄埔军校群英

黄埔军校大门

荟萃，名将辈出，培养了大量优秀的国共高级将领，在中国近代史和军事史上具有重要意义。作为中国近代历史上第一所培养革命干部的新型军事政治学校，其影响之深远，作用之巨大，名声之显赫，都是时人始料所不及的。

　　星火汇聚，将星云集。当年仅湘南就聚集了这么多黄埔军校的中共学子，这为中共顺利发动湘南起义并取得伟大胜利打下了基础。蒋介石只后悔没有将他们赶尽杀绝，却不知道共产党人理想远大、目标明确，革命的旗帜一挥，应者如云，根本就杀不完！正如他十分赏识的黄埔学生邝鄘临刑时用脚夹住笔杆在湘南大地上写下的大字那样：杀了邝鄘，还有邝鄘！

砍头不要紧，只要主义真，杀了夏明翰，还有后来人！湘南大地上共产党人的铿锵誓言、革命者的信仰何其相似，何其坚定，何其光辉！

千流归大海

> 湘南是一块神奇宝地！中国革命史上最具盛名的三大武装起义失败后的残余力量，竟都不约而同聚集湘南……

在中共历史上，上自毛泽东，下自史学研究者，一直以来都认为土地革命时期共产党领导的武装起义就数南昌起义、秋收起义、广州起义最有影响力、最有意义！不幸的是，这三大起义都失败了！

然而，不幸中的大幸是，三大起义的余部却不约而同聚集到了湘南，并同时参加了湘南起义。他们总结三大起义的经验，吸取三大起义的教训，在湘南地方党组织的领导和支持下，将武装斗争与政权建设、群众运动、土地革命相结合，最终取得了湘南起义的伟大胜利！所以，湘南起义是三大起义的继续与发展！

南昌起义军首奔湘南

1927 年 7 月 31 日凌晨，以周恩来为前委书记，贺龙为总指挥，叶挺为前敌总指挥的南昌暴动打响了第一枪。这一枪是中国共产党人向曾经的同盟国民党打响的第一枪！这一枪宣布了中国共产党从此与国民党决裂，宣布了中国共产党的完全独立。

南昌起义，参加起义的部队是国民革命军第十一军第二十四师 3 个团 5500 人，第四军第二十五师 2 个团 3000 人，第十一军第十师 3 个团 5000 人，第二十军第一、二师加直属队共 7 个团 8500 人。此外，朱德领导的第三军军官教导团剩余的 100 人、警察队的 400 人也参加了起义，这 500 人随后编为第九军。总共 22500 多人。后来的一些对外宣传说是起义队伍有"3 万余人"，其实不符。①

就算 2.2 万吧，起义规模也可说是空前的。蒋介石开始调集 5 万人马对起义军展开追杀。起义军按照中央和前委的指示向广东方向行动，企图打到广州重建革命大本营，依靠水上交通线获得苏联的军援，建立广州革命政府。一路上国民党追加力量，不断有新的力量

南昌起义油画（黎冰鸿）

投入，革命军却越战越少，没有后援。指挥上革命军也没有考虑见机而行，有所改变，没有深入农村，发动工农群众，而是一根筋到底。打到潮汕时，起义军被完全打散，领导机关与作战部队失去联系。10 月 3 日，周恩来在流沙基督教堂主持了最后一个指挥部军事会议，简要总结了起义失败的原因：一是战术错误；二是对军队的政治思想工作懈怠；三是民众工作错误，没有发动群众。最后宣布了领导层大体上已经决定了的善后办法："武装人员尽可能收集整顿，向海陆丰撤退，今后要做长期的革命斗争。这工作已经做得略有头绪了，非武装人员愿意留下的就留下，不愿意留的就地解散。……"②

作战部队剩余了 3000 来人。第二十四师师长董朗与第二十四师党代表颜昌颐率领该师第七十二团 1000 余人撤到惠阳中洞，在中共东江特委的领导下，部队改编为工农革命军第二师（又称红二师）第四团，由董朗任师长兼团长。1927 年 10 月底，在农民武装的配合下，红二师攻占海丰、陆丰县城，取得海陆丰第三次武装起义的胜利。1928 年冬，这支部队被国民党打散，董朗去了洪湖，后来牺牲在洪湖。

另外以三河坝第二十五师为主，收留潮汕败下来的残兵，约 2500 多人，

① 见刘汉升著《南昌起义之后》，解放军文艺出版社 2006 年版，第 4 页。
② 见刘汉升著《南昌起义之后》，解放军文艺出版社 2006 年版，第 188 页。

由国民革命军第九军军长、三河坝留守部队总指挥朱德率领，在茂芝召开会议，决定"隐蔽北上，穿山西进，直奔湘南"。

由此，开启了朱德的别样人生！

这支部队，在血与火的锤炼中，不断减员，团以上到师级干部几乎全部跑光。这支部队由茂芝出发，经闽西武平，广东饶平，江西安远、大余……2500人中只剩下第七十四团参谋长王尔琢、第七十三团指导员陈毅、军长朱德和800余衣衫褴褛的士兵。途中，有个叫林彪的小连长信了表哥的话，带款潜逃，因敌人查得严，不得已又返回部队，本当被处死，厚道的朱德饶了他一命。他就是后来的元帅林彪。还有一个叫粟裕的小班长，在掩护大队撤出武平时，一颗子弹

王尔琢

从他右耳上侧头部的颧骨穿了过去，他当即倒在地上动弹不得，但心里却还明白。他依稀听得排长说了一句："粟裕呀，我不能管你啦。"那排长说着卸下粟裕的驳壳枪，丢下他走了（这个排长后来自行离队了）。当他稍稍能动弹时，身边已空无一人，他只觉得浑身无力，爬不起来。但他抱着无论如何要赶上队伍的信念，奋力站了起来，可是身子一晃，又跌倒了。只好顺着山坡滚下去，艰难地爬行到路上，却又滑到了路边的水田里。这时，有几个同志沿着山边走过来，帮助他爬出水田，替他包扎好伤口，又搀着他走了一段路，终于赶上了部队……他就是后来的中华人民共和国的大将粟裕！

传奇！革命者身上，不缺少传奇！

朱德自西洋留学归国前，又到苏联学习军事。他从苏联回国后，在中国共产党的组织安排下，到了四川家乡去策反一个大军阀。任务没完成，他就被调到南昌当了国民革命军第三军教导团团长，后又兼任南昌市公安局局长。起义时，他由于公安局局长的身份便利，就负责起义前委领导们的饮食起居、安全保卫、联络协调，说白了就是后勤服务。后来他被任命为第九军副军长，但实际上当时他在起义重要领导机关几乎没有存在感。起义胜利后，在南下途中他转正升为第九军军长。当时第九军军长韦杵没有到职，也没有一兵一卒。第九军这个番号是为了争取云南军所设，是个空架子，后来就将朱德手下剩余的教导团100人、南昌市公安局400人，编成了第九军。一个没有实力的军长，并

不被人们放在眼中。正如陈毅在他的回忆录里说的那样："朱德同志在南昌暴动的时候，地位并不重要，也没人听他的话，大家只不过尊重他是个老同志罢了。"

南昌起义军的三河坝分兵，在军事上说，是一个严重的错误，但对朱德来说，这是一次重要的机会，在这次战斗中，他的军事才能发挥得淋漓尽致！

朱德指挥第四军第二十五师和他的第九军500来人，在三河坝阻击3个师的追兵，顽强战斗四天三夜，胜利完成任务后撤出战斗追赶主力，一直追到饶平的茂芝，却在途中得到主力战败的不幸消息。他在茂芝收拢了贺龙第二十军第三师的300散兵游勇，这时部队还有2500人。

1927年10月7日上午，朱德以第九军军长的身份，在茂芝主持召开了决定这支部队命运的决策会议，史称"茂芝会议"。刘汉升先生的纪实文学作品《南昌起义之后》以生动而翔实的文笔为我们再现了当年的茂芝会议：

10月7日上午，朱德以非

茂芝会议旧址

凡的革命胆略和求实精神，在茂芝全德学校召开了有周士第、李硕勋、周邦采、黄浩声、陈毅、王尔琢、孙一中、符克派、周廷恩、刘德先、粟裕、杨至诚、毛泽覃等二十多位军事干部参加的重要军事会议，共谋大计。

茂芝会议围绕着要不要保存南昌"八一"起义军种子、要不要坚持"八一"起义军的旗帜问题，展开了激烈的争论。朱德在大会上首先分析了当前的形势。他说："三河坝失败，我们还寄希望于前线，现在主力完全失败，以前所寄予的希望，已经变成了失望，变成群龙无首了。我们只有另想办法，另找出路。而今韩江以西已经全部被敌人占领，不能去；东边临近大海是绝路，没有发展余地；主力在潮汕失败，南部肯定也不能发展了；现在唯有一条出路：在敌人的缝隙中前进，从茂芝东北方向，沿着粤闽赣湘边界转移。"

朱德说："现在主力已经没有了，我们既孤立无援，又失去了和上级的联系，而且反革命军阀部队已经云集在我们周围，随时有可能和他们遭遇，形势可以说是坏到不能再坏的地步了……"

众人默然，谁都明白当前部队的处境。

朱德忽然声音一振："起义军主力虽然失败了，但武装斗争的道路一定要走下去，现在我们必须尽快离开这一带，甩开敌人的重兵，否则我们就有全军覆没的危险，大家意下如何呀？"

军官们立刻议论纷纷。

有人说："既然主力都失败了，叶军长又不知道哪里去了，我们这一千多人留下来还能干什么？不如解散算了！"

马上就有人附和。

朱德激昂地反驳说："'八一'起义军主力虽然失败了，但是，这面旗帜我们不能丢！武装斗争的道路一定要走下去。我是共产党员，我有责任把'八一'起义的革命种子保留下来。留得青山在，不怕没柴烧。我决心带好这支队伍，甩开敌人重兵，摆脱险恶的逆境。我们一定要团结起来，把革命进行到底。"

周士第、李硕勋对于朱德的决心和主张，表示坚决支持和拥护。

这时候站起了一个人，一步跨到了会场的前面。

这个人是七十三团党代表陈毅，他的这一步，是历史性的跨越。这一步一迈出，从此将义无反顾地行进在一条充满了艰险和坎坷的道路上。陈毅大声地道："我完全同意朱军长的意见，叶军长不在，就请朱军长来领导我们的部队，坚决反对解散部队的主张！"

陈毅接着说："我们是共产党的部队，不是军阀的私人部队，只要是共产党员，就可以领导部队！"

朱德点头道："不错，我是共产党员，我有责任把这支共产党的队伍保存下来，把革命进行到底！"

军官们也大多数是共产党员，用党的名义来说话，对他们是一种提醒，也是一种要求。

于是，不再有人提出反对意见了，转而讨论起下一步部队的去向问题。

紧接着，朱德又说："我们每个人都不只有一支枪，而且还有轻机枪，更有少量的迫击炮。弹药和现款虽然不多，但是可以没收地主的粮食，可以从敌人手里搞到武器弹药！"

经过一场激烈争论，朱德的意见得到了大多数人的支持。

最后，朱德综合众人的意见，概括为四条，作为会议决议：

第一，我们和上级党组织的联系已经中断，要尽快找到上级党组织，及时和上级党组织取得联系，这样才能随时取得党对我们的指示。第二，保存好这支部队，必须找到一个群众基础好、可以隐蔽的立足之地。湘粤赣边是敌人统治最薄弱的地方，是"三不管"地带；北伐时期，这里的农民运动强大，支援北伐军最为得力，我们应该以此作为立足之地。第三，目前强敌在前，我军孤立无援，不能打硬仗，应该避开敌人，穿插前进。第四，大力加强政治工作，发挥党团员的先锋模范作用。要迅速扭转悲观和失望的混乱思想，防止自由离队、拖枪逃跑、甚至小股叛变等事故的发生。

……

后来，朱德在和美国进步作家史沫特莱的谈话中，把他在茂芝会议上的正确决策概括为：隐蔽北上，穿山西进，直奔湘南。这一决策，使起义部队逐步由不自觉到自觉地开始了从城市到农村、从正规战到游击战的转变。

生死危急关头，共产党员的坚定信仰、对革命必胜的信心、敢于担当的勇气、不畏万难的决心，在这位伙夫般朴实的军长身上集中体现出来，让与会者无不敬佩，无不刮目相看。朱德的威信大增。无疑，他一下子就成了这支部队的核心。

茂芝会议后，部队按照茂芝会议"隐蔽北上，穿山西进，直奔湘南"的既定方针，一路西行。朱德凭着他的革命坚定性，凭着他对时局的睿智分析，凭着他丰富的战场经验，凭着他严于律己、宽以待人的崇高品性，带着这支两千余人的残余部队，一路西进，来到湘南。途中，这支部队经历了国民党正规军和地主武装的围追堵截，牺牲不小，同时也有许多人革命信心不足，私自离队。到达大余时，部队仅剩下七八百人，几乎减员三分之二。但朱德没有气馁，他与陈毅率领部队在天心圩进行了整训，在大余进行了整编，从思想上、组织上对这支部队进行了卓有成效的改造，使之成了一支具有钢铁般意志的武装劲旅！

1927年10月底部队到达江西安远县天心圩，一天朱德从一张缴来的报纸上看到毛泽东上井冈山的消息，非常高兴，流露出一种欲见不能的遗憾。一旁的陈毅便说，毛泽东有个弟弟就在我们部队里，让他去联系一下吧！朱德一听非常高兴，于是叫来毛泽覃，让他去井冈山联系毛泽东。毛泽覃愉快地接受了任务。

毛泽覃雕像

　　毛泽覃，字润菊，1905 年出生于湖南省湘潭县韶山冲，是毛泽东的三弟。1922 年秋他进入湖南自修大学附设补习学校学习，1923 年 10 月加入中国共产党。1927 年，毛泽覃进入国民革命军第四军张发奎部政治部。1927 年 8 月，毛泽覃脱离张发奎部赶赴南昌参加八一南昌起义，赶到临川才赶上起义部队，巧遇周恩来，被安排到叶挺的第十一军政治部任宣传科长。部队打到潮汕，起义部队遭遇失败，毛泽覃与军首长失散，被朱德部收留。

　　11 月下旬，毛泽覃在宁冈茅坪找到毛泽东，兄弟相见，分外亲热。因毛泽东已派出何长工去联系朱德，加上手足情深，毛泽东没让弟弟毛泽覃返回朱德部，而是让他留在井冈山，与第二团党代表张明山到农村去做群众工作。

　　后来部队转到大余，朱德遇到了毛泽东手下的张子清、伍中豪，他们是毛泽东的第三营营长、副营长。双方交流了各自的情况。其时，张子清与伍中豪于 10 月 23 日在江西大汾镇遭遂川地主武装"靖卫团"的突然袭击被打散了，暂时与毛泽东失去了联系。于是他们与朱德合作，互相支持，在大余开展打土豪、发动群众的工作。对此，党史界存在不同看法，说张子清、伍中豪并非因打散才到大余的，而其实就是受毛泽东的秘嘱，前来寻找朱德的。可惜张子清、伍中豪均在井冈山斗争中牺牲，没有当事人的证言，这已成千古之谜了。

　　在部队到达赣南时，朱德得到消息，国民革命军第十六军驻扎在湘南一带，军长是自己在云南讲武堂的老同学范石生。南昌起义后，部队南下时，周恩来就给朱德写了组织介绍信，以备将来同范石生部发生联系时用。范石生也曾给朱德写信，说如果共产党起义成功，他就在粤北响应，南下广州。如果共产党起义失败，就让朱德到他的军中来。这时，从汝城方向传来了好消息。在范石生部任副官的共产党员韦伯萃来到上堡同朱德联系，并带来范石生希望双方合作的亲笔信。这条重要的消息给朱德带来了希望。国民党是一个复杂的政党，派系林立，各自拥兵自重。由于范石生不属蒋介石的嫡系，老蒋对他不无吞并之心，多次逼他就范。除此之外，据韦伯萃介绍，西南的桂系军阀和北面的湖南军阀都在排挤范石生，企图夺走他仅有的一块小地盘。处在夹缝中的范石生寄人篱下，孤立无援，急于扩大自己的实力。在万般无奈的情况下，范石生得知自己昔日的同窗学友朱德已率部到达赣南，这对于急于找到可靠盟友的范石生来说，无疑是至关重要的，只要他的同学能同他合作，他就可以凭借着这个资本，与蒋介石讨价还价。

得此消息，朱德立即与陈毅、王尔琢商议，权衡利弊，拟定对策，并经部队党组织会议集体讨论，定出合作的三个条件：一、本部编为一个团，不得拆散；二、本部政治工作保持独立；三、本团械弹被服从速补给，先拨一个月经费。同时阐明：我们是共产党的队伍，党什么时候调我们走，我们就什么时候走；你们给我们的物资补充，完全由我们自己支配；我们的内部组织和训练工作，完全按照我们的决定办，你们不得干涉。这三个条件，阐明了我党政治上自主、组织上独立、军事上自由的统一战线基本原则。这是中国共产党最早创立的统一战线基本原则。

范石生回信说：

玉阶兄台鉴：春城一别匆匆数载，兄怀救国救民大志，远渡重洋，寻求兴邦立国之道，而南昌一举，世人瞩目，弟诚感佩良深。今虽暂处逆境之中，然中原逐鹿，各方崛起，鹿死谁手，仍未可知。来信所提诸论点，愚意可行，弟当勉力为助。兄若再起东山，则来日前程，不可量矣！弟今寄人篱下，终非久计，正欲与兄共商良策，以谋自主自强。希即枉驾汝城，到（曾）日唯处一晤，专此恭候。①

1927年11月中旬，朱德带着作战参谋王清海、黄义书及从教导队中挑选出来的五六十名身强体壮、机智灵活的青年学生兵，由汝城农军负责人叶愈蕃、何跃生等带队，从上堡出发向汝城开拔，与范石生谈判。上堡距汝城有四五十公里，中间隔着险峻的猴古山、猴子额山，山上盘踞着土匪何其朗的内弟朱宜奴部。南昌起义部队与何匪部队早已成了生死冤家。两军几番交战，何匪溃不成军，因而对南昌起义部队恨之入骨。朱德率部前往汝城，此山是必经之路，除此别无他路可走。朱德率部小心翼翼地经过猴古山，由于出发得迟，到

---

① 见黄仲芳著《湘南暴动史要》，华文出版社2010年版，第45页。

达壕头时天已黑了下来，于是朱德他们住在壕头村的祠堂里。朱德把随从安排在门房里，他自己住在里间靠厨房的偏房里。大家约定，如遇紧急情况打散了，就在村西头的大树边会合，千万别跑散了。

没想到，朱德他们的行踪被朱宜奴部知道了，对方算好了行程，早在壕头埋伏下人马，要捉拿朱德去领赏。

半夜里，土匪包围了祠堂，住在门房的警卫随从听到动静，跳起来就往外冲，"啪……啪……"一梭子打出去，把土匪吓得缩到了一边。一愣神的工夫，朱德的随从就冲出去了，却把朱德丢在了祠堂里。

"快，堵上，别让朱德跑了！"土匪们醒过神来，又把口袋扎紧了。

朱德听到枪声，一骨碌爬起来，赶紧往外跑，却是迟了半拍，土匪已冲到了祠堂门口，只是不敢贸然进屋。此时硬冲出去，不被打成筛子才怪呢。

朱德朝屋外晃动的影子"啪啪"连开两枪，只听"哎呀""哎呀"两声，显然是打中了土匪。阻得一阻，敌人暂时不敢进来，朱德急忙返回厨房，抓了把锅灰往脸上一抹，找了块烂围裙往腰上一围，拿了根旱烟袋在手上，佝偻着腰，跌跌跄跄往门外走来。

"投降吧，你跑不了啦，你被包围了！"

土匪们在外面围了半天，不见有人出来，也就没再开枪，喊了半天话，喊出一个伙夫样的人出来。

"站住！你是什么人？"朱德说："我是伙夫头。"土匪又问："你们的朱司令在哪里？"朱德指着后面的房子说："他就一个人，躲在最里边。"由于朱德穿着简朴，围着个烂围裙，脸上满是锅灰，加上四十多岁的年纪，饱经风霜的脸上布满皱纹，看上去五十有余，十足的老伙夫一个，土匪没法不信。于是，土匪们一窝蜂似的扑进祠堂，去抓朱德。土匪立功心切，再没人理这个伙夫了。

朱德一见，良机千载难逢，一步跨出祠堂，一闪身消失在黑夜里。

土匪们冲进里间，把祠堂搜了个遍，也没见到朱德的踪影，情知上当，回头来找伙夫，却已是正月十五贴门神——晚了半月了。

朱德借着夜色的掩护，赶到村西大树下，同志们正焦急地等着，正要返回去救他呢。朱德大手一挥："放心，伙夫没油水，给他们都不要。我们走吧！"

于是，朱德一行踏上了往汝城县城的大路，于 11 月 20 日到达汝城县城，与范石生展开了谈判。

谈判最后确定：一、朱德部队暂用"十六军四十七师一四〇团"番号，张子清、伍中豪率领的部队，暂用"十六军四十七师一四一团"番号，原汝城第二师第一团何举成部编为十六军特务营。朱德化名王楷（朱德字玉阶，化名是根据这两个字改的），名义上任十六军参议、四十七师副师长兼一四〇团团长。陈毅任一四〇团政治指导员，王尔琢任团参谋长。张子清任一四一团团长，伍中豪任政治指导员。二、同意朱德提出的三条合作原则。三、先发薪饷。每支步枪配200发子弹，机枪配1000发。损坏的枪支由军部修理所优先修理。每人发给一套冬装及毯子、背包、绑腿、干粮袋等。洋镐、十字锹、行军锅、木桶等，均予补充齐全。当时朱德部只有七八百人，却按一个团的编制足额配备军需物资，装备有俄式重机枪2挺、手提轻机枪4挺、驳壳枪120余支、步枪500余支，补充了6万发子弹。谈判取得了意想不到的成功，这对于起义军将士们来说，无疑是一件了不起的大事。消息传到上堡后，士气为之一振。指战员们欢呼雀跃，庆贺谈判取得成功。[①]

范石生的支援，对于当时的革命军战士来说简直是雪中送炭。读一读数十年后杨至成将军的回忆，仍然有一股热浪扑来：

我们高高兴兴地向资兴前进。县城门岗都是学生队的同志。奇怪的是，他们都穿着一色崭新的冬军服，子弹袋也鼓鼓的，我们看了又美慕又纳闷："你们怎么搞的，这样神气呀！"

"别忙，你们也有一份。"

原来朱德同志已与范石生谈判好了，获得了被服装备补充。第二天，大家都忙开了，领东西，发东西，热闹得简直像过年。每人一套草绿色的新棉衣，外带一件绒线衣（士兵是棉线的），水壶、军毯、绑腿、干粮袋，连子弹袋都换了新的。军官还发了武装带，指挥刀和二十元毫洋的薪饷（士兵是五元）。子弹拼命背，每个士兵都背了二百发，各大队还带了几箱子储备的。工农革命军一团三营也借机得到了补充。他们装备比我们还困难，因此弹药搞得比我们还多。

长途跋涉中的物资困难，由朱德同志一下子全部解决了。[②]

---

① 见黄仲芳著《湘南暴动史要》，华文出版社2010年版，第47页。
② 见朱德、聂荣臻等著《星火燎原》第一集，解放军出版社1979年版，第104页。

随后，张子清、伍中豪部领到弹药军需便回了井冈山。朱德则率部进驻湘南汝城。

1927 年 11 月 26 日，朱德在汝城县城西街的衡永会馆（文塔西向 40 米）主持召开了湘南粤北地方党组织负责人联席会议，

汝城会议旧址

准备湘南暴动。陈毅、王尔琢参加了会议。出席会议的各地党组织领导人是：湘南方面，有郴县夏明震（代表湘南特委），耒阳谢竹峰，宜章毛科文、杨子达、彭晒，资兴黄义行，汝城何日升、何举成，桂东郭佑林，等等；广东方面，有任卓宣、钟鼓（代表广东省委），乐昌李光中，仁化阮啸仙，始兴梁明哲，等等。史称"汝城会议"。

朱德首先在会上简要介绍了与范石生谈判合作的情况，传达了中共中央关于以汝城为中心发动湘南暴动的指示，并就以后的工作作了布置。接着会议就湘南起义问题进行了紧张热烈的讨论、研究。

郴县县委书记夏明震就当前形势进行了分析：南昌起义失利以后，国民党反动派占据了中心城市，并从城市向农村进攻，企图消灭农民武装力量，实行清乡大屠杀。针对目前的局势，共产党必须以农村为阵地，在农村的广阔天地里建立各级党的地下组织，号召农民群众开展土地革命斗争。同时，也要立即组织农民暴动队，在各地开展武装斗争，并不断扩大暴动队伍的活动区域，以革命的暴力来对抗反动派的反革命暴力。

宜章县农协委员长杨子达赞同夏明震意见，认为目前起义的条件已基本成熟，湘南各县均有党的组织，农会的机构也很健全，虽然"四一二"政变后各县农会遭受了一些损失，但共产党的组织仍在秘密活动，起义是没有问题的。

宜章县农协副委员长毛科文却认为：鉴于当时的情况，立即着手暴动的条

件还不具备。他分析了当时湘南的情况，认为湘南地区地临广东，受大革命运动影响较早，这一带的群众基础较好，支援北伐最有力。但是，毕竟大革命遭受了失败，国民党反动派到处捕杀共产党人，被革命者打倒过的土豪劣绅也纷纷组织反动民团横行乡里。目前各县的工作还没有做到家，还不具备暴动的条件。同时，朱军长率领的部队刚与范石生建立统一战线，部队有了难得的休养、补充和训练的机会。所以，这个时候匆匆忙忙举行暴动显然是不合适的。

毛科文的精辟分析，引起与会者的注意。经陈毅介绍，朱德始知毛科文曾参加过党的"五大"会议，是中共中央"五大"候补委员，现任宜章县农协副委员长。朱德很是佩服这位农民领袖。

彭晒是宜章县碛石特别支部书记，虽然年轻，但经验丰富。他也分析说：现在的情况并不像我们有的同志估计的那样一切都准备就绪。相反，我们的工作还做得很不够。湘南起义与南昌起义、秋收起义有着很大的区别，南昌起义、秋收起义是以城市为中心的，其政治影响很大，而湘南起义则不同，重点是在农村，那么，我们就得把农村这块的工作考虑仔细。例如，武装力量、群众工作、土地革命，还有政权建设。暴动不是儿戏，一定要在条件成熟的情况下举行。

最后发言的是汝城县委书记何日升，他是位知识分子，血气方刚。他综合了前面两种意见发言：夏明震、杨子达两位同志的发言，表明了革命的坚定性，有可取之处；毛科文、彭晒等同志的分析也不无道理。他认为，暴动的时间可以推迟，大家必须先深入下去做细致的工作，把工作做得越细致越扎实，暴动成功的可能性就越大。

听过大家的发言，陈毅颇受启发，在会上也作了简短发言。最后，朱德综合了大家意见：当前敌人占据了城市，从城市向农村进攻，企图消灭农民武装力量，实行清乡大屠杀，我们必须坚持以农村为阵地，在湘南、粤北率先组织和发动广大农民开展武装斗争。特别要像汝城这样，充分利用敌人统治薄弱的农村，积极组织力量，发展壮大农民武装。大家回去后，立即组织农民暴动队，白天分散生产，晚上秘密行动，在各地开展武装斗争，不断扩大暴动队伍和活动区域；必须立即恢复和建立党的地下组织，以及农会、妇女、学生等群众组织；在暴动成功的地方，迅速建立苏维埃政府，开展土地革命。我们要从政治上、军事上、组织上充分做好暴动的准备，确保起义成功。经过充分讨论，最后会议决定 1927 年 12 月中旬以汝城为中心发动湘南暴动。

会议结束时，朱德特意送给郴县县委书记夏明震两支驳壳枪，叮嘱他一定要做好工作，防止产生急躁情绪，尽可能地领导好郴县一带的农民暴动。

这次会议对于推动湘南起义具有重要意义。湘南特委书记陈佑魁委托夏明震出席了会议，会后，夏明震到衡阳向陈佑魁作了汇报。为此，湘南特委于 12 月初在湘江河上召开特委会议（称"江心会议"），研究湘南暴动方案，12 月 6 日最终形成了《湘南暴动计划》。

计划对组织、宣传、后勤、军事、政权、治安、军备、经费、方向、目标等 10 余个方面的内容作出了安排。

这个计划之详尽周密，可操作性之强，是此前中共重大武装起义计划中所没有的。三大起义都没有这种操作性强的计划。这是湘南特委在朱德主持的汝城联席会议后出台的，显然特委接受了会上多数同志要求准备充分、考虑周详的意见。

汝城联席会议后，湘南、粤北各县都着手进行暴动准备。就在几天后，朱德接到广东省委转来的中央命令，让他率队参加广州起义，湘南粤北 12 月中旬的暴动计划搁浅。朱德率部赶往广州，途中巧遇广州起义撤退下来的 200 余人，始知广州起义已经失败。南去的路上国民党大部队也正在调动，赶往广州，南去已不可能。朱德便折回韶关，仍以范石生十六军一四〇团的番号隐于韶关北 30 里的犁铺头整训。1928 年 1 月，蒋介石得到朱德隐于范石生部的情报，立即下令范石生解决朱德部。范石生念旧情，透露消息给朱德，让其快走。于是朱德匆忙带队离开韶关。这时的朱德真是有点为难了，不知往何处去。后经韶关的龚楚建议，部队先东后北，由仁化转入湖南宜章。

于是朱德率南昌起义军余部再次来到了湘南。

广州起义军余部撤往湘南

1927 年 11 月，粤桂军阀发生武装冲突，中共中央认为两广军阀争夺广东地盘的冲突，实际上是工农群众革命潮流的高涨，当即通过《广东工作计划决议案》，要求广东省委"坚决地扩大工农群众在城市、在乡村的暴动，煽动兵士在战争中的哗变和反抗，并急速使这些暴动会合而成为总暴动，以取得广东全省政权，建立工农兵士代表会议的统治"。依据中共中央的指示，广东省委展开了紧张的工作，除要求各地利用粤桂军阀之间的战争，发动农民拒交冬租，举行暴动之外，特别关注组织和领导广州市的暴动。11月26日，中共中央常委、广东省委书记张太雷从香港返回广州，秘密召开了有部分省委常委参加的会议，具体研究了广州暴动的准备工作，决定乘张发奎在广州兵力薄弱的有利时机，组织共产党所掌握的第四军教导团和警卫团一部以及工农武装，举行武装起义，并成立了以张太雷为委员长，黄平、周文雍为委员的革命军事委员会，负责领导起义。会后，张太雷等人到教导团和警卫团中进行起义的动员与组织工作，并着手组织与训练工人赤卫队，将工人赤卫队编成七个联队和两个敢死队，周文雍为总指挥，同时发动与组织郊区的农民参加起义。第四军教导团由原国民党中央军事政治学校分校改编，叶剑英曾兼任团长。为保护和发展这支为共产党所掌握的部队，叶剑英做了卓有成效的工作。该团共1000余人，装备较好，战斗力也较强，是广州起义的主要武装力量。

12月6日，中共广东省委在张太雷的主持下，召开紧急会议，会议讨论通过了起义的政纲、宣言、告民众书等文件，以及成立苏维埃政府的人事安排等问题；研究了起义力量的部署和军事行动。会议决定于12月12日举行起义，随后又成立了起义军总指挥部和参谋部，叶挺任总指挥，叶剑英任副总指挥。起义前夕，汪精卫和张发奎对起义的计划有所察觉，准备解散教导团，在广州实行戒严，并调其远离广州的主力部队赶回广州。在此紧急关头，中共广东省委决定提前于11日凌晨举行起义。1927年12月11日凌晨3时许，在张太雷、叶挺、周文雍、叶剑英等人的领导下，教导团全部、警卫团一部和工人赤卫队共5000余人（其中工人赤卫队3000余人），分数路向广州市各要点发起突然袭击。在广州的苏联、朝鲜、越南的部分革命者也参加了起义。东路，教导团主力在叶挺的直接指挥下，迅速将驻在沙河的1个步兵团打垮，俘虏600余人，缴获部分武器，继之消灭了驻燕塘的炮兵团，之后回师市区，协同工人赤卫队攻占了公安局。中路，教导团一部和工人赤卫队攻占了国民党广东省政府及其以北的制高点观音山（又称越秀山）等地。南路，警卫团第三营及工人赤卫队一部向第四军军部、第四军军械库等地进攻，遇到顽强抵抗，未能攻克。与此同时，广州市郊芳村、西村等地的农民约2万人举行起义，一部进入市区配合起义军的行动。起义军民经过10个多小时的战斗，除第四军军部、军械库和第四军第十二师后方办事处之外，珠江以北市区的国民党军、保安队和警察武装均被消灭，缴获各种炮 20 余门，各种枪 1000 余支。当日上午，广州苏维埃政府成员和工农兵执行委员会举行第一次会议，宣告广州苏维埃政府成立，中共中央政治局常委苏兆征为主席（在苏未到广州前由张太雷代理）。会后发布了《广州苏维埃宣言》《告民众书》以及有关法令。当天，广州市工人、农民和市民欢欣鼓舞，热烈拥护革命政府，积极参加起义。

广州起义爆发后，国民党广东省政府主席陈公博及张发奎、黄琪翔（第四军军长）等人仓皇逃到驻珠江南岸海幢寺第五军军部，并立即电令驻肇庆地区的第十二师、第二十六师第七十八团，驻东江地区的第二十五师，驻顺德地区的教导第一师第一、第二团等部，急速回防广州。12 日，张发奎所部 3 个师和驻守广州珠江南岸李福林的第五军一部，在英、美、日、法帝国主义的军舰和陆战队的支援下，从东西南三面向起义军反扑。起义军和工农群众同国民党军浴血奋战，但终因力量悬殊，遭到严重损失，起义主要领导人张太雷牺牲。这时，张发奎的后续部队陆续到达，情况非常严峻，在此危急时刻，起义军总指挥部为保存革命力量，于 12 日夜下达了撤出广州的命令。起义军余部 1000 余人于 13 日凌晨撤出广州，在花县改编为工农革命军第四师，领导人有董朗、叶镛、徐向前、袁国平等，后经从化、紫金等地进至海丰、陆丰县境，加入了东江地区的革命斗争；另有部分人员转移到广西右江地区，后来参加了百色起义；还有参加起义的第四军教导团 200 余名学员撤往粤北韶关地区。国民党军重占广州后，对未来得及撤离的起义军、工人赤卫队和拥护革命的群众，进行了血腥的镇压，惨遭杀害者达 5000 余人。

1927 年 12 月上旬，朱德部接到广东省委的命令赶往广州参加起义。部队在韶关遇上了由广州撤出的第四军教导团学员约 200 人，朱德将他们编入了一四〇团。后来这 200 人的去向极少有资料提及，也没有任何回忆资料，似乎到中华人民共和国成立时，他们中间已少有健在者。但这 200 人随朱德部参加了湘南起义，朱德、粟裕的回忆录里都是有记录的：

革命军正在山区探路，遇到了一批广州军官训练团的学员兴奋地高叫着直奔他们而来。学员告诉他们说，广州起义已在十二月十一日开始，他们和他们的训练团都参加了。起义期间建立的广州公社三天后便被国民党军队和英国炮舰的联合力量打垮了。几千名工人、农民、学生和革命士兵惨遭屠杀。逃出来的小批人员也和他们一样，正在设法寻找朱德的部队，以便参加进去继续革命。①

当一九二七年十二月广州起义失败后，我们又吸收了在广州起义中撤退下来的几十名干部。于是，我们把队伍由韶关拖出来，先打仁化，不久即转入湘南宜章，举行了湘南起义。②

这时，部队还收容了一些在广州起义失败后跑到这一带来的同志。我们的队伍开始有些扩大，思想情绪和阶级觉悟也不断提高。③

参加广州暴动的另有两百人突破了敌人的重重封锁，在韶关附近同朱德、陈毅率领的南昌起义军会合，经过艰苦转战，于 1928 年 4 月在江西宁冈与毛泽东领导的秋收起义部队会师。④

《中国工农红军第一方面军军史·人物志》记载：工农红军长征牺牲的第一位红军师长洪超，即是朱德收编的广州起义教导团战士。他在湘南起义中任朱德警卫员。

这些都表明参加湘南起义的武装力量，还有广州起义失败后的残余部队，并非只有南昌起义的部队。

秋收起义武装调往湘南

1927 年 8 月，中共中央在部署南昌起义的同时，发布了《关于湘鄂粤赣四省农民秋收暴动大纲》，在大纲中要求湖南、湖北、广东、江西四省同时发动暴动。其中重点指明了湖南要在湘南发动暴动，为此组建了湘南特委，并明确毛泽东任特委书记。

8 月 18 日，湖南新省委会议上，担任中央特派员之职的毛泽东根据形势变化，改变中央计划，放弃组织湘南暴动改为湘中暴动，以长沙为中心，组织湘东方向的平江、浏阳、醴陵、株洲、萍乡等地的工农群众发起武装暴动。参

---

① 见艾格妮丝·史沫莱特著《伟大的道路 朱德的生平和时代》，生活·读书·新知三联书店 1979 年版，第 249 页。

② 见《朱德选集》，人民出版社 1983 年版，第 125-126 页。

③ 见《粟裕回忆录》，解放军出版社 2007 年版，第 40 页。

④ 见郭晓晔著《广州起义纪实》，解放军文艺出版社 2002 年版，第 261 页。

加暴动的有武汉国民政府警卫团、平浏农军、安源工人纠察队、国民党反水的邱国轩团，一共5000多人。前委书记为毛泽东，总指挥因卢德铭未到职由余洒度代任。起义于9月9日发起，9月10日邱国轩团叛变，反攻起义军，此前投诚显系阴谋。结果起义军由胜转败。9月19日，起义部队在文家市召开会议，采纳毛泽东意见，放弃进攻长沙，转道湘南。9月27日，毛泽东收到江西省委来信介绍宁冈、莲花地下党情况，果断决定改道上井冈山。井冈山临近湖南的茶陵、酃县、桂东，与湘南仅一步之遥，因此毛泽东的秋收起义部队虽未按原计划撤往湘南，但实际上也靠近了湘南。

1928年3月，朱德发动的湘南起义，在湘南特委的有力配合下声威大振，已占据了8个县，成立了3个农军师，2个农军独立团，还有10万不脱产的赤卫队，并且成立了好几个县苏维埃政府，大大地震惊了国民党。为了扩大战果，进攻长沙，湘南特委派军事特派员周鲁上井冈山，传达中央1927年11月纪律决议案，决议将井冈山中国工农革命军第一军第一师改编为湘南工农革命军第二师，同时命令毛泽东率部参加湘南起义。周鲁在传达中央指示撤销毛泽东湖南省委委员、中央临时政治局候补委员职务的同时，还擅自撤销井冈山前委，改为师委；撤销毛泽东前委书记职务，任命何挺颖为师委书记；开除毛泽东党籍，任命毛泽东为党外师长。

3月12日，毛泽东无奈，率秋收起义部队下山到达酃县，然后由酃县分兵进入湘南，令三弟毛泽覃带一连人到耒阳寻找朱德，令何长工带二团到资兴往郴州联系陈毅，他自己与张子清率一团往桂东汝城方向，保障湘南农军撤退的生命线。

至此，南昌起义、秋收起义、广州起义三支残余部队齐集湘南，在湘南唱响了一首威武雄壮的武装斗争胜利之歌！

毛泽东在湘南前后待了40余天，做了大量的工作，但毛泽东在延安对斯诺回忆自己的生平时，详述了秋收起义10多天的战斗生活，对自己下湘南40多天的战斗经历竟然只字未提。于是，中共党史上对秋收起义队伍参加湘南起义的历史事实也从来不提。只有《毛泽东年谱》上卷第253—255页里，才有毛泽东那40多天（3月中旬到4月24日）的去向——参加湘南起义。

毛泽东参加湘南起义对湘南起义的重大影响，将在后文详叙。三大起义余部会聚湘南的历史事实，有助于我们了解历史真相，也有助于我们总结历史经验。三支队伍会聚湘南，早有《毛泽东年谱》《朱德年谱》等权威著作记载，同时也有张可的《红色起点——秋收起义全记录》、刘汉升的《南昌起义之后》、李弘的《放眼看南昌起义》、郭晓晔的《广州起义纪实》等纪实文学作品分别记述。笔者在这里只能记流水账式地综合简述其过程，以揭示这一段被隐去的历史在湘南起义中具有的重要历史意义、历史价值、历史地位。

一个偶然触发的必然事件

> 一桩看似偶然的事件，蕴含着很多必然因素。湘南起义的爆发，有些事情超出了中共的预料……

一

1927年12月的赣南，已经寒风料峭。工农革命军第一师第一团第三营的张子清、伍中豪通过朱德与范石生的合作，领取了大批枪弹被服后，便回井冈山去了。

就在张子清离开后不久，广东北江特委的联络员来到仁化，找到朱德，传达广东省委的指示：立即启程赴粤，参加广州起义，不得延误！

这里刚布置了湘南12月中旬的起义，部队马上又要调离的话，湘南起义岂不泡了汤！

朱德是职业军人，服从命令听指挥是他的天职，同时他又是个忠厚人，服从上级是他的忠诚所在。他叫来参谋长王尔琢和政治指导员陈毅商量，两人觉得突然。

陈毅说："这就有点可惜哟，我们这里好不容易组织起来，都布置下去了，机会难得呀！"

王尔琢更是个急性子："不去了不去了！我们又不属广东省委管，我们把湘南起义搞起来，也是对广州的支持呀！"

朱德看了一眼两个患难兄弟，宽厚地说："不行哟，来信说是经中央研究决定的。毕竟广州起义是大事，是全局，我们没有理由不服从呢。赶紧发通知给湘南粤北各县党组织，12 月中旬湘南起义的决定取消。让他们做好准备，积蓄力量，以待时机吧！"陈毅知道，朱德说得有理，立即同意了。王尔琢也想通了。于是立即草拟通知下发。

　　大军立即开拔。

　　粤北是个大山区，山路崎岖，森林茂密，虽然已是寒冬，战士们仍然走得汗流浃背。紧赶慢赶，队伍才走到韶关，迎面碰上一支衣履不整、神色慌张的武装，约 200 来人，上前一问，竟然是由广州撤出来的第四军教导团的起义学员。得知眼前的队伍是赶往广州去参加起义的共产党，领头的是参加过南昌起义的朱德，他们哽咽得说不出话来，有的竟哭出声来："你们来迟了，来迟了哇！都牺牲了，都牺牲了。张太雷总指挥都牺牲了！呜……"也有的战士激动得大喊大叫："我们的队伍来了，我们的队伍来了！"

　　这消息来得太突然！朱德与陈毅连忙一边安慰大家，一边紧急磋商队伍的去向。往南是去不了啦，往东回江西去也不适合。队伍目前还没有暴露，不如先进韶关城再说。由于广州起义的影响，这时韶关城内的气氛也十分紧张，店铺、银行、钱庄纷纷关门。韶关商团有七八百支枪，他们见到朱德的部队，如临大敌，阻止部队进城。部队于是开到韶关城外西南郊的西河坝，打算住在一个天主教堂里。可是天主教堂的法国神甫也不让他们住，"哇哩哇啦"对着战士吵。大家都不懂外国话，无法和这个神甫讲道理。正争执不下时，陈毅走过来，亲自和神甫谈了一阵，这个神甫才松口答应了。这时大家才知道陈毅是留法勤工俭学的学生，说得一口流利的法语，算是个大知识分子了。然而，他却能够与大家一起同生死、共患难，大家就更加信服和敬佩陈毅了。

　　在西河坝住得不久，朱德和陈毅就率领部队转移到韶关西北六十里左右的犁铺头。韶关以北之犁铺头，正是中共广东北江特委的所在地，特委书记卢克平，是一位谨慎认真而富有思考力的青年。他早就知道朱德部队是"贺叶军"的余部，但不明了朱德本人的意向，所以不敢贸然与他联络。他一面将情况报告省委，一面派人暗窥该团的动态。

　　一天，陈毅召集全团军政干部开会，就当前的环境说明此次受范石生收编为国民革命军的策略："……革命是常有波折的，不能全走直线，要适应客观形势来决定我们的革命方法，现在我们就是适应环境，为了保存实力，以求将来的发展，所走的是曲线。但最紧要的是：我们不要为环境所屈服，而忘记我们在中国无产阶级革命运动中应该担负的伟大任务。……"

这段话为北江特委所侦悉，他们这才明白朱德他们这次"投降"是被迫的，而且并没有放弃党的立场。于是，北江特委派了一位充任小学教员的同志去设法再向陈毅试探。经过密谈之后，这位小学教员同志便表明身份，说自己是北江特委书记派来联络的。陈毅知道对方是韶关地下党派来的人后，便带他去见朱德，由朱德详细说明了与范石生合作的条件，同时表示绝对服从党的命令，请求特委转告省委，指示他们今后的行动，并要求派熟悉地方情形的军事同志前来参加工作。这样，朱德便和北江特委产生了密切联系。随后，北江特委便派来了一个叫龚楚的年青人。巧的是这个龚楚虽是韶关本地人，但此前却是朱德原来的部属。他原在国民党第十三军补充团任团长，参加南昌起义时任贺龙的第二十军第三师第六团第三营指导员，曾归朱德指挥，见过朱德。他也是在南昌起义失败后回了韶关。龚楚化名林芝，朱德呈报范石生给他以一四〇团团附之职。龚楚后在湘南起义时任工农革命军宜章第三师党代表，曾对起义发挥过重要作用。他在红军中担任过许多重要职务，最高曾任中央军区参谋长。1935年叛变。他的叛变投敌，给南方红军和游击队特别是赣粤边区的红军和游击队造成了重大损失。新中国成立后，龚楚改名龚松庵，在香港定居40年之久，曾出版《我与红军》《龚楚将军回忆录》。1990年，他以年近九旬的高龄返回内地定居，1995年在家乡辞世。

在犁铺头，朱德听取了广州起义余部关于起义失败的情况汇报，还读到了广州起义的一些相关文件（可见参加过广州起义的同志或者是北江特委的同志将当时广州起义的文件转给了他），从中吸取了经验教训。朱德在他的自述中曾说，当时"各种政策已经有在广州暴动时宣布的政策为基础"，在这里朱德编写了游击战争教材，对部队开展了正规的军事训练。朱德编写了《步兵操典》和《阵中勤务》两部教材供部队使用。部队训练以教导队作试点，朱德亲自讲解，亲自示范，要求十分严格。军训中，朱德提出，在战术上，把旧式疏开队形改为梯次配备的疏开队形，把旧式的一字散兵线改为人字队形，交叉射击，消灭死角。在作战方式上，他既继承了中国传统的作战方法，又吸收了许多来自国外的先进的作战技术。根据当时敌强我弱的作战特点，朱德还强调必须运用灵活的战略战术，例如"强敌进攻莫硬打""抓敌弱点我猛攻""孤敌疲敌我围歼""常遣精兵骚扰敌"。这些作战原则，后来逐步形成了红军的游击战术。应当说明的是，红军的某些军事教材就是根据朱德在犁铺头的两部教材编写而成的。朱德同志在第一次军事训练开始时，曾对教导大队全体学员讲过一次非常有意义的话。朱德同志说：我们学的是新军事学，这是从外国学来的基本原理，然后根据中国具体情况加以消化而成的，是在战术上以少胜多、以一当十的法宝。他说，他在南昌担任朱培德第三军军官教育团团长时，应该是负责教育军事的，但并没有做很多军事方面的事，更未曾设想教授新军事学，而仅仅对学员讲革命道理，很少讲军事技术。因为这些学员是国民党反动军队的干部，学了军事技术是会对革命事业开火的，所以不能教给他们新本领，免得徒弟打师傅。他又说，现在用这些新东西来教育我们自己的革命军队，首先教会你们教导大队的基本干部，希望大家认真学习，努力钻研，首先你们学好，然后才能更好地去教部队。

二

在此期间，井冈山毛泽东的特使何长工找到犁铺头来了。

1927年10月，毛泽东闻知南昌起义失败后，朱德余部往湖南来了，但因交通阻塞，信息不畅，不知朱德到了哪里，考虑到目前的一千把人，队伍太小，难成大事，他希望能将朱德部接到井冈山来，以便增加革命力量。于是他派了一名能干的部属何长工作为特使，下山寻找朱德。

何长工（1900—1987），原名何坤，湖南华容人。他于1918年毕业于湖南长沙甲种工业学校，去北京长辛店法文专修馆半工半读，1919年赴法国勤工俭学。1922年在法国加入旅欧中国少年共产党，同年转为中国共产党党员。1923年去比利时做工。1924年回国，从事党的秘密工作。1925年在湖南南县、华容从事学生运动，曾任新华中学校长，并任该校中共党委书记，创建了该地区的中共党团组织。1926年秋任华容县农民自卫军总指挥，中共南（县）华（容）地委常委兼军事部部长。他在"马日事变"后逃到武汉，进入卢德铭的武汉国民政府警卫团，当了一名连党代表，跟随卢德铭参加秋收起义，成为毛泽东的得力部下。

何长工10月初下山，先到长沙省委了解全省情况并向湖南省委汇报秋收起义军在井冈山的近况，然后一路南下到达广州，历经波折，于12月20日，好不容易在广州打听到朱德在韶关犁铺头的消息，可是到了犁铺头到处寻找也没发现朱德的踪影。他由犁铺头返回韶关市区，连日奔波，一身臭汗，便到一个澡堂里去洗澡。没想到"踏破铁鞋无觅处，得来全不费工夫"，同在澡堂里洗澡的几个国民党军官的悄悄话透露了朱德的行踪，原来朱德确实就在犁铺头的军营里。于是，何长工连夜再探犁铺头。这次他不再老实，来了个硬闯军营，结果被人家五花大绑，推进军营——何长工回忆说：

一进门，迎面碰上蔡协民同志。我同他在洞庭湖一带一起作过秘密工作，是我们华容的县委书记，老警卫团的，处得很熟。但现在已认不得他了，他已留起了胡子。只是口音很象，我说："我是何长工。"蔡协民仔细一端详，赶忙扑上来边替我松绑边说："哎呀！老何，委屈你了，你不知道我们居人篱下过日子，不得不防啊！"我揉了揉酸麻的双臂说："我是毛委员那边派来找你们队伍的，来找朱德同志的，你们这儿还有什么人哪？""还有陈毅、王尔琢同志。""陈毅我认识，都是留法勤工俭学的。"这时王尔琢同志来了，他虽然认识我，但对我的来历不放心。后来，蔡协民同志详细介绍了我的政治身分，才打消了王尔琢的顾虑。这时，他说："老何，你怎么来了？"我简要的讲了一下来找南昌起义部队的任务和曲折经历后，陈毅同志出来了，他虽然老成了，但还是当年那种豪放潇洒的劲头，一见面就开起了玩笑："哎呀，过去相会在欧洲巴黎，现在见面在犁铺头，有点感想吧！"正说着，朱德同志从里屋出来了。他头发和胡须较长，但是两眼炯炯有神。穿着一身灰军装，打着一副绑腿，精神抖擞，有说有笑，我虽然在法国就知道朱德的名字，但是，见到朱德本人这还是我平生第一次。

朱德同志看着我穿着西装大衣，象个假洋鬼子，有点不放心，就象测验似的询问起部队的情况怎样，井冈山的情况。我把部队在武昌出发，到秋收起义，开赴井冈山的情况一一做了介绍后说："井冈山的具体情况，我因为出来的早不太清楚。但各县党的领导人我清楚。井冈山的地形、道路和周围的地主武装，我了解一些。"朱德同志又问："部队有多少人？""大约一千人，编两个营，一个特务连，一个军官队，还有卫生处。""您干什么工作呢？""秋收起义时，我当连党代表，大革命时期是湘西农民赤卫军的总指挥。"这时，蔡协民又补充了我的其他职务。朱德同志又询问了领导人的情况，我都一一做了回答。朱德同志听了十分高兴，接着和我一起就能否屯兵、打仗等问题认真的研究起井冈山的地势来。朱德同志详细了解了井冈山区的地形、群众、物产等情况后，十分满意，怀着羡慕和赞赏之情说："我们跑来跑去就是要找一个落脚的地方。我们已经派毛泽覃同志去找毛润之了，如果不发生意外，估计已经到了。"

这时我看到，朱德同志一边同我谈话，一边有很多人来向他汇报请示工作，非常繁忙。我说："看来这里是'山雨欲来风满楼'啊！"朱德同志会心的笑了笑说："是啊！我们要搞一个大暴动，把队伍拉大一点，把根据地搞起来。因为事情忙，我就不多陪了，有什么事情和陈毅同志讲。"他看了看表说："哟，已经三点了，赶快吃饭，饿坏了吧！"陈毅说："长工返回去没有交通，是不是有危险？"朱德同志说："他的安全我负责，等吃完饭后，我跟几个委员说说。"朱德同志是北江委员会三个委员之一，北江委员会有可靠的秘密交通和联络员。

阴历十月，我由井冈山出发，离开犁铺头时已是阴历十一月多了。深夜，船在凛冽的寒风中向前移动，我的心里如同燃烧着一团火。我看到南昌起义的部队在朱德同志领导下，不但没有垮，而且转战出来，开始了更积极的武装斗争，感到极大的鼓舞和欣慰。①

这是何长工本人回忆录中对那次与朱德会见的生动描述。第二天，朱德给何长工一封介绍信和一部分路费，要他赶快回井冈山和毛泽东联系。何长工经广东曲江、始兴、南雄和江西的赣州，到万安，正好遇上了在万安进行游击战的工农革命军。1928年1月上旬，何长工在遂川县城天主教堂见到了毛泽东，并向他报告了与朱德部联系的情况，转告了朱德的意见和部队的行动方向。

三

在犁铺头练兵期间，中共湘南特委也曾派人来联系朱德，希望朱德北上支援湘南暴动。但当时不知出于何种原因，朱德并未立即答应北上。

---

① 见《何长工回忆录》，解放军出版社1987年版，第117-119页。

中共中央曾于1927年12月21日和27日两次写信给朱德及全军同志，指示他们结合当地农民，开展武装斗争，进行土地革命。这两封信对于朱德部后来的行动方向有着巨大的影响。

德兄并转军中全体同志：

自从三河坝与潮州的交通被敌人切断后，党的指导机关即与二十五师全体同志失去了联络。潮州失守后，粤省委曾两次派人追赶你们，及你们退武平，转入江西信丰时，江西省委又派人前往接洽，最后知道你们已越大余岭而入湖南，中央乃命湖南省委派人与你们接洽。但一切都是徒劳，始终未得赶着你们。现时你们的踪迹，仅从报纸上的记载和辗转传来的消息，似乎正驻扎在桂东和桂阳一带，惟仍未能证实，并且据江西省委报告，你们入湖南时，曾与范石生有一度之联络。此事如果属实，在广东暴动失败后，能否不为范石生所解决，很有疑问，因此中央特派李鸣珂同志经江西入湘专与你们接头。除了中央一切重要的决议和关于军事运动的新政策以及最近各省工农武装暴动的情形和统治军阀崩溃的趋势，已令鸣珂同志口头向你们详细报告外，中央更有以下的话要说：

一、叶贺军队在潮汕的失败，一方面固由于军事战术布置的不当（如入粤时不以主力攻梅县而直下潮汕，主力既集潮汕与东江敌人对峙，而又留二十五师在三河坝失其作用），但另一方面更重要的是，革命政策的执行有许多未脱旧时机会主义和军事投机的遗毒，以致入粤后，未能发动群众使军队化为工农的武装力量，而造成土地革命在潮梅深入的局面，无广大工农群众拥护的军队便是侥幸战胜黄绍竑、陈济棠，结果也还是军事孤立，不能使土地革命深入，甚至于客观上还会阻止工农运动。因为革命的军队，假使不能与工农打成一片，则仍是一个雇佣武力听少数领袖的指挥，不能表示群众的意识，即是说，不能以工农群众的意识影响此军事行动。固然这种错误，当时前敌的军队不能负什么责任，因为前敌的指挥机关，在八一革命前，既未能得到中央完全的指导，而本身的指导又犯了很多错误。而广东省委以及南方局，对于前敌的军队到潮汕时可号召的工农暴动，亦未能有充分的发动准备；不过军中所有同志，应深切的了解这种错误，务使这种错误不再在我们同志所组织的任何军队中发生。

二、军事运动新政策的主要条件，是在党的新政策以工农的武装暴动建立苏维埃政权，由土地革命向社会革命的原则之上建立的。为了在反动军阀统治之下秘密的增长工农武装的力量，我们必须在工厂里农村中组织秘密的工农军；必须秘密的给工农群众和党员以武装的训练；必须组织群众的红色恐怖队，反抗白色恐怖的压迫；必须很技术的有计划的布置工农武装暴动前的必需条件；必须在工农武装秘密的组织中，避免个人的英雄的无组织的指导。要充满政治的经济的阶级的斗争形势，更必须的是对于敌人——统治军阀——的武力，施以无姑息的破坏和分裂；在分裂和破坏的工作中，我们应一变从前巩固所谓国民革命军的态度，改成做侦探、做间谍、鼓动兵变、破坏军纪、勾引队伍逃走、引诱兵士卖枪、煽动兵士反抗官长、谋害官长以至全体瓦解的种种工作。自然这种工作是一个时候一个部队里所未能做到的，但我们作军事运动的人，有了这种计划，便不应丝毫放过。所以我们一方面反对国民党所属的一切军队，一方面仍应想种种方法秘密进去，做下级军官，做兵士，进行这种破坏和分裂的工作。假使我们所鼓动的兵变和勾引的兵士能够成为一种力量，我们当然立即组织在工农的武装组织之内，进行斗争和暴动的工作。但是这种力量，我们必须认清是工农暴动的副力，工农暴动的主力必须是工农群众自动起来的武装，没有工农群众广大的参加，专靠着一部分的变兵，或已拿着几杆枪的武装队伍，工农暴动不会发动起来的。便是这种无广大群众参加的武装力量，杀了很多的豪绅官吏工贼，烧了地主的房子，分了资本家财主的财产，烧了借主的借契，充其量不过是梁山泊上英雄侠义的行为。在群众眼内看来是替他们打抱不平的，这样不但不能使土地革命深入，并且一旦统治阶级的军队以全力攻来，到了不能抵抗的时候，好则上山，坏则崩坏，群众中是无法藏身的，自然更说不到扩大群众的参加，蔓延暴动的区域，以抵抗反动的势力。所以我们分裂军队来助成工农暴动只能当做工农武装的副力看，切忌变成流寇式的队伍，来阻止暴动。现时你们队伍所处的境地和所负的使命，便应是这种工农暴动的副力。

三、关于工农暴动的范围，你们或已知道，你们队伍在暴动前后的责任，你们或已讨论过。不过我们要慎重指出的，你们用这种副力参加暴动或发动暴动时，必须避免军队投机的错误动作。大概军中同志，在这个新旧政策交替的时候，最容易把武力包办一切的观念移植到工农暴动上面来。譬如农民暴动一开始，必须是号召广大的农民群众参加，然后才能使暴动中一切行动有意义而深印在农民心里。但军事同志则常易于初发动时便代替农民执行一切暴动动作，而忘了发动群众，或是专注意军事行动，企图固守一个阵地，或是扑攻一个城市，而忘了执行暴动中政治经济的、社会的、土地革命的各项条件。殊不知群众的暴动和军队的对垒有迥然不同的广狭意义，军队打仗是专门比赛技术，人的条件，是要在一定的技术范围内比赛谁的勇敢，而群众暴动是要在广大的热狂的反抗的情绪中，趁着统治阶级的动摇的机会，武装了自己，推翻当地统治阶级的权位，夺取政权，同时并会扩大这种反抗及于周围的群众，以至于摇动敌人所雇佣的武装群众。技术条件在这里虽也成为暴动条件之一，但它却不能比暴动扩大群众、摇动敌人所奴隶的群众更占重要。认清了这一点，则我们以军队式的武力来参加暴动，便不会首末颠倒，否则我们不是因为群众尚未起来便代替群众单纯发动暴动，即是不信仰群众的创造力量，借口于几件技术条件之未完备便阻止暴动，前者是军事投机，后者是机会主义，你们带领队伍在城市、在乡村参加这一暴动任务时，必须防止这些容易陷入的错误，时时注意群众的发动，群众的扩大，以至敌人所奴隶的群众的勾引或煽动。

四、你们的军队如已确实到达湖南的桂东、桂阳地方，你们工作的对象，便应从这几个县份计划起。据我们所知道的，在桂东的北边茶陵、酃县以至江西莲花均系毛泽东同志所带领的农军驻扎，不知你们已和他联络否？各部分农军从前也有不发动群众，专门代替群众从这县打到那一县执行英雄式的暴动的错误，他们如果驻在这些地方，你们应确实联络，共同计划一发动群众以这些武力造成割据的暴动局面，建立工农兵代表会议——苏维埃政权。这在现时的湖南敌人势力空虚时，是一件刻不容缓的事，既是那部分农军已经远走无法联络，你们在桂东、桂阳一带应该单独的做起来。当地如有我们的党部，自然应该与他们计议发动群众，采取适当机会举行暴动，假使没有党部，你们亦应由军中挑选得力同志，派入乡村做组织群众、鼓动群众的暴动预备工作，同时并派人与湖南省委作切实的党的联络。

五、暴动的局面须看当地的环境，如便利在乡村发动，便应在乡村中力求深入和扩大，而不急于攻城；如攻城确有把握而影响又大，群众或更因此而扩大，则攻城亦所必需，便是守不住几天，仍为敌人攻下，亦值得去做。乡村与城市的暴动固然是最好的是能汇合一起，但决不要彼此等待，尤其是乡村能发动时便发动，只要注意群众深入与扩大，农暴总是可以在乡村支持而扩大的。我们以队伍参加农暴，也须着眼于此点。

暴动的内容，自然应依照中央各号通告所指示的去做，但口号必须依照工农暴动夺取政权的原则，指定各种切实的口号，以合乎当地的需要。

六、万一你们所去的地方客观条件不容许一个农暴实现，即所谓统治军阀力量的强大，工农群众反抗情绪的微弱，党的指导一无所有的时候，你们的队伍便应向农运发达的区域移动，去发动群众，做成农暴的助力。这次同鸣珂同志同去江西省委代表，便在这个条件之下同你们磋商，将军队移往江西农运发达区域，如万安、莲花、赣州一带，去做农暴的助力。你们如认定湖南无发展农暴的希望，便可接受江西省委的提议。

七、假使你们已经与范石生发生了组织的关系，你们便应很坚决根据上述的使命，从他的军队中分化出来。这就是说，不但将我们的军队抽回来，还将范石生的队伍拉出一部分来，这一工作自然是很艰难而且很秘密的，但我们必须很谨慎的努力去做，至少要将我们原有的队伍抽回来，指导机关应切实讨论迅快执行。

八、我们队伍中或者已经发生一些摇动分子，不愿意过这种无希望于升官发财的流浪生活，你们应坚决的淘汰这些分子。假使他们不但自己摇动，同时还鼓动别人，你们便应很坚决的执行军纪，斩断恶根。士兵中如有厌倦军队的生活而愿归家者，你们就应以土地革命后士兵家庭可分得土地耕种，工农革命军队待遇改良生活平等的希望去鼓动他们，更应时常引导他们与农民打成一片，引起他们参加农暴的兴趣，以巩固我们的军队。假使士兵有受敌人宣传的影响，图谋反叛或逃走者，便应立即予以监禁式的劝诫，并将其解除武装，武装热心农暴的农军。

九、你们队伍一切的给养，均应从豪绅官吏财主地主身上着想，千万不要空想党会来帮助，这不但事实不可能，而且原则所不许。旧二十四师在海陆丰参加农暴，不但自筹给养提高了兵士生活，并赞助农民分配了土地，分配了地主的财产给贫苦无业的农民，这一工作你们应首先注意。

十、军中党的组织是一切组织的根源，你们必须依照从前的组织系统——团成立支部，下分小组；师成立委员会——管理支部生活，执行党的政策，监督军队行动。

过去二十五师的同志的许多行动多有可批评处，尤其是三河坝退后，直至现在许多同志的行动多应该拿到师委员会里讨论出一个大纲，交给全体同志公开的讨论给判断，谁是谁非，报告中央核办。没有党纪便没有军纪，党员不能受严格的军纪，就无以处罚非党的群众，故你们对过去的工作的审查千万不要马虎一些。

一切党的政策均须拿到支部会议或小组会议中讨论，使每个党员都表示意见，有些并可向非党的群众宣布，使他们认识 C. P. 的真面目和这部分军队正当的出路——工农革命军。师委会的组织以五人为合适，除指定朱德同志为书记外，余四人可由全体选举，但必须有个士兵同志被选。

十一、你们这一部分队伍的组织形式，广东革命委员会已任命为工农革命军第一师，你们现在已到湖南，如果暴动占据了一个地方，即可由当地革命委员会或苏维埃政府任命为某某地工农革命军第几师，在这师中的一切训练，除了军事的正式操练外，必须有严格的政治训练，在非同志或不得力的同志中必须有党代表的派遣，严厉的执行监督任务。

十二、你们过去一切的情形均须做一详细的报告，一给中央，一给湖南省委。你们向中央要求只要人才问题，中央可以供给。只要你们有信来，你们应派人与湖南省委联络，对中央□□同志的任务完毕，即须回来报告，万一你们需要□□在那边工作，他可参加师委并任军队中一部分指挥工作。

一切一切都由□□面达，此次就不详写了。最后中央对于你们这一师死难的同志，特致最诚恳的哀忱和永不能忘记的心意，同时并祝你们后死的同志努力！

中　央

十二月二十一日①

德兄并转全体同志：

广东省委来信，有你们部队已随范石生到韶关的消息，如果属实，则中央前信的指示，又有以下的变更：

一、广州的暴动，不曾严重的警告了范石生，但其对你们部队的注意的防范，并且前信所说："广州暴动失败后你们是否不为范石生所解决，尚是问题。"目前范石生恐将实际的回答这一问题。为避免消灭的危险，你们只有坚决的脱离范石生，联络北江的农军及广州暴动后退往北江的队伍，参加北江区

_____

① 见中共中央文献研究室中央档案馆编《建党以来重要文献选编（一九二一——一九四九）》第4册，中央文献出版社2011年版，第808-814页。

域的农民暴动，扩大和深入北江的土地革命，做成北江农暴的主要副力，造成海陆丰农暴割据东江的同样的局面，这是你们队伍存在和发展的唯一途径，并且对于广东全省总暴动的前途更有深切的关系，认清此点，你们必须迅速的执行。

二、你们在脱离范石生时，必须扩大这个"叛变"的影响到他的军中去，尽可能的带去他的队伍，拆散或消灭他的军队，即是保障和增厚我们的力量，这一良好的而又危险的时机，你们也须谨慎的利用。

三、立即与广东省委接洽，直接受广东省委和北江特委（大约在韶关）的指导，完成你们对北江农暴应尽的责任，其余一切可参照前信斟酌实行。

四、假如同志中有怀疑脱离以及拆散范军的政策的人，必须无顾忌的予以开除，万一主持军队的同志领导着队伍反对这个决定，中央特命北江特委及□□同志行使非常手段，领导服从党命的同志消灭这一个反抗。

中　央
十二月二十七日①

中共中央发出这两封信后，一直未收到朱德部的回信，去信如石沉大海，让中共中央十分不放心。朱德部到底收到了这两封信没有？贯彻了中央的指示吗？解放后朱德在发表的回忆文章中，对这个问题一直没有说过。后解放军国防大学中共党史著名教授王年一先生对这两封信进行逐条研究考证，认为朱德部在湘南起义中的许多行动、策略，包括部队的命名，都与中央信中所说的一致，因而认定朱德收到了这两封信。至于朱德为何没有回复中央，王年一先生认为肯定有很多客观原因：一是由于战事繁忙，无暇回复；二是也许回复了，但途中生变；三是也许中央未能存档；……最可能发生的是途中生变。因为当时战乱，国民党盘查又严，交通员随时有可能牺牲，有可能逃离，也有可能把信件弄丢。

中央以往对湘南起义倾注了大量心血，这两封信更见证了中共中央对湘南起义的重视。

---

① 《建党以来重要文献选编（一九二一——一九四九）》第4册，中央文献出版社2011年版，第818-819页。

四

1928年元旦，第十六军军长范石生应国民政府委员、国民政府军事委员会参谋总长、中央政治会议广州分会主席、广东省政府主席和第八路军总指挥李济深之邀，前往广州赴宴。朱德则应第十六军第四十八师师长赵超发之邀到韶关赴宴。这个李济深，原是国民革命军第四军军长，叶挺独立团就是他的下属部队。共产党人领导的独立团在北伐战争中一路斩关夺隘，所向披靡，为他的第四军打下了"铁军"的威名。然而蒋介石"四一二"反革命政变后，他紧接着就于4月15日在广州发动反革命政变，屠杀共产党人。而且亲自率军参与了对南昌起义叶挺部的围剿。

且说朱德应第四十八师师长赵超发之邀，赴韶关饮宴。此时正是两军合作时期。朱德任第十六军参议兼第四十七师副师长，他与赵超发是师生关系，对赵的情况熟悉。朱德从大局考虑，如期赴约，喝喝酒叙叙旧。酒席正酣时，朱德的随从副官匆忙进来，在朱德耳边小声说："有紧急情况，陈毅同志让你赶快走。"朱德却不动声色，推了把随从，连声说："没事，没事，你出去，出去。我没醉，没醉。"

他站起来假装打了个酒嗝，然后朝赵超发拱拱手说："师座，醉是没醉，喝多了，有点内急，厕所在哪？"

赵超发赶紧让人带朱德上厕所。朱德再一拱手说："回来再喝！"

朱德上完厕所，出厕所门一看没人，一闪身从后门溜走了。赵超发在席上等了半天也不见朱德出来，派人去厕所查看，却不见朱德踪影，弄得赵超发莫明其妙，直到第二天才明白过来。

原来情况发生了急剧的变化。范石生从广州派秘书杨钟寿专程到犁铺头给朱德送了一封紧急密函，催促朱德率部从速离开。当时信件由陈毅、王尔琢等拆阅，信中只有寥寥几个字，请朱德迅速离开犁铺头自谋出路。原来，第十六军军部少将参谋处长兼军官教导团团长丁腾是蒋介石安插在范部的亲信。丁将朱、范合作的事密告蒋。蒋得悉后，气急败坏，电令掌管广东军政大权的李济深转告范石生，即将朱德部队就地解决，并派方鼎英的第十三军及桂系的黄绍竑在仁化一带监视范军及朱德部。范石生不忘旧情和承诺，急忙暗中写信把这个消息告诉朱德。刚才正是陈毅托人捎来急信报警，朱德假装如厕机智离席，连夜赶回犁铺头驻地。

朱德立即召开会议，研究对策。会上有提议到东江海陆丰去的，有说劝范石生一道去广西的，也有说往江西找毛泽东去的。众人七嘴八舌，出了不少主意，却都缺乏可行性。

朱德部临走时，范石生又托人带来 5 万元现大洋、一封信，信中大意说：一、谁能统一中国？只有不乱杀人的人才能统一。二、为了避免部队遭受损失，你们还是要走大路，不要走小路。三、最后胜利是你们的，现在我是爱莫能助。

朱德部队在大雨滂沱中，以训练之名离开了，蒋介石的心腹丁腾建议：马上派兵追击，并与附近驻军联络，将朱德部包围消灭。范石生听后，表示会予"考虑"，但只令部队佯装追击了一阵了事。事后，范石生以"朱部叛变"上报蒋介石，了结此案，然后称病前往广州"养病"去了。

范石生的这次"放虎归山"，让蒋介石恨之入骨。最终他被蒋介石派人暗杀。

数十年后，革命胜利了，朱德没有忘记这位老同学。1937 年他首次对史沫特莱讲述自己的故事时，就讲到了范石生对革命的贡

国民革命军第十六军军长范石生

献，在他的自述中他也没有忘记写上范石生这一段。1944 年在延安他对编写战史的同志提到要写上范石生这一段。1961 年，他在自己的回忆录《从南昌起义到上井冈山》一文中也写上了范石生这一段。范石生如果地下有知，相信也会感到欣慰了。

五

朱德率部走出犁铺头，朝仁化走去。

离开犁铺头时，朱德指示，让汝城农军何举成的军部特务营一道离开范

部，但何举成不同意，仍想在范部暗中扩充实力。何举成不但缺乏革命的警觉性，也缺乏革命的组织性，他竟然不听朱德、陈毅的指挥和忠告。当时为了统一三支队伍的指挥，曾经成立第十六军党的委员会，陈毅任书记。但秋收起义的队伍张子清部和汝城农军何举成部显然都不认可，朱德、陈毅指挥不动他们。不久，北江特委要求何举成离开范部的密信被敌截获，副营长黄文灿叛变，何举成的特务营被第十六军黄甲本团包围，何举成本人在战斗中牺牲，全营只有 20 余人逃出。

当天，部队冒雨集合在韶关到仁化的公路上，在朱德的亲自指挥下，还砍倒了电线杆、割断了电线，并奇袭了敌方一个军火仓库。

当时，朱德原想到仁化后，渡河去到东江与广州起义军会师，1 月 4 日打下仁化县城，继续往东到达仁化鸡笼附近的江边时，发现国民党方鼎英的大部队源源而来，往前去不行了。这时，龚楚提议，他在宜章有个朋友叫胡少海，那里有宜章县委地下党组织在活动，不如到宜章去发展。此前宜章党组织陈东日等也曾来联系过，朱德于是同意了。部队便调头向西再向北，在距乐昌 10 里处的长来圩渡过武水，在派人紧急通知宜章地下党的同时，大军则沿王坪、小洞、大洞，向宜章边境地区前进。

1 月 7 日，朱德的队伍临近乳源北部的梅花大坪杨家寨（今属乐昌市），突然前卫部队传来消息说有宜章地下党来迎接了。待到近了一看，朱德喜出望外，来人竟是上一年 11 月 26 日参加汝城联席会议的宜章代表、县农民协会委员长杨子达。

"王团长好哇，我们又见面了！"杨子达一见面就热情地寒暄。因为朱德在汝城化名王楷，那时是一四〇团团长。

"呵呵，杨委员长好！"朱德赶紧上前，两双大手紧紧地握在了一起，久久没有分开。

杨子达，字高仰，1893 年 1 月 20 日出生于宜章县近城团五都岭杨家村，自幼随父务农，12 岁始上学，陆续读书 8 年。1912 年开始经商。五四运动消息传到宜章后，他发动县城商民积极参加李文香组织的爱国集会，查禁和焚烧日货。1923 年下半年在高静山引导下，与李文香、吴泗来一起学习马克思主义，接受革命思想。1924 年 6 月，杨子达加入中国共产党，1925 年 7 月任中共宜章县地方执行委员会委员，1926 年 8 月被选为宜章县农民协会委员长。

经过艰苦努力，杨子达在县内成立各级农会 196 个，由农会掌握的群众达 10 万余人，宜章农民运动的发展情况进入全省前列。12 月他与毛科文等人参加湖南省第一次工农代表大会，被推选为代表资格审查委员会委员。宜章向大会提出 10 件提案，是提出提案最多的县。1927 年 1 月，杨子达与颜秉仁等人一道指挥农民自卫军在梅田击溃挨户团武装。"马日事变"后他率农军一部转入湘粤边境活动，同年秋天，任中共宜章县委委员。

　　1 月 6 日，县委接到王团长来宜章的消息后，杨子达就在梅花大坪杨家寨忙开了，为部队准备食宿，他与族老们商量动员全村村民，有钱出钱，有粮出粮，有房出房，有床出床。安排好村子里的事，他又亲自到路上来接。杨子达热情而周到，干练又有主见，是个很有才能、又有责任心的好干部。

　　朱德带领大部队，在杨子达的引领下，住进了杨家寨。杨家寨有 300 多户、1000 多人，是杨子达的远祖故居地。杨子达隐蔽到这里后，在村里组织农民协会，建立了较好的

杨家寨

群众基础，村中父老和群众热情欢迎朱德部队入寨。当晚，朱德、陈毅、王尔琢、龚楚在村中文奎楼召开会议，听取杨子达、胡少海等人关于宜章的地理民情和敌我双方情况的汇报，朱德由此了解到宜章的党组织已经为暴动做了诸多准备，决定进入宜章发动暴动。会议还决定，与宜章县委进一步加强联系，密切配合，具体落实组织宜章暴动的步骤。1 月 7 日，朱德率部从杨家寨到达梅花圩，住在孔圣会馆。陈东日、陈俊带领 10 余名赤卫队员从栗源赶来接头，向朱德等人反映了宜章敌情：县城没有正规军驻防，只有 400 人的民团，且无电台，无接通广东的电话线，消息闭塞。朱德深入分析敌情后，决定将部队分为两路行动：一路由龚楚带领留驻梅花圩，再进入宜章栗源的迳口；另一路由

朱德、陈毅率主力同胡少海于1月8日进入宜章境内的莽山洞。同时安排陈东日回栗源，以买马为名开展联络工作，准备暴动。

莽山地处宜章南面，属南岭山脉中段。莽山洞四周群山环抱，古木参天，环境幽静，便于隐蔽。朱德部到莽山后，会合了胡少海的队伍。部队驻扎莽山洞作短暂休整。宜章县委获悉朱德、陈毅率领部队进入莽山后，中共湘南特委委员、宜章县委书记胡世俭和县委委员毛科文、高静山等人立即前往联系。1月9日，朱德、陈毅、王尔琢、蔡协民与宜章地方党组织的胡世俭、毛科文、高静山、杨子达和胡少海等人，在莽山洞的一座古庙里举行联席会议。

古庙有些破败，兵荒马乱的年代，少有人进香。一盏豆油灯，放在供桌上。供桌前，众人团团围坐。朱德主持会议，他让宜章的同志先说说城里的情况和地下党组织的情况。胡世俭是湘南特委委员、宜章县委书记，他在碛石学校以教书为名，掌管党的组织情况，他把党组织恢复的情况作了详细介绍。然后杨子达、毛科文相继介绍了宜章县城目前没有国民党正规军，只有地方民团的情况。

为何宜章县城没有国民党正规军？

当时消息闭塞，他们并不知道，国民党在"消灭"了南昌起义的叶贺军队以后，便开始了因分赃不均而引发的内部大战，史称宁汉战争。

狗咬狗的战事

> 1927年底的宁汉战争，让共产党员朱德得以钻到空子，朱德在湘南"大闹天宫"而无人顾及。那是一场烈火，烧得一群野牛惊慌失措……

中国近代史上，有许多军阀混战。他们争地盘，夺权力，互不服从指挥，谁都想当老大。彼此之间协商不了，于是就开战了。

1927年10月29日，《中共中央关于发动第二次武装起义致湖南、湖北省委信》中明确指出：

前此两湖秋收暴动虽受挫折，但湖北省内农民游击式的暴动，还在继续发展，湖南境内则秋暴时省委违反中央的指示，根本未去发动群众，加以临阵脱逃，所以失败。实际农民革命情绪并未低落，工农武装亦未完全消灭，现在宁汉战争有第二次发动工农群众整个的暴动夺取政权的可能。特此专函前来，望你们立即召集省委会议，仔细讨论如何实现这一个可能。一方面坚决的勇敢的准备，一方面详细报告中央。

　　对于这次军阀战争，应根据中央宣言和党报上的文章，在工农穷苦民众中发动极广大的宣传和鼓动，这于第二次暴动的发动是有极大关系的，千万不可忽略！①

　　信中提到的"宁汉战争"是一次什么样的战争，它为什么会让朱德在湘南发展壮大？要了解历史的全貌，我们就不得不对宁汉战争的来龙去脉有所了解。

战争背景

　　所谓"宁汉战争"，指武汉国民政府和南京国民政府之间爆发的战争，"宁"即南京，"汉"即武汉。

　　南京，简称宁，是江苏省会，地处中国东部地区，长江下游，濒江近海。1926 年 7 月，时任国民革命军总司令的蒋介石由广州北伐，随右路军出湖南，进江西，陷江苏，占上海，后又回到江苏，定都南京，成立国民党新中央，是为国民党右派。其代表人物有：蒋介石、李宗仁、白崇禧、何应钦、夏威、朱培德、鲁涤平、胡汉民、谭延闿、孙科、李烈钧、李济深。

　　武汉，简称汉，是湖北省省会，水陆交通枢纽城市，被誉为当时中国内陆地区最繁华的都市。武汉地处江汉平原东部。世界第三大河长江及其最大支流汉水横贯市中央，将武汉城区一分为三，形成了武昌、汉口、汉阳三镇隔江鼎立的格局。唐朝诗人李白曾在此写下"黄鹤楼中吹玉笛，江城五月落梅花"的诗句，武汉因此又称江城。国民革命军第四军叶挺独立团于 1926 年 5 月由韶关出发，一路势如破竹，由广东、湖南直扑武汉。随后国民革命军第一、第四、第六、第

_____

　　① 见中国人民解放军历史资料丛书编审委员会编《土地革命战争时期各地武装起义·湖南地区》，解放军出版社 1997 年版，第 135 页。

七、第八、第九、第十五军分左中右三路进攻武汉，于9月10日拿下武汉三镇。不久，国民党中央党部及中共中央机关随迁武汉，武汉成为国民革命军的大本营。国民党中央党部由汪精卫主持。汪精卫号称国民党左派。汉方代表人物有：汪精卫、唐生智、刘兴、叶琪、叶开鑫、李品仙、何键。

北伐成功在即，国民党定都何处成为国民党左派与右派的一个争执焦点。以蒋介石为首的国民党右派力主定都南京，而以汪精卫为首的所谓左派则力主定都武汉，他们各自打着小算盘，最终分裂成宁、汉两派，互不相让。

在"四一二政变"和"宁汉分裂"之后，武汉国民政府的汪精卫、唐生智等势力，与南京国民政府的蒋介石、新桂系势力在政治、军事等多方面展开较量，以争夺"正统"地位。

"四一二政变"之后，新桂系的势力扩大。蒋介石准备联络何应钦，解散新桂系下属的国民革命军第七军，打击新桂系。但由于何应钦不合作，蒋介石打击新桂系的计划未能成功。而宁汉双方都在尽力争取在西北已经宣布投向北伐军阵营的原西北军首领冯玉祥。冯玉祥拥兵20多万，居中调停宁汉双方的分歧，并策动宁汉双方继续北伐。1927年5月，南京国民政府继续北伐，新桂系第七军北上攻入山东境内，驱逐张宗昌、孙传芳等军阀。同时，武汉国民政府亦派兵北伐，攻入河南境内。

1927年7月，汉方派出唐生智、程潜、张发奎等部队，东进进攻宁方。新桂系迅速以与汉方作战为借口，调动部队回到南京附近，并联络驻军浙江的国民革命军第二十六军周凤岐部，形成对南京的包围。随后，李宗仁与程潜部达成协议，互不攻击，借此向蒋介石施压。7月15日，汪精卫于武汉实施"和平分共"，驱逐共产党员和部分国民党内左派人士（未公开身份的倾向共产党者），共产党自此被迫在全国转入地下活动。宁汉双方的根本政治分歧消失，这为宁汉合流打下了基础，但汉方仍然坚持要蒋介石下野。

同年8月，奉系军阀张作霖支持张宗昌、孙传芳南下进攻南京。8月6日，蒋介石亲自指挥的徐州战役遭到失败，国民革命军第一军王天培部损失惨重，苏北交通枢纽、军事重镇徐州丢失。宁方腹背受敌，形势危急。蒋介石原定以徐州战役的胜利来对汉方施压，但这一计划失败。此战导致王天培因战败而被枪决。

1927年8月8日，新桂系首领李宗仁通电汉方，要求"整个善后"，要求蒋介石下野。蒋介石从徐州回到南京，命令新桂系二号人物白崇禧部署部队与汉方作战，但遭到白崇禧的公开抗命。蒋介石不得已通电下野。

　　因蒋介石主动下野，汉方暂时失去"讨伐"的目标。新桂系遂与何应钦部署部队，先迎战北方军阀。

　　8月底，新桂系和何应钦的第一军在龙潭对孙传芳军队发动全面反攻，击破南犯的孙传芳主力6万余人，孙传芳只带10余个卫兵北渡长江撤退，南京局势得以稳定。此后孙传芳逐渐淡出政坛。

　　1927年9月11日，在新桂系的主导下，宁汉双方及多位国民党元老在上海开会，商谈双方联合。新桂系连同国民党内部的"西山会议派"，排斥了汉方的汪精卫，成立了一个由新桂系主导的"中国国民党中央特别委员会"，之后"宁汉合流"，但汪精卫也被迫下野。汪精卫虽然下野，仍然联络汉方的唐生智、程潜，反对新桂系；同时还鼓动汉方的张发奎在广州另立中央，以对抗新桂系。因张发奎部南下广东进攻共产党武装，以及程潜部移防湖南，汉方军队几乎尽控制于唐生智之手，加之蒋介石、汪精卫先后下野，宁汉双方的矛盾，已经由宁方蒋介石与汉方汪精卫之间的政治分歧，演变成了控制宁方实权的新桂系李宗仁与控制汉方实权的唐生智之间的政治分歧。

战争经过

　　1927年9月22日，唐生智以"武汉政治分会"的名义，宣布"护党"，公开反对新桂系主导的中央特别委员会，并命令国民革命军第三十六军刘兴部东进，在当涂与新桂系的第七军夏威部爆发了前哨战。新桂系随之以"中央"名义出兵西进，进攻唐生智。

　　战前，新桂系政治、军事手段同时使用，动员了谭延闿、孙科等人前往武汉与唐生智会谈，但会谈失败。

　　同年10月18日，投向南京方面的程潜部国民革命军第六军首先向驻守宣城的唐生智部刘兴的第三十六军发起进攻，战争再次爆发。由于江西的国民革命军朱培德部已经投向宁方，唐生智为防止被宁方军队拦腰截断，主动退出安徽。李宗仁亲自到达安庆指挥前线作战，并宣布唐生智之"十大罪状"。唐生智继续撤退，相继放弃武穴、武汉，退入湖南。然后唐生智主动通电下野，以观望形势，但同时仍控制其部队在湖南继续对抗南京方面。

此时下野的蒋介石准备与唐生智联合，以打击势力越来越强的新桂系。1928年1月15日，新桂系、程潜等部队从武汉出发，攻入湖南，与唐生智部爆发连场激战。当程潜部第六军攻占岳州后，叶开鑫部国民革命军第四十四军投向唐生智和蒋介石，并从背后突袭第六军。第六军遭受重创，陷入溃乱状态。白崇禧急电武汉，提出两个补救的策略：第一是全军回师攻击叶开鑫部，保卫武汉。第二是不顾叶开鑫，全军突破正面敌军防线，攻取唐生智的总部所在地长沙。

在武汉的宁方大员李烈钧、谭延闿、何应钦等都主张使用第一方案，但新桂系首领李宗仁坚持使用第二方案。于是，白崇禧亲自督军南下，连破长沙、衡山、衡阳等湖南重镇。唐生智部大败。唐部李品仙、叶琪、刘兴、何键等人纷纷通电，表示拥护南京国民政府，愿意接受南京国民政府的改编。于是，宁汉战争以新桂系为主力的南京国民政府获得胜利而告终。宁汉战争以后，国民党便集中兵力共同对付共产党，围剿湘南工农革命军。

战争影响

在宁汉战争中，最大的获益者是南京方面的新桂系。新桂系在宁汉分裂期间，成功运用政治、军事上的不利形势迫使蒋介石下台，进而通过政治手段组建了受新桂系控制的"中央特别委员会"，一并排斥了武汉方面的汪精卫，随后又以"中央"名义，出兵击败了武汉方面的唐生智，并收编了唐生智在湖南、湖北的部队。此后，湖南、湖北成为新桂系的势力范围。新桂系可控制的兵力亦膨胀到约20万。

但是，蒋介石与唐生智、汪精卫等人迅速联合起来，对抗势力越来越大的新桂系。1927年底，蒋介石、汪精卫策动张发奎、黄琪翔于广州另立"中央"，企图将新桂系的势力驱逐出广东。因当时新桂系正部署与唐生智的作战，未与广州方面爆发冲突。随后虽然新桂系击败了唐生智，蒋介石却得以借"广州张黄事变"，成功复出。

早在1927年8月22日，中共中央在《关于武装起义问题致湖南省委信》中就明确指出：

蒋介石因被客观逼迫下野，但武汉与南京之间的大小军阀并不能因此而完全妥协，使反动局面至于稳定。现在唐生智主张继续东征，意在使别人当敌而自己收渔人之利，汪则代表李、白、朱、张等企图南伐（消灭叶、贺取得广东）而委敌于唐。另一方面，武汉三镇米粮绝市，店歇业者百分之七十以上。同时冯玉祥被逼无奈，有南下武汉之图，刘佐龙、魏益三等小军阀扰乱于肘腋之间，武汉经济从上至下到了异常摇动的时候，民众的革命情绪亦异常激昂。在湖南所有宋许之扰乱，和黔军入湘西之警耗，东军大举东下而回部如此摇动，实是土地革命暴动的好机会。

因此，此时在宜章举行暴动，实是天赐良机。1928年1月9日，在莽山洞古庙里，朱德与陈毅、王尔琢交换了一下意见，一致认为可以举行暴动。但怎样打第一枪，以确保暴动胜利，大家却一时想不出个办法来。讨论时，有的人认为民团不堪一击，主张强攻；有的人建议引蛇出洞，把敌人诱出城来歼灭；有的人提出组织一支小分队，装扮成赶圩场的群众，混进城去，来个里应外合；还有的主张兵临城下，把宜章围个水泄不通，限期令对方投降。这些办法，其实都没有取胜的绝对把握，因此并不是十分理想。

这时，胡少海说："我有个办法，不知行不行。"

朱德一听，连忙说："好哇，你说来听听！"

胡少海受到鼓舞，一口气说出了自己的想法："我在宜章，除了在坐的几个共产党领导人之外，还没有人知道我跟你们是一起的。不如由我带一部分人，以保障县境安全为由，先进城去，与他们周旋，然后你们再带大队进来，里应外合，打他个措手不及。这样取胜的把握会大些。"

"好主意！"朱德一听，高兴地说，"记得去年何举成在桂东用过此计，他跟我说过，一家伙端了桂东县县长的老窝。我看可行！"

"此计大妙！"王尔琢也兴奋地说。

惊天地、泣鬼神的湘南暴动，就这样在没有中央批示，没有湖南、广东省委指示，甚至没有湘南特委参与，没有预案的情况下，在这座小小的古庙里确定了下来。

毛泽东制定了湘南暴动方案，又自行取消了湘南行动方案；朱德召开了湘南粤北地方党组织联席会议，现场布置了任务，确定了暴动时间，又因支援广州起义被迫取消了行动计划。广州没去成，折回韶关，朱德可以说没有再打算组织湘南暴动。这次被蒋介石、李济深一追，队伍被迫又来到了湘南。没想到这一次来湘南，竟然打响了枪声，掀开了中共史上的一页壮丽诗篇——湘南起义！

第五章

烽火

　　湘南大地，铺满了干柴，浸透了膏油。一粒火星，足以引发遍地烽火。朱德就是那粒从天而降的火星！"这时我们只要派出一个排的兵力，在地方党和农民武装的支援配合下，就可以解放一个县城。"亲身经历过湘南起义的共和国大将粟裕回忆说。

兵不血刃的战斗

> 《韩非子·难一》云："战阵之间，不厌诈伪。"是为"兵不厌诈"之所出。朱德湘南用兵，首出奇招，智取宜章！

　　1928年1月11日。清晨。

　　三九隆冬，大雪纷飞。在莽山的茫茫林海里，正行进着一支部队，作为部队前导的军旗上面写着：国民革命军第一四〇团。骑着马走在队伍前面的一四〇团副团长却是宜章"荣归故里"的五少爷：胡少海。

　　胡家五少爷名气很大，读书人，又投笔从戎，文武双全，听说当了大官。

但宜章人只闻其名，未见其人。胡少海骑在马上，高大的身材配上一身戎装，不怒自威。一百多名战士，身着范石生发给的新军装，精神抖擞地紧跟马后，向县城进发。

却说县衙里杨孝斌县长，正围着火炉与挨户团主任邝镜明商讨着县境治安问题。

自从杀了"共党魁首"李文香，杨孝斌坐上宜章县头把交椅，他就一刻也没清闲过。不是张村地主被杀，就是李村豪绅被绑。开始，有唐生智部驻城，还杀了回家养伤的宜章赤卫大队大队长颜秉仁，"共匪"远遁，全县治安似有好转。可是前不久，盘踞两湖的唐生智政府竟然与南京政府打了起来。打了一阵，南京桂系军阀获胜，唐生智本人通电下野，南京政府组织的"西征军"已占领武汉，但唐的余部三个军退入湖南，"西征军"正分路进逼长沙、岳阳，大战即将爆发。双方对峙的兵力集中在湖南北部，一时都无力顾及其他方面，湘南空虚。南方桂军黄绍竑部也正同粤军张发奎部在粤西相持。此前黄绍竑任国民革命军第十五军军长，曾率部在潮州地区堵截南昌起义军。1927年11月张发奎在广州发动军事政变，黄逃亡香港。12月，黄率部与陈铭枢、徐景唐部击败张发奎部，进占广州，但张发奎仍占据广东大部分乡村，双方成胶着状态，也无力顾及粤北湘南。近闻朱德在资兴闹了一阵，跑到汝城又闹了一阵，结果销声匿迹好一段时间，最近又听说在韶关被赶出来了，有可能往宜章这边来。杨孝斌与邝镜明相商，如何才能防得住"共匪"的窜扰呢？邝镜明也没有别的办法，他倒是趁机向县长要钱要物，以扩大他的民团势力。杨孝斌明知邝镜明的挨户团这点力量是靠不住的，可他也没有更好的主意，正在为难，门卫来报，有个叫胡鳌的国军长官前来面见县太爷。

杨孝斌一听，有些疑惑：没听说有军队过境，哪来的国军拜访？但他不敢怠慢，赶紧与邝主任一道起身到大门口迎接。

隔着大门望去，一溜崭新的黄军装，总有100多号人，队伍严整，军容整肃，斗志轩昂，无疑是正规军。马上军官，身材高大，短枪长刀，好不威武！杨孝斌几步跨出大门，来到军官面前，先一个长揖到地，然后抬头对眼前的军官说："借问长官，恕老朽眼拙，您是哪路大军属下？"

"呵呵，您是杨孝斌县长大人吧？胡鳌少礼了！"胡少海说着跳下马来，扶住杨孝斌说，"我是宜章岱下胡家老五胡鳌呀。现在十六军范石生军长的一四〇团当副团长，这两天追击红匪，追到了老家，特来拜会县长。"

楊孝斌一听，真是喜出望外。岱下胡家是大户，胡家五少爷更是有名，在省城读过书，当过护国军，又当了北伐军的长官。也不知是哪阵风，竟然把他吹回了家乡。真是瞌睡来了就有人送枕头："正想请部队护卫宜章，没想到胡少爷荣归故里，卫我桑梓。欢迎呀，欢迎！快请里边坐。"

胡少海也不谦虚，把马缰扔给马夫，带了卫兵随楊县长进了县衙，把个挨户团邝主任冷在了一边。这邝镜明可是个老奸巨猾的枭雄，见楊孝斌有了胡少海就忘了自己，恨得牙痒痒，不由得哼了一声，扭头就回了团防局。

当然了，楊孝斌也不是好糊弄的。他只不过在盼望救兵的节骨眼上见到胡少海，心里确实高兴。但他并没有忘记小心驶得万年船的古训，对胡少海进行了细致的盘问。只是胡少海目前除了身份是假的外，其他一切都是真的，可说对答如流，毫无破绽。胡少海让楊孝斌深信不疑，眼前的胡老五就是国军革命军第十六军的少校副团，是胡家五少爷保卫家乡来了。当下，胡少海对楊孝斌说："县长大人放心，我们这次就是追击那朱德共匪到宜章来的。范军长说了，必须将朱德捉拿归案，消除隐患。"由于消息闭塞，楊孝斌对范石生与朱德的关系毫无所知，只能听这位五少爷胡说一通："这次我们一四〇团全团出动，王团长亲自来了，就住在城外。估计朱德匪部逃进山里了，部队要在宜章待一段时间，直到彻底消灭朱匪。不过，军需物资方面还要仰仗父母官操心哟！"

"应该的，应该的！没问题。"楊孝斌知道，要仰仗人家保卫家乡，破点财是免不了的，否则谁给你卖命呀！

胡少海又说，王团长的意思，明晚请县府各位父老聚一聚，由我们王团长做东，他说来到贵县给大家添麻烦了，让我们表达一点心意。

楊孝斌立即接上说："哪能让贵军破费，不妥不妥。你们剿匪辛苦之至，本县理当尽地主之谊，晚宴就由本县来备办了，到时只请王团长亲临，老朽当亲自把盏，为王团长接风洗尘。"双方推让了一下，胡少海顺水推舟，最终还是确定县府做东，席设县参议会二楼。县参议会的所在地叫明伦堂，右旁隔壁是专办酒席的宴春园。楊孝斌将鱼翅席宴会承包给了宴春园。

第二天，也就是1月12日上午，胡少海一面派人前往山里报告朱德县城里的情况，一面亲自带了早已拟好的拜帖，到县城各衙门府上拜会。拜帖云：

杨县长并县议会议长、县挨户团主任、警察局局长、保安队队长诸县官暨全县父老钧鉴：

晚生胡鳌，离别家乡多年，久思报效，恨无机缘。近日，闻东匪北窥，宜章有旦夕之危。经请示我国民革命军第十六军军长范石生同意，决定率一四〇团全体官兵，驻守宜章，保卫桑梓，以尽微薄之力。本月十一日，我率先遣队入城，与诸公商谈布防事宜；十二日，一四〇团团长王楷将率主力后续。特此函达，万祈协助。

国民革命军第十六军一四〇团副团长　愚晚
胡鳌拜启　元月九日①

接到胡家五少爷的拜帖，宜章县的各位头面人物，无不感到十分荣幸。第二天下午，官绅们纷纷早早地来到县参议会二楼。

下午2点，城门口军号响起，锣鼓喧天，鞭炮齐鸣。一面国民革命军第十六军一四〇团军旗在前导引，朱德、陈毅、王尔琢、蔡协民等骑着马，缓步而来。这时，胡少海引着杨孝斌等全县文武头面人物在县城门口肃立迎接。胡少海给杨孝斌一一引见，介绍"王楷"等人与杨孝斌认识，杨孝斌也给朱德一一介绍县里主要的官绅。

进得城来，胡少海与王尔琢耳语了几句，王尔琢便指挥队伍四面散开，分别把守住各要道路口和重要场所。胡少海然后陪着朱德，与众官绅一起进入参议会二楼。今天订的是几桌丰盛的鱼翅席。杨县长等大家静下来后，撩开长衫，迈着方步，走到朱德所在的首席，亮开嗓门道：

"诸位同僚，今日我国民革命军一四〇团王团长一行，追剿赤匪，来到我县，乃我宜章百姓之福，父老之幸。一四〇团副团长胡鳌老弟，是本县岱下胡老爷之五公子，实乃衣锦还乡，荣归故里。为此，本县聊备薄酒一杯，为二位长官接风洗尘，请大家举杯——"

"好！好哇！"朱德打着哈哈，端着杯，一饮而尽，"好酒！"

"好酒，好酒！"大厅里一片说好的谄媚声，杯盏碰撞声。

"黄焖水鱼上喽！"送菜的一声高喊，香喷喷的宜章名菜端了上来。水鱼，其实就是鳖。大海碗，鳖壳盖面，鳖头架在碗沿，青椒红辣，汤黄肉香。杨孝

---

① 引自宜章余冬林2011年主编内部资料《朱德元帅在宜章》，第27页。

斌给朱德夹了一块鳖肉："王团长劳苦功高，寿比南山！"

"别别别，我不吃这个。"朱德挡了回去。

"啥？这是宜章最好的菜，味道不错，您尝尝！"杨孝斌谄笑着说。

"杨县长，你有所不知，我们四川有个说法，千年王八万年龟，它们是长寿物，杀不得，更吃不得，吃了要短命的！"朱德也笑着说。杨孝斌一听愣了下，随即尴尬地说道："呵呵，还有这样的说法？"他只好将鳖肉放回了菜碗里，自己也不便吃了。

"啪！啪！啪！"炮竹声声，震耳欲聋。

"团子肉来喽！鸣炮！"这是一道宜章特色大菜，大凡红白喜事，此菜必备，出此菜时，要放炮竹，以示隆重。所谓团子肉，其实就是大块红烧肉。宜章团子肉块大，四方四正，粗筷子夹弯，细筷子夹断，特别好吃，不同于一般红烧肉。

酒过三巡，热闹非常。

"鱼翅上喽！"今日办的鱼翅席，这是关键菜。一听说鱼翅上来，人们伸长了脖颈，瞪大了眼睛，期待着。可上菜的小二，却端的空盘。这是一道催命菜。因为这是胡少海先前约定的暗号，这表示外面已完事，该动手了！

"且慢！"突然，朱德站起来高声说，"各位，菜是好菜，酒是好酒。可是你们还吃得下吗？看看城里城外的老百姓，他们吃的是什么？喝的是什么？你们日日酒肉穿肠过，华服穿在身，夜夜笙歌，妻妾成群。有道是朱门酒肉臭，路有冻死骨。这是什么世道哇？啊！"朱德一番话说出来，众官绅全都目瞪口呆，端着的酒杯剧烈地抖了起来。

惊雷之下，耳边再响霹雳："实话告诉你们，我不是什么王楷。本人行不更名，坐不改姓，我就是你们要追杀的'共匪'朱德！来人，全都给我拿下！"

门外埋伏的士兵早已迫不及待，持枪冲了进来。大厅里所有官绅被霹雳震晕，全都呆若木鸡，束手就擒。

这时，朱德大声宣布："我们是中国工农革命军。这位胡鳌公子现在叫胡少海，他是我们工农革命军的副团长。你们这些贪官污吏、土豪劣绅，作威作福，糟蹋乡里，反对革命，屠杀工农，十恶不赦，是劳苦大众的罪人。现在把你们统统抓起来，听候公审！"几十个宜章头面人物全都一下子瘫倒在地。

几乎在同一时间，陈毅、王尔琢指挥起义军以迅雷不及掩耳之势，解决了驻在东山养正书院的挨户团和警察局，俘虏了 400 多人，缴枪 300 多支。唯一的遗憾是狡猾的挨户团主任邝镜明溜了——他因杨孝斌见了国军就忘了他的民团，心里有气，这个宴会他压根就没来。这边一动手，他发现大势不妙，竟然提前溜了。此人后来对革命危害甚大，这是后话了。

接着，起义军打开监狱，放出了被捕的革命者和无辜群众，打开粮仓，把粮食分给了穷苦工农。顷刻之间，宜章城里一片欢腾，大街小巷，贴满了红绿标语。群众兴高采烈，奔走欢呼："暴动了！""起义了！""胜利了！"几面绣有镰刀斧头、象征工农革命武装的鲜艳红旗，在县政府和城门楼上徐徐升起，高高飘扬。

1 月 13 日上午，中共宜章县委在北门城内广场召开群众大会。前往参加大会的群众，个个臂缠红布，手擎红旗，有的背着鸟铳、拿着梭镖，有的唱着"打倒列强，打倒列强，除军阀，除军阀"的北伐战歌，从四面八方涌入会场。

县委书记胡世俭介绍朱德和群众见面后，宣布大会开始，并带头鼓掌欢迎朱德代表部队作演讲。朱德站在主席台前，以豪迈的气概对大家说："我们是共产党领导的、为穷人打天下的革命军队，是南昌起义的队伍。我们已经推翻了县衙门，抓了一批贪官污吏、土豪劣绅。我们支持大家组织起来闹革命。因为工农大众只有掌握了枪杆子，彻底打倒蒋介石、唐生智等新老军阀，实行耕者有其田，才能真正当家作主人。"群众聚精会神地倾听朱德的讲演，不时高呼："拥护共产党！""拥护工农革命军！""组织起来！""打倒土豪劣绅！""农工大众解放万岁！""共产党万岁！"在群众会上，朱德还庄严宣布：中国共产党组织和领导的工农革命军第一师正式成立！师长朱德，党代表陈毅，参谋长王尔琢，政治部主任蔡协民。一营长兼教导队长李奇中，二营长袁崇全（后叛变），三营长周子昆，全师 1260 人枪。这个部队番号，是中共中央 1927 年 12 月 21 日给朱德的信中指示的。来信说："你们这一部分队伍的组织形式，广东革命委员会已任命为工农革命军第一师……"显然，朱德的工农革命军第一师番号不是自封的，是由中共广东省委命名、中共中央通知的。宜章农军暂被编为赤卫大队，由胡少海指挥。起义部队把原国民党第十六军一四〇团的青天白日旗当场烧掉，改为满地红斧头镰刀军旗；战斗识别符号，一律用红布领巾和红布袖章；部队印章上原来的方形篆字改为圆形楷字。这支在北伐战争中被誉为"铁军"、于南昌起义中向国民党打响了第一枪的英雄部队，在历经艰难曲折之后，于宜章城头重新竖起了战旗，战旗

湘南起义水粉画（李春祥）

由"国民革命军"的青天白日旗改成了"工农革命军"军旗，在成长为新型人民军队的道路上迈出了决定性的一步。

群众大会由毛科文主持，公审了新老县长及一批反动官绅。前任县长黄得珍被押上台后哭着叩拜朱德，乞求朱德看在同是云南讲武堂老同学的份上救他一命。朱德正言厉色道："你我同学只是私情，杀不杀你，还得问一问宜章的工农群众！"大会接受群众意见，当场处决了罪大恶极的反革命分子——前后两任县长黄得珍、杨孝斌，挨户团副主任刘秉钧，保管处主任萧星若，队副陈茂金，副官彭亮，分队长谷寅宾等9人。在宴会上逮捕的其他国民党官绅，因劣迹不多，经过审问、罚款后即予释放。其中有个教育局的督学，名叫曾日三，曾与共产党内的一些同志有过交往，思想比较进步，当即吸收进革命队伍，后来成了共产党的高级干部（曾日三上井冈山后，历任红四军参谋，红三军政治秘书长，红五军团政治部主任，红九军代政委兼政治部主任等职，1937年在甘肃作战时牺牲）。

智取宜章的时间，正是旧历年的十二月二十日，离"小年"只有4天，离"大年"也只有10天。所以人们又称智取宜章为"年关暴动"。

宜章"年关暴动"的胜利，揭开了湘南暴动的序幕！

春雨润物苏

> 野火烧不尽，春风吹又生。被野火烧过的湘南大地，枝叶虽尽毁，深埋泥土中的根却还在。一声春雷，万物复苏……

1月13日晚，宜章县城热闹非凡，近城农民像过年一样组织起来，装扮夜故事，满城灯火通明。夜故事是宜章县历史悠久的汉族传统群众性民俗文化活动。每逢春节，从初一到十五元宵期间，或单家独户，或多户联合组织装演夜故事。"故事"游展时，火把通明，爆竹轰鸣，锣鼓喧天，观看群众人山人海，万人挤街。"夜故事"的形式是：由真人扮演民间传说、神话故事、文学经典、戏剧故事和各时期的新鲜事中的人物，

湘南起义水粉画（李春祥）

从妆容、着装等方面对真人进行装扮，配之以道具和场景，利用马、板车、轿子、彩棚等，或驮，或推，或抬，将"故事造型"高高托起游行展示，使观众见其型而悟其意，联想其故事情节。

朱德、陈毅与宜章县委书记胡世俭约定，晚上要去他那里聊聊，以确定下一阶段的工作。忙碌了一整天，走在大街上，见到城里老百姓如此生动的游艺活动，感叹不已。

"师长，这里的游艺活动比我们四川的要热闹些哟！你看，这民间文化只

怕我们那里冇得咯热闹哩!"陈毅说。

"是呀!我更惊奇的是宜章县党组织的组织能力了不得。才一天的时间,就搞起了这样大的热闹场合,不容易哟!"朱德也赞叹说。

"你说得对。你看,县里这个杨子达、毛科文,又老练又能干。胡世俭、高静山,又有文化,又接近群众,这是一个好班子。看来我们这着棋是下对了!"

朱德与陈毅边说边走,欣赏着这座南岭山脉腹地的小山城。

喧哗了一整天的宜章县城安静下来,但胡世俭房间的灯光还亮着。朱德与陈毅在胡世俭处聊个人经历,聊中国世情,聊宜章风情,聊起义工作安排,直聊到天亮,竟然毫无睡意。

1928年1月14日,县委召开扩大会议,会上增补陈东日、张际春、陈策为县委委员,确定当时党组织的主要斗争方针:迅速发动全县工农群众,恢复群众组织,配合工农革命军,随时迎击和粉碎敌人的反扑;建立和壮大地方革命武装,消灭地主武装,以扩大和巩固暴动的成果。同日,恢复宜章县总工会,成立共青团宜章县委和工人纠察队、少年先锋队等群众组织。县总工会由吴子忠任会长,下设织业、店员、鲁班、轩辕、轿行、雕刻、燃灯等分会;共青团县委书记由李子超担任;工人纠察队有30多人,由城内工人和店员组成,李建中、李佐先先后任队长;少年先锋队队长由王杰担任。

1月15日上午,县委在城内广场召开县农民协会恢复成立大会。近城区四乡农民有的扛着梭镖,有的背着锄头,有的还将"马日事变"后密藏的农会红旗取出来,套在旗杆上高高举起,从二三十里地赶来参会,城内工人、店员则手执红绿小旗参加大会。会场一片欢腾,人民革命热情空前高涨。大会当场选举杨子达为县农民协会委员长,高静山、吴泗来、毛科文等11人为委员,中共宜章县委农委书记张际春兼任县农会秘书长。县农会设执行、土地、监察、军事、宣传等委员会。接着,大会又恢复成立了县妇女联合会,由李定莲任会长,刘冬秀、吴惠初、杨佩兰等为委员。

毛科文

每个群众组织的成立大会,都是一次盛大的宣传活动。不几天，宜章红遍了天，村村寨寨、家家户户都知道农民翻身的日子又到了。这回还有朱德的工农革命军武装保卫，农民的积极性更为高涨。相反，地主豪绅却如丧家之犬，惶惶不可终日。中共宜章县委趁热打铁，指派陈东日、陈俊回栗源，彭晒、李赐凡、彭暌回黄沙、碕石，余经邦回赤石，刘廷魁回白石渡，张际春、张登骧回罗轸、满塘，欧阳祖光到梅田、麻田，分别在各地配合工农革命军组建工农武装，一同发动暴动，把年关暴动的烈火迅速燃遍全县。

1月15日夜，宜章地下党接到坪石内线情报，说汝城胡凤璋匪部由曲江移驻坪石，打算趁朱德在宜章立足未稳，偷袭宜章工农革命军。

胡凤璋匪部是湘南势力最大的一股土匪。胡凤璋（1876—1949），又名训忠、丙镗，汝城县马桥乡石泉村人。7岁时，父死母嫁，由其姐收养。稍长，便与一班地痞厮混，学得几手拳脚，横行乡里。1895年，他因犯人命案，逃至广东韶州，投入两广总督蔡炳寰部充任什长，以后递升五品衔总督卫队教官、兰翎千长、哨长、上尉连长。1915年，他领兵镇压瑶民起义，血洗八排山（即大瑶山）。1917年，胡凤璋升陆军步兵少校，充滇军第三军游击第二营营长，调海南岛镇压少数民族起义，结果全军被义军歼灭，他只身逃出，又投在南（雄）韶（州）连（州）镇守使朱福全门下，任中校营长。1918年秋，他拐带军饷回家，建房买田，大兴土木，被通缉而亡命于江湖。

1920年，胡凤璋从其拜把兄弟、广东乐昌县九峰大恶霸地主、团总黎元勋处借枪38支，纠集流氓地痞二三十人，在仁化、汝城、乐昌3县边界占山为王，打家劫舍，绑票勒索，匪势日大。1922年，广东当局为绥靖地方，将胡凤璋部收编为援粤陆军第一混成旅，胡凤璋充任上校统领。他坚持受编不受调，借军阀混战之机，到处投机钻营，不断转换主子。1923年以后他相继充任中央直辖第五师第一游击上校统领，谭延闿建国湘军第五路第三游击上校司令，北伐第三军第三独立旅少将旅长，程潜攻鄂军第四独立旅少将旅长，蒋介石国民革命军第一游击少将司令，后升中将司令，还兼江西赣南保安司令，国民革命军第三军保安统领官，势力范围扩展到湘粤赣边境十余个县。1924年，他窜至乳源县大寮坑瑶寨，烧房抢粮，活埋1人，绑走"肉票"15人；1926年，洗劫乐昌县大坪杨家村，焚烧民房300余间，杀害150余人。可以说，胡凤璋是集官匪于一身的湘南头号土豪劣绅、地主恶霸。让他占住坪石，那将是对工农革命军最大的威胁。

为了消灭这支土匪，党利用关系安插了一名中共党员在匪营。他叫邓毅刚，也是汝城人。邓毅刚（1904—1932），曾用名邓伟，字夏财，汝城县附城乡得靖邓家村人。1925年秋，他考入黄埔军校第三期步兵队，认识了周恩来，逐步接受了马克思主义和共产党的政治主张。1926年北伐期间加入了中国共产党。大革命失败后，邓毅刚参加南昌起义，随朱德、陈毅转战湘粤赣边境。湘南起义前夕，邓毅刚受党组织派遣打入胡凤璋内部，获取了大量情报送朱德起义部队，使起义军于坪石得以围困胡凤璋、击毙其子胡昭南。1928年4月，邓毅刚随同朱德、陈毅上井冈山。1930年5月，他任红十二军军长兼三十四师师长，10月，调赣南任红三十五军军长。1932年2月，在攻打瑞金九堡土围子时，邓毅刚不幸中弹牺牲，时年28岁。

朱德得知胡凤璋移驻坪石的消息后，率一个营的兵力，在宜章农军和乐昌汳塘农军的配合下，连夜赶到坪石，将胡凤璋部包围起来。胡凤璋驻扎在一个坚固的炮楼里，他的外围部队被全部扫清，但农军没有重武器，围了一天一夜，根本啃不动。胡凤璋虽然躲在坚固的炮楼里，但围困久了他还是心虚的，担心被困死，于是电告在乐昌的儿子胡昭南率一连人来增援。农军得知消息，分出一部分人去，埋伏在胡昭南来的路上，全歼了这一连人，胡凤璋的儿子胡昭南也被打死。17日，部队撤出战斗，胡凤璋得以苟延残喘。直到1949年解放初，胡凤璋才被捕，让其偿还了人民的血债。

1月18日，栗源堡暴动了！

堡，在古代是一种驻扎军队防守的军事设施。在宜章南面山区，有很多这种堡，如栗源堡、黄沙堡、笆篱堡等。相传秦朝时，秦始皇曾调集50万大军到湘粤边境驻守，这些士兵来到南方，很少有被召回去的，于是就成了移民，在此繁衍生息。由于定居此地的大都是军人和军人的后代，尚武、耿直、豪爽、义气、强悍，就成了这里的民风。

栗源堡正是这样的一个村子。村子里有个青年叫陈光，陈光没有多少文化，但会武功、有力气，直爽、讲义气，人聪明又勇敢，因而在村里很有威信，也很有人缘。早在1926年，陈光就在村里组织了一支农民武装，以护村为名，搞了12支步枪。大革命失败后，陈光将枪埋在了地下。宜章年关暴动前，曾就读于黄埔军官学校的陈东日、陈俊，也都回到了栗源堡村里，他们经常串联，成立了秘密农会，发展了农民党员，等待着暴动时机。1月上旬，陈东日得知朱德来到了乳源杨家寨，他与陈俊便赶去会见朱德，并介绍了宜章党组织的情况。宜章年关暴动后，陈东日和陈俊又受县委派遣，回到栗源，组织暴动。他们提出了"打贪官，换清官；打土豪，焚契约；设农会，搞武装；废孔庙，立新制"的口号，发动农民参加暴动。为实施暴动，陈光取出了在大革命失败后为农会隐藏的12支枪，又带领赤卫队到甘棠湾和石波潭收缴了两支步枪。1928年1月18日，胡少海率部分工农革命军到栗源，同陈东日、陈俊、陈光等竖起红旗，正式宣布举行暴动，成立农会和赤卫队。村里的土豪陈禄角听到暴动风声后，慌忙挑着钱财箱子企图逃走，却被监视他许久的赤卫队员抓获。陈禄角气势汹汹地威胁赤卫队员说："看你们搞得多久，脑壳就要下地。"这时，胡少海率工农革命军赶到，当即指示处决了这个反动豪绅，灭掉了土豪劣绅的气焰。全村150多户农民全部参加暴动，把土豪劣绅的粮食和浮财分给贫苦农民。随后，赤卫队攻占栗源盐卡，那些平日背着大枪向农民敲诈勒索的税警都吓得逃跑了。农民把盐卡首恶税稽员吴南臣抓获后捆绑游村，把税簿征赋册子和地主的土地契纸，以及贫苦农民的债务契约，都付之一炬。

当天，栗源赤卫队又派人到附近的坪山、龙沙坪、石下、沙溪、上田等地宣传发动，组织暴动。在沙溪，赤卫队枪杀了仇视革命的大土豪文长生。接着又到上田，与上田村农会主席带领的赤卫队一起，捕杀了平日依仗权势欺压百姓、大收苛捐杂税的田赋干事孙方文。邻近的广东境内桐木水村有个土豪，平日作恶多端，压迫农民，陈光带了40多名赤卫队员前去，没收其40多担谷子和财物分给农民。时值笆篱大商家的4只盐船和2船肥猪从乐水河运经栗源，赤卫队将其截下，分给贫苦农民过年；几天后，又拦了汤湖里村一小商家的9头生猪，但杀了后照价付钱给了这个小商家。赤卫队所到之处，都掀起打土豪、焚契约的热潮，革命声威一时大震栗源区。

湘南起义中栗源堡出了三杰：陈东日、陈俊、陈光。

陈东日曾任工农革命军第二师师长，湘南起义中任工农革命军第三师副师长，最高职务为红二十军政委，后被错杀。前文叙过不表。

陈俊原名修齐，字国治，乳名平章，1904年生于栗源团栗源堡。1921年考取省立三师，与高静山、张际春一道积极参加进步学潮。1925年投笔从戎，到广州考入黄埔军校第四期政治大队，在军校学习时加入中国共产党。1926

年参加北伐战争，先后任连、营指导员。湘南起义中任工农革命军独立第三师参谋兼第三连连长。上井冈山后，任红二十九团三营党代表、营长，在黄坳、七溪岭等重要战斗中率部打头阵，取得重大胜利。1929年初，陈俊任红二十八团二营党代表，随部向赣南进军。在项山圳下战斗中为掩护毛泽东、朱德脱险而受伤，留在寻邬县境内与古柏一起组建了红二十一纵队，任党代表，参与创建了赣南红色根据地。1930年初任红十一军五十团政委，同年3月25日在攻打澄江的战斗中与敌人奋勇搏斗，壮烈牺牲。陈俊父亲陈寿吾，早年毕业于长沙法政学堂，参加过反清斗争和辛亥革命。后来参加湘南起义，上井冈山后担任红军军医，亦在战斗中英勇牺牲。出身富裕而不恋家财，父子英烈，可歌可泣。

陈光，原名世椿，乳名松善，1905年生于栗源团栗源堡。他10岁入栗源小学读书，14岁因家贫失学务农。陈光自幼性格倔强、耿直。1926年12月任栗源区农民协会委员、村农民自卫队队长。"马日事变"后受通缉隐蔽在湘粤边境，半年后返回栗源堡，积极参加陈东日、陈俊领导的秘密斗争。1927年12月加入中国共产党。湘南起义时，陈光任工农革命军独立第三师特务连连长。上井冈山后，因战功卓著，晋升很快，1933年任少共国际师首任师长。陈光曾两次代林彪担任军事主帅。1950年任广东军区副司令员兼广州警备区司令员，后受到不公正的处理，于1954年6月7日逝世，时年49岁。1988年4月，中共中央批准恢复陈光的名誉和党籍。

1月19日，碛石暴动了！黄沙区暴动了！

受县委派遣，彭晒、李赐凡、彭暎被派回黄沙和碛石后，立即着手周密的暴动准备工作，并商定1月19日为黄沙区总暴动时间，在碛石、鹧鸪坪、大黄家等地同时举行暴动，朱德还决定派工农革命军前往支援。18日，彭晒秘密召集碛石村的党团员会议，进行暴动动员和具体分工，把党团员分成几个小组分头准备，有的负责调查土豪的粮食和财产，有的负责抓土豪劣绅，有的收缴枪支，有的负责宣传。共青团员彭儒和几名女青年负责宣传，她们以写春联为名，在本村小商店买了许多红纸，连夜秘密赶写暴动的标语口号。

1月19日清晨，彭晒以商量捐款购买枪支为名，把全村32名豪绅叫到玉公祠开会。豪绅到齐后，赤卫队队员立刻关闭大门，彭晒严正宣布："我们是共产党领导的农民赤卫队，我们暴动了，要打倒土豪劣绅分田地！"到会豪绅措手不及，全被关押在玉公祠。彭暌领着梭镖队队员，立即在村巷鸣锣："乡亲们，我们暴动了，打倒土豪劣绅，穷人要翻身了！"把全村贫苦农民召集在玉公祠门前的大坪上，公开成立农会和赤卫队。彭儒等人把早已写好的标语贴满各条巷口，吴统莲、彭琦、彭严、彭孚、彭堃等人带领农民到32户豪绅家破仓分粮3000多担，没收猪牛60多头，由农会的"没收分配委员会"统一分给贫苦农民。田契债约都烧了，全村一片沸腾的革命景象。

接着，彭晒组织赤卫队和宣传队分别前往周家、山上李家、简家、鹧鸪坪、启运、东溪等村宣传革命，发动暴动。在启运曹家，赤卫队帮助当地农民捕杀了大土豪曹育川。鹧鸪坪村在李赐凡、李玉岗和王俊领导下，早就组织了地下农会和赤卫队，这天也发动农民公开暴动，处决了反动劣绅李天保，将其100多担谷子和财物全部分给贫苦农民，在碛石赤卫队员的声援下又分掉了另外一些豪绅的粮食财产。第二天，鹧鸪坪村130多名赤卫队队员到碛石村支持斗争，并一同到山上的李家村打击土豪劣绅。与此同时，简载文、简上财在简家及周围村庄也发动农民同土豪劣绅斗争。

这天，朱德派袁崇全率工农革命军第二营到黄沙区支援暴动。当彭晒、彭暌率赤卫队队员前往周家村前迎接时，关在玉公祠的土豪劣绅暗中串通，用银圆买通两名看管人员，乘机破窗逃走，给暴动造成了损失。

袁崇全率部经碛石开进大黄家，一路上震慑了土豪劣绅，使沿途的农民看到坚强后盾，斗志倍增。大黄家群众在黄佑朝、黄土汉、黄国均的组织领导下，这天也举起了暴动旗帜，恢复了农民协会，分了本村大土豪的粮食浮财。在工农革命军的帮助下，赤卫队队员到沙坪李家捕捉了罪大恶极的土豪李畔池，随后又捕杀了黄沙圩上民愤极大的税警邓基等二人，不久又处决了本村仇视革命的大劣绅黄国汉。沙坪、水源山、大元等村农民都跟着起来暴动，当地土豪劣绅纷纷逃往广东等地。

碛石及整个黄沙区的暴动，声势浩大，组织周密，以工农革命军作坚强后盾，支持和推动农民暴动，真正把广大群众发动起来了。1月20日，即黄沙区总暴动的第二天，碛石、鹧鸪坪、大黄家及周围各村的赤卫队队员和农民协会会员，立即带着各种自造的武器浩浩荡荡前去围困被邝镜明等反动武装盘踞的黄沙堡城，向集结在这里的反动势力发起猛烈进攻，充分显示出党组织的坚强领导和农民革命的巨大力量。

　　此时，萧克也从嘉禾赶来碯石参加暴动。按朱德同志的指示，碯石赤卫队正式组成为工农革命军独立营，彭晒任营长，龚楷（四川人）任党代表，萧克任副营长兼第一连连长。第一连掌握了原赤卫队的 30 多支步枪，第二连、第三连都是梭镖连，分别由彭亨祥、彭立木任连长。独立营转战各地，成为湘南起义中一支能打硬仗的农军队伍。

　　在碯石、黄沙暴动的农民革命军中出了中共上将萧克，出了赫赫有名的"彭家将"，出了好几位著名的革命英烈。

　　萧克前文已叙，此处不表。

　　彭家将却是不能不说的。碯石彭家的革命青年多数曾在衡阳、长沙、广州等地求学，其中不少是湖南三师的毕业生，中共党员和共青团员多，文化和政治素质高，彭晒、彭暧、彭琦、彭东明、彭维桥、彭振雁、彭孚、彭晞、彭文藻、彭严、彭勃、彭胜、彭立木、彭玉明、彭季白、彭成一、彭细奴，以及吴仲廉（彭晒妻子）、彭堃、彭谦、彭儒、彭霞、彭概、彭娟、刘深、郭怀振等女同志都参加了碯石暴动，在湘南起义中特别活跃，被誉为"彭家将"，蜚声湘南，家喻户晓。

井冈山的红军姐妹　前排右一为彭儒

令人敬仰的是，吴仲廉、彭儒等女同志冲破礼教束缚，走出家门闹革命，四处宣传和发动群众参加起义，斗争积极，表现活跃，人们当时就称她们为"彭家女将"。碯石彭家有 167 人上了井冈山，"彭家将"后来成为红四军中的英雄群体。不足 15 岁的彭儒，成为"彭家将"中最年轻的女将。他们中的绝大多数都英勇牺牲了。而彭儒和二嫂吴仲廉以及宜章城郊的曾志，曾被誉为井冈山"三女杰"，幸运的是这三位女杰都没有在战争中牺牲。新中国成立后，曾志成为副总理陶铸的夫人，曾任中共中央组织部副部长；彭儒成为农业机械部部长陈正人的夫人，曾任中纪委委员；吴仲廉成为最高人民法院院长江华的夫人，曾任浙江省政法委党组书记。

碛石暴动组织者、支部书记彭晒，担任工农革命军独立第三师碛石独立营营长，参加临武水东、宜章观音寺等地的战斗。上井冈山后，彭晒相继任红二十九团二营七连党代表、警卫连长。1928 年 7 月攻打郴州战斗失散后，他辗转武汉、上海，与党组织取得联系，不久被组织派往广东北江特委工作，在北江地区恢复了 4 个党支部。1929 年 3 月，彭晒因叛徒出卖在广东曲江被捕，坚贞不屈，不久在韶关英勇就义。他与彭暎、彭晞三兄弟均为革命烈士。

碛石暴动组织者李赐凡，1908 年生。湘南起义中，他任县委组织委员。井冈山时期，先后任连党代表、支队党代表、纵队政治委员、师政委。1932 年 10 月任红一军团第十师师长。1934 年 1 月，他被选为中华苏维埃共和国第二届候补中央执行委员，授予中央政府银质奖章，2 月参加全国红军政治工作会议，5 月调任赣南军区政治部主任，9 月任江西省军区司令员。1934 年 10 月，中央红军主力长征后，李赐凡与曾山重组江西省军政委员会，率留下的军政人员及游击武装转入山区坚持斗争，年底与曾山、胡海分三路突围。1935 年 1 月 25 日，他在江西宁都小布陂下村山上与搜山敌人战斗时英勇牺牲。

宜章县南面的白沙区暴动了！

在欧阳祖光、王政、欧阳毅的带领下，白沙区的贫苦农民们冲进大土豪欧阳智泉家中，破仓分粮，没收其浮财，欧阳智泉隐蔽逃脱。春节前后，黄文在梅田、樟树下、竹坪、上寮，史炳南、欧朝忠在史家、上洞，以及洛阁、浆水、田兰门、新村、拖木坑、上冲等地，都先后组织了暴动，恢复了农民协会。白沙区农民协会的秘书长欧阳毅是中共宜章县委书记李文香的学生。李文香牺牲后，欧阳毅悲愤不已。他虽然只有 17 岁，但已明白了许多革命的道理，在国民党白色恐怖中毅然走上了革命的道路，参加了共产党人王政、欧阳祖光的秘密革命活动。朱德、陈毅揭开湘南暴动的序幕后，欧阳毅在欧阳祖光的带领下，参加了乡、区农民协会的组织筹备工作，并担任了乡农民协会的秘书、区农民协会的秘书长。在白沙区的插标分田活动中，他做了大量的工作，积累了宝贵的土地革命经验。欧阳毅回忆说：

在很短的时间里，农民革命斗争搞得轰轰烈烈，群众情绪十分高昂，地主闻风丧胆。我们提出的口号是"打土豪、平分田地"，对广大农民群众有极大的号召力。白沙区的梅田、上寮、上刘家、龙塘冲、田栏门等村，开始了调查人口土地，插标分田工作。原则上是按人口分田，土地以乡划片，以原耕为基础，抽多补少、抽肥补瘦。分定之后，用竹签写上"田几亩几分，分给×××农民"，插在田塍上，同时造册登记。分田工作进展较快的上寮刘家，每人分田一亩多，在田上插牌为记。由于时间太短，分田地只是开了个头，没有深入进行，主要分的是地主的浮产，如谷物、衣服等。这已经得到贫苦农民极大的拥护。①

1928 年 4 月 20 日前后，欧阳毅随萧克率领的宜章独立营在资兴县东南三四十里的浓溪洞地区与毛泽东率领的秋收起义部队会合。所在部队是湘南暴动部队中最先与毛泽东部队会合的。

中华人民共和国成立后，欧阳毅任中国人民解放军公安部队政治部主任，中国人民解放军炮兵副政治委员。1955 年他被授予中将军衔，荣获一级八一勋章、一级独立自由勋章、一级解放勋章，1988 年被授予一级红星功勋荣誉章。2005 年 6 月 12 日，欧阳毅将军因病在北京逝世。

宜章城东的赤石区暴动了！

1 月 18 日，朱德派工农革命军 1 个营由余经邦带领到达赤石，振奋了当地农民，点燃了赤石区的暴动烈火。原农会领导人、农民自卫队队员都举出红旗公开暴动，土豪劣绅纷纷逃亡。赤石挨户团分队长、大土豪谷寅宾躲藏到瑶岗仙的岩洞中，当地农民到赤石区向赤卫大队报信，赤卫队立即派人将其捉回处决。赤卫队还到下涟抄了挨户团首恶谭世敏的家产。全区掀起热火朝天的成立农会打土豪高潮。

赤石区暴动组织者余经邦，号致力，1896 年 5 月 12 日出生于宜章县杨梅山镇香花大队茶园村。他身体健壮魁梧，性格随和，一双炯亮的眼睛，表现出深邃的智慧。兄弟姐妹 7 人，他排行第五。1920 年余经邦毕业于郴州法政学校。由于他在法政学校接触了进步师生、接受了先进思想，知道当时官场中的腐败黑暗，毕业后便做了教育工作，立志教育救国。余经邦在金钗坪、新车刘家和茶园等地教过几年书，任教期间，结识了吴泗来、杨子达、高静山、毛科文、李文香等共产党人，与他们来往甚密，思想受到启迪，明白了教育救不了国，后加入共产党，积极参与农民运动。1926 年 7 月 29 日，宜章县在大革命

---

① 见《欧阳毅回忆录》，中共党史出版社 1998 年版，第 28 页。

期间的第一支农民武装——茶园农民自卫队建成，余经邦被选为队长。他奉县委指示，变卖茶园文昌会公谷百余担，作开办"兵工厂"的经费，自制土炮7门、土枪10支，梭镖百余把，把茶园农民自卫队武装起来，并发给每个队员一个符号、一条红带子，规定自卫队队员一面参加农业生产，一面进行军事训练。自卫队队员紧握生产工具和自卫武器，精神振奋，决心保卫农民利益。1927年1月7日，余经邦得到一个消息：赤石团防局一个排的兵力调回县城。当时虽然处在国共合作时期，但宜章县团防局邝镜明等人一开始就站在农会的对立面，破坏农民运动的开展，团防武装成了农运向前发展的绊脚石。在余经邦的策划下，自卫队瞅准机会，将赤石团防武装缴械，壮大了革命力量。1月8日，红日高照，驱散了寒气。余经邦乘着胜利的大好时机，在赤石三望坪召开成立赤石区农民协会暨庆祝农民自卫队首战告捷大会。1月15日，县委指示余经邦带领赤石农民自卫队与近城区农民武装会合县城，成立了宜章农民自卫军总队，总队长颜秉仁，大队长余经邦，参谋戴崇德。总队设在县城东山养正书院。

1927年5月，宜章的县、区、乡农会，均遭破坏，革命形势处于低潮。余经邦和他领导的赤石农民自卫队转战到了汝城，被编入工农革命军第二师第二团。不久，第二师被打散，余经邦在广东的乐昌、乳源一带，以烧炭行医为掩护，转入地下工作。1928年1月，朱德、陈毅率领部队从仁化出发途经乐昌到达乳源。杨子达、胡少海、余经邦得到消息后，前往取得联系，杨子达和余经邦随朱德、陈毅部队参加了智取宜章的战斗。宜章年关暴动后，在党的领导下，宜章县苏维埃政府和革命群众团体正式成立。余经邦任裁判委员会主任，负责审判反革命分子和不法的土豪劣绅。不久，县委派他到赤石区工作。余经邦组建了赤石工农革命军自卫团。余经邦任总指挥，邓学赋任团长。3月1日，许克祥和范石生的代表商讨策划对工农革命军实行"各个击破"的反革命策略。许克祥率3个团攻打县城，妄图雪坪石惨败之耻，并阻止宜章农民武装援救茶园。范石生部以1个营的兵力，从广东黄圃直扑茶园。赤石自卫团和茶园人民在余经邦的指挥下与敌人展开了一场生死搏斗。激战一整天，余经邦利用敌人人地生疏，自己占着天时地利的条件，巧妙与敌人周旋，敌人1个营的兵力不但没有拿下茶园这个小山村，到傍晚时，反而被自卫团追出了3里多路，丢下几十具尸体，狼狈逃窜而去。

3月28日，范石生部1000多人，由原赤石区区长谭时敏带路，从陶坪、九洋、香花树下兵分三路扑向茶园，扬言要活捉余经邦，扫平茶园。余经邦早就听说敌人要来，准备打击敢于来犯之敌。这一天，范部派出侦察排进了茶园，见没人影，就劫洗财物。余经邦乘其不备，率领30多名身强力壮的青年自卫队队员，借着浓雾作掩护，顺着一条小路，悄悄地进了村巷。一接近敌人，余经邦一声大喊："杀呀！"队员们像下山猛虎，挥动大刀和梭镖向敌人猛砍猛刺，敌人死伤不少，剩下的敌人狼狈逃出村外。等到村外大部队发现情况冲进村里支援败敌时，余经邦带领队员们早已离开茶园进入山林。不幸的是，在敌我进行巷战时，队员余桂保在刺倒几个敌兵正准备撤回山上的时候，被村外几个敌人发现围住，壮烈牺牲。

敌人非常恼怒，就放火烧房，将茶园村全村烧光，然后又放火烧山，妄图将余经邦和他的农民武装烧死在山里。但3月的湘南，已进入春雨季节，地上湿漉漉的，敌人烧山是枉费心机，于是督军上山，寻找自卫团。余经邦看得真切，咬紧牙关，嘱咐大家沉住气，让敌人靠近再打。等敌人接近阵地时，随着余经邦一声枪响，山上"哗啦啦""轰隆隆"一阵巨响，滚木巨石如瀑布般飞流直下，打得敌人蒙头转向。敌人有的当场毙命，有的断手断脚，剩下的狼狈逃命。

4月上旬，国民党大军云集，南边5个半师气势汹汹扑来，余经邦率自卫团100多人随工农革命军往井冈山撤退，在资兴担任后卫阻击敌人，大部分队员都牺牲了。当完成阻击任务后，余经邦的退路被敌截断，他没法上井冈山了。于是，他带领剩下的几个自卫团队员折回宜章，转入广东乳源梅花石岱村隐藏，再次转入地下斗争。

1931年，广西红七军路经乳源，余经邦组织群众支持红七军战斗，不幸负伤，未能随军上井冈山，仍留在岱下村。1932年秋他被叛徒出卖，这位中国革命史上最早坚定从事武装斗争的农民勇士不幸英勇牺牲，终年36岁。

宜章近城区暴动了！

1月19日，白石渡地区在刘廷魁、李兴泉等人的带领下，农民赤卫队抄了当地挨户团首恶的家，并把大劣绅的几家盐店的盐低价卖给贫苦农民，处决了反对革命的李素花。一些土豪劣绅逃跑到官田等小村子的佃户家躲藏，指望用点小钱让这些佃户保护他们。在暴动烈火中觉醒的贫苦农民没被迷惑，官田村佃农李日清等人也组织了山背农会和赤卫队，与土豪劣绅展开了坚决斗争。这场暴动中的近城团北乡赤卫队队长肖新槐，日后成了新中国的中将。

肖新槐（1909—1980），原名肖贤怀，又名肖荣新，湖南省宜章县人，出生于宜章县近城团分水上石口村一户贫农家庭。幼时因家贫失学，大革命中参加农民运动，"马日事变"后隐蔽到广东乐昌、韶关等地，坚持地下活动。1927年8月投身革命，11月加入共产主义青年团。1928年1月参加湘南起义，任近城北乡苏维埃政府农民赤卫队队长，不久率队参加工农革命军独立第三师。折岭阻击战斗中，他担任独立第三师机炮连排长，带领战士们坚守阵地，多次击溃敌军进攻。

1928年4月，肖新槐跟随朱德、陈毅上井冈山。

中华人民共和国成立后，肖新槐任中国人民志愿军第66军军长，率部作为战役预备队入朝参加抗美援朝战争，参加了第1至第4次战役。

从朝鲜战场归国后，肖新槐接连担任第66军军长兼天津警备区司令员、山西省军区司令员。

1955年肖新槐被授予中将军衔。他是第四、五届全国政协委员。他在长期的战争生活中，积劳成疾，身患重病，离职休养后，仍时刻关心军队建设和国家大事。

1980年8月2日肖新槐在北京病逝，享年71岁。

与此同时，满塘、罗轸、水北岸、坪家塘、车头、寿福、新田、吴家、坳背、黄泥坳、沙坪等地，都先后举起了暴动旗帜。各地的地下党员和原农会会员在白色恐怖压迫下憋在心头的怒火，这时都喷发出来，有的闻风而动自己起来组织暴动，有的到县委和工农革命军司令部驻地，纷纷要求派队伍去帮助他们打土豪劣绅。朱德与县委根据斗争需要，及时地分派县委领导杨子达、毛科文及吴泗来等分别带领部队前往各地支援群众的斗争。那些作恶多端的豪绅地主，不管藏在哪里，都被农民揪了出来，由裁判委员会审判处决。革命浪潮席卷全县，从城镇到乡村，迅速掀起一场起义风暴。

春雷起，风雨骤。昨日焦土润春雨，一朝复苏绿郴州。工农革命百业兴，庆翻身，一杯酒！

人民战争奇观

> 人民战争是毛泽东军事思想的核心之一。人民战争是正义战争，能动员人民群众广泛参加。湘南起义就是一场人民战争！

避敌锋芒

"不得了啦，宜章那边又闹红了！前后两任县长都被杀了，还杀了好多人呢！"这消息一经传出，国民党大为震惊。

最先得到宜章县长杨孝斌死讯的，是驻守广东省的国民政府第八路军李济深部。

据民国十七年（1928 年）1 月 31 日《广东省政府周报·军事第 22、23 期》报道：

……现据宜章各法团驻坪临时办事处马日电称，共逆杨子勋等勾匪朱德、胡少海治等千余，于文日抄入宜城，焚烧杀掠，县长遇害，枪毙士绅数十……此致

国民革命军第八路总指挥部

这篇电文把杨子勋（即杨子达）列为魁首，足见这个农民协会委员长的影响之大。说共产党枪毙了士绅"数十"，这就有了派大军进剿的充足理由。

于是驻广州的国民革命军第八路军总指挥李济深于 1 月下旬命令他的独立第三师北上剿灭朱德。这个独立第三师师长，原是唐生智手下第三十五军独立第三十三团团长，因发动"马日事变"屠杀共产党员有功，已升任师长——他就是臭名昭著的杀人魔王许克祥。许克祥（1890—1967），湖南湘乡人。湖南讲武堂毕业。曾任第六混成旅第十九团团长、国民革命军第三十五军第三十三团团长。许克祥本是一个惯于在军阀厮杀中东奔西投的亡命之徒，其父在湘乡老家受到农民斗争，因此他对共产党怀有刻骨仇恨，毅然充当了反共急先锋。他在长沙发动了"马日事变"后，转而投靠了李济深，升为师长。现在

他手下有 6 个团 8000 余人，装备优良，弹药充足，是精锐之师。这次李济深派他来湘南剿灭朱德，他是志得意满，以为又是大功一件。因为据了解，朱德只有南昌起义残余部队 1000 余人，人瘦马乏，没装备，没弹药。那还不是手到擒来！

1928 年 1 月下旬，许克祥率 6 团之众，由坪石向宜章扑来。

许克祥来犯的消息，不但早有广东地下党方面通知，更有沿途老百姓报信。朱德吸取南昌起义和广州起义的经验教训，不与强敌争锋，不死守一城一池。等许克祥到达宜章，朱德已撤进南部大山两天了。城里人谁也不知道朱德的去向，只知道朱德大队伍出了南门，出南门后是往北往南，往东往西，鬼都不知道。

当然了，鬼不知道，老百姓是知道的。可是老百姓没人肯说呀！人心向背，从这里就看出来了！

朱德、陈毅在与宜章县委领导研究后，将工农革命军主动撤出县城，以避开敌人锋芒，先追歼反动挨户团，然后以逸待劳，在游击战中粉碎敌人的进攻；同时，命令各赤卫队化整为零，潜伏到乡村和山区，待机以游击战配合工农革命军作战。

游击战，这可是朱德的拿手好戏。南昌起义失败后，朱德在率军"隐蔽北上，穿山西进，直奔湘南"的途中，在上堡、大余等地开展过短时间的游击战，对付当地的地主武装，屡屡取胜。朱德对于他在游击战方面的特长，曾有些得意地说过：

关于游击战争，我还有点旧的经验。过去从一九一一年辛亥革命开始，在川、滇同北洋军阀等打仗，打了十年，总是以少胜众。在军事上的主要经验，就是采取了游击战争的战法。记得在莫斯科学习军事时，教官测验我，问我回国后怎样打仗，我回答：战法是"打得赢就打，打不赢就走"，"必要时拖队伍上山"。当时还受到批评。其实，这就是游击战争的思想。所以，在这一点上，我起了一点带头作用。①

这种战术并没有什么秘密。任何人都可以学会，军阀们后来也想用来对付我们。他们却失败了，因为游击战术不但需要熟知战斗地区的地形，还要有老

① 见《朱德选集》，人民出版社 1983 年版，第 126 页。

百姓的支持。人们都痛恨国民党军人，暗地里侦察他们的行动，伏击他们的小股部队和散兵，并且俘掳他们的运输队。这种情况后来发展到敌军只要看到远处有一个赤脚农民望着他们，就不敢向前移动。①

1928年1月21日，朱德派工农革命军1个连随李克如到郴县良田支援郴县暴动，在折岭遭遇何键先头部队。工农革命军与敌短暂交火后退回宜章。当夜，朱德率部队在县委的带领下撤出城外，向梅田、浆水、碛石转移。县委领导及赤石大队和工人纠察队随部转移，沿途地方党组织为部队作向导，并保障工农革命军的后勤供给。第二天，何键部詹筠松团占据宜章，随即由蒋棣华接任县长，疯狂捕杀来不及转移的革命群众。1月22日是除夕，拂晓时分，碛石特支派彭东明带赤卫队前往浆水，迎接工农革命军。彭晒率领500多名村民到青山下列队夹道欢迎部队入村。朱德的师部驻在碛石村宗祠里，全村群众忙着杀猪、烧水、煮饭，热情慰劳工农革命军，军民联欢共迎新年。

上午，在碛石村宗祠门前的大坪上，召开了工农革命军与碛石村民联欢大会。朱德发表演说，高度赞扬了碛石人民从辛亥革命以来前仆后继、百折不挠的革命精神，鼓励革命群众再接再厉，与国民党反动派斗争到底。朱德说：我们要干！手里没有枪，可以用梭镖，五支梭镖可抵一条枪，可夺一条枪。同时强调指出：我们革命，一定要明确革命目的，一切为着穷人翻身而战，一切为着世界大同而战。大会结束后，朱德、陈毅派袁崇全率部参加农军围攻黄沙堡城的战斗。

这天晚上，朱德与县委领导人一起到承启学校视察了碛石平民夜校，语重心长地对除夕夜还在认真学习的青年农民说：要好好读书啊，将来的世界要你们这些年轻人来创造。随后，朱德与胡少海前去慰问了参加过南昌起义的朱德部属、不久前在广东牺牲的革命烈士彭成一的家属，并在烈士家住宿。

黄沙破敌

从宜章城逃出的挨户团主任邝镜明，窜到黄沙纠集程绍川、李绍文、李时春等反动武装100人，盘踞黄沙堡城，待机反扑。黄沙区农民暴动领导人彭晒

---

① 见艾格妮丝·史沫特莱著《伟大的道路 朱德的生平和时代》，生活·读书·新知三联书店1979年版，第268页。

等决心拔掉这一反动堡垒。1928年1月20日，参加暴动的各地赤卫队队员300多人汇集到碛石，整队准备围攻堡城。入夜，彭晒、黄祯刚率队出发，沿途又有各地农民持梭镖加入队伍。临近堡城，队伍迅速分成四路包抄上去。堡城外的巡逻队见状，拼命逃往堡城内，紧闭大门，逃得慢的即被农军击倒。堡城四周都是坚固的古城墙。当晚，赤卫队队员在刺骨寒风中，依托城外房舍、树林与敌周旋，放冷枪撂倒城头几个敌兵。敌人气急生计，用稻草扎了几十个假人，套上衣服，高举在城堡上迷惑农军，企图消耗农军子弹。农军战士凭着星光识穿敌人诡计，眼明枪快，一些举假人的手臂被射穿。相持两天后，城内已断水，城内敌人有的闹着要开门投降，挨户团队伍已慌成一团。

工农革命军转移到碛石后，黄沙农军已对堡城之敌围攻了三夜两天。朱德与县委领导决定，抓住战机，迅速歼灭堡城之敌，以扫清后方障碍，集中力量反击许克祥部的进犯。

1月23日，正是大年初一。拂晓，碛石赤卫队副队长周庭彦的母亲、64岁的杜振环老人冒着严寒，提着一面大铜锣在周家、彭家的各条巷道上边敲边喊："大家起床呀，快去打邝镜明啊！打倒了反动派，日子才能过得安啊！……"一些原来不舍得离家去打仗的农民，在锣声中都背起武器赶往堡城参战。来自各地围攻堡城的农民已达2000多人，碛石独立营营长彭晒的妻子吴仲廉带领妇女和青年学生为战士们送水、做饭，护理伤员。上午，朱德、陈毅亲自到攻城前线，指挥工农革命军和农军向堡城发起进攻。堡城四周刀枪晃晃，杀声震天。

这时，宜章黄沙堡团总李绍文的拜把兄弟、广东大路边反动民团的头子率部前来救援，在堡城西南面的山上扯出七八面旗子虚张声势。早已胆战心惊的堡城之敌，抵不住工农革命军的凌厉攻势，邝镜明与程绍川、李绍文、黄河源领着一批敌兵，从西面挖的地洞里逃出堡城，与大路边前来接应之敌会合后溃逃。工农革命军与农军攻占堡城，抓获并处决了宜临挨户团教练李时春等3人，缴枪20多支。堡城内的群众欣喜若狂，杀猪做饭、敲锣打鼓慰劳工农革命军。

战斗结束，县委和当地党组织在黄沙堡城学校召开军民祝捷大会。朱德、陈毅鼓励军民再接再厉，继续英勇战斗，与反动派血战到底。

就在黄沙农军围攻堡城时，据守莽山的民团大队长刘占甲被笆篱挨户团和反动劣绅胡绍靖等串通收买，企图去堡城为邝镜明一伙解围。莽山民团有100多人枪，且都有作战经验，是当时各区乡中战斗力最强的民团。其中有些团丁也是农会骨干和农民自卫军战士。刘占甲欺骗莽山农民说，是去罗轸与永福局的农民自卫军会合，强迫每户出钱并且派人参加。刘占甲率队打着红旗到罗轸，企图先骗出笆篱区暴动领导人张际春、张登骤等人除掉。幸有民团中的农会骨干谭代豪早已派人通知张际春"暂避一下"，又有民团中的农军战士杨毓文暗地找到张际春汇报实情。张际春立即叫杨毓文去送信给张登骤、刘汉等人，叫他们作防备，同时叫杨毓文等人攻打堡城时灵活应付，绝不要伤害工农革命军。刘占甲没逮住张际春，气急败坏地连夜赶至笆篱要捉张登骤，结果也落了空。于是，他便疯狂地惨杀了区农会炊事员刘松生，继而又欺骗当地农民说去黄沙支援工农革命军攻打堡城。24日，胡绍靖、刘占甲纠集400多人窜到黄沙，从较场坪、晓夏街方向进攻已被工农革命军占领的堡城。朱德指挥工农革命军与农军分两路出城猛击来犯之敌。刚接上火，杨毓文与一些团丁照张际春所嘱，朝天开了一阵枪便仓促后退，借口子弹已打光。从笆篱来的农民见是与工农革命军作战，也立即后退，四处传开说：农友们不能打呀，这是我们盼望的朱德工农革命军。有的大骂刘占甲，有的掉转枪矛对准民团杀去。胡绍靖、刘占甲见势不妙，拔腿就跑，民团溃不成军，落荒而逃。

黄沙堡城战斗是工农革命军与农军并肩作战的铁拳初试，接连痛歼了黄沙区、笆篱区的反动武装，扫清了工农革命军战略转移的路障。随后，工农革命军相继在堡城、大黄家、五甲等周围的农村发动农民革命，极大地鼓舞了人民参加暴动的热情。在朱德的帮助下，县委在堡城将随去的宜章赤卫大队正式改编成宜章农军第一连，将堡城战斗中缴获的20多支枪分给农军连，朱德派原工农革命军的连长朱舍我任农军第一连连长。

笆篱区暴动领导人张际春，字存向，号晓岚，1900年12月9日出生于笆篱团罗轸村廖家。6岁时上私塾，15岁入初级小学，两年后考入县立高小，1920年考入湖南三师。1922年在湖南三师聆听毛泽东政治启蒙演讲，1925年夏毕业回乡任教，开展农民运动。1926年11月由李文香、高静山介绍加入中国共产党，任笆篱党小组组长。1927年初，他到县立女子师范学校当教员，并任国民党县党部执监委员，中共女师党小组组长，做学生工作和教师联合会的工作，后在宜章农运讲习所主讲"东江、普宁农运"课程。"马日事变"后张际春被通缉，在笆篱、连县等地隐蔽。1928 年 1 月参加湘南起义，与谭新、张登骧在笆篱、满塘等地组织暴动，并指派农会骨干打入莽山民团中作内应，暗中配合工农革命军战斗。他还担任中共宜章县委委员、农委书记，兼任县农民协会秘书长，领导建党建政，广泛开展土地革命，与胡少海等率独立第三师和梅田农军组织了攻打临武水东等战斗。

1928 年 4 月，张际春随军上井冈山，先后在红四军第二十九团、第二十八团党委从事政治教育和群众宣传工作。此后他长期负责军队政治工作，为人民军队的思想教育工作作出了卓越贡献。

1954 年 1 月，张际春调中央工作，先后任中共中央宣传部副部长，并兼国务院文教办副主任、主任等职，把部队政治工作的优良传统和经验带到地方，为发展和繁荣社会主义的宣传文教事业作出了积极的贡献。他曾当选为中共第八届中央委员，第一至三届全国人大代表和第二、三届全国政协委员。

"文化大革命"中，张际春受到打击迫害，但他始终坚持党性原则。1968 年 9 月 12 日张际春蒙冤逝世，终年 68 岁。1979 年 1 月 24 日，中共中央为张际春平反昭雪，邓小平主持追悼会，韦国清致悼词，称赞他是"发扬党的三大作风的模范""全心全意为人民服务的模范"。其遗著被收入《张际春文选》。

1928 年 1 月 26 日，朱德、陈毅率部离开黄沙，经水源山、长村、大井头，抵达一六观音寺。工农革命军正准备宿营时，由狗牙洞矿警队队长马昌带路的许克祥先遣营抢占红庙脚村后的塘前岭，突以猛烈炮火阻击工农革命军。刚组成的农军第一连第一排正在山下的庙内，在河对面的朱德派人送来纸条："第一连冲锋！朱。"胡少海这时也已察看好地形，向一连发出冲锋命令。在冲锋号声中，胡少海与一排排长萧语初带领 60 余名战士分两路向山上敌人冲去，被敌人火力阻在山腰。农军战士利用树丛、土坎隐蔽，向敌人射击，掩护山下主力部队蹚过小河。随后朱德亲率主力从四周向山上之敌猛攻，冲垮敌阵，继而紧追逃敌至岩泉。新成立的宜章农军第一连配合工农革命军首战告捷，击溃许克祥部先遣营，毙敌营长 1 人。

这时，参加北伐和南昌起义后潜回家乡的共产党员谭新，受笆篱党组织指派，躲过反动民团余蛟的追捕，来到红庙脚参加了朱德的工农革命军。随后，在谭新的引领下，工农革命军经笆篱、沙市到达塘下岭和山门。当晚，部队宿营于山门、塘下岭一带，朱德、陈毅夜宿山门瓦屋上。27 日，部队准备进驻圣公坛村。

圣公坛创建后方营

毛科文、胡少海一行人朝圣公坛走去，前面就是莽山了。两边高山夹着一线青天，一片林海无边无际。先头部队刚接近林区，突然响起一发鸟铳声，在山谷间回荡，好像发出警告：这是我们的地盘，不准通过！

山上，排着十几门土炮，林隙中微露出几面旗子，不见人影，只有刀光闪闪。这是一支什么队伍？是进还是退？带队的王连长立即命令："停止前进，作好战斗准备！"一面派人报告朱德。

"报告，前面遇到一支部队阻击，我们已作好了攻山准备，正在等您的命令。"

"遇到的是一支什么部队，有多少人？"

"情况不明。"

"情况不明就打？"

"他阻止我们前进，先打了再说，大不了是一小股土匪！"王连长振振有词地说。

"山区情况复杂。不了解情况就打，可能误伤同志，也有可能伤了朋友。"朱德望着深不可测的原始森林，深思着说。

"队伍过不去，怎么办？"

"先往回撤，再绕道到圣公坛。"朱德严肃而肯定地回答。

部队往回撤的路上，朱德不断分析着眼前的情况。这里虽然不能屯兵，但地势险要，是一个好的后方基地。如果能……总之，要迅速把情况弄清，妥善解决好。

部队一到圣公坛，朱德就带着警卫员小王去串门。他们走进一间盖着杉树皮的木板房，里面一个50多岁的农民正在做木勺。朱德顺手拿起一把做好的木勺，说："老人家，好手艺啊，是卖的？"这个手艺好、脑子也灵活的农民，看看朱德同志，心想，这个伙夫，大概要我慰劳几把木勺吧？可他们讲话又为什么那样和气？于是，他不冷不热地回答："靠山吃山，做几把勺子换点盐钱。你们也要？""不。我们是工农革命军，到你这里来串门。"说着，朱德搬过一个木墩坐下。

"工农革命军！"那人立刻高兴起来，像是盼到了救星。原来他叫王天佑，过去曾是农协负责人。早些天他到白沙圩时，听说宜章来了工农革命军，就天天等呀盼的，今天终于等到了。他高兴得又是倒茶又是递烟。谈了一会，王天佑突然爆发出一阵爽朗的笑声："我明白了。你们早晨从山那边进去，下午才转到我们这里，一定是碰到了王光佑的部队。"然后又自言自语地说："这老头子，这次可看错了人。"

朱德忙向他打听王光佑部队的情况。

原来，先头部队碰到的确实是王光佑的部队。王光佑给地主打了30多年长工，性格倔强，有主见，好打抱不平，很受穷人尊重。农民协会垮了后，他心里憋着一股气。恰恰这年又逢干旱，刚收割完，收租讨债、派款的就挤满了农民的屋，眼看又要"放下禾镰挂鼎罐"。偏偏"祸不单行"，一天晚上，西山大地主张策英网罗一批流氓土匪，把圣公坛洗劫一空，还抢去了十几个青年妇女。地主的压榨已在王光佑心里烧起了一把火，土匪的抢劫更如火上浇油。王光佑带着几十个血气方刚的青年，硬是用梭镖、鸟铳、大刀从土匪手里把十几个青年妇女救了出来。一支农民军就这样诞生了。王光佑凭借着险要的地势，官府悬赏、地主围攻都奈何他不得。王光佑每当看到乡亲们上山打柴、采药时，常常情不自禁地拿起家伙干一阵子。他是多么想有一天天下太平，回到村里种田耕地啊。

朱德同志听完，脸上露出了笑容。他又问王天佑："你认识王光佑吗？"

"怎么不认得！王光佑打了四十多年光棍，快五十岁才讨亲成家，搞农会，卖木勺，都是一条路上的人，也算是患难兄弟了。这老头子就是有点倔。"朱德同志若有所思地点着头。王天佑又说："工农革命军和穷人是一家，只要用得着我，尽管讲。"

圣公坛村地处湘粤边境崇山峻岭之中，地势险要，长久以来常有盗匪出没，尤以广东西山土匪危害为甚，经常骚扰圣公坛一带百姓。为人刚直豪爽且有一身武艺的贫苦农民王光佑牵头组织了一支30多人的地方农民武装，以保护地方安全。工农革命军抵达山门村后，当地反动豪绅恶毒散布工农革命军"共产共妻""烧杀掳掠"等谣言，煽动王光佑阻击工农革命军。

朱德与县委领导了解到王光佑武装的情况后，认为这样的农民自卫武装，只要从思想上给予开导，完全可以改造成为一支革命的武装力量。县委决定派毛科文与跟王光佑素有交情且同情革命的地方父老、胡少海的岳父李似楠一起，前去做王光佑的思想工作，并调了一连人随行保护。朱德还专门给王光佑写了一封言辞恳切的信，备了六支手枪作见面礼。信曰：

光佑兄：

　　我们是工农革命军，是共产党领导的军队，是为劳苦大众求翻身，求解放，打天下的。闻兄为防匪患，成立农民自卫武装，保卫桑梓，深感钦佩。兹者，我军欲到贵处圣公坛，共谋为国民大计，今特派胡少海、毛科文、谭新前来联络。并委托带来手枪六支，望笑纳。

中国工农革命军第一师师长朱德谨启

1928 年 1 月 26 日①

　　却说那天王光佑占据了山头、要隘，正准备决一死战，没想到进山的部队不战而退，以后就无声无息。王光佑心想，他们葫芦里卖的是什么药？这个颇有点谋略的农民军领袖想了许久也解不开这个谜。不战而退，其中有诈。他命令山寨晚上严加巡逻，提防敌人偷营劫寨，又让人把几门新做好的松树炮安上。王光佑虽然作好了布置，心里仍然不踏实。那支部队人比自己多，武器比自己好，真打起来，自己这百十个人也对付不了。他仔细地考虑着对策。

　　这天，朱德召开了干部会，王天佑受邀参加。朱德说："同志们，王光佑部队是在抗暴斗争中问世的，是我们的朋友，现在他把我们误认为国民党反动军队，所以不让我们通过。我们一定要耐心细致地做工作，联合他，争取他参加革命，决不能用大鱼吃小鱼的办法对付他。为了尽快完成转移任务，我们要派人上山做工作。"

　　"朱师长，王光佑和我熟，我上山一趟。"王天佑主动请求。

　　"我们请你来，也有这个意思，我们还打算派几个人和你一起去。"

　　天刚亮，王光佑到山头、哨口巡视。山林静悄悄的，晚上确实没有发生情况。奇怪，他们到底是一支什么队伍？王光佑边走边想。这时正好王天佑带着胡少海、毛科文等人上山来了。王天佑老远就喊开了："光佑大哥，这下可盼来了穷人的救星，下山吧！"王光佑见自己的患难兄弟上山了，后面还跟着几个陌生人，心中不免有所疑虑，这时只听王天佑介绍说："这是工农革命军的

---

① 引自宜章余冬林 2011 年主编内部资料《朱德元帅在宜章》，第 65 页。

胡团长，是我们宜章岱下村的。"王光佑一听，十分惊讶："你就是那个骗死了杨县长的胡团副呀?"显然，王光佑对县城发生的大事早有耳闻。

"呵呵，那是他自己眼瞎该死的呀!"

胡少海也笑着回答，说完又掏出一封信与六把手枪一并交给王光佑："这是我们朱师长给您的信和一点心意。"

王光佑收下手枪和信，但他给地主做了几十年的牛马，斗大的字不识半箩，忙叫人把山上的"秀才"请来给他念信。

"写信的朱德就是智取宜章的那个朱德?"王光佑问。

胡少海答："是。"

"那是个有勇有谋的人。"王光佑钦佩地说。

接着王天佑介绍了朱师长的部队在圣公坛的活动，王光佑含着烟斗，聚精会神地听着。最后，他还有点疑虑："我拦了他们的路，他们不记仇?"

"哎呀，我的大哥，你这是说哪里话!朱师长知道你是穷苦人，还要联合你一起革命呢!你看胡团长连防身的武器都不带。"王天佑见王光佑还在犹豫，急了。

胡少海又把工农革命军的性质和进山原因讲了一番，王光佑这才完全相信了。他站起身说："待我和弟兄们商量商量。我下午回话吧!"说话的神情显得轻松愉快，显然他的思想上早已通了。胡少海心说，有门!

当天下午，王光佑带着七八个后生奔下山来。刚到村边，哨兵飞也似的进村报告。胡少海引着王光佑到朱德的住处。朱德笑容满面地站在门口，不等介绍就伸出手，连声说："欢迎，欢迎。"王光佑知道一定是朱师长，不习惯地握着朱德的手，带着结巴的口音说："冒犯贵军，请朱师长……"不等他说完，朱德就接过话："我们是一家人，进屋进屋。"

一进屋，王光佑更加惊异了。室内，用木板架起张桌子，上面一盏桐油灯，还有一些地图之类的东西。床铺是用两张板凳搁了一张门板，一床比毯子厚一点的被子。再看这朱军长，打绑腿，穿草鞋，一身旧军装，没有一点架子。军队是为穷人的，人的穿着也和穷人一样。就在这个屋里，朱德和王光佑一直谈到深夜。朱德的细心开导，使这个农民军的领袖开始懂得了穷人为什么受欺压，怎样才能翻身的革命道理。他真挚地说："朱师长，山里人说一不二，你讲吧，今后只要用得着我，不怕上刀山，下火海!为了穷苦人的翻身，山上的青松倒了，地上的石头烂了，我王光佑也不回头！"

朱德紧紧地握住王光佑的手，完全理解他的心情："部队很快就要和许克祥打仗……"

"山上的弟兄全由朱师长指挥。"不等朱德说完，王光佑忙接上。

"靠人多去拼，我们打不过许克祥。我们要以少胜多。我想，你那支部队就留下来坚持斗争，作为后方，今后的伤病员也有个地方治疗、休养。"朱德征求王光佑的意见。

"行。"王光佑毫不犹豫地回答。

第二天，圣公坛老庙的坪上，锣鼓喧天，鞭炮齐鸣，黑压压地挤满了人。王光佑的部队今天就要正式宣布改编为工农革命军后方营了。军民在这里开庆祝大会。当朱德宣布王光佑任后方营营长，调张登骧任后方营党代表，并拨一批枪支弹药加强后方营时，全场欢声雷动，锣鼓声、鞭炮声又一次震破了天。王光佑感到自己像一个漂泊的人有了归宿，前途光明了。这个过去在地主的皮鞭面前，在土匪的抢劫面前从没有掉过泪的人，今天在走上革命道路的时刻，流下了激动的眼泪。他紧紧握住朱德和党代表的手，久久说不出话来。

创建圣公坛后方医院、兵工厂

工农革命军后方营诞生了。在以后的斗争中，王光佑和他的战友们，英勇顽强地战斗在莽山林区，有力地配合了前方部队的行动。可惜，就在不久后，王光佑在腊园村与挨户团武装战斗时不幸牺牲。

在圣公坛的宿营地，有一天，师卫生队来人报告朱德，二十几个伤病员断医断药，在这人烟稀少的山区，要请一位郎中，就得走几十里。穷苦人家有了病痛，不是求神问卜，就是到山上找点草药熬水喝。卫生员只好用盐开水给伤员洗伤口。前一天晚上两个重伤员呻吟着通宵没睡，卫生队请示朱德怎么办。

"看来，还是到贫苦农民中访问草药医生靠得住，这么大个山区，不愁没好草药。"陈毅说道。

"是的，一定要想办法找穷苦人出身的草药医生！"朱德接着说。

"离这里十多里的地方有一个草药医生，可是他没有专门治过枪伤，未必肯来！"王光佑提供了草药医生的线索。这个草药医生能不能治好伤病员，他没有把握，所以说得不肯定。

"我去走一趟，请他来！"朱德同志毅然决定亲自去请草药医生。

这个医生叫姚运生，家里贫穷，没有读过书。他长年累月和山林打交道，同他一起劳动的老年人说什么草能治病，他都一一记在心上，又拜访过住在深山老林里的瑶族老草药医生。这样，就知道一些治跌打损伤、无名肿毒、伤风感冒的药方，偶然行行方便，给附近穷人抓些药。

朱德换了草鞋，由后方营一个本地士兵带路，沿着山间小道出发了。满天浓雾，绵亘不绝的群山隐没在青色的薄纱之中，什么也看不见。他们翻过一座大山，太阳升起了，大雾向山壁靠去，像似围在山腰上的玉带。前面不远的地方，有一间茅屋，带路的士兵告诉朱德，这就是姚运生的家。

他们进了姚运生屋里。家里几件破旧家具被烟熏得像涂上一层乌油。姚运生正在编竹篮，双手灵巧，动作熟练，纤细的竹片在他胸前欢腾地跳跃。他赤脚单裤，双脚踏在火箱上，旁边放着一双破布鞋。姚运生的母亲在补衣服，见来了兵，心情有些慌张，赶忙站起来，拿着凳子请他们坐。

后方营的士兵告诉姚运生，同他来的是工农革命军的朱师长。朱德和蔼地同他们打招呼。姚运生简直不相信眼前这个穿着朴素的中年人，就是杀掉杨县长，取下宜章城，远近闻名的朱德。他立即放下手里没编好的竹篮，赤脚穿进破布鞋里，站起来，双手把暖脚的火箱送到朱德跟前。随即从灶里端来小砂罐，给朱德和士兵每人倒了一碗浓茶。

"我们想请你去圣公坛后方营给伤病员治病。"朱德喝着茶，说明来意。

"我只懂一点皮毛，哪能当郎中。"姚运生听说朱师长特意来请他，脸上急得绯红。

"懂得不多不要紧，我们部队还有卫生员！"朱德温和地说着。

姚运生思量起来：工农革命军要我砍柴、挑担子、带路，我马上去。治病，是人命关天的事，吹不得牛皮，开不得玩笑。不管朱德和士兵如何劝说，他都不肯答应，并且用祈求的眼光望着朱德，希望他另找郎中先生。

站在旁边的姚运生母亲，被朱德和蔼的态度、诚恳的话语所打动，也帮着劝姚运生，要他答应下来。不去医治，如何对得起特意来请的师长呢！

"穷苦人体贴穷苦人的苦痛，我们信得过你，才来请你！"朱德诚恳地说道。

在姚运生的一生中，没有人这样信任过他，对他这样和蔼。他终于答应了下来："既然朱师长看得起我，那我就去，现在去挖药！"说着拿起锄头，出了家门，敏捷地攀上屋后的高山。

第二天，姚运生单裤、赤脚、草鞋，冒着严寒，背着昨天挖的草药，到圣公坛给伤病员治病。卫生员帮着洗药，姚运生大口地嚼着一种草药，脸上不时露出难受的神色。朱德见了，也拿了一片在口里嚼了一下，真比黄连还苦。朱德一面帮着嚼，一面说："多收个徒弟！"说得姚运生满脸通红，连称"不敢"。

一个伤员的伤口化脓，必须排尽脓血，才能敷药。姚运生见伤员痛苦地呻吟，踌躇着不敢动手术。朱德一边劝姚运生大胆开刀，一边鼓励伤员勇敢配合。朱德的鼓励，加上卫生员的帮忙，姚运生终于给重伤员敷好药。

一连数天，姚运生起早摸黑，按时去圣公坛给伤病员换药。这个衣着破旧、个子不高的后生，勤快、负责，把伤病员料理得熨熨帖帖。伤病员在他的精心治疗下，日渐好转，有的伤口已经收口，开始长出新肉。工农革命军上下，对姚运生一片赞扬声。

这天上午，姚运生正在给伤病员换药。一个战士告诉他，朱师长找他。他换好药，来到朱德的住房，只见朱德身穿灰布军装，脚穿草鞋，打着绑腿，腰上束着皮带，正在收拾桌上的书籍、文件，背包已经打好放在床板上。见他来了，搬过一条长凳，叫他坐下。

朱德一边收拾，一边对姚运生说："你给伤病员治病，费了不少心血。我代表工农革命军感谢你！"

"朱师长不要这样客气，工农革命军和我们穷苦农民是一家人。"姚运生真心实意地说。

朱德告诉他，部队有任务，马上要出发了，伤病员仍留下来，请他继续医治。姚运生满口答应，并且表示，一定要早些把伤病员治好，让他们早日回部队，参加战斗。

朱德听到姚运生的回答，非常高兴。当他看到姚运生赤脚站在自己跟前，双脚皲裂了好多口子时，心里很不好过，他走到床前，将已经扎好的背包打开，拿出一双崭新的布鞋送到姚运生跟前说："这双布鞋送给你，穿上它好爬山越岭挖草药！"

"我们山里人赤脚惯了，布鞋您留下，穿上好行军打仗！"憨厚而诚实的姚运生，站在那里，把手放在背后，不肯接受。

"还是收下吧！也算是我的一点心意！"朱德拿过姚运生的手，将布鞋放在他的手上。

从懂事的时候起，姚运生就很少穿过新布鞋，有时连草鞋也舍不得穿，经常赤脚上山，脚底老茧像栗子一样。他双手捧着新布鞋，望着朱德同志慈祥的面容，望着朱德脚上的草鞋，泪水夺眶而出……

朱德在宜章县委的协助下，在圣公坛把王光佑农民武装改编为工农革命军后方营，又在新庙设立了工农革命军后方医院，将60多名伤病员转移在此医治，并请当地草药医生姚运生到后方医院工作（据当地老百姓说，当时，朱德自己也因长期艰苦转战而患上背花顽疾，经姚运生几剂草药医治后得以根治。中华人民共和国成立后，朱德还曾托人给姚运生带了封信和礼物）。为了扩充革命武装，朱德又在后坛岩办起一个兵工厂，自制土枪和梭镖，当时跟随萧克出来的几名嘉禾铁匠成为兵工厂的师傅。后来他们成为井冈山第一个红军兵工厂的骨干。井冈山第一个红军兵工厂的厂长就是宜章县委财经委员吴汉杰。

首创革命军后方保障体系

早在湘南起义前，湘南特委在于1927年12月6日制订的湘南暴动计划中写道：

……2. 交通驿站之建立。暴动时我们不能妄想利用邮电以传达消息，我们的命令、通报、报告及宣传品之传递，专赖人力。我们至少须建立郴县、永兴、耒阳、衡阳、零陵、祁阳、宝庆、衡山、湘潭、长沙、株洲各地交通驿站，有专人负责，甲地文件一到乙地，乙地须一刻不停留送到丙地，余类推。此点必须在暴动未开始前准备妥。[1]

对此，1928年共青团湘南特委书记徐林给中央的关于湘南起义的过程的报告中写道：

---

① 见中国人民解放军历史资料丛书编审委员会编《土地革命战争时期各地武装起义·湖南地区》，解放军出版社1997年版，第246页。

湘南在我们占领的地方邮政、电报统通毁了，但是我们的交通很是便利，就是组织递步哨，耒阳到宜章有三百多里，信件二日可到，也可谓快了。交通工作有专人管理。[①]

朱德在延安回忆时说：

……部队里工作开展得最好的部门之一是交通联络。在整个湘南地区和赣西地区建立起了交通网，"白"区里面也发展有地下交通线。交通网全部由农民主持，有些人一天可以走一百里（三十多英里），面不改色。一般要求是每个人一天走一二十里（三至六英里），把信件、报告或命令传给另外一个人，再由他传到下一站。船夫传得更快一些，而且，自从缴获了敌人的马匹以后，有些通讯员还办理起快递信件。[②]

另据龚楚回忆：

那时我们没有无线电台和电话等通讯设备，我们只建立了以郴州为中心的秘密交通网，二十里至三十里就有一个交通站，南至坪石，北至衡阳，东至资兴，西至桂阳。交通站的工作人员，由地方党领导工农群众担任，负传递信件及侦察敌情等任务。他们秘密的日夜工作，由耒阳到宜章约有二百五十华里，信件发出后二十四小时即可到达。因此我们与军部的联络，各方面的消息均很灵通。[③]

暴动计划中还写道：

4. ……并须设法制造鸟枪、梭标、炸弹、大刀、火枪、松树炮、火弹等。纸炮准备作疑兵武器，准备劫夺挨户团及敌军枪械。[④]

可见，湘南起义先后建立起地下通讯网络、后方医院、兵工厂等后勤保障体系，对保障起义胜利发挥了很大作用。

由此，圣公坛成了红色革命据点。县委抓住时机在周围一带广泛发动农民参加暴动，组织农会，扩建地方武装，有力地打击了土豪劣绅，工农革命军后方营很快发展到 130 多人枪。朱德、陈毅也率部在圣公坛一带的山区得到很好

---

① 见中共郴州市委党史资料征集办公室编《湘南起义文献集》，中共党史出版社 2014 年版，第 164 页。

② 见艾格妮丝·史沫特莱著《伟大的道路 朱德的生平和时代》，生活·读书·新知三联书店 1979 年版，第 259 页。

③ 见《龚楚将军回忆录》，香港明报月刊社 1978 年版，第 59 页。

④ 见中共郴州市委党史资料征集办公室编《湘南起义文献集》，中共党史出版社 2014 年版，第 91 页。

的休整，养精蓄锐，待机出击，为打垮许克祥部队作好了充分的准备。

坪石大捷——第一个人民战争的经典战例

1928 年 1 月下旬，许克祥率 6 个团的兵力，从乐昌经坪石，长驱直入，一路未遇抵抗；进入宜章县境后，又不见工农革命军的踪影，于是狂叫："朱德被吓跑了！"当朱德、陈毅率部抵达圣公坛时，许克祥让教导团和补充团留守坪石（指挥部驻地），自己带两团主力闯至岩泉，其余两个团则布置在坪石、长岗岭、武阳司、栗源一线，摆成一字长蛇阵。

进驻栗源一线的许克祥部一个团，几乎未遇抵抗，朱德部的影子都没看到，连老百姓都跑光了。栗源堡的农民赤卫队只有四五十人，14 条枪，其余尽是梭镖、大刀和几支鸟铳，无法直接与优势之敌硬拼，便主动撤离村堡，钻进山沟，与敌人"捉迷藏"。一天下午，赤卫队队长陈光派陈茂回村堡探听敌人虚实，陈茂刚走到北门村口，就被两个放流动哨的敌兵抓住。敌兵问："你是哪里人？"陈茂答："本村人。""你来干什么？""帮你们找粮食的。"陈茂趁机反问一句："贵军有多少人？打算住多久？需要多少粮食？我好叫老百姓作准备。"敌兵用命令的口气告诉他说："我们有两个团，一千多人，赶快送粮来。"说罢便把陈茂放进村堡。陈茂在村堡里转了一圈，摸实敌人的情况后，正朝南门走出来，突然两个敌兵端着上了刺刀的枪又将他挡住了："只准进，不准出，你往哪里跑？"陈茂假装笑脸解释说："老总，请莫误会，我是帮你们去找渡船的，好让贵军过河去。"因为敌军来栗源堡之前，赤卫队就把渡头的渡船拖走了。敌军急于渡河去找工农革命军，却到处找不到渡船。两个敌兵听陈茂这么一说，信以为真，立即把陈茂放出南门。陈茂回到赤卫队，向陈光队长详细汇报了栗源堡驻敌的兵力和动态。陈光又把陈茂侦得的敌情及时报告了朱德、陈毅等人。

与此同时，朱德还派当地的共产党员谭新化装成商人，挑一副货郎担，走村串户，深入敌占村庄，摸清许克祥的军力布置、火力配备等情况。谭新侦察回来后，把敌情绘成图标，交给了朱德。

与朱德相反，许克祥率 6 个团，大撒网，却连工农革命军的影子都没捞着。朱德就像耍魔术一样，从人间蒸发了。许部失却了战斗目标，在大山里转悠了几天，人困马乏，斗志松懈，队伍就像散沙一样，似乎这一趟就是来旅游的，哪还像打仗的队伍！

《曹刿论战》中云：一鼓作气，再而衰，三而竭。许克祥此时正是"三而竭"之时。

根据敌我态势的演变，朱德、陈毅、王尔琢与宜章县委经过研究分析，认为歼灭许克祥的条件已经成熟：一是工农革命军经过休整，战士体质增强，士气高昂，而敌军连连扑空，锐气已减；二是许克祥摆成长蛇阵，自以为工农革命军若击其尾，蛇头可卷过来狂咬，若击其身，则头尾可以夹击，但我们可先狠打蛇的七寸，击其要害，叫它首尾不能兼顾，进而各个击破；三是工农革命军有广泛的群众基础，有宜章党组织和农军配合参战，天时、地利、人和兼具，而敌人是孤军深入，没有民众支持，如一群瞎子、聋子。朱德、陈毅与县委领导连夜制定出作战方案，决定擒贼先擒王，兵分两路，奇袭岩泉圩，消灭敌军精锐，再猛打猛追，掀其老巢。

1月31日拂晓，朱德率工农革命军从圣公坛向岩泉圩出击，县委率工人纠察队及黄沙、笆篱等地的农军2000余人随部参战。过了五拱桥后，兵分两路，胡少海、谭新与王光佑领一队革命军和农军，从姚家村向岩泉圩背后抄小路包围，朱德率主力从大路经十三户、百岁亭直捣敌营。

岩泉圩是湘粤边境一个较大的圩场。圩场在一个小山丘上，周围山峦起伏，地势险峻。许克祥进驻岩泉圩后，连日派人四处打听工农革命军的行踪，因为群众不说实话，他摸不清底细，只凭主观臆断一个劲地自吹自擂，自以为朱德部是闻风而逃东躲西藏了。当工农革命军先头部队到达离岩泉圩只有5里地的百岁亭时，当地一个土豪气喘吁吁来向睡梦中的许克祥报告，说朱德部队来了，却被许克祥臭骂一顿，斥他是造谣扰乱军心，叫他快滚，否则先毙了他。土豪自讨没趣，溜了。

早上7点多，许部早餐哨音吹响，敌兵正乱哄哄围着饭桶，你争我抢，乱作一团。朱德、陈毅率主力出其不意突然发起进攻，以猛打猛冲战术杀向敌群，敌军阵营顿时大乱。胡少海、谭新率领的另一路队伍同时从侧面插入敌军心脏，前来助战的四乡农民也在周围山头呐喊助威。这天又逢圩日，陈东日早就安排了几十名战士扮作赶圩农民潜入圩内，占据了有利地势和要隘路口，这时也在敌人心脏开花。敌军腹背受击，急忙抢占西南面高地，又被谭新带领的一路工农革命军从官桥截住迎头痛击。许克祥师实力最强的贺国光教导团，在岩泉即被打得溃不成军，仓皇从将军庙、小河向栗源方向溃逃。朱德令工农革命军乘胜追击，决不给许克祥部喘息机会，在小河击毙一名敌营长。敌军逃至栗源，又被河水拦住，陈光带栗源、上田、龙沙坪等村的赤卫队早把渡头上的桥拆了、船藏了。驻在栗源的两个团的敌人匆忙赶去救援，用抢来的门板、小船赶搭浮桥。工农革命军追至，又一阵猛击，附近的农民赤卫队也紧密配合。敌军陷入重重包围，被打死、掉在河里淹死的不计其数，残部丢枪弃弹，拼命地逃往武阳司、长岗岭方向。

工农革命军和农军乘胜追击，至董水头村时，天色已晚，加上前面武阳司有河，朱德令部队在此宿营，一面总结当天的作战经验，一面部署第二天的战斗。许克祥此时则在长岗岭聚集起溃逃的两个团兵力，欲与工农革命军决战。

2月1日天刚亮，胡少海率领工农革命军一个营和陈光的赤卫队，早已从牛井坪过河，经马岭罗家出狮子岩抄小路抢占长岗岭要塞高地，悄悄地在敌军后侧设伏。朱德、陈毅指挥工农革命军主力从武阳司过河后，在熟悉地形的陈东日的协助下，立即从正面大路上向敌军发起强攻。许克祥自以为居高临下，起初气焰仍很猖狂。朱德沉着指挥，以第一营一连长龚楷、二连长林彪率部从正面攻击，前进到距敌50米时才突然以密集火力压住敌人，继而上刺刀猛冲。袁崇全率第二营从敌人右侧后包抄，周子昆带第三营与教导队作预备队接着猛冲。朱德亲端冲锋枪，令十几只军号齐吹冲锋号。敌军挡不住工农革命军的凌厉攻势，慌忙后退。胡少海率部出击又挡住敌军退路。工农革命军和农军前后两侧夹攻，迫使敌军欲进不能，欲退不得，尸横遍地，四处夺路而逃。敌军两个团又被击溃，工农革命军突破了敌人设在长岗岭的最后防线。

这时，许克祥留守坪石的一个团来增援，但还来不及摆开阵势，就被自己溃散而逃的人马冲乱。王尔琢指挥工农革命军又分三路追击，势如破竹。此时，县委率领的从笆篱、岩泉、栗源沿途参战的农军，黄文、史炳南率领的从梅田赶来的农军，李光中、李家泉带领的广东皈塘农军，也都配合工农革命军从四面八方以风卷残云之势，围向坪石许克祥的老巢。

坪石是粤北重镇，为湘粤两省水陆交通门户，历来兵家都把它作为囤聚物资的重地，许克祥的师部和补充团以及后方仓库就设在这里。因许克祥骄横十足，下属官兵受其影响，只顾寻欢作乐，毫无应战准备。工农革命军和农军追到坪石时，立即抢占四面高地。许部仓促应战，已是措手不及，一听枪声大作，都吓得丢魂落魄，只顾逃命，在溃逃中甚至自相践踏踩死一些号兵、伤兵。许克祥跑到武水渡头，丢下轿子，换上便衣，藏身破木船底，狼狈地往九峰、塘村方向逃遁。

战斗以工农革命军和农军的完全胜利而结束。革命军捣毁了敌军师部和后方仓库，俘虏许部官兵1000余人，缴获步枪2000余支，各式手枪100余支，重机枪10余挺，迫击炮、过山炮30多门，弹药、被服不计其数，银圆数十担，3里长的坪石街到处摆满了武器弹药等战利品。据参加过这次战斗的老战士回忆，"黄洋界上炮声隆"的那门炮，就是在坪石缴获的。参战的工农革命军和农军战士兴高采烈，当即编了首顺口溜唱道："许克

坪石大捷水粉画（李春祥）

祥，好大方，乖乖送来炮和枪，不要收条不记账，当了运输大队长，革命人民心高兴，赏他个雅号'许送枪'。"

2月2日，朱德、陈毅与宜章县委率工农革命军开到离坪石15里地的饭塘村，召开祝捷大会。朱德在讲话中热情赞扬了工农革命军和地方农军，嘲笑许克祥"昔日屠杀工农，何等威风，今日却给我们送来大批枪炮，成了'许送枪'"。他指出："坪石大捷，充分证明反动派貌似强大，神气十足，但内部却很虚弱，它是可以打败的，而人民的力量则是无敌的，尤其是组织起来武装起来的人民是不可战胜的。"

1928年2月7日，许克祥部的一个连流窜至木根桥、东江一带，为首的

连长，叫李正权，带有 60 余人，58 支枪。资兴的土豪们先是想买李正权手里的枪，李不卖。于是土豪劣绅们便成立了一个行政委员会，让李正权当主任，想借助他的势力保平安，李正权欣然应允。李部在资兴农军三打资兴城的战斗中被全部歼灭。

湘南起义坪石大捷中缴获的许克祥的炮

"……我们的战略战术是建立在人民战争这个基础上的，任何反人民的军队都不能利用我们的战略战术。"1947 年 12 月 25 日，毛泽东在《目前形势和我们的任务》一文中这样总结说。

朱德 1937 年在延安得意地对史沫特莱回忆说：

"我们依靠人民，"他说。"选定了一处背后靠山的战场，我们就把敌人引到我们所需要的地方去，接着截断他的交通线，攻击他的侧翼，然后加以围歼。"

"农民们听说'农民刽子手'亲自带队来了，便拿起从棍棒到土枪的各式各样武器武装起来，成千的人从四面八方赶来支援我们。他们要活捉'农民刽子手'。在一星期的战斗里，我们以主力部队攻打他的主力部队，农民们则破坏他的运输队，把敌人的散兵游勇当豹子来捉。有一营敌军跑到一座木桥上打算逃走，木桥垮了下来，全部人马掉进河里。农民们跟着就在河边上下追逐，开枪把他们打死在河里，谁敢爬上岸来，也被活活打死。混乱之中，'农民刽子手'藏在一条顺流急速而下的小船里逃了命。这使农民大为失望，许多人掉下眼泪，埋怨运气不好。可是这一仗打下来，他们有二千人得到了优良的步枪和装备。"①

朱德在他的多篇回忆性的文章中，提到湘南起义坪石大捷，总是兴奋不

① 见艾格妮丝·史沫特莱著《伟大的道路　朱德的生平和时代》，生活·读书·新知三联书店 1979 年版，第 253-254 页。

已："许克祥帮助我们起了家。"他总结说："湘南起义发动了群众，这个方向是对的。"①

回顾中国共产党此前领导的南昌起义、秋收起义、广州起义等有影响的历次武装起义，都没有发现这样的群众热烈参战的成功战例。可以说，朱德领导的湘南起义坪石大捷，是中共人民战争的第一个经典战例，这是毫无疑义的！

坪石大捷的光辉永垂史册！

创建人民军队的模式

> 1948年11月1日，中共中央和中共中央军委作出了《关于统一全军组织及部队番号的规定》，指出：人民解放军分为野战部队、地方部队和游击部队三类。这种架构，在湘南起义中就始见雏形。

坪石大捷的当晚，朱德、陈毅等工农革命军领导人召开特别会议，研究工农革命军的行动和发展。

1928年2月2日，部队开到𣲗塘后，举行了工农革命军领导人与宜章县委、地方党组织干部和农军负责人的联席会议。𣲗塘位于坪石到宜章之间的中间地带。这里地处丘陵，十分隐蔽，离城又近，便于掌握敌情。

会议由胡世俭主持。胡世俭是个青年秀才，脸颊清秀，皮肤白晰，分头，脸上戴一副深度近视眼镜。他往上推了推下滑的眼镜，十分激动地开始了他的开场白："同志们！国民党对我们的压迫到头了。我们胜利的曙光来临！今天，我们把'马日事变'的刽子手许克祥收拾了，真是大喜呀！这要感谢朱师长的神机妙算，感谢工农革命军第一师全体将士的艰辛付出。"说到这里，他带头鼓起了掌。稍停，他接着说道："但是，胜利还只是个开张，还有更大的胜利等着我

---

① 见《朱德选集》，人民出版社1983年版，第126页。

们去开创，下一步怎么走，工作怎么做，需要大家一起共同商量。先请工农革命军第一师朱德师长给我们讲话。大家欢迎！"说完又是一遍掌声。

朱德站起来，朝大家憨厚地抱拳一笑，说："同志们，我带了一群残兵败将，由南昌千里来投宜章，感谢宜章同志们的收留，感谢同志们的大力支持，帮助我们打败了许克祥，出了口恶气。说老实话，几个月来，一直窝窝囊囊，憋气得很。今天是我朱德最扬眉吐气的一天！我们1个团，打败了许克祥6个团，没有宜章地下党的领导，没有宜章农军的支持，没有沿途人民群众的强有力参与，光靠我们第一师是做梦也做不到的。这给我们下一段工作很大的启示：中央对湘南起义很早就有部署，后来又来信指示我们要发动群众，要以武力造成割据的暴动局面，建立工农兵代表会议——苏维埃政权。这在现时的湖南敌人势力空虚时，是一件刻不容缓的事。中央要求我们由军中挑选得力同志下到乡村，做组织群众鼓动群众的暴动预备工作，同时派人与湖南省委作切实的党的联络。现在，党的组织已通过你们建立起了联系，下一步就主要是做发动群众暴动的工作。许克祥的6个团被我们打垮了，南面短时间内敌人还组织不起进攻。我想趁着现在湘南敌人空虚，尽快北上扩大战果，争取武力造成一个大的公开的武装割据局面。我们走了以后，宜章农军要抓紧扩军，要有保卫宜章全县的实力，保卫我们的胜利果实。"

朱德的讲话得到大家的一致认同。陈毅接着说："朱师长讲得对，我们主力部队要向北发展，目标是省城长沙。最近，郴县、永兴、桂阳都有我们的同志来要求我们去支援他们的暴动。形势大好呢！我们就要抓住机遇，加快发展。但是主力全走了宜章怎么办，大家要多费心想点办法。我认为一是要加强党组织建设，形成有组织的战斗力。二是要尽快建立苏维埃政府。国民党的政权机构打烂了，形成无政府的真空状态，社会容易出大乱子，给人民群众带来危害。三是要尽快开展土地革命，分田分土，让穷人有实惠，有盼头，才会有热情。"

杨子达是个有实践经验的人，他说："这次打许克祥，我觉得有一个很重要的启发，主力军如果走了，我们还必须要有地方的主力，要集中脱产，经过严格训练，随时拉得出，打得赢。同时还要有不脱产的、各自为战的自卫武装，承担各区、各乡、各村的战斗任务。我建议除了县里组建一支工农革命军外，各区乡要组建赤卫队，由区乡苏维埃调动。"

毛科文、胡少海都立即赞成。

联席会议开得紧凑而周详。会议确定了在湘南总起义的总方针和行动步骤。工农革命军第一师主力向北发展，尽快拿下郴县、永兴、耒阳、安仁、衡阳，向长沙挺进。宜章县委决定要抓住坪石大捷的有利时机，开展建政建军，巩固和发展起义成果。会议确定，首先在宜章县建立苏维埃政府，而后在湘南各县普遍建立县、区、乡、村各级苏维埃政权，发动农民实行土地革命，发动工人为实行8小时工作制和增加工资而斗争；同时保存和发展党的地下组织，但须有部分党员公开活动，以扩大党的政治影响，提高党的地位。会议还决定用缴获的武器装备为工农革命军组编一个重机枪连、一个步炮连，将全师人员枪弹补充齐全。联席会议后，陈毅、蔡协民即与宜章县委领导一起研究成立县苏维埃政府的筹备工作。朱德与胡少海、陈东日一起研究组建农军的编制和装备问题，决定把坪石大捷中缴获的一部分武器拨给参战的宜章农军和畈塘农军，将宜章农军先组编成工农革命军独立第三团，待发展后扩编为第三师，留守宜章，对南面取守势，监视广东韶关、坪石方面敌人动态，巩固宜章苏区，保卫胜利成果。同时将坪石、畈塘农军组成工农革命军乐昌独立营。

宜章农军武装，是一支历经艰难奋战而幸存下来的坚强力量。它经历了大革命失败后与反动派的生死搏斗，由高静山、杨子达等率领，经汝城、湘粤边境艰苦斗争考验，与胡少海部会合，从莽山随朱德参加智取宜章城战斗。随后宜章农军武装即被改编成宜章县农民赤卫大队，当时为两个分队，一分队队长萧语初，二分队队长戴贤才，拥有130余人，51支枪。朱德领导的工农革命军正是在宜章农民赤卫大队的配合、协助下，取得节节胜利。赤卫大队也在战斗实践中进一步锻炼成长。黄沙堡城战斗胜利后，赤卫大队改编为宜章农军第一连。坪石大捷后，朱德从缴获的武器中拨了一部分来武装宜章农军，并从工农革命军中抽派了龚楚、龚楷、朱舍我等20多名军事干部，帮助宜章县委建军。

1928年2月4日，县委在原农军第一连的基础上，吸收一些区、乡赤卫队战士，正式组建成工农革命军独立第三团，胡少海任团长，龚楚任党代表。2月6日，在县苏维埃政府成立典礼上，县委又宣布扩军决定，号召青年参军。城乡工农热烈响应，踊跃报名参加，队伍迅速扩大。2月7日，在独立第三团的基础上，宜章工农革命军第三师正式成立，县委在城关红栈召开了第三师成立大会。县委书记胡世俭、县委军委书记陈东日和胡少海都在会上讲了话。会上宣布：胡少海任第三师师长，龚楚任党代表，陈东日任副师长，谭新任参谋长。下辖3个营：第一营营长谭新兼任；第二营营长萧云标，不久由李光化继任；第三营营长龚阶。另有碛石独立营，彭晒任营长；圣公坛后方营，王光佑任营长；直属机炮连，有2门迫击炮、1挺重机枪。独立第三师最初成立时兵力约800多人、260多支枪，建制虽是1个师，实际上不足1个团的兵力，师部驻在近城模范学校。这是湘南起义中组建的第一支正规的地方军队。

在组建独立第三师的同时，县委和苏维埃政府还十分重视抓好区、乡、村的农民赤卫队武装，依靠这些群众武装来保障土地革命和各项社会革新的顺利进行。县苏维埃政府曾规定：工会、农会会员中19岁至30岁的编组为赤卫队，14岁至18岁的组成少年先锋队。同时提出：收缴豪绅地主枪械及地方公署枪械，武装工农赤卫队和少年先锋队。如当时白沙区赤卫大队就有200多人、80多支步枪，辅之以鸟铳、梭镖、马刀等武器，在白沙区苏维埃政府军事委员黄文和赤卫大队队长史炳南的带领下，多次参加抓捕土豪劣绅的行动，表现出一定的战斗力。赤石区组建了工农自卫团，余经邦任总指挥，邓学赋任团长，刘安思任副团长，自卫团包围企图逃走的挨户团谷成仁部，缴获步枪20余支。近城、黄沙、栗源等区都有一支三四十人的区赤卫队。建立了苏维埃和农民协会的村里，也都有农民赤卫队武装。如黄沙区大元村，就有200人的农民赤卫队，有来福枪18支、抬枪10多支，队员中的少数人持枪，其余均持梭镖，每人有条红布，每天早晨、下午都进行操练，学军事技术。近城区邝家门村苏维埃政府和赤卫队还办了简易兵工厂，制造了12支土枪。主力工农革命军、地方工农革命军、工农赤卫队共同推动土地革命发展，这是年关暴动在发展武装斗争方面的又一创举。

首创优待俘虏的政策

> 《孙子兵法·谋攻篇》云："不战而屈人之兵，善之善者也。"《三国志》云："用兵之道，攻心为上，攻城为下；心战为上，兵战为下。"

叛塘联席会议，还有一件值得大书特书的历史功绩，那就是制定优待俘虏政策。

坪石大捷,一下子俘敌上千。是杀是放?怎样杀,怎样放?这可成了工农革命军与宜章县委领导人的难题。

中国人民解放军于1927年8月1日在南昌起义中建军。据史料记载,南昌起义当天,起义军就俘虏了大批敌军,但部队因敌人的围攻之势太猛烈,第三天即撤出南昌,史料中没有此次起义中关于处理俘虏的政策,也没有交代俘虏的去向。8月30日,起义军在会昌战斗中俘敌钱大钧部900余人。9月28日在汤坑附近又"获少数俘虏及枪械",但史料中均无如何处置俘虏的记载。秋收起义时我工农革命军队伍只有溃败的记录,没有俘获敌军的记录,因此也不可能有优待俘虏的政策出台。

广州起义不到三天就失败了,1928年1月3日,中共中央临时政治局在关于《广州暴动之意义与教训》的决议案中提到,"就是在最紧急的战事期间,赤军的每一部分之中,都进行极紧张的政治宣传工作,……甚至于在军事俘虏——解除武装的国民党军队之中,也认真的做了宣传鼓动工作。因此有几百兵士和几个军官,自愿的加入赤军"。这里提到了教育俘虏,却没有提到优待俘虏。

没有借鉴,只有创新。硖塘会议中的一个重要内容,就是如何处置俘虏。朱德是一个心怀仁慈的人,他虽是军人,但并不主张多杀人。他说,1000多人,并不是个小数目,我们不能都杀了。放回去也不行,增加我们的敌对力量。

胡世俭有点激动地认为:"我们要杀尽一切反动派,这些都是我们的敌人,不杀,就又回到敌人那边去,等于又增加敌人1个团的力量。我主张杀。"

毛科文说:"不能让他们回去,不杀他们,先关起来再说吧!"

"不行不行!1000多人呢,养他们要钱财,关他们就要守他们,我们要花很多力量,一个不小心暴动起来就不得了!"杨子达马上反对。

这时陈毅站起来说:"中国历史上,有很多优待俘虏、重用降将的故事。如三国时诸葛亮七擒孟获,关云长义释曹操,唐代时李愬重用降将丁士良、李祐等,都取得了很好的决胜战局的效果。我主张放。但不是放他们回国民党部队去,而是让他们回家去。同志们,这些俘虏大多数是穷人,并不是天生的敌人,杀了他们等于杀了我们自己的兄弟。"

"我同意陈党代表的话。我是当兵出身的，很多士兵就是为了一碗饭出来当兵，出生入死。杀俘虏就是造孽。我不同意！我认为发点路费让他们回家，他们一定是很感激的。"胡少海深有感触地说。

陈毅接着说："我想，这些人是我们团结的对象，先从行动上感化他们，让一些人民团体出面搞点物资慰劳。这一天多，也没顾得上他们。不知有没有给他们吃饭？"

负责后勤的毛科文说："给了，不过只吃了一餐。"

"不行，这样不行！千事万事，不管饭事，杀头还得管饭呢！先要让他们吃饱喝好，减少他们的敌对情绪，下一步的工作才好做。"陈毅说，"请毛科文同志立刻办，晚上给他们再吃一餐。"毛科文立刻起身去办。

"另外，我们要从思想上让他们认识到我们工农革命军是为穷人打天下的，帮我们就是帮自己，可以动员他们自愿参加我们工农革命军。这些人思想认识有些糊涂，但都是经过严格军事训练的，军事素质比我们的农民兄弟强多了。不愿参加工农革命军的，可以发给路费，让他们回家去，但重点强调一点，绝不允许再回国民党军队里去。再回国民党那边的，要警告他们，下次抓到绝不轻饶！"

"对对对！这是个好办法！"大家都赞同陈毅的观点。

"我看行。"胡世俭听大家说得有理，也放弃了杀的主张。

朱德最后说："大家说得对，范石生与我分手的时候就跟我说过，谁能够统一中国，不乱杀人的人才能统一中国。你们不乱杀人，胜利是属于你们的！可见人是不能乱杀的。但话又说回来，对一些顽固坚持反动立场的人，必须坚决除掉，不能存妇人之仁。这1000多人里面肯定还藏匿了一些反动军官，要动员俘虏们检举揭发，把他们挖出来，以绝后患。"

······

据当时参会的宜章工农革命军第三师党代表龚楚回忆，最后形成一个"关于俘虏处置"的集体决议：

一、立即由宜章县人民团体发动物质慰劳和慰问。

二、由红军政工人员进行政治宣传，揭发敌军军官克扣军饷虐待士兵的罪恶，煽动俘虏检举潜伏俘虏营内的军官，并宣布党及红军宗旨。

三、待一、二项工作完成后，由朱德同志对全体俘虏训话，并宣布，如愿参加红军者，一律平等待遇，不加歧视。如要求回家者，给以必需的旅费遣散。

这是我们第一次的宜章特别会议的决策，也是湘南斗争的总方针，尤其是对待俘虏政策，便成了以后红军对俘虏政策的先例。这样，便争取了被俘国军的同情，逐步的瓦解了部份国军的军心。

······

经过向俘虏的教育和宣传，潜伏在俘虏营中的官佐三十余人，很快的便被清查出来。并有士兵三百余人和排长七人志愿参加红军，其余四百余人请求准予回家，每人发给三块银洋遣散。我们这样处理引起当地民众的赞许，都说红军的作风比国军不同，因此也增加了他们对红军的向心力。[①]

如龚楚所述，坪石大捷中俘获的敌许克祥部千余人，就有 7 名排长、300多士兵加入到工农革命军第一师。朱德的第一师 1927 年 10 月在江西上堡时仅剩 700 余人，在汝城县扩军数百达到千人，12 月中旬在广东韶关收编广州起义军余部 200 余人，在宜章加上这 300 多人达到了 1600 余人。而这 300 多人是经过正规军事训练的，比之农民军在军事素质上要强很多。

2 月 4 日，朱德率部进军郴县，途经良田镇的大铺桥，遭遇国民党两个营的阻击，当朱德听说这两个营中不少人是国民党招来的中小学生，平均年龄不超过二十岁时，便指示部队实行"打虎牵羊"的方针。大铺桥之敌，有"虎"也有"羊"。对"拦路虎"，武松不打它，就过不了景阳冈。对敌军中的"虎"（顽固的反动分子），要狠狠地打，要全部、干净、彻底消灭之。但是，那些"学生兵"，年轻有文化，又不曾伤害过老百姓，对他们这些有可能争取的"羊"，就要"牵"。打"虎"才可以把"羊"牵过来，把"虎"打伤了，打死了，"羊"群也就可以争取了。朱德这个区别对待"虎"与"羊"的政策，生动地体现了人民军队的本质。这一仗，他安排枪法好的狙击手专打当官的顽固分子，同时安排专人喊话，专门动员学生兵投降。结果敌团长周澜被击毙，一小部分兵油子和军官逃走，600 多学生兵当了俘虏。根据工农革命军优待俘虏的三条规定，陈毅亲自下到俘虏营讲话，他以自己一个留学法国的知识分子

---

① 见《龚楚将军回忆录》，香港明报月刊社 1978 年版，第 54-55 页。其中"红军"的称呼和俘虏人数龚楚回忆有误，红军是 1928 年 6 月以后中央通知改的名，此前都是"工农革命军"。

参加革命的亲身经历现身说法，说明时下知识分子救国救民的历史使命和参加革命的重要意义，动员学生兵参加工农革命军；对那些执意不愿参加工农革命军的俘虏发给路费，欢送回家。结果 600 多学生兵绝大多数参加了工农革命军，使朱德的主力军一下就达到了 2000。朱德的这支特别能战斗的主力军，在后来的井冈山战斗中，发挥了重要的作用，国民党做梦也没想到，这支部队中的五分之二是来自他们国民党的被俘官兵。

湘南起义中的优待俘虏政策，是伟大的湘南起义众多创新中的革命创举之一。

有党史学界专家撰文认定，毛泽东同志在井冈山制定的优待俘虏政策，是中共革命史上的首创。据《毛泽东年谱》记载，1928 年 2 月 18 日"战斗结束后，数百名俘虏被押送到茅坪，有的战士和农民出于对敌军愤恨而打骂俘虏。毛泽东在茅坪攀龙书院门口召开的军民大会上，宣布工农革命军宽待俘虏的政策：不打骂俘虏，受伤者给予治疗，愿留的收编入伍，要走的发给路费"。它比湘南起义中出台的优待俘虏政策不但时间上晚了半个多月，且属于领导个人指示，是临时有针对性的举措，还算不上政策，内容上也不够完善。

而朱德主持制定的优待俘虏政策，时间上早于毛泽东半个多月；参与决策的有党代表陈毅、参谋长王尔琢、宜章县委领导，是集体决议；是通过工农革命军第一师党委、宜章县委、区乡党支部、县农民协会负责人联席会议传达的。因此，朱德主持制定的优待俘虏政策，程序上较毛泽东的完备，内容上较毛泽东的完善，时间上早于毛泽东。可见，湘南起义中提出的"优待俘虏"的集体决议，其程序完备，内容条文化，具有长效性、公信力，更具政策性。

综上所述，人民军队"优待俘虏"的政策是由湘南起义军最早提出并实施的，人民军队的"利器"是从这里出鞘的。它是中国共产党人的伟大创举，是中国人民解放军的一把利器，是湘南起义对中国革命事业的又一伟大贡献！

农村包围城市的预演

> 历史教科书告诉我们，中国共产党走的是一条"农村包围城市、武装夺取政权"的成功道路。发现并率先走上这条道路的是毛泽东。但最先预演的是湘南起义……

1928年2月2日，朱德参加完宜章党政军昄塘联席会议后，根据会上的湘南起义总部署，率部从白石渡、樟桥、折岭、大铺桥、良田北进郴县。宜章农军由胡少海率领杀回宜章县城，县委机关同时回城开展工作。

湘南起义的一个最大的特点，就是湘南特委及各县地方党组织充分发动了群众，群众已经自觉起来暴动。他们不需要朱德布置人下去发动，而是主动前来请工农革命军去支持暴动。这是南昌起义、秋收起义、广州起义所没有的优势，也是湘南起义成功的基础。湘南地下党在广大农村发动起来的群众，已经自然而然地形成了对各个县城的一种包围态势。只是他们没有一种军事上的优势力量，无法拿下县城。当各县地方党组织听说宜章年关暴动成功，朱德在宜章插上了红旗，便纷纷派人到宜章请工农革命军去"打县城"。

打着红旗进郴县

坪石大捷早已把宜章守城部队吓得屁滚尿流，逃之夭夭。胡少海的农军不费吹灰之力就进了县城。

朱德由宜章北上，第一站就是郴县。

郴县县委书记夏明震，1927年9月接替牺牲的凌云来到郴县。他是中共湖南省委委员夏明翰的弟弟。与他同时来到郴县的还有特委秘书曾志，特委工作人员郭怀振。为了将革命工作做得更隐蔽，县委将联络站设在郴县城郊苏仙桥下一块菜园的茅屋里。联络站的3人组成一个"家庭"，家庭成员是：户主夏明震，公开身份是教员；妻子曾志；而郭怀振则扮成曾志的妹妹。这个"家庭"既是县委机关，又是秘密联络站，"家庭"的一切费用由党的地下联络员廖昭福负责供给。这个联络站为党做了大量工作，直到 1928 年朱德、陈毅率部进入郴县后，这个"家庭"才完成它的历史使命。

1927 年 11 月 26 日，夏明震受湘南特委书记陈佑魁的委托，前往汝城出席了朱德主持的湘南、粤北地方党组织负责人联席会议。夏明震由汝城回到郴县后，12 月上旬在县城外卸货坪共产党员万伦的家里秘密召开党的会议，传达汝城会议精神，部署组织暴动队伍等事宜。参加会议的有陈鹏、孙开球、邝朱权、万伦、李杰、段玉廷、廖昭福、萧光堤、陈奇等 10 多人。然后夏明震到衡阳向特委作了汇报。12 月 6 日，湘南特委在衡阳召开紧急会议（称"江心会议"），传达省委关于在全省举行暴动的精神，对湘南各县武装暴动作了具体部署，确定在湘南组建 12 个师的工农武装，同时成立由何寅修（后叛变）为书记的湘南行动委员会，加强对暴动的组织领导，促成了特委 12 月 6 日《湘南暴动计划》的产生。

这个计划周密而详尽，具有操作性。相比南昌起义、秋收起义、广州起义三大起义的暴动计划可操作性要强得多。会后，湘南特委派出一批党员骨干分赴湘南各县，依照此计划组织工农武装，准备武装暴动。湘南起义的成功，很大程度上要归功于湘南特委和各县党组织按此计划作出的各项准备工作。

夏明震由衡阳回郴后到桂阳、宜章、永兴、资兴传达了会议精神，使得湘南各县对暴动的准备工作加快了进度。

1928 年 1 月 5 日至 7 日，中共郴县县委在五盖山召开 9 个区的党的扩大会议。会议由夏明震和伍一仙主持，传达贯彻衡阳江心会议精神，分析总结了前段时间郴县进行秋收武装暴动的情况和经验，研究制订了举行全县年关暴动的计划，确定了重点打击对象。

1 月 8 日，郴县年关暴动率先在良田发动。暴动开始前，夏明震派人到良田高雅岭摸清了大土豪陈世泽的行踪。8 日当晚，夏明震带领暴动队员悄悄包围了陈世泽的老巢，暴动队员用大树撞开陈家大院的大门，奋不顾身冲进围墙，活捉了陈世泽全家，将陈处死并烧掉其房屋。伍一仙、李安梓和李安文等带领保和暴动队攻击保和十寺邓家，将大土豪邓传岳夫妇击毙后，又袭击了保和乡公所和清乡委员会。丰乐区暴动连在王继武的带领下，袭击了栖凤渡关帝庙，解除了设在庙里的清乡委员会的武装，杀死 2 名作恶多端的挨户团士兵，缴获 2 支步枪。其他几个暴动连均按计划完成了任务，取得了胜利。至 1928

年1月底，郴县在年关暴动中共处决土豪劣绅21人，摧毁国民党乡公所15个，端掉清乡委员会和挨户团12个，缴获步枪10余支、手枪2支。

1月10日，郴县县委在良田岩鹰坦召开暴动队骨干会议，决定将郴县暴动营改名为郴县赤色游击队，并对赤色游击队的领导成员进行了调整。郴县赤色游击队队长陈鹏，党代表萧光月，军事特派员伍一仙，军事辅导员李鄂，政治辅导员孙开球和曾子刚，游击队由军事特派员伍一仙统一领导和指挥。会上还明确了游击队的宗旨和要求：严明游击队的纪律，服从党的调遣，作战勇敢机智，行动坚决果断。郴县赤色游击队是郴县县委领导的第一支武装队伍。游击队的成立，标志着郴县武装斗争进入了一个新的高潮。这一时期，国民党仅仅控制了郴县城区和湘粤大道。东西两侧的广大农村，均为农民武装所占领。

1928年1月12日工农革命军第一师智取宜章前后，中共郴县县委曾三次派人请求朱德、陈毅率领部队入郴，支持郴县人民的革命斗争，并与湘南特委一道，共同发动和领导湘南起义。

第一次是在1927年12月，郴县年关暴动进入高潮时，朱德、陈毅率队伍回到粤北和宜章境内。宜章县委书记胡世俭（郴县人）通过书信秘密向郴县共产党人邓允庭、李安梓传递消息，转告粤北韶关犁铺头驻有朱德、陈毅率领的队伍。邓允庭、李安梓及时将这一消息向县委书记夏明震汇报。县委认为要进一步扩大年关暴动成果，必须迅速派员与朱德、陈毅部队取得联系，得到他们的支持和帮助。夏明震曾在11月的汝城联席会议上见过朱德，两人有过交往，朱德当时还送给他两支驳壳枪。因此，他听到这个消息后，心情异常振奋，立即决定派邓允庭、李安梓去犁铺头与朱德、陈毅联系。邓、李2人接受任务后，乔装成商人，经过7天的多方寻找，终于在韶关犁铺头见到朱德、陈毅。邓允庭早年和朱德曾是云南讲武堂的同学。他们向朱德、陈毅汇报了郴县县委领导的秋收暴动和年关暴动情况，并恳切邀请朱德率部入郴，支持帮助郴县人民革命。朱德、陈毅听了郴县的情况介绍后，非常高兴，答应时机成熟后立即进军郴县，还指示郴县方面要密切配合部队行动，县赤色游击队要守住关卡，牵制北面敌人南下，阻击南面敌人北上逃跑。邓允庭、李安梓带着朱德的指示回郴后，及时向县委作了汇报，县委按照朱德的指示，作好战斗准备。

第二次是1928年元月中旬，工农革命军智取宜章后，郴县县委在元月中旬召开会议，决定由秀良区派人前往宜章迎接朱德、陈毅所率部队入郴。县委书记夏明震亲自起草信件，派县委交通员廖昭福装扮成小贩，将信件藏在肩挑的草纸里，送到秀良区委。秀良区委接到县委的信件后，立即派萧光标、李克如、李言勤3人携带县委的密信前往宜章联系。李克如等人接到通知时，家里正准备吃晚饭。他们考虑任务紧急，又不便与家里人说明原因，只好简单地说了几句，交代家里人先吃，不要等他们，就急急忙忙上路了。良田到宜章50里大路，他们从太阳快落山时出发，走到晚上10点多钟才到宜章。他们见到了朱德。朱德看完信后，马上叫通讯员找来党代表陈毅和政治部主任蔡协民，一同听取郴县同志的汇报。当朱德听到郴县已经成立了一支赤色游击队，群众革命热情高涨时，非常高兴，便询问郴县驻有哪些敌人的部队，良田有没有敌军，等等。李克如等人一一作了回答。朱德、陈毅听到郴县只有挨户团的情况后，迅速作出准备打郴县的决定，并交代要郴县县委作好准备；同时送了一些枪支、子弹，并指示将郴县赤色游击队改编为工农革命军第一师"独立连"。萧光标、李克如、李言勤在返回途中，走到宜章与郴县交界的折岭，遭到敌人阻击，发现情况有变，又重新回到宜章，将突发情况向朱德汇报。朱德等人商量后认为，是唐生智的部队从北往南压，许克祥的部队从韶关向北堵，宜章处于前后夹击、腹背受敌的处境。于是改变原来先打郴县的决定，迅速指挥部队往宜章西南撤退，准备在坪石打败许克祥部后再挺进郴县，并指示郴县独立连赶到良田、保和圩、水井窝一带，随时阻击许克祥北逃溃兵。

第三次是1928年1月25日（农历正月初三），夏明震在黄茅粗石园召开县委会议，考虑到郴县敌人的设防发生了变化，决定再次派萧光标、黄传财2人到宜章西南圣公坛迎接朱德、陈毅率部入郴。两人在圣公坛向朱德、陈毅详细地汇报了郴县敌军的布防情况，并作为部队向导，随部队一起行动，在参加完坪石的战斗后，再带领部队向郴县进发。

1928年2月1日（农历正月初十），郴县县委接到朱德的通知，命令郴县独立连于当晚开到保和圩和水井窝、小溪一带做好战斗准备，同时在郴宜大道两旁发动群众，组织向导队、梭镖队、呐喊队策应工农革命军入郴。2月2日夜，许克祥部溃兵果然向桂阳方向逃窜，进入伏击圈。战斗打响后，郴县革命群众四处鸣放自制的纸炮，摇旗呐喊助威。接着，独立连战士迅速出击，分两路夹击敌人。经过近3小时的激战，独立连和革命群众一起全歼许克祥残部，缴获步枪200多支、迫击炮2门、机关枪3挺、手枪20支、子弹等其他军需物资 70 余担。这次阻击战的胜利，为迎接朱德率领工农革命军入郴做好了准备。

2 月 2 日，中国工农革命军第一师朱德部沿着当年蒋介石北伐的路线，经白石渡、樟桥，于 2 月 3 日傍晚到达折岭，4 日拂晓发起攻击，在 2 个小时内消灭了折岭守敌王东原师周澜团属一个营 400 余人，缴枪 100 余支。

部队继续北进，9 点钟到达良田，开了个庆祝大会，朱德在当年蒋介石发表演讲的良田戏台上，发表了一番批蒋演说。朱德说："我们工农革命军为什么要打倒蒋介石？因为蒋介石背信弃义。他曾经在良田这个戏台上称赞我湘南工农运动对北伐的支持，可回过头来却屠杀我湘南工农群众。用我们

朱德演讲的良田戏台

乡里人的话来说，他就是个言而无信的无赖。大家说我们要不要打倒他？"

"要！"台下天崩地裂般地高呼。

"打倒蒋介石！"

"打倒土豪劣绅！"

从四面八方赶来的农民群情振奋，迅速成为战斗的力量！

由良田去郴县的路上，有个大铺桥，这里有国民党王东原的 2 个加强营，统由团长周澜指挥。大铺桥离良田仅 7 里路远，良田大会上的吼声，他们都能听到。朱德借鉴宜章的经验，组织郴县农军和赤卫队参战，自己亲自率主力由熟悉地形的王振祥、李祥祝、王振清、王槐之引路，从良田沿郴宜大道，经万岁桥、牛形坳直取大铺桥；东路由秀良区暴动队队长萧光标指挥，经麦田、水龙、坳上，穿插到大铺桥的岔路口，截击大铺桥守敌，防其逃窜；西路由李才佳、李克如率良田部分农军，经千金桥、石盖塘、梅山，配合中路、东路两军，围歼大铺桥之敌。2 月 4 日下午，战斗开始之前，朱德将主力埋伏在大铺

桥敌人结合部前沿。大铺桥战斗打响后，朱德命令东、西两路农军从山侧高地向敌猛攻。敌人见正面攻势很弱，便将其左翼部队向西移动，右翼部队向东移动。因敌人结合部兵力空虚，朱德趁机率主力从正面向敌军发起猛攻。经过 2 个多小时的激战，工农革命军围歼了大铺桥大部分守敌，接着又在走马岭将残敌全部击溃。

"打虎牵羊"战斗旧址

大铺桥一战，俘敌 600 余人（大部分学生兵经教育后参加了工农革命军），缴枪 600 余支，敌团长周澜被击毙。工农革命军乘胜追击，向郴县县城逼近。守卫县城的国民党军王东原的 1 个守备营，军心涣散，纷纷弃城逃跑，郴县县城不攻自破。2 月 4 日下午 5 时左右，朱德、陈毅率领工农革命军，打着火红的军旗，浩浩荡荡开进了郴县县城。

工农革命军占领宜章的消息传到衡阳，中共湘南特委书记陈佑魁立即组织衡阳城郊农民武装起义，并于 1928 年 1 月 24 日召开特委会议，研究今后行动计划，决定将特委机关从衡阳迁至郴县，与朱德、陈毅一道继续组织湘南各县农民武装起义。不久，湘南特委机关迁到郴县。2 月 4 日傍晚，朱德、陈毅率部队进入郴县县城。朱德的工农革命军第一师司令部和湘南起义总指挥部都设在旧考棚内（现郴州市六中对面的 165 院内）。湘南特委后来也进驻这里。

为巩固革命胜利成果，2 月 5 日，朱德、陈毅主持召开了中共郴县县委扩大会议，调整充实了县委领导班子，由夏明震任县委书记，黄光成任组织委员，李佑余任宣传委员，伍一仙任军事委员，邝朱权任青年委员，孙开球任群工委员，何善玉任妇女委员，曾子刚任农运委员，曹廉任工运委员，李才佳、万伦、段玉廷、陈子源等为委员，曾志为秘书。同时县委在各区成立区委会，县委机关设在北街华章绸布店楼上，县委隶属湘南特委。会上还对全县武装起

义、建立苏维埃政
权、打击土豪劣绅、
夺取革命胜利等进行
了研究，颁布了暴动
行动纲领，号召全县
人民拿起武器，打倒
土豪劣绅，夺取
胜利。

2月6日，郴县
县委在郴县城隍庙召
开县苏维埃政府成立
会议。会上，李才佳
被选为主席，王香和

朱德、陈毅领导湘南起义时，
设在郴县考棚的指挥所旧址

被选为副主席，杨景初为肃反委员，戴书隆为土地委员，刘善淑为经济委员，
陈代长为秘书，曾子彬为粮食委员，陈振华、梁少榜为县纠察队正副队长。郴
县苏维埃政府在城区中山北街福音堂设立办事机构（后郴县苏维埃政府迁到
兴中街陈家大屋），全面开展工作。苏维埃政府下设县赤卫大队、宣传队、总
工会、农协会、女界联合会、共青团、儿童团和少先队等群众组织。当天，郴
县城区东沙洲、教操坪、马家坪等地分别召开了万人群众大会，庆祝郴县苏维
埃政府正式成立。朱德、陈毅、夏明震、李才佳等同志，以及湘南特委负责
人，宜章、耒阳县的代表都在大会上讲了话。同时，群众大会宣布了黄孝荣、
朱成斌、谢传臣、何应烈等8名土豪劣绅的反革命罪行，并立即执行枪决。晚
上，赤卫队焚烧了天主教教堂、伪县衙门、来鹤楼、同圣社和大土豪陈善韩的
大商号，没收了反动资本家和土豪劣绅的财产，分给百姓。

苏维埃政府成立后，郴县城乡迅速掀起了苏维埃运动的高潮。首先，广泛
发动群众，营造革命声势。县委和县苏维埃政府组织上百人，深入各区进行宣
传活动，宣传大好形势及党的路线、方针、政策，号召全县开展暴动，打倒帝
国主义、封建主义、官僚资本主义，打倒土豪劣绅，劳动人民当家作主人，极
大地鼓舞了广大人民的斗志。

同时，印发安民告示，安定人心，稳定社会秩序。县苏维埃政府发出布

告，鼓励商贾开门营业，工人照常生产，学校照常上课，恢复一切正常秩序。苏维埃政府还派出赤卫队在城内日夜巡逻，维持社会治安，保障劳动人民的利益。

2月7日，县委在原农军一师独立连的基础上，吸收了一些武装暴动营、赤色游击队的士兵正式组建郴县工农革命军第七师（简称七师），师部设在郴县赵公祠。七师师长为邓允庭，党代表为蔡协民，参谋长为刘之至。七师下设4个团和1个独立团，分别以秀良区、秀贤区的农民武装组成第一团，团长彭鳌，党代表孙开楚；以凤鸣、凤惠区、安源特区等地农民武装为第二团，团长徐谆，党代表廖开藻；以永一区、永二区、吉阳区、瑶林特区的农民武装为第三团，团长蒙九龄，党代表廖子庭；以丰乐区、安善区等地的农民武装为第四团，团长李升卿，党代表曹廉；以城区农民武装为独立团，团长万伦，党代表段横波。

郴县工农革命军第七师有士兵6300余人，全师共有步枪1700余支，大刀200多把，梭镖4900余把。整个部队以农民为主体，士兵以红布条系在左手臂上为标记，干部则用红绸带斜佩于胸前，并以胸前绸花大小来区别职务。

师长邓允庭是个传奇人物。

邓允庭，湖南郴县人，1879年3月28日出生在一个贫苦家庭。他7岁开始做农活，9岁进私塾，不到一年就辍学了。

因偶然的机缘，10岁的邓允庭帮同村邓宇振先生下了几着棋，得邓老先生嘉许，遂让他免交学费到先生的私塾里就读。

邓允庭万分珍惜，潜心攻读。两年后，他渐渐地已不满足于老师所授的课业，到处借书，广泛阅读，遇到好文章就抄下来背诵。16岁那年，恩师不幸病逝，他不得不再次辍学。但几年的苦读已使他打下了坚实的文化基础。18岁那年，他离家习武。

此后10年间，邓允庭曾近游桂阳、嘉禾等县，远走广东、广西等省，拜师习武，广交有识之士。后来他进入云南陆军讲武堂习武，与朱德等人交上了朋友，并参加了孙中山组织的同盟会。

1911年，他与嘉禾县的同盟会员李国柱一道入粤从戎，在黎元洪部第五团任参谋长。然而，辛亥革命的成果，不久被袁世凯窃取了。中国陷入了内战的苦海，邓允庭满怀一腔义愤，毅然离开部队，不料他在由粤返湘的途中，被

邓允庭

湘粤边界九峰山上的绿林劫持上山，脱不得身，因他有一身好武艺，成了山寨的武师。在九峰山寨，邓允庭凭着聪明才智，培训了一大批勇猛、顽强的绿林斗士，因此赢得了众位好汉的充分信赖。5年后，寨主王比武病逝，邓允庭继位，成了山大王。

1921年，黎元洪得知邓允庭崛起一方的信息，特地派副官何志友专程请他去北平任职。邓允庭欣然应往。他把山寨事务向副寨主王延宾作了交代，便带领10来名兄弟启程北上。途经长沙时，不幸被何键派兵包围而遭到逮捕。不料何键不但没有杀他，还任命他为师参谋长。原来何键也想吞并邓允庭九峰山上的这支土匪队伍。邓允庭明知何键是黄鼠狼给鸡拜年——不安好心，但为了不吃眼前亏，暂时勉强地接受了何键的委任。1925年秋，他以庆祝父亲70大寿为由，告假回乡，同何键断绝了关系。不幸的是，这次被迫应景的经历，为他埋下了杀身的伏笔。

1926年初，北伐军挺进湖南，革命运动出现了崭新的局面，农民协会等进步组织相继成立。有心救国救民、壮志未酬的邓允庭大为振奋。4月间，他找到了共产党员李安梓，诉说了自己的心愿，李安梓热情地欢迎他投身革命。从此，邓允庭在家乡积极参加打土豪、斗地主、反贪官、分浮财的群众运动。

"马日事变"后，邓允庭成了湖南省当局通缉的"要犯"。郴县挨户团设阱张网，四处搜捕。1927年底，中共地下党组织派夏明震、曾志等人在郴县组织年关暴动，邓允庭和李安梓等人带领群众首先打掉了保和区挨户团，杀死十寺村土豪邓传岳和挨户团中的几个恶棍，为年关暴动扫除了障碍。邓允庭听说云南讲武堂的同学朱德，带了一支南昌起义的部队驻扎在粤北地区，立即向县委汇报要求前去联络。经过艰苦跋涉，多方探听，他终于在乐昌的一家旅店与部队的联络员接上了头，很快便在犁铺头会见了朱德。朱德高兴地把邓允庭介绍给陈毅，陈毅爽朗地说："你终于闯出来了，我们朱德同志又找到了一个同学。"邓允庭向朱德、陈毅倾诉了二三十年来报国无门、一事无成的遗憾，表示"这一回跟共产党闹革命一定要闹到底了！"朱德也谈了南昌起义后的坎坷经历，嘱咐邓允庭立即返郴，加紧准备暴动。邓允庭返郴传达朱德的指示后，县委认清了形势，明确了工作重心，不到1个月，郴县的赤卫队便普遍建立起来。1927 年 12 月，邓允庭经夏明震、曾志介绍，加入了中国共产党。

1928 年 2 月 4 日，朱德、陈毅部占领了湘南重镇——郴县，2 月 7 日成立了郴县苏维埃政府，建立了工农革命军第七师，邓允庭任师长。

此后，邓允庭带领农七师，南征北战，打桂阳，援资兴，分田地，镇劣绅，为保卫郴县的土地革命，做了大量的工作。1928 年 3 月底，国民党军三面围剿湘南工农革命军，邓允庭率领农七师截南堵北，与优势敌人周旋，保护干部和群众向井冈山安全转移。朱毛会师后，农七师被改编为中国工农红军第四军第十一师第三十三团，邓允庭任第十一师副师长兼第三十三团团长。不久部队缩编，湘南农军大部返回湘南。邓允庭奉命留在井冈山工作。

1929 年红军第一个后方医院在井冈山建立，邓允庭奉命主持医院工作。1931 年 4 月 21 日下午，他被根据地保卫局逮捕，以他当过何键的参谋长，是国民党打入红军内部的 AB 团分子为由，不容辩解，于第二天就将他误杀了。中共七大才为他平反。

郴县靠近桂阳的永宁乡陂副村有个青年学子邓华，曾在长沙岳云中学读书，思想进步。1927 年春他考入长沙南华法政学校高中部，在校加入中国共产党。入党后，他被送到由共产党人掌握的国民党湖南省党校学习。不久，长沙发生了"马日事变"，邓华被敌人列为搜捕对象。经党组织安排，他翻墙逃离党校，与两位郴县籍共产党员一道，离开省城，返回郴县进行革命活动。

1928 年 2 月，朱德率队进入郴县，成立郴县工农革命军第七师，邓华因家乡邻近桂阳，投入桂阳农军中，后调入郴县第七师师部任师政治部组织干事。4 月他随朱德、陈毅上井冈山，任连党代表，曾出席著名的古田会议。

邓华在长期的革命战争中，相当长一段时间担任着党代表、政委的角色。从 1940 年他担任晋察冀军区第五军分区司令员兼政委开始，便由政委的角色转换成司令员的角色，由政工干部转换成军事干部，且多数时间军政一肩挑。1954 年 9 月 5 日，他接替彭德怀担任了中国人民志愿军司令员兼政委。可说是文武双全的战将！

1954 年底，邓华回国，此后陆续担任东北军区第一副司令员、代理司令员，中国人民解放军副总参谋长兼沈阳军区司令员。1955 年，他被授予中国人民解放军上将军衔，获一级八一勋章、一级独立自由勋章和一级解放勋章。

1959 年的庐山会议上，邓华因受彭德怀案株连被撤销党内外一切职务。

1980 年 3 月 20 日，中央军委批准了对邓华的平反，并恢复其名誉。7 月 3 日，邓华于上海病逝，享年 70 岁。

郴县暴动时，有一对株洲醴陵的穷苦农民兄弟正在衡阳修路，因湘南暴动发生后，老板逃了，没人发工钱，回不了家。听说郴县这边在招收农民子弟当兵，他们便与修路的几十个农民兄弟一道，在板子楼加入郴县工农革命军第七师。他们就是后来的中国人民解放军总参谋长、上将杨得志和他的哥哥杨得麒。在湘南，至今流传着他们兄弟参军的故事——

大革命时期，长沙至广州既没有通铁路，也没有通公路。国民革命军北伐时，军队还完全靠徒步向北行军，国民革命军总司令蒋介石先生则只能坐轿子经过郴县。1927 年，湖南省由唐生智主政。当时长沙至衡阳已基本能通汽车了，但衡阳至韶关段的公路仍没有修通，南北交通不畅，很不利于军队调动。而唐生智正与蒋介石展开"宁汉大战"，急于修通这条南北大动脉，以利由南向东迁回，对蒋作战略包围。因此他下令修通衡阳至韶关的公路，征集了大批民工挖填路基。

株洲南阳桥三望冲有一对叫杨海堂、杨敬堂的兄弟，父亲是铁匠，但养不活一家人，于是兄弟俩一起应征出来到衡阳帮唐生智修公路。他们先是到东洋渡干，随着工程南移，1927 年底便到了一个叫板子楼的地方。他们村里一起来修路的有 30 多人。

1928 年 2 月的一天，细雨霏霏，工头匆匆忙忙来到工棚，对大家说："各位兄弟，南边打大仗了，马上要打到这里来，枪子不长眼，大家赶紧回家吧！"

民工们一听，急了："老板还没给我们工钱呢，我们怎么回呀？"

工头说："老板早跑了，他发下话，给每个工友 27 斤米。"

杨海堂一听，火了："什么？就 27 斤米？一年的辛苦，就抵 27 斤米？我们回家怎么生活？一家老小喝西北风？"

工头说："我也没法子，老板就开的这个条件，给大家作盘费，愿意回家的回家，不回家的去别处也听便。反正路也是白修了，老板赔了，谁来管这事。大家听便吧！"

民工们怒火冲天，可老板、工程师、监工都早开溜了，能有什么办法呢？大家恨得咬牙巴骨，愁云惨雾笼罩心头。这年杨海堂已有 22 岁，他的弟弟杨敬堂才 17 岁。兄弟俩回家，不说没有给家里带回一点钱物，反而带回两张嘴巴，家徒四壁，连自己吃饭都成困难。这 54 斤米，还不够兄弟俩吃半个月呢。

"我昨天就听说南边郴县那边来了工农革命军，是帮穷人打仗的。还不如当兵去，起码这个嘴巴不会挨饿吧？"海堂的弟弟敬堂说。

"当兵去，可不是好玩的，枪子不长眼，说不定哪一天打仗，'啪'的一枪就完蛋了。去不得。"有个胆小的民工说。

"我觉得也是条路，当兵吃粮，就为了活条命。现在不被打死，回家就会饿死。饿死不如被打死。饿死难受，打死来得痛快。"人群中也有人说。

杨敬堂笑道："枪子专打胆小的，不打胆大的。你要是怕死说不定真的会死，你要是不怕死，那枪子就会转弯，打不着你。说不定还能当将军呢！"

"哈哈哈……"大家都笑了起来。

笑声是短暂的。人们回到严峻的现实生活中，板棚缝隙中北风呼呼往里灌，寒气逼人。外面阴雨连绵，30 来个同村兄弟困在这总不是个办法，可又谁也没有更好的主意。

海堂说："我弟弟说得对，我看只有当兵是我们活下去的唯一路子。我们 30 多个兄弟一起当兵去，互相有个照应，先活下来再说。去年我们那里搞农民运动，共产党的主张好，给我们农民撑腰，这是大家都晓得的。才过了几天好日子，地主老财们就翻了天。既然来的是工农革命军，我们农民也有份。当兵去！有了枪，老子回老家就打他娘的地主老财，出口恶气！"

"对呀！有了枪就不怕了，有了枪，回来打他娘的老板，让他把工钱补够，要不然，一枪就崩了他。"

"参军去！"

"要得，参军去！"

……

于是，三望冲的 30 多位民工，一起带上简单的行李，沿着湘粤古道南行。走到栖凤渡，正遇上郴县工农革命军，于是集体参加了革命队伍。哥哥杨海堂说："弟弟，我们改个名字吧。我们这可是造反，抓到了要砍头坐牢的，改个名字，免得连累了老爸老妈。以后，我们如果活下来，回了家，再改回来就是。"

"行，你说怎么改吧。"敬堂爽快地说。

"这样吧，我叫得麒，你叫得志。"海堂说，"叫其他兄弟都改个名，相互不要叫原来的名字。"海堂毕竟念过几天书，显得老练周全，取个名儿也很雅致，蕴含抱负。

此时的杨得志对一切都感到那么新鲜，但也有一点不满意，那就是当时他是通信员，没有枪，只有一支梭镖作武器。这让他很羡慕那些背着汉阳造步枪的战士。他听老兵说，只有战斗连队才能领到枪。不久，杨得志接到命令，让他到师属特务连去当战士。听到这个消息时，他高兴得几乎跳了起来。然而，让杨得志大失所望的是，特务连班长发给他的武器，仍然是一支梭镖。班长一眼看穿了杨得志的想法，命令全班带武器集合。当全班排成队列时，杨得志这才发现，从班长到战士，手里拿的武器不是梭镖就是大刀。班长解散队伍前的最后一句话，让杨得志一生难忘："想要汉阳造？好呀！打仗的时候自己从白匪手里夺吧！"后来杨得志真的凭一杆梭镖，缴获了一支汉阳造。对这支缴获的汉阳造，杨得志在几十年后回忆起来还是满怀兴奋。

就这样，杨敬堂成了杨得志，他就是后来的中国人民解放军上将杨得志！同村30来个兄弟，后来死的死了，跑的跑了。哥哥杨得麒，随宜章二十九团打到粤北后，从此下落不明。

杨得志1928年参加工农革命军，投身湘南起义后，同年加入中国共产党。在革命生涯中，他历任各种军职，解放战争中任第十九兵团司令员，1949年11月底，兼任陕西军区司令员，后任中国人民志愿军副司令员、国防部副部长等职。杨得志是中国人民解放军的一员虎将，他的战争经历充满传奇，名传中外，晚年还指挥了对越自卫反击战。1955年他被授予上将军衔，1994年在北京逝世。

这位从郴县板子楼参军的农民汉子，成为中华人民共和国的一位功勋卓著的传奇将军。他在晚年还著有记录了他那传奇一生的长篇回忆录《横戈马上》。

永兴围城

永兴县古称便县，一条美丽的便江绕城而过。便江两岸多竹林，为丹霞地貌，明代大旅行家徐霞客称之为"无寸土不丽"，风景之美，足可引人遐思。

1927年6月，中共永兴县特支书记黄庭芳和农会副委员长刘璧璋被国民党杀害后，时任国民党唐生智部第二师第四团政治指导员的共产党员黄克诚逃回了家乡永兴。他回到家乡后，一边了解当地的情况，一边设法寻找大革命时期的共产党员、青年团员和革命积极分子，先后联系了6个人：邝振兴，湖南三师的学生，在衡阳加入中国共产党；黄平（原名黄景藩），衡阳第三中学的学生，在衡阳加入中国社会主义青年团，是当时学生运动的积极分子；刘木、何宝成、刘明初，三人都是衡阳大同中学的学生，学生运动的积极分子；尹子韶，黄克诚读高小时的老师，被反动派称作"暴徒头子"，1926年任永兴县农民自卫军大队长。7人经常在一起探讨筹建农民武装，反抗国民党的暴力镇压。

不久，湘南特委派来了特支书记向大复。黄克诚与向大复接上了组织关系，恢复了永兴党组织，并开始发展党的组织。

1927年10月25日，湘南特委召开有郴县、永兴、桂阳、耒阳、宜章5县党组织参加的东华山会议。永兴江左的党员李藩周、刘明初、康子良、邱尚文、邓大亮、刘景升等6人参加会议。12月上旬，中共永兴特支在城关附近的白头狮宝塔山召开了特支扩大会议，参加会议的有向大复、黄克诚、李卜成、黄平、刘馨、何近道、邝振兴、李腾芳、邓燮文、许玉山、张正山、廖鸾凤、廖致侯、曹镇南、曹代隆等15人。会议传达了中共中央八七会议和11月9日在上海召开的临时中央政治局扩大会议的精神。八七会议确定了实行土地革命和武装反抗国民党的正确方针，但临时政治局扩大会议却错误地判断了中国革命的形势，确定了实行全国武装暴动的总策略，这种盲动错误在党中央占据了统治地位，并在实际工作中贯彻执行。会议还传达了中共湖南省委及湘南特委关于武装暴动的指示。参会的人员出于对国民党屠杀政策的愤怒，产生了一种急躁拼命情绪，纷纷要求组织农民武装暴动。在讨论暴动方案时，以党员邝振兴为首的大多数人主张立即组织暴动；黄克诚认为立即暴动的时机还不成熟，应先充分发动工农群众，壮大党团组织，收集武器，建立工农武装，为暴动作好准备，然后待机而动。他的正确主张一开始并没有被多数人接受，反被指责为"右"倾机会主义。但在讨论暴动具体行动办法时，许多人都提不出具体办法，这才感到不能匆忙行事。特支书记向大复最终接受黄克诚的意见，制定了发动群众、壮大组织、筹建武装、待机暴动的工作方针。会议决定，以便江为界，划分为两大区域，便江左侧由黄克诚负责，便江右侧及县城由向大复负责，两地的党团员分别回到各自的家乡，做好武装暴动的准备。

12月下旬，向大复调走，李一鼎继任中共永兴特支书记。广州起义失败后，参加起义的黄埔军校学员、共产党员何昆回到家乡，担任九区赤色独立团的教官，和曹福昌等人一起共同训练这支最早的农民武装。（何昆，永兴县金龟镇牛头下村人，生于1898年，1925年考入黄埔军校。1927年"四一二"政变后，他被党组织派往广东省三水县石硖地区组织农民武装。广州起义失败后他在黄沙火车站被捕，后凭借一身武功撬开监所屋顶的椽子，率领大部分难友成功越狱。由于跳楼时挫伤踝骨，他潜回永兴休养了一段时间，接着北上武汉寻找党组织，接上关系后便以非凡的胆略开展工作。他是红十四军首任军长，1930年4月16日夜在战斗中牺牲。）到年关暴动前，九区赤色独立团已有9个连的建制，20余支长短枪，其余为梭镖、大刀等武器，主要活动在九区、十区、十一区一带。七区的刘让三发动群众，也组建了一支农民武装。江左八区党员刘木、刘明初、李藩周、刘泉芝等人利用赶集的机会联络革命骨干，多次召集秘密会议，以办武馆的名义组建了一支600余人的武装队伍，打制了一批梭镖、大刀、土枪土炮，由刘木负责指挥，集中在下路丘的坳背岭训练。油麻圩黄克诚、尹子韶等党员在太平岭组建了一支100余人的农民武装。为了筹集武器，黄克诚、尹子韶派刘锄非打入驻永兴的范石生部，计划拖枪出来武装队伍，不慎事泄，刘锄非被捕，关进永兴监狱。马田圩的党员李卜成从家里拿出200块银圆，在马田圩和井岗村开办两堂武馆，挑选了原农民协会会员200余人，以他们为骨干，集中训练。在朱德、陈毅部的李腾芳也被派回永兴，在县城附近的湘阴渡组建了一支农民武装。

在县城附近，党员戴彦藻重建了城郊党支部，支部书记戴彦藻，成员有陈伯诚、傅赐骖、戴彦士、廖孝润等，恢复了一区农民协会。在党支部的领导下，他们以原宝合煤矿工人纠察队为基础，组建了以工人为主体的工农赤卫大队，陈伯诚任大队长，赤卫队有战士100余人，枪支20余支。傅赐骖联络各行业协会的工人，也组建了一支30多人的工人纠察队。

这时，全县的工农武装已达上千人，只是未经整合训练，组织也不够严密，还没有形成战斗力。但这些农民领袖们早就跃跃欲试。

1928年1月中旬，刘木率领八区油市农军，在城郊工农赤卫大队的配合下，进攻永兴县城。县长文斐摸不清工农武装的虚实，命令警察局局长李辅弱、县警备大队队长戴子清掩护，撤出县城。中共永兴临时县委考虑到敌人元气未伤，工农武装力量太弱，怕陷入敌人包围圈，也命刘木、陈伯诚主动撤出县城，先回国民党力量薄弱的各区乡，组织暴动，壮大队伍。

八区的农军回到油榨圩以后，于1月24日召开党组织会议，部署武装暴动的事宜，同时派党员刘水哉到宜章与朱德、陈毅部联系。25日，刘水哉到达郴县良田，遇上郴县的农协委员长李才佳。李告知刘，郴县党组织已派人和朱陈部联系，朱陈部将马上北上郴县，并分发了一批布告、标语、传单给刘。八区党组织马上组织人员联络群众，抄写和散发传单，张贴标语。30日上午，八区党组织和农民武装在车田村竖起红旗，公开宣布武装暴动。随后队伍浩浩荡荡地开进油榨圩场，在"打土豪、分田地"的口号以及锣鼓声中，周围农民也手举红旗从四面八方拥入圩场。共产党员刘木组织群众召开大会，宣布成立永兴县第一个苏维埃政权——永兴八区苏维埃政府，大会推举刘木为八区苏维埃政府主席。大会决定恢复八区农民协会，农协委员长李藩周；成立八区赤卫大队，大队长刘水哉。下午，大会批斗了车田和坪洞村两个鱼肉百姓、作恶多端的大土豪，赤卫队队员押着两个大土豪游乡示众，壮大革命声威，同时，打开他们的谷仓，把万多斤的稻谷分给贫苦民众。次日，八区苏维埃政府正式在油榨圩祠堂挂牌办公。

这是朱德主力未到，当地党组织通过发动暴动成立的区苏维埃政府。

2月2日，被朱德、陈毅部队击溃的宜章挨户团吴国斌部22人，携18支枪潜逃到永兴三区板梁村，投靠大土豪刘尧卿。刘尧卿把吴部安排在板梁村的育婴堂，准备次日为吴部设宴洗尘。老农协会员把这一情况告诉了正在商议暴动事宜的黄克诚、尹子韶，黄、尹两人当即策划，决定巧夺枪支，歼灭吴部，顺势发动武装暴动。次日，尹子韶带领几十名赤卫队队员埋伏在育婴堂附近，刘承羔利用刘尧卿堂兄弟的身份进入育婴堂内，里应外合，把灌得醉醺醺的团丁全部抓获，缴获了他们的全部枪支弹药，接着打开刘尧卿的粮仓，把10万斤稻谷分发给贫苦百姓。接着，黄克诚、尹子韶召开群众大会，树起暴动的红旗，号召农民组织起来，重新成立农民协会，拿起武器与土豪劣绅斗争；同时，宣布成立永兴县工农革命军第一师，尹子韶为司令，黄克诚为党代表（后因朱德部是第一师番号，永兴改为赤色警卫团，也有说是独立团），当场就有许多贫苦青壮年报名加入，队伍迅速扩大到600余人。2月4日，黄克诚、尹子韶带着暴动队伍开进油麻圩，适逢圩场赶集，民团团丁望风逃遁，农军打开大土豪邓子光、黄时云的粮仓，把十几万斤的稻谷分发给贫苦百姓。暴动队伍在圩场上宣传和发动群众，参加暴动的农军扩大到2000余人。

2月5日，黄克诚、尹子韶率领农军到达三塘乡玉兰村大丘头，这里是首任中共永兴支部书记、农民协会委员长黄庭芳的家乡。永兴县农民武装集合在烈士的墓前举行了隆重的追悼大会。会后队伍在三塘、悦来、马田圩一带，打击土豪劣绅，宣传发动群众，扩展武装队伍。

车田、板梁暴动的同时，江右的许玉山、邓燮文也在九区的安福司率领九区赤色独立团进行了武装暴动，恢复了农民协会。戴彦藻、陈伯诚、傅赐骏、李腾芳、刘让三等人分别在城郊、湘阴渡、黄泥坳、鲤鱼塘相继发动了农民暴动。

各区乡的地下党团员、农协积极分子由秘密走向公开，纷纷行动起来，组织发动农民暴动，打土豪，分粮食，成立农民协会。革命的洪流不可阻挡地席卷了全县乡村。国民党县政府虽然占据着县城，却被一片红色的海洋——农村包围！这就是农村包围城市的壮丽场景！

农村包围城市，武装夺取政权！

1928年2月4日，朱德、陈毅部队进驻郴县县城。朱德率部离开郴县到达栖凤渡时，刘木率领100余名农军前往接头。刘木向朱德汇报了永兴暴动的进展情况，朱德指示农军要广泛发动群众，尽快攻克永兴县城，建立苏维埃政权，开展土地革命。随即指派副连长张山川带1个加强排来永兴配合农军，并赠送了57支步枪给农军部队。

2月9日，江左刘木、张山川、刘水哉率领八区赤卫大队和工农革命军1个加强排的队伍，从油榨圩出发，直奔永兴县城。沿途湘阴渡等地的农军、革命群众，纷纷拿起武器加入，队伍浩浩荡荡。江右的曹福昌、刘让三率领九区独立团及黄泥坳农军向县城的西门、北门进军。城郊的陈伯诚、戴彦藻、傅赐骏率领工农赤卫大队、工人纠察队也向县城周围集聚。

刘木、张山川率领队伍在便江南岸，首先对县城南门进行攻击。守卫南门口的国民党县政府警备队等武装由戴子清和李辅弼亲自坐阵指挥，用密集的火力封锁江面，阻止农军过江。刘木、张山川见进攻受阻，立即派刘水哉、李藩周带一路人马从龙门渡口偷袭。傅赐骏见敌警备队的主要兵力集中在南门渡口阻击，乘机率领工人纠察队及数十名码头工人占领敌人防务空虚的木江渡口，把渡口十几只船全部划到便江左岸，接应工农武装队伍过河，攻入城内。县城西门、北门的农军也同时攻入，城内喊杀声四起。驻守在南门的警备队队长戴子清、警察局局长李辅弼望见县城四周都是暴动队伍的红旗，知道抵御不住，遂保护县长文斐从东门狼狈逃跑。各路农军在城内会聚，红旗插上了永兴城头，农军打开监狱，释放被敌人关押的刘锄非等多名党员和革命群众。城内居民纷纷燃放鞭炮，敲锣打鼓，欢庆永兴的解放。

永兴县城被攻克后，中共永兴临时县委开始了政权建设。1928 年 2 月 10 日，在县城太平寺召开各界大会，宣布成立永兴县苏维埃政府，选举产生苏维埃政府领导成员，苏维埃主席刘木，副主席邓爕文，军事委员许玉山、曹福昌，肃反委员李腾芳，土地委员刘让三，经济委员邓肇榜，教育委员刘在南，秘书何宝臣，苏维埃政府在太平寺正式办公。

2 月 13 日，中共永兴临时县委对全县工农武装进行了整编，正式成立永兴县赤色警卫团，下设 3 个营和 1 个特务连，尹子韶任团长，黄克诚任党代表兼参谋长，陈伯诚任副团长，刘承羔任一营营长，尹镇南任二营营长，曹福昌任三营营长（后为邓子雄）。全团共 1420 人，长短枪 231 支，大刀、梭镖 1189 把，以及部分鸟铳、抬铳和松树炮。这支部队经过一段时间的整训，军事素质和战斗力大为提高。

赤色警卫团成立后，制定了农军的宗旨、纪律。为了宣传起义农军的宗旨，扩大农军的影响，何宝臣为暴动农军起草了一份布告，全文称：

> 照得本军起义，原为解放穷人；
>
> 打倒祸国政府，杀尽殃民劣绅；
>
> 废除苛捐杂税，以及关卡厘金；
>
> 严禁吸烟玩赌，提倡男女平等；
>
> 厉行水田旱土，各按人口均分；
>
> 所有公共积谷，尤宜妥管备耕；
>
> 创造大同世界，达到无富无贫；
>
> 特此恺切告谕，务希一体谨遵。

除了县里建立机动作战的赤色警卫团以外，为巩固苏维埃政权，保卫各区、乡土地革命的成果，2 月中旬以后，全县普遍建立了基层农民自卫武装，

15个区都有农民赤卫队，有100多个常备队。在组建农民自卫武装的同时，工人武装的建设也得到加强，县工人纠察队由30多人扩大到100余人，由黄时楷任队长，下辖2个排。至此全县工农武装达数万人之多。

农村包围城市，武装夺取政权，伟大的预演，从这里拉开了序幕！

二打耒阳

1928年2月8日，朱德与陈毅握别。根据师党委分工，陈毅主抓部队思想政治工作，朱德负责军事。拿下郴县后，师党委决定将司令部设在县城内，与湘南特委一起统一领导湘南全境的暴动，协同与地方党的关系，帮助地方党抓建党、建政、建军的工作。因此，陈毅留在郴县，参与总指挥部的工作，朱德率主力部队向北发展，扫清湘南国民党军的残余。教导队和一个营的兵力留下给陈毅，以保卫司令部的安全。

"陈老弟，这里就劳你费心了。与地方党的同志共事，要有耐心，要细心，多协商。还要注意安全。这里大股敌人是没有了，可也要防备小股敌人偷袭，大意不得！千万保重！"朱德临行前，叮嘱陈毅说。因为他知道陈毅是个有个性的人，直爽，豪气，说话有时很冲，从不喜欢拐弯抹角，这点在与人交际时是很忌讳的。

"放心吧，师长。我会注意的。只是你在前方，更要注意保重哟！"陈毅握着朱德的手，不忍放松。虽然只有几个月的相处，但陈毅对朱德产生了一种深厚的感情。朱德虽是军人，但他善良、敦厚，在部下面前就像长兄一般。陈毅早就把他当兄长看了。

"放心放心。我打了那么多仗，子弹见了我就转弯。我就像程咬金，福将！"朱德笑道。

"愿师长福星高照，平安一生！"陈毅拱手祝道。

"借陈老弟吉言，我们长沙见！"朱德一打马，转身去了。

"长——沙——见——"身后，陈毅长时间挥着手，直到朱德的身影远去。

朱德告别陈毅，往栖凤渡、永兴方向前进，在栖凤渡遇到永兴来请革命军的八区苏维埃政府主席刘木。听了刘木的汇报，朱德非常高兴，看来永兴的力量够大，只是没有一支组织严密的正规军支撑，就像水泥柱里没钢筋，加点钢筋就强大了。于是，朱德派副连长张山川带 1 个加强排，并赠送 57 支步枪去支援永兴，朱德自己却马不停蹄，率主力向耒阳进军。此时，耒阳县委派来了刘泰和徐鹤、徐康 3 人，请朱德赴耒阳。朱德一路上边走边听取刘泰的汇报。

刘泰，字康民，耒阳城区人。1919 年在衡阳成章中学就读期间，参加湘南学联任干事，1920 年暑假回耒阳发起组建耒阳学联。1922 年 1 月，他经毛泽东介绍加入中国共产党。1924 年 4 月，刘泰在贺恕的指导下创建中共耒阳支部干事会，任支部书记，同年 6 月当选为中共湘南地方执委宣传委员。1925 年 2 月，中共耒阳地方执委成立，刘泰当选为书记，1926 年改任县委工运部长兼县总工会首任委员长。"马日事变"后他奔赴武汉，参加贺龙领导的第二十军，任某团党代表。1927 年 8 月 1 日，刘泰参加南昌起义，任部队联络官。部队在潮汕被打散后，他于 11 月秘密潜回家乡，与邓宗海等人重建中共耒阳县委。因此，刘泰对耒阳的基本情况烂熟于胸，他一一道来——

"我们耒阳在'马日事变'前就已成立了县委，那时我是书记。有党员近100 人，党支部 20 个。而且组织了农民自卫军，有好几百人呢！可惜湘南地委传达上级的命令解散农民自卫军，把枪全交给了国民党县政府，要不然我们是完全有能力自卫的。不过，当时湘南地委传达的这个指示，我们没有抵制，也怪我们自己。后来我带大家到了武汉，100 多党员骨干，算是逃过一劫，保存了大部分力量，相比其他县要好些。后来我们 100 多人都参加了国民革命军，一部分到了贺龙的二十军，一部分到了武汉中央警卫团。这时耒阳县里党的组织垮了，8 月份中央就从武汉调邓宗海同志回县里任县委书记。我们参加贺龙二十军的同志参加了南昌起义，被打散回了家。到武汉中央警卫团的同志随卢德铭参加了毛泽东的秋收起义，伍中豪就是我们县里那次到武汉进入中央警卫团的，现在在毛泽东那里。但很多同志也在战斗中牺牲了。"说到这里，刘泰眼里泪水充盈。

"我是去年 11 月回到耒阳的。县里这时在邓宗海同志领导下，恢复了党组织，还创办了《耒潮》县委机关报。我们组织了好几支武装小分队，在四乡袭击土豪劣绅，有好几百人。暗中的赤卫队更多，只要公开一号召，马上可以组织好几千人。我们打了几仗，消灭了一些反动劣绅和叛徒，对敌人震动很大，可以说他们是惶惶不可终日。我们很想打县城，但是我们武器不行，又不懂军事。我虽然参加了南昌起义，但说实在话，我还根本就没参加过正规的军事训练。所以，我们很希望朱师长早点到我们耒阳来……"刘泰一脸真诚地说。

朱德看着眼前的小伙子，也十分激动。如此年轻就经历了许多血与火的考验，追求真理，不惜性命，真是难得。他说："刘泰同志，你们辛苦了！你提供的情况很好，有你们的支持，我们一定能打下耒阳。"

刘泰高兴地点点头："我相信！"

2月15日，主力部队抵达耒阳公平圩，朱德当晚在群众大会上高度赞扬了耒阳人民的革命斗争精神。中共耒阳县委负责人号召公平圩民众勇敢参军参战。当晚王尔琢派出侦察员化装进城。16日清晨，主力部队和农军已将县城包围，朱德在灶市街听取邓宗海和刘泰的情况汇报后，即派几十个战士，身带短枪，化装成卖肉的、挑柴的、送菜的，骗过团丁盘查，迅速进入北门，与城内地下党组织会合，迅速解除了城门守敌武装，抢占了有利地形。9时许，红色信号弹腾空而起，埋伏在城外的主力部队和数千名农军，兵发两路扑城。一路从灶市攻克桌子坳，经汽车站，直插西门；一路从马阜岭跃过化龙桥冲入北门。耒阳农军手持梭镖，气势如虹，排山倒海，杀进城内，吓得守城团丁夺路而逃，毫无还手之力。县维持会主任王曾奎被当场击毙，县挨户团副团总阳简文被生俘，农军放火烧毁了县衙门。县团防总局副主任王旷萱化装成乞丐，妄想混出城去，被三架乡农军识破抓捕归案。攻城农军砸开监狱，救出大批革命群众，全城一片欢腾。湖南《国民日报》载文报道："耒阳常备队没有一点训练，以之出枭要钱则有余，以之抵御共匪则不足。阴历正月二十五，共匪兵分两路扑城，势极凶猛，常备队寡不敌众，败退衡阳境。"整个攻城战斗仅用了一个小时便胜利结束。朱德率部于10时许整队入城。只见家家户户插红旗，大街小巷布岗哨，男女老少燃放鞭炮，欢声雷动。进城后，朱德、王尔琢等师部首长驻扎西正街邓家祠堂。王尔琢命令一营二营驻防城内，三营前往竹塔市驻防，一营抽调第二连赶往高炉水口驻守，形成龙蛇之势，首尾呼应，防止败逃之敌卷土重来。第二天上午，中共耒阳县委在城隍庙召开万人欢迎大会，城郊四乡农民涌入会场，彩旗招展，锣鼓喧天。邓宗海、刘泰、谭衷等县委领导分别作大会发言，决心在中共湘南特委的领导下，在工农革命军第一师的支持下，立即发动全县人民开展土地革命。朱德在雷鸣般的掌声中致答谢词，感谢耒阳人民对部队的信任和关爱，勉励耒阳人民弘扬革命斗争精神，建设人民政权，制定土地分配办法，开展插标分田运动，过上幸福生活。大会结束前，应工农群众的强烈要求，中共耒阳县委宣布将王旷萱、阳简文等4名沾满革命烈士鲜血的反革命分子处以极刑，万人高呼"坚决镇压反革命！工农万岁！"

朱德在耒阳县农民的配合下，打下耒阳后，一面协助耒阳县委开展建政建军的工作，一面派出主力部队配合农军扫荡周边残敌。

2月19日，朱德帮助耒阳县委成立了耒阳县工农兵苏维埃政府，主席刘泰。

2月下旬县苏维埃政府组建了工农革命军第四师①，任命邝鄘为师长，邓宗海为党代表，徐康为参谋长，下辖5个建制团：

第一团　团长：梁育东

第二团　团长：王　烈

第三团　团长：资桂林

第四团　团长：梁邦栋

赤卫团　团长：周　鲂

各区苏维埃政府组建独立团，各乡苏维埃政府组建独立连。与宜章、永兴、郴县一样，形成了一个以主力部队与农军互相依存、全民皆兵型的人民武装组织体系，总兵力接近4万人。

2月21日，朱德派遣林彪的一营二连配合耒阳泗田、大市、敖山庙等地2000多名农军，分5路进兵，将新市街团团围住。在湘南起义的主力部队里，一营二连连长林彪，湖北人，是一个只有20岁的小连长。他面目清瘦，中等个子，不苟言笑。但肚子里有货，点子多，机警而善变。

河东两路农军在林彪主力连的掩护下，向老虎坳、鸡婆山、七寿亭攻击前进，河西两路农军从上、下两个渡口越过耒水进击街区。战斗打响后，工农革命军一营二连十几名战士，沿着沟渠隐蔽前进，突然冲上老虎坳山顶，与敌人面对面厮杀成一团，大批农军趁势蜂拥而上，闪电般砍杀了一批团丁，敌人慌了手脚，四下逃窜，老虎坳制高点被农军牢牢控制。另一山，守山的泗田乡挨

---

①　具体时间已无从考察，1986年出版的《湘南起义史稿》没有第四师成立的记载；2008年出版的《中国共产党耒阳历史》有成立记载，没有确切的成立时间；2010年出版的黄仲芳著《湘南暴动史要》，记载为2月下旬。

户团几十名团丁急忙退至河边，涉水逃命，被河西的农军截住，只好举手投降，这次战斗共毙敌100余人，缴获各种枪支200余条。

驻守镇内同善堂的耒阳挨户团常备队，得知老虎坳、鸡婆山失守，军心动摇，急向衡阳方向溃逃，被刚刚赶到的衡阳敌十九军一部拦阻。常备队队长章家梅以临阵退却之罪被就地枪决，其他团丁只好跟随敌十九军返身向新市街反扑。

工农革命军和耒阳农军攻占新市街后，知道衡阳敌军将至，按照县农军指挥部的命令，主动退回大陂市，在敖山庙宿营待命。2月23日，国民党第十九军李宜煊师西路部队沿耒衡公路直扑耒阳，东路之敌则沿耒水经新市、大市包抄而来。中共耒阳县委领导与朱德、王尔琢在东江梁家祠堂，紧急商讨应敌之策，最终采纳朱德的方案："避敌锋芒，撤出县城，东路设伏，西路放空。"2月25日，敌十九军李宜煊师1个团，在衡阳县挨户团总局副主任谢凤林部的引导下，扑进新市街，见镇内农军已退，当即穿街而过，向敖山庙方向推进。殊不知，林彪的一营二连和数千耒阳农军已在敖山庙一线，布下了天罗地网，一场漂亮的伏击战，即将打响。

26日凌晨，朱德大部队转移到永耒交界的上架桥、安福司一带，县党政机关、社会团体移至水东江，城内居民将粮油日用品运到鹿岐峰隐蔽。当天下午，西路之敌趾高气扬，占领耒阳空城。

东路之敌从新市街向敖山庙急驰而来，林彪率一营二连埋伏在贺家冲沙粒皂，县农协会委员长徐鹤则率3000多农军埋伏在敖山庙周边的山坡之上，等候敌人进入伏击圈。中午时分，敌军大摇大摆进入敖山庙内休息，只听一声号响，二连战士分三路扑向大庙，数千农军顺山而下，铺天盖地，喊杀连天。敌军仓皇应战，敌营长陈壁堂坐在马上吆喝指挥，被二连战士排枪撂倒，敌人乱作一团，拼命向大市方向逃窜而去。

敌军退至化米桥附近，与另一股败退之敌相遇，慌乱之中，双方都认为遭到农军阻击，立即组织火力对射。混战中，敌团长中弹负伤，等到双方弄清情况停止射击时，工农革命军已经追击到此，吓得两股敌人齐往衡阳方向败退，丢下一批武器弹药和伤员。此役，工农革命军和耒阳农军，以极小的代价，重创敌1个团，歼敌1个营，缴获长短枪100多支，军马1匹。

敖山大捷后不久，毛泽覃率特务连从井冈山抵达耒阳，与中共耒阳县委取得联系。此时，李宜煊师的西路人马在城内焦急等待东路人马的到来，耒阳县委请求毛泽覃特务连配合农军攻克县城。由于敌我实力悬殊，毛泽覃又急于寻找朱德，不能久留城关，农军攻城计划被迫取消。

毛泽覃率部火速赶往上架桥与朱德会晤，转达了毛泽东对朱德、陈毅、王尔琢的亲切问候和向井冈山撤退的建议，向工农革命军取得敖山大捷表示祝贺，将耒阳县委要求再次攻打城区的意见转告于朱德，双方还共同商讨了在井冈山会师建立革命根据地的计划。

3月1日，朱德率主力部队开进耒阳城郊，在灶市狮子岭布置二次攻城任务，命令三营六连、七连攻入西门，八连、九连攻取北门，由加强连担任主攻，从马阜岭直扑县城，耒阳农军随主力跟进，清剿残敌，打扫战场。各攻城部队按计划进入阵地后，由于联络不畅，加强连尚未到位，包围圈尚未合拢，六连、七连过早地发起冲锋，西门久攻不下，只好退回灶市，八连、九连孤军攻城受挫，也只好向南后撤。朱德急令部队停止进攻，修改作战计划，改为夜间突袭。但耒阳农军坚持不退，仍然喊杀震天。远道赶来的各路农军，如猛虎下山，陆续投入战斗，向县城发起猛烈攻击。

县委军事委员会委员长李天柱率3000多农军，配合一营各连，压向城根，步枪、鸟铳、松树炮一齐开火，分三路发起攻击。

东乡农军强渡耒水冲进东门；南乡农军从九眼塘、蔡侯祠向南门发起了冲锋；朱德的一营在林彪的率领下猛攻西门；第一区的农军敢死队绕到敌后青麓书院，用干柴稻草燃起冲天大火；在惊天动地的喊杀声中，敌军如惊弓之鸟，不敢恋战，丢下100多具尸体，狼狈逃往遥田圩，耒阳县城再次回到人民手中。

又一次"农村包围城市、武装夺取政权"的壮美场景！

1928年2月29日，林彪奉命带领一连人从永兴护送一队后勤辎重赶往耒阳。临行前，老首长陈毅再三叮嘱，这些物资来之不易，路上一定小心。林彪只是"嗯、嗯"两声，算是回答。陈毅知道林彪不爱说话，也不计较。但从林彪的神态上看，林彪似乎显得很轻松，并不十分在意首长的吩咐。

队伍走到耒阳小水铺时，已是伸手不见五指，山路崎岖，又下着小雨，而林彪也没有过多地考虑危险因素，放松了警惕。突然间，黑暗中枪声大作，几百民团从暗处杀出，将辎重队截成几段。林彪仓促应战，处于被动地位，很快，不但全部军需物资被民团抢走，还牺牲了30余人。

林彪带着部队沮丧地回到耒阳，朱德大怒，连声质问："你护送的物资呢？你带的部队呢？你在黄埔军校学的本领呢？"

林彪本就不善言辞，打了败仗更是羞愧，任凭朱德责问，干脆一言不发。

朱德见林彪羞愧难受的样子，不忍心过于苛责，只好放缓语气问道："你打算怎样善后？"

没想到林彪倒是个有心计的人，他虽打了败仗，却也摸清了袭击他的人的基本情况，心里已有了打算。林彪说："我已查明袭击我部的是耒阳民团谭孜生部。我要他血债血偿！"接着，林彪把自己的"复仇计划"详细说给朱德听，朱德听了，眼睛一亮，立即对自己的这位年青的败将有了全新的认识。朱德手一挥："行，就这样！"果断地批准了林彪的"复仇计划"。

3月3日，一支打着"国民革命军第十九军"旗号的部队开到了小水铺，领头的军官骑着高头大马，年龄不大，眉清目秀，尤其是两撇倒八字浓眉，更显出威风凛凛。驻扎小水铺三公庙的耒阳谭孜生民团，早听说十九军要来湘南剿共，这天听说十九军到了小水铺，也不疑心有诈，竟然欢天喜地出来迎接，还将早几天截获工农革命军物资的事大大地吹嘘了一通。十九军军官笑眯眯地，连声说好，大加赞扬："谭团总足智多谋，为党立下奇功，一定报李宜煊师长嘉奖。这样吧，下午就先开一个庆功宴会，我要代师长先行犒赏，务必请那天参加战斗的有功人员参加。"

下午3时，庆功会开始，谭孜生的团防小头目们全都来了，大厅里摆了数十桌酒席。十九军军官在大厅中央一站，端起酒杯一摔，十九军的几十支驳壳枪在四周对准谭孜生等人开了火，把他们打成了筛子。

摔杯的"十九军军官"就是林彪。

这一仗，林彪不仅全歼抢夺工农革命军物资的民团罪魁，追回了全部军需物资，还端了民团的老窝，俘虏了几百名团丁，缴获了大批枪支弹药，漂亮地完成了"复仇计划"。

3月9日，真正的十九军李宜煊部到达耒阳，把工农革命军逐出了县城。工农革命军没有重武器，朱德召集军事会议，讨论攻城之策，大家都感到攻城乏力。正在这时，林彪前来请战，说他愿立军令状，只需一个连，就可击溃李师，收复耒阳。"只要一个连？"与会人员一听，都以为听错了，这简直是天方夜谭嘛！面对诧异的目光，林彪一口气说出了自己的想法："现在敌人不明我们的虚实，误以为我们已被击溃。耒阳城内必定松懈，他们绝对想不到我们会这么快组织反击。因此，我们应该趁敌不备，大举反攻。"

大家一听，也觉得很有道理，可以一试。于是朱德亲自指挥林彪的第二连和第六连的两个排，从城西马埠岭出发，潜至西门外，突然发起攻击，突进城去。敌人正在睡梦中，仓促起来应战，乱成一团。林彪挥舞着驳壳枪，横冲直撞，将敌军建制完全打乱。

与此同时，耒阳3000余农军，从东南北三个方向攻城，上百门松树炮一起轰响。铜锣、牛皮鼓、鞭炮，此起彼伏，震耳欲聋，弄得李宜煊也搞不清究竟来了多少革命军。城外火光冲天，城内枪声大作，李宜煊得胜之际却骤然遭到夹击，被搞得摸不清方向，无心恋战，仓皇逃出耒阳。这一战，起义军消灭敌人100余人，抓获俘虏80多人，缴获枪支500余支，可谓大获全胜。

战争是讲究机遇的，战机转瞬即逝。当大部分指战员还沉浸在胜利的喜悦中时，林彪又找到朱德，提出一鼓作气将耒阳境内之敌全部消灭的计划，重点是耒阳县常备队和挨户团总局。朱德听了林彪的计划，经仔细分析后觉得可行，就采纳了林彪的意见。

根据当时掌握的情报，在新市街，不仅驻扎着常备队500余人，还有从郴县、永兴等各县逃来的土豪劣绅100多人，他们修筑了成群的炮楼，摆出一副决一死战的架势。此地易守难攻，师参谋长王尔琢拟亲自前去。朱德想考验林彪，就要林彪带他的第二连去完成这个任务。

林彪带了他的第二连，在李天柱的1000多农军的配合下，将新市街团团围住。双方僵持了一天，外面的攻不进，里面的攻不出。林彪心生一计，命令农军四面放火，一时间烈焰冲天，防守的团丁、居民担心着火，忙放下武器去救火，林彪立即命令吹响冲锋号，南北对进，一路攻入北门守备队的队部，一路攻进南门，焚烧大地主黄宾虹的老巢，然后各个击破，顺利拿下了新市街。

经此三战，朱德发现这个沉默寡言的小连长，有一种异乎寻常的沉稳与冷静、聪明与果决。这可是个难得的将才。3月12日，朱德在耒阳召开连以上军官和耒阳县委委员以上干部会，会上直接提拔林彪为一营营长。此时，林彪刚过20岁。

对于这个任命，军中多有不服，有人提出林彪先败后胜，至多是功过相抵，如何能破格提拔？比他经验多、资历深的人有的是。一营中也是怪话连篇，说跟着厨师不挨饿，跟着娃子有奶吃。朱德听了，宽厚地付之一笑。他知道，军人最看重的是胜利，能打胜仗将自然服众。

后来的林彪不论是在井冈山的斗争中，还是在抗日战争、解放战争中，都将其军事天才发挥得淋漓尽致。中华人民共和国成立后，他虽年纪最轻，却位居十大元帅第三位，排在总司令、副总司令之后，超越了他的老首长陈毅。可惜"文革"中林彪私欲膨胀，阴谋夺取党和国家的最高权力，1971年9月13日叛逃异国，葬身于蒙古温都尔汗地区，令人唏嘘不已！

然而，耒阳还有一位超乎林彪的战将，却永远光彩照人。他就是毛泽东的爱将伍中豪。

1928年3月，湘南特委强令毛泽东下湘南参加湘南暴动，伍中豪随毛泽东下湘南参加湘南起义。1928年4月再回井冈山时，朱毛部队整编成中国工农革命军第四军，伍中豪任三十一团三营营长。后历任红四军第三纵队司令、红四军前委委员、红十二军军长、中国革命军事委员会委员（首届中央军委委员，毛泽东为主席），与林彪并称为红军中的"两只鹰"。因他是北大文学院毕业，文武双全，深得毛泽东信任，又被称为"毛泽东第一爱将"。

1930年10月初，伍中豪带一个警卫排到赣西南各县去调集督促各红军独立团集中，途经安福县城，突遭敌安福靖卫团袭击，仓促应战，战士死伤过半。伍中豪组织突围，至安福城郊亮家山时，弹尽援绝，被靖卫团杀害。

伍中豪的牺牲是红军的重大损失，当年人们认为他与林彪相比更胜一筹。

伍中豪指挥部队作战、训练颇有一套。伍中豪的三十一团能攻又能守，特别是在守的方面，比林彪的二十八团要强。二十八团能攻善战，但有时稳不住。可惜伍中豪"出师未捷身先死"。"男儿沙场百战死，壮士马革裹尸还。埋骨何须桑梓地，人间处处是青山。"这首伍中豪作于1929年5月的诗，是他生前的铮铮誓言，也是他壮烈一生的真实写照。

在湘南起义的烽火中，耒阳还走出了两个开国中将：谭冠三、王紫峰。

谭冠三，1908年1月31日出生于湖南省耒阳县，1926年加入共产主义青年团，同年转为中共正式党员，曾任耒阳县第二区党团书记兼区赤卫队党代表，是共产党在湘南地区从事农民武装斗争的早期组织者之一。他参加过秋收起义、湘南起义、井冈山斗争和二万五千里长征。

1950年初，中共西南局决定以张国华的第十八军为主力组建进藏部队。谭冠三时任第十八军政委，他与军长张国华统率的第十八军，不负重托、不辱使命，很快就让西藏人民领略了中国共产党和人民解放军的光辉形象。

此后，谭冠三历任西藏军区政治委员，中共西藏工作委员会第二书记、监委书记，西藏自治区政协主席。

1955年谭冠三获二级八一勋章、一级独立自由勋章、一级解放勋章，1978年任成都军区顾问，是第四、第五届全国政协常务委员。1985年12月6日他在成都逝世。

王紫峰，原名王集有，又名王子凤，1905年6月18日生于湖南省耒阳县菁苔冲一个贫苦农民家庭。9岁起曾入私塾读书两年半，后因家贫辍学在家务农。15岁后他的父母相继病故，家庭生活愈益艰难。1926年夏，在北伐军进军湖南的影响下，耒阳一带工农运动迅速发展，王紫峰在家乡首批报名参加了农民协会，并当选为区农协粮食筹备委员。1927年4月加入中国共产党。1927年"四一二政变"后，湘南地区陷入白色恐怖，为了躲避敌人的捕杀，他改名换姓投入国民党第十一军第二十六师第七十六团当兵。同年9月，当他得知所在部队执行堵截南昌起义部队的任务时，毅然逃离该部辗转返回家乡，任区赤卫军队长。1928年1月王紫峰率赤卫军参加了朱德、陈毅等人领导的湘南起义，在区苏维埃政府任赤卫队队长。上井冈山后，他在红四军手枪班任班长，后任红十二军三十四师一大队政委、红九军团十四师四十一团政委等职。他先后参加了抗日战争、解放战争、抗美援朝战争。

1950年10月，王紫峰奉命率第六十六军参加抗美援朝战争。

1952年王紫峰回国，任山西军区司令员。

1955年，王紫峰被授予中将军衔，1961年12月任北京军区副政委，是第五届全国政协委员。1982年11月经中央军委批准，他按大军区正职待遇离职休养。

1994年9月30日，王紫峰病逝于北京，终年89岁。

三打资兴

朱德、王尔琢率工农革命军主力北上耒阳，途中派出张山川一个排协助打下永兴后，又派出教导队队长李奇中到资兴，担任资兴独立团团长。

资兴，地处湖南省东南部，耒水上游，五岭腹地，罗霄山下。北与永兴接壤，东与桂东相邻，南与汝城相连，西与苏仙区为邻。境内山峦起伏，丘岗平地交错，山上林木葱茏，山下稻谷飘香，钨、铋、煤炭等多种矿物埋藏地下，是一方气候温和、物产富饶的宝地。可是，在封建的旧中国，资兴人民生在宝地上却长期过着贫穷的日子，有相当一部分贫苦农民过着住茅棚、穿破衣、吃杂粮和野菜的凄苦生活。

"农民头上三把刀，税多、租重、利息高；农民眼前三条路：逃荒、讨米、坐监牢。"这是当年流传在资兴的民谣。然而，农民何以苦，根源在哪？没有人说得清！

1919年6月，毛泽东到衡阳的湖南三师指导成立"湘南学联"，并在"湘南学联"的成立大会上，向千余名青年学生作了题为"学运工作"的讲演。当时在湖南三师就读的袁作飞、曾希圣，在湖南省立第三中学就读的黄义藻等资兴籍学生，均前往聆听了毛泽东的讲演。毛泽东关于中国为什么国弱民穷、如何改变这种现状的道理，初步解答了他们的疑问。同时，他们在新文化、新思想浪潮的推动下，接受了马克思主义，阅读了《共产党宣言》《新青年》《湘江评论》等大量革命书刊。他们又将这些书刊推荐给在衡读书的资兴籍学生，使得不少资兴籍青年学子逐步明白了中国的出路在于推翻旧政权，建立人民当家做主的新政权。

1922年秋，黄义藻、曾希圣、黄不若、袁作飞、黄义行等36名资兴籍学生组织"资兴旅衡学友会"，创办会刊《资兴曙光》。翌年将"资兴旅衡学友会"改组为"东升会"，并将会刊改为《东升刊》。其宗旨是：发表各种有关社会人生问题的论文，揭露一切黑暗面，引起知识界研究的兴趣；借促改良，唤醒群众从事社会革命运动，打倒帝国主义及军阀；传播新文化，介绍新思想。该刊除刊登会员撰写的大量进步文章外，还转载《民主革命中的共产党》《共产主义和共产党》《马列主义概略》等重要理论文章。刊物由黄义藻担任主编，他写了大量的文章，如《悼黄静源君》《学者对于古说应否怀疑》《为什么》《高唱和平会议的段执政》等。他在发表的诗歌《秋风》中写道："骇煞人的秋风，一阵阵地吹来。那田野的荆棘儿、草丛儿，都被你吹黄了！那大街上的臭气、腥气，都被你吹散了！秋风呵，请你索性发一个大慈悲，用你全副的猛力，扫尽这恶浊的世界，唤醒那灰色的青年！"这首诗体现了青年学生对革命的呼唤和投入革命的坚定决心。

1926年以前加入中国共产党的资兴人士有李化之、李墨昌、袁作飞、黄义藻、李奇中、曾中生、黄义行等。其中李化之、李墨昌是在留法勤工俭学时加入党组织的，袁作飞、黄义藻、黄义行是在衡阳就读时加入党组织的，李奇中、曾中生是在黄埔军校中加入党组织的。这些早期的共产党员，或利用寒暑假，或通过写信，或利用探亲的机会，向家乡的青年学生和进步人士宣传马列主义与孙中山的"新三民主义"，传播共产党的宗旨、纲领，宣讲全国反帝反封建的大好形势，激发他们的革命热情和阶级觉悟，为资兴建立中共地方组织作了很好的舆论工作和思想准备。

1926年9月1日，中共资兴支部在县城成立，隶属中共湘南地方执委领导，时有党员15人，选举樊淦金任支部书记，萧耀、刘英廷为支部委员。在中共资兴支部的领导下，资兴县的工农运动与湘南各县的情形一样，蓬蓬勃勃地开展起来了。

支部委员萧耀曾在1926年的农民运动中写了一篇歌词：

有天无日头，世道多不平。土豪与劣绅，仗势昧良心。愁绪愈缠绵，血泪源源滴。苦海久沉沦，未见有援溺。血泪流尽了，残灯相对泣。黑夜路茫茫，乍见曙光明。忽然心觉悟，革命是救星。组织办农会，万众齐欢欣。

到1926年11月份，全县办起了区农会5个、乡农会79个，会员5000余人。许多贫苦农民当上了区、乡农会的负责人。至1927年春，乡农会增至100多个，会员达1.5万人。

1927年3月上旬，中共资兴支部和县农会根据中共湖南区委第六次代表大会关于"农民有武装自卫之权"的精神和省农民协会颁布的《湖南农民自卫军组织大纲》，建立起一支1000多人的农民自卫军，由许雅琴任队长，并布置区、乡农会成立赤卫队，同时协助县总工会成立工人赤卫队和工人纠察队。

1927年5月"马日事变"在长沙发生，直到6月5日，中共资兴支部才收到去省总工会开会的资兴代表樊淦金从长沙寄来的信，信上只含蓄地写着"三、六、计"3个大字。农会、工会干部当即进行了研究，认为形势紧迫，信上是暗示大家"三十六计，走为上计"。恰在此时，参加长沙省工人运动讲习所学习的廖九皋回来了，带来了樊淦金的口信：省委指示迅速疏散干部，保存革命力量。并对"三、六、计"作了说明，即三十六计，走为上计。大家这才知道国民党已经在湘南各地大开杀戒。省党部派来的特派员邓立平、王泽昌、侯碧华、陶宇芝等人，迅速撤离资兴，刘海珍、李世成等少数未完全暴露身份的本地骨干暂避县城附近，打探消息。

6 月 6 日，各革命组织的负责人多数疏散到了浓溪①、塘基垅、东坪等偏远的乡村，省党部特派员由人护送到东江，乘船潜往衡阳等地。资兴的革命运动开始了由高潮向低潮的急剧变化。

6 月上旬，国民党资兴县政府成立资兴县清乡委员会，县以下设立 9 个区清乡委员会；稍后，又建立了一支反革命武装——县挨户团，招募了 1000 余人，有 300 多支枪，下分 5 个中队。对所有的共产党员、革命干部和革命群众，他们都强加上"暴徒"的罪名，打入另册，进行通缉、逮捕。一时间，全县被捕的革命干部和革命群众就有 200 多人，并一律遭受酷刑审讯，男的遭捆吊毒打、灌辣椒水、坐老虎凳等，女的被人用荆条抽打。不久，工会干部李文径、劳动童子团团长李孝德等数十名革命干部惨遭杀害。接着，血雨腥风又刮到乡村。反动派拟定了一个通缉名单，有名有姓的多达 700 多人。其中有县农会会长段廷壁、副会长戴廖斌，执委刘茂筠、黎先谋等人，县总工会负责人袁三典、袁三启、曹智莹等人，县女界联合会干部樊好钗、蔡道辉等人，各区乡农会干部也都在他们的通缉范围之内。挨户团、清乡队挨家逐户地搜查，有些仅在农会吃过一餐饭或开过一次会的群众也被逮捕。凡被通缉、逮捕的人，其家属、亲戚也被牵连，家里稍为值钱的东西被掠走，不值钱的东西被砸烂，有的还被烧掉房子，赶出家门，靠乞讨度日。不少农会干部和会员被他们公开或秘密处死，半都沉塘乡被杀害的农会会员就有 20 多人。挨户团在杀害农会干部唐禄明时，令团丁排成两行长队，每人用梭镖朝他乱刺，致唐禄明全身被刺出几十个窟窿而死，惨不忍睹。与此同时，土豪劣绅疯狂进行反攻倒算。凡被农民分了的土地又被地主夺了过去，减去的租谷更要加倍偿还；那些戴过高帽游过街的土豪，强迫农民办酒送礼，燃放鞭炮，以"恢复名誉"。地主豪绅还对农民实行经济封锁，把从农民手中掠夺的粮食囤积起来，停止一切借贷。少数高利贷者乘机作乱，钱利高达一年一对本（翻一番），年谷利每石 5 斗甚

---

① 浓溪：即今资兴龙溪。1928 年毛泽东著《井冈山的斗争》一文时，将浓溪误写成了"龙溪"，故"浓溪"改称为"龙溪"。

至 1 石，农民又跌入被压迫、被剥削的深渊，苦不堪言。地主豪绅反攻倒算越残忍，农民积怨越深，他们走向革命的步伐越坚定，革命的暴风雨将来得更猛烈！

6 月下旬，潜伏在浓溪、东坪一带的部分农民自卫军队员自发集合起来，撤往汝城，与郴县、宜章、桂东、永兴等县的农军及广东东江的农军共 5000 余人，在汝城组建起工农革命军第二师。资兴农军被编入第二团。

8 月，第二师被范石生部偷袭打散，第二团的郴州农军大都各回本县隐蔽藏身。

1927 年 11 月 25 日，朱德、陈毅率领部分南昌起义部队进入资兴，驻扎在县城李家祠堂。朱德率部进入资兴后，打开了国民党县政府的监狱，放出了"马日事变"后被反动派陆续逮捕关押的 100 多名革命者，为后来举行的湘南起义增加了一批中坚力量。随后，朱德召开了中共资兴地下党组织的活动分子会议和群众大会。在党的活动分子会上，朱德说："党的各级组织要立即放手发动群众，恢复农会，组织农民武装，准备暴动。"当时资兴党组织的主要负责人黄义行、唐士文、李世成等人一方面与朱德、陈毅积极接触，另一方面通知潜伏在县城四周的革命骨干集合到县城，研究部署如何发动群众，恢复各级农会，建立武装，筹备起义。几天后，三都、香花、七里以及东乡等地开始秘密恢复工会、农会组织，革命的火种又开始悄悄燃烧起来。隐藏在家乡的南昌起义军人李奇中得知朱德来到资兴，立即赶来投奔朱德。

12 月上旬，朱德、陈毅受命参加广州起义，率部离开资兴。李奇中也跟随朱德走了，在朱德部任教导队队长。后朱德中途获悉广州起义失败的消息，部队随范石生的第十六军开赴广东韶关附近的犁铺头。原定 12 月中旬的湘南暴动计划搁浅。

1928 年 1 月中旬，中共湘南特委派共产党员邵杰生、伍业建两人潜至三都，协助恢复党的组织和筹备武装起义。不久，中共资兴临时支部成立，由邵杰生任支部书记。临时党支部成立后，重点抓了以下几项工作。

一、发展组织。大革命时期资兴涌现出来的许多骨干分子未能加入到党组织内部，这些骨干中有不少人在"马日事变"后的白色恐怖中仍坚持与国民党反动派作斗争，这次又表现积极，党支部就将他们吸收进组织，壮大党的力量。

二、开展宣传。支部成立后，多次派出一些地下党员和革命骨干四处张贴宣传起义的标语，散发传单，为起义做好舆论宣传工作。

三、组织武装力量。党组织派出骨干人员深入到乡村，秘密召集农民协会会员开会，宣传起义，并在三都地区组织了一支农民赤卫队，只等一声号令，即可投入行动。

四、做好调查工作。通过调查，了解哪些贫苦群众有强烈的革命要求，哪些可以成为革命斗争的骨干，并将这批人组织起来。同时将土豪劣绅按罪恶大小，秘密登记造册。通过临时党支部的活动，三都一带农民的觉悟不断提高，革命热情不断高涨，一时间，三都成了资兴革命活动的中心。

2 月 5 日，三都地区第一次工农代表大会召开。大会由邵杰生主持，来自工、农、商、学界的代表 50 余人出席了会议。会上正式成立了三都地区苏维埃政府，主席伍业建，副主席袁南熏、李学华，秘书长李铁民。

接着，党组织又派出一批革命骨干到木根桥、七里、香花、蓼江市一带活动。不久，这些地方相继成立了苏维埃政府，组织了农民赤卫队，并立即开展了打土豪、分田地的工作。整个北乡区沸腾起来了，各乡村到处只见打着红旗的农民，他们臂上系着红带子，手中握着梭镖、鸟铳，口中呼喊着革命口号，涌进土豪劣绅家中。标语一路贴到了国民党县政府门口。县长彭如需望着墙上的标语，阴沉的脸霎时变得寡白寡白，一种恐怖感顿时袭上心头。如惊弓之鸟的彭如需，丢下县印，慌慌张张地收拾贵重东西，不与同僚商议，便不辞而别，仓皇逃往长沙去了。

县长彭如需逃之夭夭后，土豪劣绅群龙无首，慌乱之下，县城大土豪袁指南遂召集城中大小土豪开会，计议组织一个行政委员会，维持县政。但此时局势已很紧张，众土豪惊魂不定，对前途感到渺茫，谁也不敢出面主持，担此风险。

1928 年 2 月 7 日，一支武装队伍流窜至木根桥、东江一带，驻扎一天后，当地人得知是许克祥部的一个连长，1 月 31 日在广东坪石被朱德部队击溃后，带了残兵绕道汝城，经渡头来到东江的。为首的连长，叫李正权，带有 60 余人，58 支枪。西乡大土豪李培生，意欲购买其枪支，以招兵买马，建立武装，守住县城。李正权知道，乱世称雄，有了枪才有一切，没有枪要钱何用？要他卖枪，说啥他也不干。李培生当晚赴县城找袁指南等劣绅商议，决定先派刘海珍（中共地下党员）前往接洽，随后又推举出土豪代表袁指南、李东泉、曾文卿、蔡彪、何灿等前往商谈。经讨价还价，李正权最终答应，以供给月银3千块银洋为条件，带队守城。

2月21日，在袁指南等策划下，"资兴行政委员会"召开成立大会，县城及四乡大土豪齐集县城。会上，拥立李正权为资兴行政委员会主任，李正权接篆视事，主持县政，并宣布陈澜、袁指南、李东泉、温衍南、李永爵、李礼松、刘海珍等豪绅为行政委员。

李正权，号国安，湖南新化人，时年25岁，曾在长沙湖南省立第一师范就读。他于1927年投军于许克祥部，后由班长升任连长，是一个极端反动的军官，"马日事变"中曾疯狂镇压革命运动，屠杀革命群众。后随许克祥至广东，参与坪石之战，被朱德部队击溃后率残部流窜到资兴。李正权上任后，即收拢县政府及城厢挨户团原有枪支50余支，加上部下枪支58支，共有武装100余人枪。同时，县警察所亦有七八十支枪。因此，资兴的国民党武装共约200人枪。这给资兴的土豪劣绅壮了胆，他们又开始神气起来。他们以为有了李正权的部队，便可以高枕无忧了。

他们不知道，大革命失败后被列为头号通缉犯的"共匪"黄义藻这时也已回到资兴。黄义藻是衡阳省立第三中学的毕业生，曾是湘南学生联合会的负责人，大革命时期任资兴东乡区农民协会主席，后派往零陵县任农民运动特派员，是一个极有组织能力和威望的领导人。他被资兴人民誉为"革命的树苑脑"。国民党资兴县政府在1928年登造的《资兴各乡共匪年籍详细调查表》中把他列为第一号通缉对象，说资兴之祸完全由其造成。与此同时，朱德也派他的教导队队长李奇中回了资兴负责军事指挥。李奇中系黄埔军校第一期学员，参加过北伐战争和南昌起义。湘南起义前他曾任朱德部队的教导队队长。湘南起义后他受朱德派遣，前往资兴担任军事总指挥。他和黄义藻两人都是资兴坪石人，到三都后，李奇中立即着手发动农民，筹划武装起义，不久即举行了蓼江市大暴动，参加农民达一万多人，声势浩大，影响极大。暴动大会上宣布成立北乡区苏维埃政府，由邵杰生任主席。

蓼江市暴动大会后，党组织立即派出大批干部分赴西乡区、南乡区、东乡区，发动组织广大农民起来暴动。在短短的1个多月的时间里，全县5个区、100个乡的农民几乎全都行动起来了。其地域之广，参加人数之多，是资兴有史以来从未有过的。革命的洪流从北乡到西乡，从南乡到东乡，以不可抗拒的磅礴气势，形成了"乡村包围县城"的格局。"资兴行政委员会"和他们200人的反动武装，龟缩在县城，不敢出县城一步。

1928年3月6日，资兴县苏维埃政府成立于三都，下设军事委员会、土地委员会、肃反委员会、经济委员会、民食委员会、财务委员会等。

1928年3月初，在郴县参加起义的三都老街共产党员袁作愬，从郴县寄回一封信，不料此信转落在土豪袁述陶的手中，袁述陶将此信交给了县警察所，县警察所立即派出一个警察小队秘密捕走了袁作愬之父袁镜湖。

为了打击反动势力的嚣张气焰，县苏维埃政府决定调集农民赤卫队攻打县城。但考虑到当时农民武装不多，革命力量尚不足以压倒资兴县城的反革命势力，于是经湘南特委批准，决定派人到邻近的郴县和永兴县苏维埃政府调兵援助。3月8日，资兴党组织派袁才奇（袁镜湖长子）等人赶赴永兴县城。当时永兴县已建立了苏维埃政府，街上到处是农军和革命群众。袁才奇等人找到工农革命军永兴赤色警卫团团长尹子韶、党代表黄克诚，将来意告诉他们。尹、黄二人欣然应允。经研究决定，永兴县苏维埃政府派尹子韶率警卫团赴资兴。傍晚时分，队伍在袁才奇的引领下，开进了三都街。同日，湘南特委指示蒙九龄率郴县工农革命军第七师第三团开至木根桥、鲤鱼江一带。与此同时，为了壮大军威，资兴农军1600余人在黄义藻、李奇中的率领下，集结在城厢一带。三县农军总数达3000余人。

为了使攻城战斗顺利进行，资兴党组织、苏维埃政府广泛发动农民，特别是妇女、儿童做战前工作，为部队烧水煮饭，并组织担架队，随时准备救护伤员和运送军需物资。激战前夕，广大农民从各个乡村涌入三都、木根桥、鲤鱼江、城厢一带。凡有农军驻扎的地方，到处是人嚷马啸，呈现出一派繁忙的战前景象。

3月9日凌晨，3000余农军抵达县城附近，随即召开了军事会议，研究作战方案及军事部署。资兴、永兴农军担任主攻，郴县农军截断敌军退路，同时堵截敌援军。天亮后，资兴、永兴农军抄小路，扑向县城。李正权因其兵力被派往郴县桥口和资永边界的七里山、木根桥一带布防，守城只有数十人、4支枪，李正权率部略作抵抗后，见农军来势凶猛，随即逃出城外，退驻西乡鱼岭铺。战斗中，农军击毙企图逃跑的敌"行政委员"陈澜和几名士兵。农军攻占县城后，永兴、郴县农军随即撤回本县。一打资兴，由湘南三县农军进行，取得完全胜利。

恰在3月9日，汝城"剿共"司令何介青派朱鸿仪营300余人枪前来援助，已屯兵旧县，李正权见援兵赶到，企图卷土重来。他一面派人收拢驻桥口、七里山、木根桥等处兵力；一面与朱鸿仪约定，次日各自带队，兵分两路反扑县城。

3月10日凌晨，大雾弥漫，春寒袭人。

资兴农军得知敌军将反扑县城的消息后，鉴于永兴、郴县农军已返回本县，不便硬战，于是分兵两路，决定打一场伏击仗。一路埋伏在文庙后面的关圣山（今资兴市人民医院后山），一路埋伏在城内。

6时左右，李正权率部从鱼岭铺出发，从西门口直扑入城，未遇任何阻挡。正当李正权狐疑不定时，朱鸿仪营从南门口扑入城内。大雾弥漫中，朱误以为李正权部为农军，即令开枪射击。李正权亦以为农军杀来，赶紧命令开火。敌军双方一场误战，随即展开。及至日出雾散弄清情况时，李正权一干将何维启、朱营一潘姓连长皆被击毙，其余士兵死伤不计其数。朱、李2人悔恨不已。两军会合后，正待分析军情，突然枪声大作，杀声震天，只见数百农军从街道两旁的房屋中冲出，朱、李官兵又有数十人被打倒。朱、李见状，令部队赶紧退往文庙，企图抢占文庙后面的关圣山。刚至半山腰，被黄义藻率领的农军居高临下，迎头痛击。一时间，枪声、杀声震动山头，农军俯冲下来，朱、李部被打得魂飞胆裂，溃不成军。战斗至傍晚，朱、李部逃出县城，驻扎旧县。当日，农军重新占领县城。二打资兴，完全由资兴农军独立完成，又一次取得完全胜利。

3月11日，李奇中考虑到工农革命军主力远在耒阳，农军缺乏重武器，又没有守城战斗经验，决定主动撤出县城。资兴农军放火焚烧了国民党资兴县政府及国民党监狱，随后整队撤出县城，经半都塘婆田返回三都。资兴农军撤出县城后，朱鸿仪、李正权率部复据县城，重整残部，以图再起。因国民党县政府的办公楼被农军烧毁，"行政委员会"只好暂驻县立中学。

此时，汝城"剿共"司令何介青已有将李正权部吞并的意图。于是他借整顿之名，任命朱鸿仪为资兴游击队大队长，李正权为副大队长。原李正权连也由何介青安排亲信萧曙初为连长。所有枪兵均受朱鸿仪的指挥，李正权的权力被架空。论军事才干与指挥能力，李正权均胜于朱鸿仪，但李正权慑于何介青、朱鸿仪的地方势力，不敢抗争，只得屈从。敌内部从此争权夺利，矛盾加剧。

3月中旬，毛泽东、何长工率工农革命军第一团、第二团从井冈山出发，攻克郴县，随后进驻郴县中村。3月28日，毛泽东、何长工兵分两路，毛泽东率第一团开往桂东、汝城，何长工率第二团经彭公庙、何家山、浓溪开往资兴滁口。何介青恐汝城有失，急调朱鸿仪部返回汝城。打入到国民党资兴"行政委员会"的地下党员刘海珍闻讯后，秘密通知资兴县委、县苏维埃政府。县委、县苏维埃政府得到消息后，立即组织工农革命军资兴独立团会合郴县半都，赤卫队共2000余人乘势第三次攻打资兴城。李正权与萧曙初率一连兵力急忙撤往城外，在距县城东南方向半公里路远的牛角湾与农军相遇，激战两小时，李部惨败。败退至坪石乡时，李正权部一连兵马已损失大半，随者仅剩19人。资兴农军第三次占领县城。

李正权是夜露宿于七宝山，遥望县城，见自己一败涂地，大势已去，悲叹不已。第二天，李率残部转道何家山、浓溪、滁口、黄草等地，企图组织何家山、浓溪等地挨户团，以寻时机，东山再起。但中途又与萧曙初发生纠纷，李恐被萧陷害，于是单身只人便服出走，先逃至广东乐昌，后至九峰。湘南起义农军撤往井冈山后，李正权在郴县找到许克祥。许见李惨败，枪兵全被何介青收编，大为不满，即以贻误军机治罪，将李正权枪毙于郴县。这是后话了。

湘南农军三打资兴的战斗，不仅体现了"农村包围城市、武装夺取政权"的革命道路思想，也体现了革命武装不争一城一地得失，保存有生力量的战略战术。同时，还体现了湘南农军在没有朱德主力部队支援下的战斗热情和战斗实力。

在湘南起义的资兴独立团农军中，有一个人，他全家都参加了工农革命军。其父在1932年的江西反"围剿"战斗中牺牲，兄弟、伯父、表弟被打散回家，全部被国民党杀害。他就是新中国成立后任最高人民检察院副检察长的谭政文。

1910年4月26日，谭政文诞生在湖南资兴一个叫背税村的贫困山村。背税这个地方既不美丽也不富饶。由于这一带的地质结构特别，一有雨水就往深处的地下河里流，十年九旱，收成极差，加上官府豪绅的盘剥压榨，村民的日子苦不堪言，一辈子没穿过棉衣、夹裤、袜子的也不少见，就连村名也打上了辛酸的印记——"背税"的含意，便是世世代代背着一身交不起、还不清的苛捐杂税。

处在这样的境地，谭政文家也不富裕，何况家中人口较多。祖母龙氏，年事已高。父亲谭聿怀，是个走乡的郎中。母亲何美姣，系普通农村妇女。谭政文兄弟四人，他居次，长兄名政达，三弟名政山，四弟名政士。谭政文从小就分挑起生活的重担。

谭政文的父亲上过旧学，颇有学识。谭政文从开始懂事起就受到父亲良好的影响。父亲决心改变家乡的穷困落后面貌，他将村名由背税改为贝税，就表明了这一志向。他见乡亲们缺医少药，便刻苦学习中医，不仅医术精湛，而且讲求医德，常将行医所得周济穷人。后来，他见一些村邻因缺少文化而愚昧无知，对国家和自己的命运麻木不仁，便决意在村里创办一所小学。他带头将自家多年的积蓄捐献出来，并利用行医之便到处募捐筹款，终于将学校建成。

谭政文9岁时，上了父亲创办的贝税小学。父亲对他要求严格，要他树立大志，刻苦求知，而且每天都要检查他的作业，督促他温习好当天所学的功课。谭政文考上设在县城的乐成高小后，每当寒暑假，父亲还要认真查看学校给他的评语和考试成绩。

1925年夏，谭政文高小毕业，因家庭困难，辍学在家。劳作之余，他喜欢找一些中国古典小说来读。父亲并不反对他看这些被时人视为"闲书"的读物，只是要求他认真领会书中的真谛。一次父亲指着《水浒传》考他："你在书中看到了什么？"谭政文脱口而出："看到了揭竿而起，杀富济贫。"父亲又指着《聊斋志异》问："这本呢？"谭政文又答："反抗封建，追求美好。"父亲听罢，脸上露出了笑容，他觉得儿子逐渐地成熟了。的确，谭政文在父亲的引导下，已经萌发了初步的革命愿望。

1926年春，广州国民政府正积极准备北伐的消息传到资兴后，还不满16岁的谭政文便决意离家南下，赴广州参加革命。父亲热情支持他，并特地送他一册《孙子兵法》，要他好好探究用兵打仗的谋略。同时还叮嘱儿子："我不要求你为官致富，只望你多学点本领，将来做个有益社会的人。"

谭政文抵达广州后，在谭延闿统领的由湘军改编的国民革命军第二军教导师当了一名学兵。7月初，正当国民革命军在广州的东校场誓师北伐，第二军奉命向湘东、湘南开进之际，谭政文身患重病，不能随部行动，只得留在教导师原驻地休养治疗。

痊愈后，他多方寻找部队未果，只好返乡。身虽回乡，壮心犹存，他经常独自一人跑到后山，操练军训口令，高唱革命军歌，呼喊"打倒列强除军阀"之类的口号，等待机会重新从戎。

这年秋天，在北伐战争节节胜利的鼓舞下，资兴县城掀起了以农民运动为主体的反帝反封建运动。谭政文在已是共产党员的父亲的带领下，积极参加中共资兴支部组织的各种活动，并到由党组织主办的县农民运动讲习所学习。

10月中旬，县农民协会通讯处组织农运宣传队分赴各区、乡开展宣传活动，组建基层农会。谭政文便同父亲一道回到家乡麻里，挨家逐户地串联发动。不久，麻里各村及五星雷家村的农民群众组织起来，建立了坪石境内最早的农会——麻里农会。农会成立后，立即开展了废除苛捐杂税、减租减息、禁止虐待妇女和剪发放足等一系列活动。

这些斗争引起了本乡土豪劣绅的惶恐。他们打起"顺应潮流"的旗号，于1927年初拼凑起一个假农会——"大铺农会"。这些家伙一方面利用农会的牌子竭力维护自己的利益，一方面恶毒攻击麻里农会的革命活动是"痞子扰乱治安"等等。到这年2月，他们公然挑起与麻里农会的械斗，打伤麻里农会副会长和一名委员，并将麻里农会会长和秘书扭至县农会"问罪"。谭政文得知后，急忙找到在南乡区整顿农会的父亲，一道火速赶到县农会。他们以大量事实驳斥"大铺农会"对麻里农会的诬蔑，并揭露土豪劣绅操纵"大铺农会"为非作歹的种种罪行，要求严肃处理。县农会负责人立即派人下去调查。调查结果证明谭政文父子反映的情况属实。县农会于是决定：惩办在"大铺农会"中兴风作浪的土豪劣绅，改组"大铺农会"。"大铺农会"被取缔后，谭政文父子将坪石一带的农会合组成第15乡（坪石乡）农会。农会成立大会上，6个主要的土豪劣绅被戴上高帽子游行示众。从此，坪石的农民运动健康蓬勃地发展起来。

1927年4月12日，蒋介石发动反革命政变，继而长沙发生"马日事变"。资兴的反动派借机卷土重来，到处倒农会、捉"暴徒"。谭政文的父亲和百多名革命者被国民党当局捕去关在大牢里，有的惨遭杀害。然而，白色恐怖没有吓倒谭政文，他顶着腥风血雨，毅然在中国革命处于最低潮时申请加入中国共产党。这年 7 月，中共资兴支部经过认真考察，由李玉屏介绍谭政文加入了党组织。

11 月 25 日，朱德率领部分南昌起义部队由粤北进入湘南，路经资兴县城时，打开国民党资兴县政府的监狱，释放被关押的革命者和无辜群众，谭政文的父亲也得以出狱。

谭政文见到革命队伍，心情无比激动。他将父亲安顿好后，立即赶去参加朱德主持召开的“资兴县党的活动分子会议”。他牢牢地记着朱德在会上讲的话：“党的各级组织要立即放手发动群众，恢复农会，组织农民武装，准备暴动。”

朱德部队离开资兴后，谭政文一边照料父亲养病，一边四处联络革命骨干，很快恢复了坪石乡农会，并组建了乡农民自卫队。

1928 年初，湘南起义在宜章拉开序幕。不久，郴县、永兴、耒阳相继暴动成功。此时，资兴的革命骨干云集三都，使西乡、北乡的革命烈火成为燎原之势。谭政文因要照顾父亲，不能前往三都，便与一些同志在本乡开展工作，配合策应西乡、北乡的革命。

3 月 6 日，资兴县苏维埃政府在三都成立，谭政文等人闻风而动，立即发动组建了本乡的苏维埃政府，谭政文在乡苏维埃政府里负责农民自卫队工作。9 日，西乡、北乡的农军在永兴、郴县农军的配合下，攻打资兴县城。17 日，盘踞在资兴的敌酋李正权的残部溃逃至坪石，谭政文等人立即率领本乡农民自卫队拦截敌人，将敌军击败，缴获 4 支步枪。李正权仅带 19 人逃往七宝山。

坪石乡的农民自卫队不仅奋勇保卫本乡的人民政权，还热情支持四邻各乡的革命斗争。

4 月 5 日，坪石乡东面的兰溪成立乡苏维埃政府。土豪邝树修、邝杰章等人，事前得到这个消息，暗中凑集 120 块光洋，派人前去雇请酃县中村的挨户团来搞突然袭击。这天清晨，大会还没开始，兰溪的土豪劣绅就带着酃县中村的挨户团 40 多人闯进村来，猖狂进行屠杀，有 17 个革命者惨遭杀害。

县苏维埃政府主席刘英廷得到报告后，立即亲率县自卫大队前去反击。路经坪石时，谭政文等人带领坪石乡自卫队加入战斗行列。他们赶到酃县中村，杀了一些挨户团丁，烧了一些土豪房屋，然后返回兰溪，逮捕了邝树修、邝杰章等几个首恶分子。平息反革命暴乱之后，他们重新召开大会，正式成立了兰溪乡苏维埃政府。

不久，谭政文和父亲均调到东乡区苏维埃政府工作，谭政文任土地委员，他父亲任经济主任。谭政文上任后，在区苏维埃政府的领导下，到各乡进行轰轰烈烈的土地革命运动。他们首先指导各乡成立了土地委员会，并根据本区的具体情况，制定了土地法规，然后将大中土豪的田地全部没收，分配给贫苦农民。分田时，他们先召开农民大会，将没收的土地按户分好，用竹片或木牌写上户主的姓名和田地的面积，插在被分的田地上。贫苦农民分得了土地，感到翻身作了主人，对革命更加拥护和支持。

1928年4月上旬，湘南暴动正迅猛发展，国民党当局调集重兵，从湖南衡阳和广东曲江实行南北夹击，进行湘粤"会剿"。为了保存革命力量，朱德、陈毅决定分头率领主力部队和湘南农军往江西井冈山转移。于是，谭政文和父亲谭聿怀、三弟谭政山以及四伯父谭自霓、表兄谭积才随资兴农军上了井冈山。

4月28日，湘南起义队伍到达井冈山砻市，与毛泽东的部队胜利会师。5月4日，朱、毛两部合编为工农革命军第四军（6月4日，根据中共中央指示，改称为工农红军第四军），下辖3个师9个团，资兴农军被编为第十二师第三十六团。谭政文任该团侦察队文书。

工农革命军刚刚整编完毕，国民党第三十一军第二十七师师长杨如轩就率部进犯井冈山革命根据地。朱德率领工农革命军第十师、第十二师迎击敌人，谭政文随部参战。工农革命军赶至江西遂川县的黄坳，一举消灭杨部第八十一团的1个营。随后，又进至五斗江，打垮敌军第八十一团。接着乘胜追至拿山，将杨如轩部第七十九团、第八十团打垮，占领永新城。这是谭政文第一次上战场。他手持梭镖，奋勇战斗，得到了初步锻炼。

战后，红四军进一步整编，将湘南农军编成的第三十四、三十五、三十六团合编成第三十团，原第三十六团编为该团第三营。此时，谭政文参加红四军教导大队（大队长陈毅）的学习，回团后即任特务连班长。

不久，奉红四军军委命令，资兴农军恢复资兴独立团番号，返回本县开展游击斗争。谭政文父子随队返回原籍。

资兴独立团返乡后，即开赴山深林密的雷连十二洞，开辟井冈山外围的浓溪游击区。独立团立足未稳，敌正规军、挨户团、清乡队便开始猖狂进攻。在抗击反动武装进剿的斗争中，谭政文不仅勇敢参战，还借鉴《三国演义》《水浒传》和《孙子兵法》中的用兵之道，给独立团的领导出谋划策。

频繁的战斗，加之敌人的封锁，使独立团的伤病员逐渐增多，不少人因缺医少药，病情不断恶化。谭政文看在眼里，急在心上，便带着三弟谭政山跟父亲谭聿怀学医。他学得很认真，护理伤病员也很精心。

为了提高医术，谭政文一边虚心向父亲和其他医生请教，一边认真研读父亲收藏的古典医学专著，并结合实践用心揣摩体会。

由于谭政文父子尽职尽责地工作，大部分伤病员在短短几个月的时间里就得到了康复。这年初冬，他们一同重返浓溪游击区。

这时，由于湘南特委和资兴、汝城、桂东、安仁4县的县委均迁到浓溪一带，浓溪游击区成为湘南地区的革命指挥中心，因而敌人更加惊恐，进攻更加频繁猛烈。独立团的伤亡人数不断增加，湘南特委等机关被迫撤走，游击队的处境越来越困难。为了打破这种局面，独立团决定：彭遨、黄义藻带领主力出山寻找红军大部队，袁三汉、李奇中各率一部分人员分头转移。谭政文父子便跟随独立团主力出山。

1928年10月，资兴独立团主力转移到湘赣边界，与彭德怀、滕代远率领的红五军主力取得联系，资兴独立团编为该军第十二大队，谭政文任大队士兵委员会委员长。

1929年4月，红五军与红四军第二次会合。这时，谭政文的父亲谭聿怀和三弟谭政山均被调往红四军红光医院工作。数天后，两军分头行动，谭政文同父亲和兄弟告别。不料，这一别竟成永诀。在后来长征开始时的突围战斗中，谭聿怀不幸中弹牺牲。谭政山被打散，为躲避敌人追捕被迫当了和尚。四伯父和表兄也被打散，返回家乡，加入了党的地下组织，在组织暴动中，由于叛徒出卖而被敌人杀害。

1949年谭政文出任北平市公安局局长，不久又调任中共中央华南分局社会部部长兼广东省人民政府委员、公安厅厅长及广州市公安局局长，兼中共广州市委书记、广州警备司令部第一政治委员，最高人民检察院副检察长等职。1961年12月12日，谭政文因病在北京逝世，享年51岁。

在湘南起义的资兴农军中，还有一个两名青年献马参军的故事。

郴州资兴有个曹里怀将军，少有大志，敢作敢为。新中国成立后被授予中将，曾任中国人民解放军空军副司令员。说起他参军的经历，那真是让人佩服不已。

曹里怀，1909年出生于湖南省资兴县蓼江市七里镇下洞曹家村。

曹家生活贫寒，但曹里怀自幼喜好读书，求知欲十分强烈。父母见他读书用心，聪明好学，便到处借钱，供他上学。他从小喜欢听英雄的故事，特别羡慕那些打抱不平、救苦救难的英雄。当地在清末时有两位太平天国的勇士，一个是焦洪，一个是焦亮，他们带领资兴穷苦人民参与太平天国起义，反抗腐败无能的封建清王朝的故事，流传很广。曹里怀每当听到焦氏兄弟的故事，都特别入迷。15岁那年，曹里怀私自离家到长沙，去投考黄埔军校，因年纪太小，身材也太瘦弱，人家不肯要，只得返回家里读书。到1927年，曹里怀已是18岁的青年了，在学校接触了大量的新思想，对当时的社会制度、社会现实，逐渐产生了强烈的不满。这时家乡闹起了农民运动，曹里怀兴奋不已，积极参加农民协会打土豪、分田地的活动。但好景不长，不久，长沙发生"马日事变"，国民党在全国屠杀工农运动骨干分子，农民运动被残酷镇压。年青的曹里怀也在被通缉之列。

1928年3月底，湘南起义如火如荼，朱德、陈毅率1000余南昌起义军横扫湘南，起义军迅猛发展，成立了3个农军师、2个独立团，其中就有资兴独立团。

曹里怀听说工农革命军来了，非常高兴，立即与好友龙志坚商议去投军。曹里怀的父亲说，你穷小子两手空空去投军，人家会要你呀？别做梦吧！

曹里怀一听父亲的话，也觉有理。为了保证参军成功，他与龙志坚嘀咕开了。送什么礼物合适呢？工农革命军最需要什么呢？送钱，没有。送枪，没有。送米，没意义，也背不动。想破了脑袋，也没想到一个合适的礼物。

龙志坚说："唉，我家里还有一条老牛，可革命军用不着。杀了吃都太老了。"

曹里怀眼前一亮："对呀，牛是没用，可马就有用了，要是有一匹马就好了。"

说到马，两人来了劲。龙志坚说："我们没有马，地主老财那有，我们何不去偷一匹来？"

"对呀！"曹里怀一拍脑袋，"地主的马是剥削我们穷人得来的，要让他物归原主，干!"

当晚，曹里怀和龙志坚两人悄悄摸到一户大地主家的马棚里，正好有两匹高头大马，二人大喜，竟一人牵了一匹，神不知鬼不觉，骑上就跑。

曹里怀和龙志坚带着从地主家偷来的两匹马，找到区委书记兼苏维埃政府主席赵赤生，要求参加工农革命军。赵赤生一看，大喜过望。这时，湘南特委命令在井冈山的毛泽东也下山参加湘南起义，一路由何长工率队经郴县到资兴，来到了曹里怀的家乡，正找当地党组织解决给养问题。赵赤生见两个小青年献马要求参军，喜得合不拢嘴，连连称赞他们真是小英雄，有胆有识。于是赵赤生将曹里怀和龙志坚连人带马一起交给了何长工，两人正式成了工农革命军战士，跟随何长工上了井冈山，被编入红四军第三十二团，开始了职业革命家的生涯。

曹里怀和龙志坚是青年学生，有文化，有知识，有胆魄，在部队进步很快。1929 年，曹里怀被调入红四军军部任文书，在毛泽东、朱德身边工作。龙志坚后调入红五军工作，在井冈山作战时不幸牺牲。

曹里怀先后参加了井冈山斗争、万里长征、抗日战争、解放战争，担任各级军事指挥员。

新中国成立后，曹里怀兼湘西军区司令员。1951 年 4 月，他率第四十七军 6 万人入朝参战，战后被授予朝鲜民主主义共和国国旗勋章。1956 年 6 月，曹里怀任中国人民解放军空军副司令员，1969 年兼任航空工业领导小组组长，1971 年 9 月 29 日至 1973 年 5 月 20 日兼任空军"五人小组"组长，先后负责组织"强-5""轰-5""歼-6""歼-8"等型号战斗机的试飞定型等工作。

1955 年，曹里怀被授予中将军衔，荣获一级八一勋章、一级独立自由勋章、一级解放勋章。1988 年，他荣获一级红星功勋荣誉章。他是第三届全国人大代表，中共第九、十、十一届中央委员，中共十二大中顾委委员。

1998 年 5 月 19 日，曹里怀因病在北京逝世，享年 89 岁。

二打桂阳

桂阳地处郴州西，属丘陵山区，地贫民瘠。这里自古产铁，工业相对于其他县区要发达一些。清末民初，桂阳的工业开始萌芽。清同治、光绪年间，桂阳州办采矿冶炼业颇盛，工人最多时达1万余人；传统手工业也较为发达，城镇手工业者、农民个体手工业者和商人约有1.2万人。辛亥革命后，桂阳成立采矿局，兴办了兴源、宝兴、鸿泰铅锌、锑锡股份有限公司等资本主义性质的企业，工人600余人，这是桂阳最早出现的一批现代产业工人。当时，近代手工业和传统手工业也有明显的发展，民船、造纸、五金、木器、油漆、雨伞、竹篾、搬运、轿力、缝纫、理发等手工业工人达数千人，遍布城乡。他们政治地位低，劳动条件差，生产时间长，劳动报酬少，生活极其困苦。资本家剥削工人的方式多种多样，有"抽头""占股""分红""银圆复水"等，还利用行会、帮会榨取工人的血汗。码头搬运工称为"苦力""脚夫"，每天收入本来就很微薄，还要被扣除工具租金的20%，抽两个"二八"分成，自己所得无几。当时，手工业工人劳累一天，一般工资只有几角钱，即使每日有工做，每月也只有六七元工资。学徒工没有工资，仅供三餐饭。逢年过节，工人们还得向资本家、把头、监工送礼。资本家为了获得更大的利润，强迫工人进双班，打连班，矿工每天劳动至少10多个小时，县城的手工业者每天劳动14至16个小时。店员工人是老板的奴隶，不仅要为资本家赚钱，而且还要在生活上侍候他们，每天劳动时间更长。工人由于收入微薄，生活艰难，住的是破草棚，盖的是破棉被，穿的是烂衣裳，吃的是霉米、糠壳、瓜藤、苦菜和烂菜叶汤，有病无钱医治。不少工人冻死、饿死、病死，或外出逃荒要饭，倒毙于荒郊野外。有一首矿工歌写道：

> 跪着进地狱，清早去上窑。
>
> 背出矿石来，矿主钱袋饱。
>
> 三餐在井下，天黑不知晓。
>
> 若是崩了矿，尸骨都难找。
>
> 明知是地狱，无奈当矿佬。
>
> 一家无生计，只为养老小。

邓北钥是桂阳倡导新文化运动的先行者。

邓北钥，乳名镇南，辈名于立，书名锡勋，1884年8月23日出生于桂阳县福寿乡车江源村。1907年，邓北钥考入长沙甲种师范学校，后就读于武昌法政学校，受到进步思想的濡染。他于1916年毕业回乡，带回了一大批进步书刊。为兴办家乡教育事业，他串联进步青年，疏导开明绅士，拆神龛，砸菩萨，把村子附近的回龙庵改办成学校，招收农家子弟入学，向学生传播新知识，在当地造成极大影响。1918 年春，邓北钥积极响应孙中山领导的护法运动，在洋字团广泛动员自己的学生及青壮年农民参加护法军，积极筹集资金置办军服，购买枪支，组建了一支约 200 人的队伍，于 4 月开赴桂阳县城，边整训，边扩军，准备开往广州。此事一时轰动桂阳。5 月，护法运动失败，邓北钥返回家乡。后他又在本村显公祠创办明达小学，招收进步青年入学，除学习文化外，还进行军事训练，灌输革命思想，培养积聚了一大批革命后备力量。"五四运动"前后，桂阳一大批进步青年外出求学，投身新文化运动。

公费留学英国皇家学院的李毓尧，1919 年回国就任北大地质学系讲师。他利用寒暑假回桂阳的机会，考察县内矿藏，举办讲座，传播欧洲的先进科学技术和文化知识，期望唤起民众科学救国、教育救国、实业救国的意识。

在湖南省立第三师范学校就读的桂阳籍学生李在新、刘煦基、欧阳明彬、何澄、李泽、雷崇周、匡黎光等，先后参加了湘南学联、旅衡学友会等进步团体，较早地接受了新文化、新思想的影响，为马克思主义在桂阳的传播，以及革命斗争的兴起与发展，充当了骨干和先导。

1884 年 2 月 18 日出生于桂阳东镇乡排楼村的李木庵，原名振堃，辈名宗潢，字典午。他本来家境殷实，生活富裕，衣食无忧。他本人于辛亥革命后出任广州地方检察厅检察长、福建闽侯县知事、福建督军公署秘书等职，可谓仕途通达，前途无量。然而，他一样痛感社会不公，国家落后，期望能为振兴中华尽一己之力。1925 年春，他受中共福州特委派遣，利用朋友关系策动不满北洋军阀统治的闽军第三师旅长曹万顺和杜起云率部起义，编为国民革命军第十七军，李木庵任该部政治部主任。受命后，他随即着手组建部队政治工作机关。在中共福州特委的支持和帮助下，他从黄埔军校和其他学校的毕业生中挑选了一批共产党员和共青团员，作为部队政治机关的领导和骨干，使部队政治工作面貌迅速改观。是年夏，李木庵由政治部组长胡一帆、参谋胡秉铎介绍，加入中国共产党。中华人民共和国成立后他曾担任中央人民政府司法部党组书记等职。

1900 年，桂阳洋字团出身贫苦的邓华堂与本县太和乡地界村徐连胜结为金兰之交，一道出走南粤，步入军旅生涯。辛亥革命后，邓华堂投入孙中山领导的护国、护法战争，任护国军营长。1925 年率部参加国民革命军，在邓演达部任运输大队大队长，屡立战功。在党组织培养下，于1926年春加入中国共产党。

1925年，经邓华堂介绍，邓名阀（后改为邓三雄）在广州参加国民革命军，后随军北伐，不久加入中国共产党。

1921年，欧阳明彬（又名欧阳健）考入湖南三师求学，1926年春，经湖南三师党组织负责人张秋人的培养介绍，加入中国共产党。

桂阳县中共早期党员还有湖南省立女三师的杨呈祥（女），湖南三师的李在新、何汉绫、匡黎光、雷崇周，湖南高等工业学校的何澄。桂阳早期中共党员成为桂阳新民主主义革命的先行者，为桂阳地方党组织的建立发挥了重要骨干作用。

1926年7月20日，中共湖南区委委派何汉（嘉禾人，湖南三师毕业，中共党员，后脱党）以国民党湖南省党部农运特派员的身份，从长沙来到桂阳，指导开展农民运动。不久，又委派梁邦栋（耒阳人，中共党员）以国民党湖南省党部工运特派员的身份来桂阳指导开展工人运动。他们在组织开展工农运动的同时，注意秘密串联进步人士，积极培养发展党员，筹建中共地下党组织。何汉首先找到原湖南三师的同学，时为桂阳镇中小学教员的刘煦基（又名刘蔼民），继而通过刘煦基先后联络了曹立中（又名曹树勋）、何器（又名何小韩），向他们进行马列主义和革命人生观教育，激发其对共产主义的信仰，并在实际工作中加以考验，发展3人加入中国共产党。

接着，何汉与梁邦栋商定，将吸收发展党员的范围向暑期回乡学生及农村、工矿等社会各界进步青年延伸。通过联络，何汉发展了农运骨干、新寨村秘密农协负责人徐行入党，梁邦栋介绍了县城古楼街木屐店进步青年杨赤入党。至1926年9月，中共桂阳地方党组织建立前，又先后发展了杨义福、何宋祯、徐名尧、刘基岳、李特立、龚维周、李克刚、李有成、李仲桑、陈玑等人入党，加上在外地求学暑期回乡的党员，全县党员发展到20余人，为中共桂阳地区党组织的成立创造了条件。

1926年9月，桂阳县第一个党组织——中共桂阳特别支部（代号"木易圭"），在县城文庙（桂阳县人民武装部旧址）成立，何汉任特支书记，隶属中共湘南地方执行委员会。到1927年春，党员发展到36人。

在中共桂阳特支的领导下，桂阳县轰轰烈烈的农民运动开展起来了。1926

年9月21日全县区、乡农民协会代表大会召开，参加会议的有30多个团体，共41名代表。当天下午，召开了桂阳县农民协会公开成立大会，并举行了声势浩大的游行活动。县城周边区、乡1万多农民，手戴红臂章，高举缀有一架犁头、红底黄边的大旗，敲锣打鼓，鸣放鞭炮，列队入城。城内工、商、学各界人士上千人也前来助兴祝贺。"会场几为之塞，实为桂阳空前之盛会"。在城隍庙前的戏台上，何汉等人登台讲话，宣布桂阳县农民协会成立。

到1927年4月，全县成立了12个区农会，63个乡农会，会员人数达3万余人。全县各级农会直接管理的群众达10余万人，成年农民基本上都集合在农会的旗帜之下，农会成了农村的最高权力机关，形成了一切权力归农会的局面。

然而，1927年5月"马日事变"后，国民党在桂阳同样开展了对共产党人的血腥屠杀。6月3日，县长萧干下令解散农、工、青、妇等各种革命团体，禁止一切革命活动，捕杀共产党员和革命骨干，以共产党员和国民党左派为主的县党部也被所谓县救党委员会取代。一时间乌云密布，杀机四伏。这就是所谓的桂阳"江日事变"（6月3日的电报代码韵目为"江"）。不久，反共头目许克祥将血腥魔爪伸向桂阳，指派曾禄兰、欧阳成、徐汉臣、徐国干等人率领反动武装进驻桂阳，纠合县内国民党右派和地主豪绅，恢复团保制度，重组挨户团，成立桂阳县清乡委员会，由县长任主任委员，并设立清乡总队，下辖4个支队，队兵达1000余人；实行"十家联保"，如果一家查出他们认为的"暴徒分子"，则十家同遭死罪；同时，发出清乡命令，到处清查户口，搜山、烧房、捕人、杀人，疯狂地在城厢、洋布坪、东镇等地抓捕共产党员和工农革命群众。中共党员李安梓、李泽等5人在向江西转移的途中，因叛徒出卖，在郴县安和茅栗坳被郴县清乡队包围，全部壮烈牺牲。徐行、李克刚潜至广东连州。党员和革命骨干何器、杨赤、何汉绫、何澄、杨呈祥、何碧云、欧阳良章、匡黎光、雷崇周等，先后在本县山区和周边县农村躲避。欧阳明彬、吴万程旋即乘车抵达长沙，与先期到达的刘树基、刘煦基兄弟俩会合，然后一道乘船到汉口。欧阳明彬在汉口进入第三国际军校第二大队学习，随后辗转到江西，与邓华堂、邓北钥一道，参加了八一南昌起义。

在这场"清乡"浩劫中，王松林、何世凤等30余人，在遭受"下雷公尖""烙红铁""踩杠子"等酷刑后，坚贞不屈，视死如归，惨死在敌人的屠刀之下。

参加南昌起义的共产党员邓华堂、邓北钥、欧阳明彬等在潮汕失败后回到家乡，恢复与当地党组织的联系，策划新的武装斗争。当初永兴的尹子韶、黄克诚、黄平、康子良、刘明初、李卜成与桂阳的邓华堂、邓名阀、邓友玢、邓友祖等人一道在桂阳、耒阳、郴县、宜章和永兴等地发动和组织群众，准备武装暴动。为了革命斗争，他们义结金兰，号称"十雄"。邓名阀按年龄顺序排列第三，故改名"邓三雄"。大革命失败后，"十雄"在周边各县暗地串联准备更大规模的武装斗争。1927年10月初，原朱德副官周树堂，由党组织派遣来湘南活动，邓三雄探悉这一消息，很快与其取得联系。在周树堂的直接指导下，邓三雄为桂阳、永兴、耒阳等周边几个县的联合起义奔走联络，不遗余力。周树堂到桂阳后，根据中共湘南特委的指示，积极筹备武装暴动。他通过与邓华堂、邓三雄等人的多方奔走，联系上郴县、永兴、桂阳、耒阳、宜章5县的党组织，于1927年10月25日在桂、永、郴三县交界的东华山东华庵召开了郴县、永兴、桂阳、耒阳、宜章等5县党组织负责人和军事干部参加的军事会议，史称"东华山会议"。

东华山会议后，参会人员分别扮作小商小贩、砖工、木匠、算命先生、道士和尚、游医乞丐、打渔鼓或唱花灯的艺人等自由职业人员，分赴各地，向贫苦农民宣传革命道理，组织暴动。

12月，邓华堂、邓三雄、邓北钥等人分别回到家乡，筹建农民武装。1927年12月，邓华堂、邓三雄在南衙村组建200多人的农民自卫军。几天后，队伍迅速扩展到600多人。又为区别于以前的农民自卫军，后改称农民赤卫队，由邓三雄任队长。赤卫队办起了简易的兵器厂、炼硝厂，制造土枪土炮，扩充装备。同时，他们对赤卫队员进行军政纪律教育，加强军事训练，从思想上、组织上、军事上为举行起义作了精心准备。

与此同时，邓北钥在洋字团车江源组建了一支500多人的农民赤卫队，队员由全村15至40岁的村民组成，由邓芳棣任队长，邓北钥任党代表。他们将村上公堂里的500多担积谷充作军费，请来10多位铁匠，造土炮若干门，土枪50多支，梭镖、大刀400多把。

早在北伐战争时期，利用国共合作之机，共产党员杨赤就打入县警备队，当上了警备队队长。1927年冬，中共桂阳特支根据中央关于武装反抗国民党反动派的方针，指示杨赤率队起义。同年 12 月，杨赤根据组织安排，在做好基层警官的思想政治工作后，率部举行武装起义。他把县警备队 100 余人枪拉到郴、桂华塘石山头、保和圩一带山区，随后，成立了郴桂边农民自卫军，杨赤任师长。郴桂边农民自卫军成立后，在"大地当床天作帐，饥吞野果渴饮泉"的艰苦环境中，积极发动郴桂交界地区农民参军参战，扩大队伍，并用"吊羊"（即把土豪劣绅抓来责令其家属交款赎人）的方式，筹措资金，购置枪支弹药，充实军需装备。不久，队伍发展到 1000 余人，成为党领导下的一支革命队伍。

1928 年 1 月中旬，郴县、永兴、桂阳、耒阳、宜章 5 县的地下党负责人又到东华山东华庵集合，互通情报，研究工作。与会人员汇报了两个多月来的工作情况，商定了年关暴动时间和进军路线，以及党的组织建设等各项事宜。但这次会议走漏了消息。1 月 17 日，桂阳反动头目雷澂勾结郴县挨户团丰乐团团总罗东之，纠集反动武装 400 余人围攻东华山。正在东华庵内的 30 多名参会人员奋勇突围。经过半个多小时的激烈冲杀，大部分人员突出重围，少数同志壮烈牺牲。突围后周树堂、李林到邓芳林家过了旧历年。1 月 24 日，周树堂委派李林、邓芳林赶到宜章向朱德汇报了 5 县武装暴动的准备情况。听取汇报后，朱德指示，一个真正的革命者，要不贪财，不怕死，处处爱护老百姓，团结工农齐心奋斗。有了可靠的劳苦大众的拥护、支持，就能稳得住脚，革命就能取得胜利。邓芳林返县后，迅速向邓华堂、邓北钥、邓三雄等武装暴动骨干传达了朱德指示。

1928 年 2 月 4 日，朱德、陈毅部队攻占郴县后，逃亡至桂阳的郴县团防武装反动头目勾结桂阳的反动势力，在郴桂边境杀人放火，肆意骚扰，妄图扼杀郴县革命政权，阻止起义军西进桂阳。2 月 12 日，杨赤、徐行、邓允庭等30 多名党员和农军骨干在郴桂边的太排冲龙华山庵开会，研究联合攻打桂阳县城事宜，并派何汉绫先行入城，秘密联络城内共产党员以作内应。

2 月 13 日晚上，工农革命军第七师师长邓允庭、独立团团长万伦、郴桂边农民自卫军师长杨赤各率本部人马，徐行率桂阳正和、豆坪、官溪一带农军400 多人，共约 3000 人，埋伏于桂阳县城附近。次日凌晨，革命军分 4 路合攻桂阳县城。县长冯苍指挥驻城守军李云杰部和邓国元、邓耀之反动武装顽固抵抗数小时后，招架不住，弃城溃退至协和团乌石渡。革命军克城后，打开监狱，放出被囚禁的革命人士和无辜群众；没收了邓玉德、李敦波、李白志3户豪绅的财产，开仓济贫；焚烧了县署、监狱，处死了民愤极大的大土豪邓子南，并在常青观附近将一名抢劫鞋店老板财物的违纪士兵就地正法。居民们纷纷手束红带，燃放鞭炮，欢迎部队入城。15日，桂阳县第一个红色政权——桂阳县苏维埃政府成立。16日，逃到乌石渡的冯苍从大富团等地搬来数百名团防武装，并串通国民党军李云杰部，将通过春陵江运往嘉禾的两船枪支弹药截留，武装团兵，疯狂反扑县城。在敌强我弱的形势下，为保存实力，守城农军经过一番抵抗后，主动撤离县城，回原地休整。

一打桂阳县城后，郴、桂两县反动势力不甘心失败。国民党军一部在狮子岭一带寻衅滋事，桂阳正和与郴县宝峰一带的农民赤卫队在邓允庭、李才佳等人的领导下，给敌军以迎头痛击，一举获胜，缴枪100多支，打死打伤敌兵多人。时隔不久，郴县反动势力又纠集团防武装，到郴桂边的黑山口、华塘、保和、炭窝里、廖家湾、大树下一带杀人放火，骚扰老百姓，妄图扑灭郴桂方兴未艾的革命火焰。

为严惩国民党反动派，郴、桂两县党组织负责人再次研究，决定第二次攻打桂阳县城，并向宜章工农革命军求援。宜章的工农革命军派萧克、徐淳带领人马前来助战。

3月12日，邓允庭、万伦、萧克、徐淳几路革命军配合郴桂边农民自卫军共3000余兵力，再次攻打桂阳县城。萧克所率部队从正和圩行进至官溪村时，与许克祥所属一部和县挨户团团兵接上了火。许克祥部和挨户团兵不敌，且战且退，萧克率队紧追不舍，乘胜逼近城外。徐淳的教导团和农军紧随其后。攻城部队在工农革命军独立第七师师长邓允庭的统一指挥下，对桂阳县城形成夹击之势，以机枪队、马枪队居中，左右翼配以步枪队，同时配以土枪土炮，组成强大的火力网。总攻信号一发，枪炮齐鸣，炮弹在敌群中四处开花。杨赤率部主攻城西南一线。他骑着高头大马，一手挥舞指挥刀，一手举着二十响手枪，冲锋在前。在地动山摇的呐喊声中，守城之敌招架不住，纷纷弃城而逃。中午时分，部队胜利占领桂阳县城。

当天下午4时许，从新田县团防局赶来的100多名团兵联合逃亡敌军反扑县城。攻城部队占据有利地形，居高临下，猛烈还击。萧克指挥宜章农军从东塔岭上向下冲，徐淳、邓允庭、杨赤等指挥教导团和郴、桂农军从山下两侧反扑敌人，一直打到天黑，终于击溃了敌人的反攻。当晚，萧克、徐淳部驻扎在东塔岭鹿峰庵，农七师驻山麓。萧克、徐淳、杨赤等人在鹿峰庵开会，分析研究了各方面的形势，大家认为桂阳农军还难以长时间控制县城，打一下主要是把国民党当局的嚣张气焰打下去，以免对方经常到郴桂边区骚扰，影响两县的革命秩序。次日，萧克、徐淳、万伦、杨赤等各自率部队撤离桂阳县城。郴桂边农民自卫军撤至郴县保和、桂阳阳山一带，继续扩大红色革命区域。

农军两克桂阳县城，给予盘根错节的郴、桂两县反动势力以沉重的打击，推动了桂阳革命斗争向前发展。

此后，桂阳农军又进行了二打庙下村、攻打洋布坪之战，但由于农军没有整编，组织松散，没有训练，又缺乏武器装备，虽取得一定战果，但都未能给敌人以毁灭性打击。

1928 年 3 月底，国民党大军由北、西、南三面大举进攻湘南工农革命军，桂阳农军未及撤退，被敌人打散，农军负责人杨赤、邓华堂、邓北钥、邓三雄等尽数壮烈牺牲，令人叹惋！县委书记何汉侥幸逃出，但与组织失去联系，后脱党。特派员周树堂不知所终。

东扫安仁

安仁县，取"仁者安仁"之意而名之。

安仁县唐代设镇，后唐为场，北宋乾德三年（965）建县。它位于湖南省东南部，罗霄山脉中段，属湘赣边界地区，分别与茶陵县、炎陵县、资兴市、永兴县、耒阳市、衡南县、衡东县、攸县接壤。境内溪清泉洁，江水萦回，山川秀丽，景色迷人。

安仁没有矿产资源，以农耕为主。因此，全县经济落后，农民生活贫穷。土地高度集中在地主手上，农民没有土地，便沦为雇农，一年四季为地主当长工，生活无以为继。如安仁南坪沈古村，据调查，"五四运动"前共有 201户，504 人，共有土地 1655 亩。其中地主豪绅 28 户，104 人，在本村占地1402 亩，占有整个土地的约 84.7%；贫下中农 151 户，只有土地 94 亩，占总人口 75% 以上的贫下中农所拥有的土地只占土地总数的约 5.7%。在安仁人民中流传着这样一首"过年歌"："送旧年，接新年，辛辛苦苦又一年。想吃豆腐炒白菜,二十四日过小年。想吃猪肉炒白菜,三十夜晚过大年。"于是有的农民便在春夏之间上山采药,以换取点零钞买点油盐。也有的一年四季采药,成为药农。做药农是非常危险的,一是钻深山、攀绝壁,一不小心就粉身碎骨;二是那时虎豹成群、毒蛇出没,没有点能耐,很容易喂了野兽。但为生活所逼,不少人铤而走险,葬身大山……

贫苦农民迫于生计,不得不向地主借贷,受到地主高额利息的盘剥。一般借钱月息为10%;借谷,青黄不接时借,新谷上市时还,1担还2担。个别恶霸地主巧立名目剥削农民,逼着农民借1担还10担。排山王古哨农民刘金普在青黄不接时借了地主刘振兴1担谷,以当时价折算,折合光洋20元,刘振兴要刘金普写下欠20元的借据。当年新谷上市,地主先把钱折成谷,以2元一担的时价计算,逼着刘金普还谷10担,刘金普因无法偿还而被迫自杀。

刘金普的遭遇在当时并非个案,地主为富不仁是普遍现象,因而农民不堪重负,企盼翻身也是普遍要求。历次农民运动爆发时,安仁人民都积极响应。太平天国运动时,安仁农民就积极拥护太平军起义。1852年(清咸丰二年)农历七月十四日,太平天国起义军从郴州经永兴向安仁进发前夕,安仁人李德光组织农民起义,攻入安仁县城,砸毁监狱,解放被押的难民。安仁义军后被城守腾加吉率兵围困,义军败退,李德光壮烈牺牲。十八日,太平军首领萧朝贵率军由永兴至安仁,安仁人民热烈拥护太平军,积极为义军当向导,搬运物资。三天后,太平军经攸县进军长沙。次年九月,江西天地会首领孙思隆率起义军进入安仁,联合安仁人民与知县陈备恪等战于宝塔岭,直捣安仁县城,烧毁大堂,捕杀训导吴荣于文昌阁,后转战江口洲。1855年(咸丰五年)九月二日,太平军首领石达开率军在安仁人民的大力支持下,与清军激战于安仁县山口铺、荷树、鹦塘、羊脑圩、源田、壕田、太平头、江东仙、团丫坊等地……太平军在安仁活动期间,安仁农民纷纷响应,踊跃参军参战。其中李尚扬随洪秀全北上,多次建功,1861年因功被授予忠天将。太平天国运动时期的安仁农民起义,点燃了近代安仁农民反帝反封建的烈火。在以后的几十年里,安仁农民对帝国主义、封建主义的反抗从来没有间断过,可惜大都以失败而告终。

1919年"五四运动"后,新文化、新思想传入安仁,给安仁人民带来一种清新的风气,饱受封建思想和封建礼教压迫和束缚的安仁妇女在"安仁学界联合会"和"安仁学生联合会"的帮助、支持下，毅然走出家门，于 1920 年春组织成立了"安仁县天足会"。天足会的宗旨是：反对封建礼教，提倡女性解放，动员妇女放足。谭霞担任天足会会长。安仁妇女运动开了安仁革命风气之先。

1921 年，安仁县华王乡杨柳田村农民唐天际因家里无力支付去衡阳读初中的学费，辍学在家。是年春，安仁发生天灾，百姓收入大减，土豪劣绅却加紧盘剥，百姓苦不堪言。年方 17 岁的唐天际对此义愤填膺，决心要为老百姓做点事。4 月，唐天际与唐德寅、唐如庆等 36 个进步青年，仿效"桃园结义"的形式，在华王组织成立"三十六兄弟互助会"，其宗旨是：平等互助，救济贫民，严禁赌博，除恶安良。"三十六兄弟互助会"成立后，积极开展与欺压农民的土豪劣绅作斗争的活动。

这年农历五月，安仁大旱，农民争水保苗。华王乡东桥村村民罗发科田里的禾苗干枯将死，但土豪陈玉山霸占上游水道，不允许放水通过。罗发科无奈只得找唐天际求助。唐天际率领"三十六兄弟互助会"找陈玉山说理，虽几经阻挠，但最终迫使陈玉山让罗发科放水进田。夺水斗争取得了胜利，罗发科的禾苗得救了，"互助会"也得到锻炼。唐天际所组织领导的"三十六兄弟互助会"是一个具有革命思想的进步组织，有组织宗旨，有领导核心，开展了一系列斗争，维护了群众利益，但它只是一种自发的从自身利益出发的反抗。1921 年，毛泽东曾在衡阳从事革命活动，发展中共党员，那里革命基础较好，唐天际决定到衡阳去。后来，唐天际去衡阳投身于革命运动，加入中国共产党。许多安仁青年也是在衡阳接受了马克思主义理论思想，走上了共产主义奋斗之路。

1922 年毕业于衡阳省立第三师范学校的谭文炳，于 1924 年任县立第一高等小学校长。他利用校长这一职务之便，团结全校进步教师，向学生宣讲"五四运动"的爱国思想，废止学校陋习，支持学生运动。1926 年，谭文炳协助安仁国民党筹备处创办了《新潮社周刊》，并大胆撰写宣传共产主义思想的文章刊载在《新潮社周刊》上，传播马列主义。后来，他又被选为县农协会委员，亲自为农民协会起草了《农民协会组织法》《建立农民武装问题》《农民斗争对象和斗争策略问题》等十多个决议案。

1925 年，唐天际考取黄埔军校第四期。在校期间，他与"安仁学界联合会"及安仁进修学校的谭文炳、侯岳生等仍保持密切联系，用书信把广东的农民运动和革命斗争情况及时向他们通报，为安仁进修学校如何教育农民开展革命斗争指引了方向。1926年7月，中共湖南区执行委员会派遣在长沙达才法政学校毕业的安仁籍共产党员周继武以农运特派员的身份回到安仁，开展革命工作，筹建安仁县党组织，开展农民运动。1926年8月上旬，中共安仁县特别支部在县城文昌宫秘密组建，当时安仁有周继武、黄华芳、侯岳生、谭文炳4名党员，由易慎斋担任支部书记。

在中共安仁特别支部的领导下，安仁农民由自发反抗走向了自觉斗争，这时候他们有了为整个无产阶级而奋斗的目标，开始大规模地组织起来，与整个统治阶级作斗争。1926年10月在安仁县城老文庙成立了安仁县农民协会筹备处，选举谭文炳为主任，黄华芳为组织部部长，周继武为宣传部部长，刘嘉可为财务部部长，彭泳霓为妇女部长，侯岳生、谭昌伸、樊堃光、伍凤梁等为专职委员。全县22个区均建立了区农民协会，134个乡中有128个乡成立了农民协会，会员有52000余人，占全县总人口的约43.3%。

安仁县农民协会成立后，又先后成立了总工会、青年联合会、妇女联合会、工人纠察队、农民自卫队，在全县广泛开展支援国民革命军北伐、减租减息、开仓平粜、清匪反霸、反封建和反压迫、解放妇女的运动，得到广大贫苦人民的广泛拥护。

在安仁，最值得一书的是中共安仁特别支部领导农民协会支持国民革命军叶挺独立团取得首战告捷的历史。1926年6月2日晚，叶挺宿营于县城南桥侧畔河街李家祠内厢房，随同叶挺同时到达安仁的还有第二营营长许继慎、第三营营长杨宁（朝鲜人）等。团参谋长周士第、第一营营长曹渊到郴县解送国民政府送给唐生智的子弹后，也于3日赶到安仁县城。安仁农民协会、总工会等组织积极发动进步人士宣讲北伐形势，宣讲北伐军保护工农群众利益的事迹，发动群众积极为北伐军运送军需物资、做向导、传送情报。叶挺到安仁县城后，为掌握敌我动态，找当地人士询问安仁地形及北洋军阀在附近的布兵情况，了解敌我态势，分析敌我情况。

3日黄昏，叶挺和团参谋长周士第分别率领部队由安仁县城向龙家湾和攸县的渌田前进。出发时大雨倾盆，满地泥泞，路很难行。一路上，安仁的老百姓主动给叶挺独立团的指战员送斗笠、蓑衣，有的人主动给部队当向导，带领部队抄近路往北赶。排山、龙家湾等农民协会组织部分青壮年抬起担架跟在部队后面前进。周士第根据叶挺的命令，于 4 日 4 时以一部从龙家湾烟堆岭向渌田正面之敌发起猛攻，一部从龙家湾黄茅铺插到敌人侧后，向铁丝坳攻击，激战数小时，渌田一带之敌全线溃退。赴黄沙坪方面的北伐军部队，于 4 日 4 时以一部攻击黄沙坪之敌，叶挺亲率主力从黄沙坪以西绕到敌人侧后发起猛攻，黄沙坪之敌也全线溃退。经过 7 个多小时激战，北伐军独立团击溃北洋军阀 6 个团，缴获迫击炮数门、机枪多挺、长短枪 200 余支。当时战斗打得很激烈，北伐军也有伤亡。安仁龙家湾农民协会组织的担架队也有不少人上了战场，他们把伤员抬下战壕，放在龙家湾街口亭子和新街亭子里，让军医医治，阵亡者则摆在烟筒岭下的福主庙的前坪里。不少群众主动帮着慰问、安置伤员，用土方处理、医治伤员，掩埋牺牲的战士。叶挺和周士第率领的两路部队会合于桑田后，乘胜追击，于午后时占领攸县。独立团取得北伐首战大捷，稳定了北伐军湖南战线。北伐首战过程中，安仁一些学校、社团也以极大的热情支援北伐军。近郊、清溪、排山、龙家湾、军山等区、乡农民协会积极筹粮筹款，建立慰问站、茶水站，组织担架队、运输队，安排人员侦察敌情，担任向导。中共安仁地方组织及安仁人民为北伐军在安仁取得首战大捷提供了有力的支持。

1926 年 12 月，中共安仁县地方执行委员会正式成立后，安仁的农民运动逐渐由秘密的发动组织阶段进入到大张旗鼓的公开活动时期，进而转化到"一切权力归农会"的时期。

1927 年 3 月，为了保卫农民运动的胜利果实，用武力镇压敢于反抗农民协会的反革命，在中共安仁县地方执行委员会的领导下和国民党安仁县筹备处的支持下，县农民协会筹备处把原县警备队的武装改编为拥有 80 余人、40 多条枪的县挨户团常备队，中共安仁县地方执行委员会书记易慎斋兼任挨户团主任。各区、乡农民协会也组织了自己的武装——区、乡挨户团。全县农民武装拥有梭镖两万余杆，鸟铳、大刀不计其数。一些土豪劣绅暗自惊呼："安仁已是梭镖天下了！"全县的农民协会组织在中共安仁县地方执行委员会的领导下，颁布诸多禁令，铲除封建恶习，倡导社会新风，如禁鸦片、禁牌赌、禁歧视妇女、禁哄抬物价、禁造谣破坏等。一有触犯禁令者，农会委员们就要视其情节轻重处理，轻者教育、罚款，重者戴高帽子游乡。一些土豪劣绅暗地里骂道："安仁已是委员的世界了！"同时还组建了安仁县特别法庭，县长刘居安任特别法庭庭长，姜凤伟、黄华芳（均系中共党员）为审判委员。特别法庭办公地点设在安仁县署，聘请文书兼书记员1人，书记兼管卷1人，确定办事经费每月向财产保管处暂借50元（银圆），开庭后从收取的罚款经费中扣除归还。特别法庭成立后，首先审判了破坏农民运动的土豪劣绅张治韩、周瑞孚和污吏何海东。各区、乡也参照县特别法庭的工作方式，清算了30多户大土豪，狠狠地打击了土豪劣绅的反动气焰。

1927年5月"马日事变"后，安仁县与全国各地一样，顷刻陷入了血腥的白色恐怖之中。其惨烈已如前述（第三章"血火"）。

1927年7月23日，湖南省委在全省设立11个特委，茶（陵）、攸（县）、安（仁）、酃（县）特委成立，谭天明任特委书记，分管4县的党组织。茶攸安酃特委任命隐蔽在耒阳西乡坚持地下活动、与特委书记谭天明及安仁党组织联络较多的耒阳人徐鹤为中共安仁县委书记，领导安仁党组织进行地下工作。此时，国民党湘东清乡司令罗定在安仁大搞白色恐怖活动，四处缉捕、杀害共产党员和农运骨干，悬赏缉拿共产党员。处境特别危险的中共县委主要负责人谭文炳、黄华芳、周继武、谭联芳等相继离开安仁。7月底，县委书记徐鹤派联络员徐克全来安仁召开党组织主要负责人秘密会议，宣布调整后的县委班子，由徐鹤任书记，侯岳生、龙文从、刘嘉可、徐克全分别任组织委员、宣传委员、财务委员和秘书，县委暂设耒阳西乡，侯岳生、唐德级、陈虞韶、龙文从、刘嘉可、彭泳霓、龙安仓、谭昌伸等人分为3组，唐德级、龙文从为第1组，刘嘉可、陈虞韶、侯岳生为第2组，谭昌伸、龙安仓、彭泳霓为第3组，分别到华王、豪山、羊脑等山区秘密发动群众、开展革命活动，由徐克全联络各组的工作。唐德级在华王与进步群众唐芳炳等人秘密串联，成立共产党的外围组织"穷人社"，发动群众与当地豪绅斗争，继大革命之后，再次煽起群众对地主、土豪的怒火。刘嘉可等人在豪山发展何阳仔、何二即、坪上人谭生即等人为中共党员，并联络李会仁、赖奎明、林文阶、刘伦发、李文清、譬显禄、何冬懿、彭三保等思想进步的群众开展革命活动。

9月，在湖南三师读书的共产党员廖超群，在共青团湖南省委的指示下，秘密潜回安仁进行革命活动。他未能马上与党组织取得联系，便隐蔽下来，在工人、农民和各界进步人士中秘密宣传党的"八七会议"精神，教育群众认清革命形势，号召大家高举土地革命和武装反抗的旗帜，以革命武装反抗国民党的反动统治。在宣传发动的基础上，廖超群在县城发展樊成章等10余名进步青年为中国共产主义青年团团员，并成立共青团安仁区分部，任命樊成章为共青团安仁区分部书记。共青团安仁区分部一成立，即担当起协助中国共产党组织领导安仁进步青年武装反抗国民党统治、建立红色政权的重任，积极开展革命活动。

10月底，参加南昌起义的国民革命军南昌卫戍司令部副官长唐天际潜回家乡安仁华王乡，以探亲访友为名，暗地里同在家乡隐蔽的共产党员唐德丝接上了头，然后通过唐德丝又与县委联络员徐克全取得了联系。唐天际与徐克全联系上后，向徐克全汇报了中共长江局和中共湖南省委的指示精神，并提出了以开祠祭祖、悬挂"国民革命军陆军中校"的大匾为名，设宴在华王杨柳田村请客，大造革命舆论、迷惑敌人、震慑土豪劣绅、恢复农民协会的想法。很快，唐天际的想法得到中共安仁县委的同意。在开祠祭祖、悬挂匾额这天，除了华王一带唐姓族人和异姓亲友外，一些有身份的土豪劣绅也纷纷前往华王唐氏宗祠捧场。唐天际抓住机会，大力宣讲南昌起义、秋收起义的历史背景和意义以及孙中山的"联俄、联共、扶助农工"三大政策。接着，唐天际提出把解散了的农会恢复起来、把被关押的农会干部保释出来的意见。到场的土豪劣绅因当时的形势变化太大，不明真相，见唐天际是个中校军官，又有见识，不敢得罪，个个抢先表态，同意和支持唐天际的看法和意见。当晚，唐天际趁热打铁，又以晚宴为名，把唐德丝、唐如庆、唐德寅、唐楚材叫到自己家中，对组织发动群众、恢复农会等工作一一作了分工。不几天，华王及其周围的南雷庙、古塘、小背、茶叶、龙海、平山等地的农会组织迅速得到恢复。

11月，徐克全通知唐天际参加县委会议。这次县委会议重点研究了发展党员、建立党的组织、恢复农民协会、组建农民武装的问题。会上，唐天际与湘南特委派来的联络员文干周见了面，和与会人员一起对安仁重建党的组织等问题进行了商讨。此时的中共安仁县委转归湖南省委领导下的湘南特委管辖。会后，唐天际按照湘南特委和中共安仁县委的指示，在华王发展了唐如庆、唐虞、唐德寅、唐冬发、唐楚材等5名党员。

11月底，在中共安仁县委联络员徐克全的指示下，青年彭三保经鄢县上井冈山，与当地党组织和革命队伍取得联系，并投入了革命队伍，后在井冈山根据地保卫战中献出了年轻的生命。谭昌伸等人则在羊脑山区奔走，在李宗才、段德尧、李新乃、段邦兴、陈邦茂、李运徕、刘新福等穷苦百姓中做宣传发动工作，团结了一帮苦大仇深的农民作为革命骨干，并发展李运徕为党员，酝酿发动农民暴动。12月底，通过徐克全传信，徐鹤指示侯岳生、唐德级、谭昌伸等负责人：注意隐蔽，努力发动，准备起事。

12月26日，中共华王支部建立。中共华王支部有党员7名，唐天际为支部书记。12月底，中共羊脑支部、豪山支部相继成立，谭昌伸、刘嘉可分别担任支部书记。至此，以徐鹤为书记的中共安仁县委，下辖中共豪山支部、中共羊脑支部、中共华王支部，领导党员群众积极开展对国民党反动派的斗争。

在此期间，安仁地下党组织曾多次派人上井冈山与毛泽东联系，由于国民党封锁得严，未能成功；毛泽东也曾派一营党代表宛希先到安仁与安仁县委联系，但由于县委隐蔽于耒阳西乡，3个支部都在靠近耒阳的羊脑、华王、豪山，由东边下来的宛希先虽然在安仁住了两天，但等县委得知消息前来联系时，宛希先又走了，错失良机。

1928年2月9日，毛泽东派谭家述率领一支游击队来到安仁。谭家述是湖南省茶陵县舲舫乡中洲村人，1927年初入国民革命军第四军第二十四师教导队学习，后随部参加了著名的南昌起义并南下广东作战，在揭阳的战斗中负伤后辗转回茶陵，任县农民自卫部部长，参加组织茶陵赤卫队，后任队长。1928年1月，谭家述率领的农民赤卫队随毛泽东的第一团从遂川黄坳上井冈山。2月初，毛泽东决定让谭家述回茶陵开展游击斗争。谭家述率领茶陵游击大队从井冈山出发，翻山越岭，经沔渡、华里回到茶陵，打了一个胜仗后，被国民党追剿，便率队来到了安仁潭湾、福星，将潭湾赤卫队整编为潭湾红军连和潭湾游击队两支武装队伍，隶属工农革命军第一团，红军连连长为赵道政，游击队队长为赖信昌。中共潭湾支部、福星支部积极发动群众恢复农会，再次开展打地主、打土豪劣绅的群众运动，建立革命根据地。同时，中共茶陵县委、茶陵县工农兵政府机关搬到革命势力强大的红区潭湾办公，一时，潭湾、福星成为井冈山根据地西南的两道红色屏障。3月17日，谭家述率领红军游击队和潭湾、福星红色武装及农民协会的积极分子，奔袭关王庙，捣毁了高坊盐卡，缴获长枪4支。接着，谭家述及红色武装在关王、豪山两地发动、组织群众进行暴动。由于国民党反动派在关王、豪山不断"清乡""剿共"，红色武装在发动暴动后，只能马上撤走，未能直接成立苏维埃政府。

1928 年 2 月 10 日，朱德部率军离开郴县北上耒阳的消息传到华王，唐天际当晚召开支部紧急会议，决定先在华王乡举行暴动，然后推动全县大暴动。会议确定了暴动时间、集合地点、宣传发动方式和组织方式，并推选唐天际为总指挥。2 月 15 日，安仁县华王乡上千农民在没有外力支援的情况下，一举暴动成功。2 月 26 日，安仁县第一个基层苏维埃政府——华王区苏维埃政府在华王庙街的财神殿正式成立。这一天，上千农民聚集在华王庙街的戏台前，举行庆祝仪式，童子团 10 人一组，手持三角红旗和棍棒，穿街游行。街两旁的墙壁上贴满了"打倒土豪劣绅！""打倒贪官污吏！"的红绿标语。戏台两边贴着"村村打土豪不留半点情面，处处兴农军大长工农威风"的红纸对联；横额上高挂"华王区苏维埃政府"红匾。大会选举出唐如庆为华王区苏维埃政府主席。唐天际将"安仁县华王区苏维埃政府"四方大印交给唐如庆时，全场人员欢声如雷，欢庆穷苦农民破天荒自己掌上了权。区苏维埃政府成立大会上，中共华王支部正式组建了华王区苏维埃政府农军，下设 3 个中队，任命唐琢章为东路军总指挥。唐天际亲自带领农军由西向东，逐村推进，扩展暴动区域。

3 月 4 日，龙海地区 17 个乡的上千名农工在龙海塘圩场财神殿前的万元坪举行暴动，成立龙海区苏维埃政府，组建农民武装，由侯岳生担任龙海区苏维埃政府主席和龙海区农军指挥长。暴动的农军队伍编为 10 个农民自卫军中队。

1928 年 3 月中旬，以李朝芳、范石生为总指挥的湘粤军阀集中 9 个师的兵力对湘南革命力量进行南北夹击。面对强敌压境的严峻形势，朱德、陈毅坚决抵制湘南特委死守硬拼的做法，决定避敌锋芒，主动撤离湘南，向东转移。朱德一面指示唐天际在安仁扩大暴动，为主力军东撤井冈山开辟道路，一面将主力军调驻耒阳、安仁边界的敖山庙，既为东撤作准备，又可相机支援两县的革命运动。按照朱德的指示和部署，耒阳县石准、大义、上架等乡的农民赤卫军负责人曾木斋、文干周、周鲂，永兴县农军负责人尹子韶和第九区安福司农军负责人曹钧、许郁，安仁县华王区、龙海区农民赤卫军负责人唐天际、侯岳生、刘峻极等，相约在龙海塘圩财神殿召开联席会，决定分东、北两路进军安平司和安仁县城，打开东上井冈山的通道。会议公推唐天际为三县农军攻打安平司和安仁县城的总指挥（一说总指挥为曾木斋）。

安仁、永兴、耒阳三县农军负责人联席会议的决定传送给朱德后，朱德考虑到安平司是耒阳经安仁通向茶陵、鄽县的要冲，且国民党在安平司只有常备队一个班的兵力守着，力量较弱，便托人带信给唐天际，要求唐天际在攻打安仁县城之前，先打下安平司。

3月16日，三县农军兵分三路，龙海区农军10个中队800余人，会同永耒1000余名农军，进军承坪、平背、安平一带；华王区苏维埃政府农军会同耒阳农军进军灵官庙、南坪、宜阳一带；耒阳导子区赤卫队大队长王烈率部分农军进军洋际一带。此时，安仁南半县农民暴动烈火熊熊，县城内的国民党军政人员大为震惊，县长李华汉被吓得弃印潜逃，国民党湖南省政府速派刽子手周一峰到安仁接印视事。驻扎在攸县的国民党军魏镇藩团急令江仪声营日夜兼程，赶到安仁驻防。16日这一天，当安仁、永兴、耒阳三县1800多名农军攻打安平司时，与县城开往安平司的国民党军遭遇。农军因战斗经验不足，伤亡惨重，第一次攻打安平司不胜而退。

3月18日，安仁、永兴、耒阳三县农军再次联合攻打安平司，由唐天际、侯岳生等人率安仁农军为中路，直奔安平司；由曾木斋等人率耒阳农军为右路，经江口洲过永乐江迂回包抄安平司；由尹子韶等人率永兴农军为左路，由平背进入神洲河一带，截敌退路和阻敌增援。当向安平司发起进攻时，农军在安平司的永乐江对岸华盖洲、平背的苍山和承坪的浪江河岩，遭到从攸县赶来的江仪声营机枪连的猛烈扫射，农军牺牲100余人。第二次攻打安平司又遭败北。同日，县城的国民党警备队乘机偷袭了华王苏维埃政府，劫走被农军关押的土豪劣绅。

安仁、永兴、耒阳三县农军两次联合攻打安平司失利后，3月26日，唐天际带领唐德寅、黄秋喜、唐崇开、唐冬发等人赶到耒阳敖山庙，向朱德汇报了华王党支部的建立，华王、龙海暴动和安仁、永兴、耒阳三县农军两次攻打安平司的情况，并请求朱德率主力部队攻占安仁。朱德向唐天际等人讲述了湘南起义的形势、面临的严峻局势和东撤井冈山的战略部署后，当即命令第三营营长陈道明率部随唐天际等人进军安仁。

1928年3月27日，陈道明率工农革命军第三营随唐天际等人由耒阳敖山庙进驻安仁华王庙。28日清晨，革命军从华王庙向安仁进军时，驻安仁县城的国民党警备队悄悄地从南雷庙向华王庙石头坳行动，妄图再次袭击华王苏维埃政府。陈道明与唐天际得到情报后，立即兵分两路，分别从大塘湾向石头坳出发，实施围歼，在石头坳击毙国民党警备队8人，残敌被吓得弃甲而逃。

石头坳歼敌后，陈道明与唐天际继续率部分别从古铛、宜阳河追歼逃敌。沿途农军和群众纷纷起来响应，几千名农军和群众手持梭镖、鸟铳、大刀、棍棒，跟随部队前进，声势浩大。当工农革命军和农军追至灵官庙时，由安平司换防在双排山一带的国民党江仪声营不战自溃，放弃安平司、双排山，丢下数十支长枪逃回安仁县城，随即拆毁浮桥，在永乐江北岸架设机枪，封锁江面，妄图阻击工农革命军攻占县城。面对这种情况，陈道明与唐天际没有指挥部队和农军强攻，而是采取"引蛇出洞"之计，命令部队用机枪压住敌人的火力，掩护部队、农军和群众往后撤至清溪黄泥坳埋伏起来。江仪声得到工农革命军和群众"败退"的报告后，命令一连出城追击。当敌一连追至黄泥坳时，陈道明一声令下，埋伏的部队和农军一齐杀出，江仪声营的一连被全歼。

3月29日，朱德向湘南起义部队下达东进安仁的命令，与参谋长王尔琢率工农革命军第一师由耒阳敖山庙向安仁华王庙进军。到达华王庙后，林彪部一营驻大塘湾，袁崇全部二营驻华王庙圩，陈道明部三营驻石壁垅。朱德、王尔琢随二营驻华王庙圩赵家祠。华王人民欢天喜地，热烈欢迎工农革命军。华王区苏维埃政府指令当地大地主唐如轸等杀猪做饭，为工农革命军"洗尘"。当晚，唐天际在华王庙召开群众大会，朱德在大会讲话中，号召穷苦农民组织起来，扛起枪，同国民党反动派作斗争。朱德用生动的比喻启发教育大家，"我们穷人要翻身，就要团结起来，抬枪（四川话把拿枪说成抬枪）夺取政权……""一根绳子容易扯断，几根绳子拧在一起就难得扯断……""我们穷人是多数，剥削阶级是少数。穷人团结起来就一定能战胜剥削阶级"。朱德这些铿锵有力的话语，句句打动了贫苦农民的心，唤起了大家对革命的热情和对胜利的信心。大会后，朱德不顾行军劳累，亲自检查部队借老百姓的棉被、门板等物是否写了借条和贴了标签，并批评马夫不该将战马拴在赵家祠的屋柱上，说会损坏民房。接着，朱德在自己的住处连夜召集华王区党政干部会议，调查了解情况，商谈发展农民武装和夺取全县政权的问题。

在朱德率部进驻华王庙前，毛泽东率部于3月12日指挥秋收起义部队由宁冈进军酃县，游弋于湘南的安仁、永兴、资兴、桂东等四县东翼，在酃县的山口建立了苏维埃政府。山口与安仁潭湾相连，秋收起义部队在山口建立苏维埃政府，对于接应湘南起义部队、游击于罗霄山脉东麓，有很大的地理优势。这时候的安仁县，南西两面为革命军的雄师劲旅所占据，暴动烈火由南向北，由西向东，直扑安仁县城。城内的国民党军政要员犹似热锅中的蚂蚁，各怀鬼胎，图谋逃脱之计。3月29日，在安仁、永兴、耒阳三县农军准备攻城时，国民党营长江仪声不顾县长周一峰的坚守请求，率残部连夜逃回攸县县城。江仪声营一走，上任才半个月的周一峰自己也摸黑逃到衡东去了。国民党安仁县政府宣告垮台。

于是，在安仁人民中流行起一首民谣：

　　　　工人农民好大胆，仿照俄国兴共产。

　　　　枪又冒得枪，拿起团鱼钻。

　　　　炮又冒得炮，松树挖个眼。

　　　　七区来斗阵，八区来助兵，

　　　　九区来松路，十区进了城。

　　　　处处闹红声势大，赶起大兵逃衡阳。

4月8日，朱德由安仁北进酃县，在此等候郴县的陈毅东撤。4月20日左右，朱德与毛泽东在酃县的沔渡首次相见，然后各自率队于4月28日在井冈山宁冈会师。

从胡少海智取宜章，朱德打起红旗进郴县，到永兴围城、二打耒阳、三打资兴、二打桂阳、东扫安仁，湘南起义占领7个县，烽火连天，波澜壮阔，整个暴动就是一出活生生的"农村包围城市、武装夺取政权"的英雄话剧！但我们看到，在整个战斗过程中，湘南工农武装是占主导地位的。各县在朱德部队到达之前，武装暴动早已在广大乡村轰轰烈烈地开展起来，只是攻打县城时力量不足。等到朱德部队一到，或依靠朱德的主力援助，或借助朱德部属的指导，或依靠几县农军的协作，便把国民党盘踞的县城打下来了。

可以这样说，湘南起义为"武装斗争与农民运动相结合"提供了光辉的范例。它对井冈山革命根据地的发展，对探索农村包围城市的革命道路，具有深远意义。正如湘南起义的亲历者萧克上将所说："（湘南起义）为我党和毛泽东同志科学地总结出中国革命走农村包围城市、武装夺取政权的道路这一光辉理论，提供了宝贵的实践经验。"湘南特委领导下的地下党组织和以朱德为首的工农革命军第一师党委是坚持实事求是、一切从实际出发、独立自主地解决现实问题的典范。

第六章

烈 火

宗法封建性的土豪劣绅，不法地主阶级，是几千年专制政治的基础，帝国主义、军阀、贪官污吏的墙脚。打翻这个封建势力，乃是国民革命的真正目标。孙中山先生致力国民革命凡四十年，所要做而没有做到的事，农民在几个月内做到了。这是四十年乃至几千年未曾成就过的奇勋。这是好得很。

——毛泽东

毛泽东下湘南

> 这是一页曾经被主人公撕去的历史！毛泽东一辈子不谈湘南起义，每次谈起湘南行，他都是说他去接南昌起义的朱德同志……然而，历史并非如此。

蒙冤下山

1928 年 3 月上旬，江西井冈山还处在春寒料峭之中。

在茅坪八角楼工农革命军第一师师部，营以上干部均到会，室内烧着木炭，红红火火，噼啪作响。大家围炉而坐，神情严肃。

门开处，一股寒风钻进来，让人打个冷战。毛泽东领着一个俊秀的青年，走进屋里，介绍说："同志们，这是中共湖南省军委特派员，湘南特委军事部长周鲁同志。我们已与上级很久没有联系了，这次周鲁同志带来了上级的指示精神，让我们以热烈的掌声欢迎他。"说着带头鼓起了掌。

掌声过后，这年青人一脸肃杀之气，立在屋中央，手里拿着一张黄草纸，冰冷地念道：

"本人周鲁。中共湖南省委命令我前来传达'中共中央临时政治局政治纪律决议案'关于对毛泽东同志的处分决定：湖南省委委员彭公达、毛泽东、易礼容、夏明翰应撤销现在省委委员资格，彭公达同志应开除其中央政治局候补委员资格，并留党查看半年。毛泽东同志为八七紧急会议后中央派赴湖南改组省委执行中央秋暴政策的特派员，事实上为湖南省委的中心，湖南省委所犯的错误，毛同志应负严重的责任。应予开除中央临时政治局候补委员。特委决定，撤销井冈山前敌委员会，部队改为湘南工农革命军第二师，毛泽东不再担任前委书记。前敌委员会改湘南工农革命军第二师党委会，由何挺颖同志任师党委书记，只管军中党的工作，不管地方党的工作。开除毛泽东同志党籍，毛泽东任工农革命军第二师师长（为叙述方便，后面毛泽东部均称第二师）。命令毛泽东同志即率所部下湘南参加湘南暴动，不得延误！"

周鲁这一番话说出，屋里立刻有一股寒彻骨髓的冷气，空气都冻结了。外面自然气候的寒冷，还不如此时室内的那种寒意。不过，那也只是片刻时间。人们醒过神来，愤怒立即像火山一样爆发出来。

何挺颖

"狗屁！这是哪个中央的狗屁？毛泽东同志辛辛苦苦，好不容易保存下这点队伍，没有功劳有苦劳，怎么还犯错误了？"谭震林愤怒了！

"是呀，没有毛泽东同志，你这会找谁去下命令？队伍早就没了！"一团团长张子清也不解地说。

"毛泽东同志领导秋收起义，没有执行中央决策，放弃湘南起义，放弃攻打长沙，致使中央的统一部署落空。这难道不是错误？"周鲁答道。

"放屁！我们这点队伍去打长沙，去送死呀！打光了这点队伍你们才高兴是不是？你现在一个人，我们大家来打你，是不是打你不死？你试试！"谭震林怒不可遏，挥起了拳头。

右一谭震林

"老谭，别激动，有话好好说。"毛泽东急忙制止。

"可是，毛泽东率队躲到井冈山，犯有'右'倾错误。边界的斗争，烧杀太少，行动太右，没有执行'使小资产变成无产，然后强迫他们革命'的政策，没有丝毫地造成全国总暴动的准备工作。这是极为消极的态度，与中央的要求，相差甚远。"周鲁无法反驳谭震林的话，于是不服气地指责毛泽东不够"左"。

二团党代表何长工站起来愤怒地说："你们要撤毛委员的前委书记是哪里的命令，哪里的决定？毛委员在频繁的战斗里，在险恶的环境下，建立了井冈山根据地，插稳了红旗，这是很不容易的。到处杀人，乱杀人，这红旗插得稳吗？真是乱弹琴！毛委员是有威信的，这样好的领导者你们都要撤掉，党的原则哪里去了！当然何挺颖是个优秀的同志，当党代表没有问题，但毛委员是毛委员，是中央委员，他的威信、水平都不同。"

一团党代表何挺颖也生气地接过何长工的话说："我不能胜任。你们这么搞，组织手续不当，怎么一个特委的特派员可以把我们前委党的机构撤销，前委书记的职务撤掉了呢？前委是秋收起义之前经湖南省委决定的，起码也得经湖南省委报中央批准。"周鲁蛮横地讲："我代表特委，特委代表省委，省委代表中央，中央代表国际……"他这一代就代上天了，搞得大家目瞪口呆。然而，大家并没有被他的"太上皇"身份所吓倒，对中央这一个错误决定，亲身经历起义全过程的大多数人仍持反对意见，他们的意见既尖锐又客观，周鲁根本无力反驳。无奈，周鲁最后只得推说："我是奉命来撤他的，我没有办法，你们有意见向特委、省委、中央报告好了。"

毛泽东听着大家的发言，冷静地思考了很久。他理了理长发，然后站起来说："同志们，好了。我们党是有规矩的，没有规矩不成方圆。我们的规矩就是少数服从多数，下级服从上级。在同级工作会议上，少数服从多数，在下级与上级之间，下级无条件服从上级。中央的决定是否正确，时间会给出答案，我们没有必要再议论。我的意见，我们按周特派员的指示做。大家有什么意见？"话说到这个份上，你毛泽东都没意见，大家还有什么说的？沉默，只有沉默……

毛泽东明白，响鼓不用重锤，说什么都是多余的了。便宣布了散会。

夜阑星稀，朔风呼啸。别看毛泽东会上冷静，其实心海波涛汹涌，无法平静。八七会议上，大家把陈独秀的右倾思想批了个痛快，还把他的总书记给撸了，换上了瞿秋白。瞿秋白，一介书生，白白净净，斯斯文文。他到列宁的故乡学习过，马列主义理论、文学素养都不错。当时选你我也是举了手的啊！可你办事怎么就这么不切实际，不知转弯？你这是由极右到极左啊！明明情况变了，还死守着原来的计划；明明敌强我弱，硬要几支农民队伍去打大城市，拿着鸡蛋往石头上碰！没听你的吧，你有气，撤了我的中央临时政治局候补委员和湖南省委委员，也了不得了，为什么要开除我的党籍啊！你也太过分了！党员是一个共产党人的政治生命呀，你这不是等于枪毙我吗？你这个臭书呆子！

唉！这些话，毛泽东在会上没法说出口，只有憋在心里。撤了他的全部党内职务，开除党籍，又命令他下湘南，他还不得不去。须知，湘南这时已不是朱德初起事时的形势，而是国民党北西南三面大军围剿的中心地带，那是送去给国民党"包饺子"呀！可他必须去，不去就是抗命中央。毛泽东手下大将谭政在《前委工作的见闻》中曾这样记叙说："尽管周鲁传达的意见是错误的，可是当时怎么办啊！毛泽东是党员，他敢反中央吗？这是一个纪律问题。公开反不可能，作斗争也难办。"于是只有走一步看一步，先执行了再说。但他心中的痛，却是一辈子的。从此他不提湘南起义！不提他在湘南的40多天。

再说周鲁，也是个湖南小老乡。

周鲁，字襄楚，生于1899年，比毛泽东小6岁。湖南省溆浦县麻阳水乡哑塘周家村人。周鲁少年时就读于溆浦县九牧中学，与邓乾元等老乡接触，接受了进步的革命思想。邓乾元曾是湖南学生联合会负责人，后成为湘赣边界特委负责人。周鲁后去长沙，就读于兑泽中学，在兑泽中学读书时加入了共产党地下组织。党组织曾派其赴法国留学，归来后到黄埔军校学习。北伐时他担任过指导员，北伐军打到长沙时，周鲁回到衡阳任青年团书记，后来又成为中共湘南特委的军事部长。当时他上井冈山时 29 岁，正是血气方刚之时。他手里拿着中共中央、湖南省委、湘南特委的"尚方宝剑"，以"钦差大臣"自居，有点不可一世，根本听不进大家的意见。因此，几十年后，幸存的这些老将军们对他无一有好感。

第二天，毛泽东立即召集师团以上干部会议，商讨远征湘南事宜。经过充分的酝酿，会议决定兵分三路，挺进湘南。第一路由袁文才、何长工率领第二团第一营从宁冈大陇出发，经十都、石州、泥湖、坂溪、橡树坳、水口到酃县中村集结；第二路由王佐率领第二团第二营从大井出发，经大院、黄挪潭到水口与袁文才的第一营会合，到中村集结；第三路由毛泽东和何挺颖率第一团主力从宁冈砻市出发，途经河桥、睦村，到达酃县中村。出发的时间定为 3 月 12 日，集结地点在酃县中村。

1928 年 3 月 12 日清晨，第一团主力集结在砻市的一块草坪上，团长张子清集结完队伍，请毛师长讲话。毛泽东不能当前委书记、师党委书记，只能当师长了。他平生第一次挎上了驳壳枪，向部队讲了话。据何长工回忆，毛泽东说："军旅之事，未知学也，我不是个武人，文人只能运用笔杆子，不能动枪。秀才造反三年不成，当师长有点棘手。可是，一个篱笆三个桩，一个好汉三个帮，三个臭皮匠，合成个诸葛亮，要靠大家了。我们有这么多干部，大家都是党的骨干，在斗争中积累了一些经验，大家都来当个参谋吧！"

毛泽东的这番话，说得倒很轻松，可了解实情的人心里都很清楚，毛泽东承受着巨大的精神压力。

后来，毛泽东在《井冈山的斗争》中写道："三月上旬，前委因湘南特委的要求而取消，改组为师委（何挺颖为书记），变成单管军中党的机关，对地方党不能过问。同时毛部又因湘南特委的要求调往湘南，遂使边界被敌占领者一个多月。三月底湘南失败，四月朱、毛两部及湘南农军退到宁冈，再开始边界的割据。"

湘赣边界被敌人占领一个多月，使刚刚建立起来的井冈山根据地遭遇重大损失：主力部队南征后，井冈山上已显空虚，只留少数武装守山，其余的都是地方武装。由于敌人已知工农革命军的情况，调来重兵，对革命根据地进行疯狂的烧杀，除初具规模的井冈山革命根据地的红色区域茅坪、大陇、茨坪、大小五井、九陇山等山区仍掌握在工农革命军手中外，遂川、茶陵两县城丢失，其他平原地段红色区域被敌人占领一个多月。这就是湘赣边界的"三月失败"。井冈山根据地的缩小，让毛泽东与朱德会师后的整编力量失去平衡，同时，湘南起义军的生存空间也缩小，导致湘南农军被迫返回湘南，全军覆没，造成重大损失。

1956年9月，毛泽东在党的八大的一次预备会上，曾风趣地谈及这段历史。他说："'开除党籍'了又不能不安个职务，就让我当师长。我这个人当师长，就不那么能干，没有学过军事，因为你是个党外民主人士了，没有办法，我就当了一阵师长。……后头又说这是谣传，是开除出政治局，不是开除党籍。啊呀，我才松了一口气！"

止步郴县

3月12日，工农革命军两团之众，在毛泽东、张子清、何挺颖的率领下，离开井冈山，开始挺进湘南。毛泽东带领第一团于13日抵达郴县下关境内，消灭了一支六七十人的地主挨户团武装。下关挨户团团总戴同德和当地劣绅王可其被处决。3月14日，第一团攻克郴县县城，将敌守军1个营打垮。按照毛泽东的吩咐，团政治部主任宛希先立即

洣泉书院

着手宣传工作。次日，在县城洣泉书院召开群众大会，由宛希先主持，参加大会的有千余人。毛泽东与周鲁等住进洣泉书院。

在郴县，特支书记刘寅生给毛泽东看了中共中央临时政治局政治纪律决议案，决议案中只开除毛泽东省委委员和临时政治局候补委员的职务，其他的都是周鲁擅自作主胡搞的。为此，工农革命军第二师党委会召开会议，严肃批评了周鲁假传圣旨的行为，同时恢复了毛泽东的中共党员身份，让其参与师党委

决策。那是政治生命的重生啊！因此，毛泽东"松了一口气"。

但毛泽东对这支部队的前途，却是更忧心了。

湘南在湘南特委和朱德、陈毅的领导下，工农革命军已先后打下了宜章、郴县、永兴、耒阳、桂阳、资兴六个县城，极大地震惊了国民党当局。1928年3月8日，国民党停止狗咬狗的"内战"，派大军分北、西、南三面包围湘南，一致对付共产党。北面以李朝芳兼"湘南剿匪总司令"，前线指挥部设衡阳。

毛泽东当时不知道敌人的具体部署，但他从各种渠道了解到国民党的大举进攻势态，心中焦急万分。据毛泽东的贴身勤务兵龙开富回忆："打下十都以后，转战直抵酃城，打垮了驻城的一营敌军，我们占领了酃城。毛泽东同志住在一个学校里。当时，我的任务就是到一个地方就要找书和报纸，住在学校里很容易找到，我还跑到县衙门和国民党部找到很多书和报纸，交给毛泽东同志挑选，他选了几本书，部分报纸，其余的都扔掉了。"可见毛泽东十分注意收集敌情。

湘南是京广要道的咽喉部位，国民党岂会让共产党卡上一根鱼刺？目前朱德与自己合力，也就那么点军队，农军战斗力毕竟有限，何况自己的装备远不如对方，又没有后续支援，死守湘南必陷于灭顶之灾！等我赶到耒阳，说不定敌人就完成了合围之势，自己与朱德全被"包了饺子"。个人生死事小，共产党好不容易挣得的这点家底，就要全部赔完，一点不剩！何况自己去了以后，朱德能听自己的吗？观点能一致吗？否则谁听谁的呢？自己不去吧，上级又饶不了，扣个贪生怕死、临阵脱逃的罪名，枪毙都够得上。真是心烦死了！

没办法，解铃还得系铃人，只得找周鲁帮忙了。

深夜，毛泽东敲开了小老乡周鲁的房门："周特派员，有时间聊聊吗？"

"呵呵，毛师长，请进！"周鲁也没睡，搬了把木凳子给毛泽东坐下，"这么晚你还没睡？"

"你不一样吗？"毛泽东笑着说道，"其实，你和我一样，一定是有心事，睡不着。"

"呵呵，毛师长会看相还是会算卦呀？"

"这还用算吗？我们这支队伍下一步往哪里去？去干什么？会有什么结果？你没想？"毛泽东开门见山，直截了当地提出了他所关心的问题。

周鲁说:"这还用问吗? 特委命令,去耒阳与朱德会合,打衡阳,攻长沙呀。"

看来,这周鲁还真的没想过这支队伍的前途。毛泽东叹了一口气,然后耐心细致地跟他讲开了当前形势、敌我力量对比、保存力量的重要性。同时,他把自己思考的井冈山部队留在鄘县、茶陵一带开展土地革命,以便湘东与湘南连成一片,成犄角之势,一旦湘南守不住,有此通道可顺利东撤井冈山的战略构想,详细讲给周鲁听。周鲁竟听得连连点头,称赞毛泽东想得细。没想到,毛泽东没有白费心思,竟然把个周鲁说得服服帖帖。在井冈山这几天,周鲁也开始接触到不少秋收起义军的干部和战士,了解了毛泽东在他们心中的威信,在与毛泽东打交道的过程中,也感受到了自己的不足,加之自己擅自开除毛泽东党籍,被师党委一顿好批,他已没有了先前的盛气凌人。当毛泽东与他商议部队下一步工作时,周鲁竟然同意了毛泽东不把队伍带往湘南中心地带的意见。

周鲁以特委的名义同意了毛泽东的构想,部队稳定在湘东南的鄘县一带开展土地革命,同时派人去通知朱德,让他东撤。有了周鲁的首肯,毛泽东心情好了许多。他立即叫来弟弟毛泽覃,让他带特务连前往耒阳寻找朱德,转达自己对形势的分析和邀请朱德率部东撤上井冈山的意见。他还特别嘱咐,这是周鲁批准了的计划。

命令毛泽东下山,是周鲁的权力。下山后部队怎样活动,周鲁就没了这个能力。他只能听从毛泽东的安排。这就是毛泽东下了井冈山后,为什么没有去耒阳与朱德会师的真相。

历史地看,毛泽东又一次违背上级指示,并不是贪生怕死,而是他比湘南特委站得更高,看得更远。是他的决策,提醒了朱德,挽救了这支宝贵的主力部队。如果听从了湖南省委、湘南特委死守湘南的战略方针,中共历史上就没有了中国工农红军第四军,没有了井冈山根据地,没有了红一方面军,没有了中央红军,没有了长征,没有了……中共的历史将被完全改写!

由于周鲁同意了毛泽东的意见,毛泽东在鄘县停下了脚步,他一面密切关注湘南战局,一面在鄘县开展土地革命,组织工农暴动,同时在中村抓紧整训部队。周鲁接到通知,到永兴参加组织湘南工农兵代表大会,离开了毛泽东部。菲力普·肖特在他的《毛泽东传》中说:"周鲁由于湖南省委的挑拨离间行为,已接受了最后的处罚:他被逮捕并被处死。"这个结论作者没有注明资料出处。如果不是恶意诽谤，那就是著作者文风的不严谨。共和国大将、湘南起义时永兴县独立团党代表黄克诚的回忆录里有明确记载："这时，湘南特委委员周鲁奉命到井冈山传达省委的指示，回来路过永兴，谈他在遂川的见闻，大讲毛泽东右倾，不实行烧杀政策云云。我一听说毛泽东也反对乱烧滥杀政策，心里很高兴，进一步坚定了我自己的看法。"① 湘南起义亲历者、中组部原副部长曾志的回忆录里也有明确记载："到了晚上天黑时，教导队才抵达永兴县城。我很快找到了湘南特委负责人周鲁，把实行'焦土政策'、开会动员以及后来发生的一切都向他作了汇报。我强烈要求派队伍打回郴州去。"曾志是在郴县"返白事件"发生之后去永兴搬救兵见到周鲁的，印象应该特别深刻。而郴县"返白事件"发生在毛泽东下湘南之后，可见周鲁回到了特委。

酃县，位于湖南省的东部，与江西省的宁冈、井冈山、遂川以及湖南的茶陵县接壤，是井冈山革命根据地的重要组成部分。

毛泽东并不是第一次来酃县。1927年八七会议后，毛泽东受中央的指派回湖南领导秋收起义。10月中旬，毛泽东率领秋收起义的革命武装，经"三湾改编"，来到水口，进行了7天的休整和训练。在此期间，毛泽东对罗霄山脉中段和酃县的地形、风俗人情、社会状况和农民运动进行了深入的调查，先后接见了本县梁桥临时党支部负责人周里和第一届特支委员、省农运特派员何健础等人，详细询问了党组织状况，并向他们指出："要迅速把埋伏的同志都联络起来，尽快恢复党的组织，发动农民群众，恢复农民协会，组织武装暴动。"秋收起义队伍下山前，酃县全县党员已发展到100多人，建立了14个党支部，党的活动点有18处，各乡暴动队达3000多人。3月9日，刘寅生和周里带领农民武装在黄挪潭首揭义旗，处决了两名罪恶累累的大劣绅，揭开了3月暴动的序幕。消息传开，群情振奋，各乡农民武装纷纷响应，革命烈火迅速在全县各地燃烧起来。在西乡，以潘祖浩为总指挥的暴动队有1600多人，缴了两个区的挨户团的枪，镇压了一批土豪劣绅。在东乡，张平化带领的农民武装在石州里举行了暴动，部分暴动队员跟随袁文才所辖工农革命军第二团第一营到中村集结。在南乡，除刘寅生、周里领导的黄挪潭暴动队外，还有邝光前率领的下村暴动队、朱才亮带领的水口暴动队和周介甫领导的中村暴动队。这

---

① 见《黄克诚自述》，人民出版社1994年版，第36页。

几支队伍在当地清算土豪劣绅后，会合在水口，攻下了南乡挨户团头目、大土豪李资的庄园，缴获了一批枪支弹药武装了队伍，没收了李资的全部浮财。

3月12日，毛泽东率领工农革命军分三路来到郴县，在农民暴动队的配合下，于14日一举攻取郴县县城，消灭了守城之敌。随后，毛泽东住进县城，3月16日，毛泽东离开县城，18日到达中村，在中村周南小学召开了工农革命军第二师党委和郴县特别区委联席会议。毛泽东亲自就郴县的党组织建设、政权建设、武装建设进行了研究部署。第二天，依据毛泽东的指示，中共郴县县委正式成立，组成了以刘寅生任县委书记、邝光前任组织部部长、周里任宣传部部长的县委领导机构，接着又组建了郴县赤卫大队。刘寅生带领大家，首先在郴县中村区建立了该县第一个红色政权——中村区工农兵政府；接着组织群众进行了土地改革，开展插牌分田运动。

中村上课

周鲁上山，命令毛泽东下山参加湘南起义，并非如毛泽东后来说的自己是主动下山去接朱德上山。毛泽东本不愿下山，无奈纪律约束，不得不服从。下山以后却止步郴县中村，未能听命于湘南特委再趋前一步。这一切都与毛泽东对形势的客观分析有关。

毛泽东不同于瞿秋白，他从1921年参加党的第一次代表大会起，就是在实际工作中滚打，既广泛接触国民党上层人物，也广泛接触中下层人民群众，了解敌情我情，也了解时势发展趋势。瞿秋白在对待湖南秋收起义的态度上，显示出了极"左"的倾向，为此，毛泽东有太多的担忧。中央指导方针上的错误，源自思想认识上的错误，如果不加以纠正，势必对中国革命造成无可估量的损失。经过深思熟虑，毛泽东决定利用在郴县待命的宝贵时间，给部队官兵进行一次政治教育，以提高大家对"左"倾错误的认识，在工作中自觉抵制"左"倾错误。政治教育的课堂是在中村的八担丘板田里。战士们排好队后席地而坐。田头上摆着一张桌子，一条板凳，板凳上放着一块黑板。毛泽东坐在黑板底下，开始作中国革命形势的报告。他指出：中国的革命就是农民的革命。没有农民参加的革命，在中国这块土地上那将是一句空话。因此，我们在明确这一点之后，就应当懂得农民的重要性。现在，全国的形势是个什么样呢？有人认为是革命处于低潮，也有人认为，经过我们党领导的几次暴动之后，革命形势处于高潮，我认为后一种看法是错误的。要知道，中国革命是复杂的，并不是一些人想象的那样，一帆风顺。几个暴动，就以为革命的形势处于高潮。这种指导思想，也就过于夸大了革命的主观力量，而忽视了中国的客观实际。很显然，国民党在军事方面是强大的。由于政治上占统治地位，它的政权是稳固的。但是，国民党反动派也并不是没有缺点，它也有很多的弱点。例如，军阀之间的混战，国民党派系林立，互不买账。还有，国民党反动派只能统治中心城市及交通要道，而对广大偏僻落后的农村鞭长莫及，无法管理。这些弱点也就成了我们的革命武装发展的重要因素。在敌强我弱、敌大我小的形势下，作为弱小的革命武装就应当到农村去，积蓄和发展革命的武装力量，以农村作为依托，建立根据地，开展武装斗争，深入土地革命。

我们在明确这个指导思想以后，就应该集中精力来做好创建农村革命根据地的工作。在实际工作中，要防止"左"的思潮，一味强调去攻打城市，到城里去享受一番。说实在话，谁不愿意到城市去呢？城里高楼大厦，条件优越，比起落后的农村来说不知强了多少倍。但是，我们必须看到，凭现在的力量，我们是不能去攻打城市的，纵然是打下了城市，你也站不住脚。因此，我们应打消这个念头。另一方面，我们在农村工作，条件是很艰苦。一些经不起艰苦环境考验的人，对革命前途悲观失望，认为山区条件差，部队整日钻山沟，根本出不了马列，怀疑红色政权能否存在。这些模糊的思想都是错误的，在我们党内表现出一种右倾悲观论调。由于中国的国情决定了中国革命的性质与特点，因此，我们在工作中就应当清醒地看到，在农村工作中必须做长期的艰苦的思想准备，没有这个准备，我们任何事情也无法做成。

当年随毛泽东下山参加湘南起义的老将军们，回忆当年中村上课的情形，时间、内容有些差异，但在其内容中批"左"却是一致的。这表明毛泽东当时对瞿秋白的"左"倾盲动主义有着极为强烈的抵触。这当然与他自己身受其害的经历有关。

桂东立规

1928 年 3 月 8 日，国民党第十九军李宜煊师开始试探性进攻耒阳，3 月 20

日遭耒阳农军有力反击，败退回衡阳。

3月28日，国民党以四个正规师由北向南压过来，朱德决定采纳毛泽东的建议，主力东撤，以保存实力。湘南特委不同意，要求坚守湘南，死守湘南。朱德坚定立场，坚决抵制湘南特委的极"左"思想，队伍准备由安仁出酃县上井冈山。毛泽东此时仍未见到弟弟毛泽覃的回信，敌情却一天天严重。因消息闭塞，毛泽东在焦急中采取措施，命令何长工率第二团赶赴资兴，以策应郴州方向的农军。自己亲率第一团赶赴桂东，阻击广东方向之敌，以保障东南方向上井冈山的通道的安全。

3月28日，毛泽东率领的湘南工农革命军第二师第一团由酃县的中村进入桂东四都境内；29日，部队到达四都暖水。桂东县赤卫队队长刘雄得知毛泽东率领的工农革命军奉命从井冈山前来策应湘南起义队伍取道桂东时，立即带领队伍从江西上堡出发，跋山涉水，日夜兼程，赶来迎接，正好在此与工农革命军会合。刘雄向毛泽东汇报了赤卫队的情况，以及国民党桂东当局的兵力布防情况，当听到桂东只有几百个人的挨户团和早在一个月以前从穷苦百姓家强令征募而来的近千名"灶头勇"（从每户抽一丁编成的武装）在大岭坳堵截时，毛泽东便有了主意。

国民党桂东县当局收到毛泽东率领的工农革命军已经到达酃县中村、准备进攻桂东的消息后，立即命令负责县内防务的挨户团团长何鉴率领挨户团和"灶头勇"，到距县城30多公里的大岭坳构建阻击工农革命军的工事。

位于贝溪与四都交界的大岭坳，是四都至沙田的必经之地，地势险要，易守难攻。30日清晨，趁敌人未醒，工农革命军在毛泽东、张子清等人的指挥下，由桂东赤卫队引导绕道迅速占领了制高点，展开强大政治、军事攻势，分化瓦解挨户团与"灶头勇"，为保护从穷人家征募而来的"灶头勇"，毛泽东命令部队把枪口瞄准穿清一色黄色制服的挨户团，对穿便服的"灶头勇"则手下留情。战斗一开始，挨户团便被打得溃不成军。何鉴率领的挨户团很快被击败。待何鉴收拢残兵败卒一清点，挨户团十剩其一，而拉夫凑数的"灶头勇"却一无所失，个个安然无恙。大岭坳这一仗，让"灶头勇"们真真切切看到，共产党确实是保护穷人，为穷苦人民打天下，不少"灶头勇"随即加入了工农革命军。

当天下午，毛泽东率工农革命军经贝溪顺利到达沙田圩，师部、团部设在万寿宫。部队途经贝溪南边时，老百姓设立茶水站，欢迎工农革命军的到来。

工农革命军第二师第一团进入桂东沙田圩时，举目所及，偌大的圩场冷冷清清，家家店门紧闭，户户门前落锁。未走的老人，看到部队入圩后，也惶恐不安，躲在门缝后面往外窥视。通过几个战士向几位老人了解，原来是国民党桂东当局和土豪劣绅大肆造谣，污蔑工农革命军是"土匪"，见屋就烧，见物就抢，见人就杀；不杀的，也要在脑门上打一个火印，且该火印会越洗越明，说明你已经从了革命军；凡从革命军的人，"国军"回来后，就要被当成"暴徒"，像去年镇压农民运动时一样被消灭。群众不明真相，非常害怕。当挨户团、"灶头勇"去大岭坳阻击工农革命军时，沙田圩的群众就躲进了深山老林或附近村庄隐藏起来。

毛泽东得知这些情况后，派员找到地方党组织的人，亲自了解当地情况，分析现状，大力开展群众工作。毛泽东在井冈山上就已经知道沙田的工农群众富有革命斗争精神，当年的农民运动开展得轰轰烈烈，"马日事变"后，组建了农民赤卫队，拿起了武器与反动派开展斗争，前不久又进行了沙田年关暴动。于是，毛泽东决定在沙田组织、发动群众复兴沙田工农革命运动，推动桂东乃至整个湘赣边界的工农武装割据。

3月30日晚，毛泽东在沙田万寿宫召开工农革命军第一团的负责人会议。毛泽东在会上提出，要巩固井冈山根据地，就要把桂东拿到手，把桂东作为巩固井冈山根据地的一个前哨。会上决定以班、排为单位组织宣传队，开展各种形式的宣传，消除群众顾虑；发动群众打土豪，分田地，帮助建立工农政权，发展地方武装和做好军队筹款工作。会后，宣传队按照毛泽东的部署，打着红旗深入乡、村，出告示，写标语，进山喊话，宣传共产党的主张。在农民家里，他们帮助群众挑水、扫地、舂米、推磨，与群众促膝谈心、交友，消除群众顾虑。在地方党组织和原来的农运骨干、积极分子的协助下，那些进行过反攻倒算和民愤极大的土豪劣绅很快又被揪了出来。群众很快被发动起来，躲在外地及深山老林里的人，都纷纷回到自己的家中，投入毛泽东亲自领导的打土豪、分田地的大潮之中。不几天，沙田一带就传开了这样一首歌谣：

斧头砍断寄生柴，革命军专打反动派；

工友农友团结紧，革命胜利来得快！

3月31日，正值沙田圩赶集的日子，工农革命军在此召开群众大会。上午 10 时许，沙田戏台下人山人海，戏台台柱上贴着一副苍劲有力的红纸对联："旧世界打个落花流水，新社会建设灿烂光明。"圩场的墙壁上到处贴着"打土豪分田地！""共产党是无产阶级政党！""推翻国民党统治！"等标语。毛泽东登上戏台，向广大群众发表演说，他先问大家世上什么人最多，是穷人多还是富人多。接着，以极为生动而又通俗

沙田戏台

的话语，讲解穷人为什么穷，富人为什么富，讲述工农革命军的性质和共产党的革命宗旨。他指出，中国四万万同胞，大多数是穷人，人多力量大，只要团结起来，革命只会胜，不会败。他号召穷苦工农起来打土豪，分田地，建立自己的政权，坚持与反动派斗争到底！

3 月 31 日晚，毛泽东又在万寿宫中厅主持召开了工农兵代表会议。参加会议的有桂东部分区、乡、村的工农代表，地方党组织的负责人，农民赤卫队负责人，以及工农革命军的部分负责人。在听取了各方代表的情况反映后，毛泽东对"马日事变"后湖南革命斗争形势作了极为精辟的分析，指出："只有深入发动和组织群众，开展土地革命，建立工农政权和工农武装，才能夺取革命胜利。"同时，他对怎样去争取群众、发动群众打土豪分田地、建立工农兵政权、组织赤卫队等重大事项，作了非常详细具体的讲述：要求把土豪劣绅的土地、财物、粮食等分给农民，解决贫苦农民目前的生活困难，满足农民对土地的迫切要求；但也要注意政策，对老弱病残无劳动能力的地主豪绅，也要给予生活出路；同时批评了中共湘南特委要求乱烧乱杀的错误决策。

在万寿宫召开的工农兵代表会议上，成立了桂东县工农兵政府（后改称桂东县苏维埃政府），下设农工部、财政部等，同时成立中国共产党桂东县委员会。根据工农兵代表的要求，毛泽东决定：把中国工农革命军第三营第八连党代表陈奇留下来，担任桂东县工农兵政府主席、中共桂东县委书记。

陈奇（1904—1932），原名祖汉，字贯一，桂东县宜城乡草堂村寨背人，1904 年 6 月 27 日出生。1921 年，他考入衡阳省立第三师范学校学习。1924 年，陈奇由夏曦介绍加入中国共产党，并被选为桂东旅衡同学会负责人及湘南学联领导成员。上海"五卅惨案"发生后，湘南学联派他回桂东组织露天讲

演团，赴各圩、镇进行反帝宣传。1925 年冬，他赴广州农民运动讲习所学习。1926 年 6 月，陈奇回桂东组建中共桂东县支部，任支部书记。1927 年 3 月，他以国民党特派员的身份回桂东领导工农运动，并改组国民党桂东县党部筹备处，任筹备处主任。长沙"马日事变"后，陈奇被列为"暴徒魁首"，遭到国民党政府通缉。他几经辗转到井冈山找到毛泽东，担任中国工农革命军第一师第一团第三营第八连党代表。

陈奇

　　1928 年 3 月底，陈奇随毛泽东的部队来到沙田一带开展革命活动，被毛泽东任命为中共桂东县委书记、提名当选为桂东县苏维埃政府主席兼湘赣边区游击大队大队长。红四军主力回师井冈山后，陈奇率湘赣边区游击队转战于湘赣边界，先后任红五军第五纵队二大队党代表、二支队党代表，1930 年 3 月下旬至 4 月，任红五纵队纵队长兼党代表。

　　1930 年 10 月中旬，中国工农红军第十五军在黄梅考田镇成立，陈奇任军政委。

　　1931 年 7 月至 1932 年 2 月，陈奇因与张国焘意见相左，遭到张国焘的打压，由军政委一路降至团长。1932 年 3 月，陈奇被张国焘以"改组派""AB团""第三党"等莫须有罪名秘密杀害于河南新县境内，时年 28 岁。

　　1945 年，中共七大追认陈奇为革命烈士。

　　1928 年，4 月 1 日，毛泽东来到沙田圩同益布店门前与群众亲切交谈。他用学来的"老表"这个湘赣边界平辈间的称谓称呼群众，使人感到格外亲切；用"一根筷子易折断，一把筷子折断难"的比喻，启发群众团结起来闹革命；用"天下乌鸦一般黑"来形容国民党和各地土豪劣绅都一样地压迫穷人、剥削穷人；用李闯王闹革命、农民不纳粮的事例号召农民起来打土豪、分田地，与土豪劣绅斗争。同时，毛泽东还向群众宣讲工农革命军是工人和农民的队伍，是为穷苦老百姓谋利益的，不抓壮丁，不打穷人，不调戏妇女，不强买强卖，欢迎"老表"们都来参加工农革命军。毛泽东声音洪亮，幽默风趣，深入浅出地向这些老实巴交的山区人讲述革命的道理，句句说在听众的心坎上，大家一听就懂，心悦诚服。

4月2日，工农革命军在沙田圩后的晒布堆召开群众大会。沙田一带的工农大众，胸前佩着红布条，从四面八方涌进晒布堆的草坪里。10 时许，毛泽东在桂东县工农兵政府主席陈奇的陪同下步入会场。毛泽东向近万名群众作了关于开展土地革命的动员报告，讲述了为什么要开展土地革命和如何开展土地革命的问题，并号召人民大众在工农兵政府的领导下，积极投入打土豪分田地的革命斗争。会上，工农革命军把缴获的土豪的铜圆、衣物等分发给到会群众；枪毙了给敌人通风报信、杀害革命军战士的反革命分子郭老保，还把几个民愤极大的土豪劣绅揪到台上示众。台下群情激愤，一片欢腾，群众高喊"打倒土豪分田地！""推翻国民党统治！""中国共产党万岁！"等口号。会后，群众立即行动起来，掀起了土地革命的热潮。在运动中，有人提出不给土豪劣绅分田，还有人提出要烧掉土豪劣绅的房屋。毛泽东得知后，及时制止了这些"左"倾的言行，他开导农民说："田，还是要分，只是不分好田。烧房子有什么用？我们革命，要消灭的是反动势力，是封建思想。房子留下来，还可以办学堂嘛！"此后，沙田一带 20 多个乡、村，开展了分配土地运动。

工农革命军创建之初，队伍的成分较为复杂，既有工人、农民，也有小资产者，还有少数游民无产者及部分从旧军队中过来的人，自然给部队带来了某些小生产者的习惯势力、游击习气、军阀作风等。也由于工农革命军新建不久，还没有来得及进行深入的思想政治教育，再加上"左"倾盲动错误对人们思想的影响，因此，在艰苦的环境中，一些人纪律观念不强，作风不正，侵犯群众利益的现象时有发生，烧杀行为也不时出现。例如，随随便便拿老百姓的东西，睡了老百姓的门板不给上好，用了农民的稻草不给捆好，行军途中随意让民夫挑自己应背的行李，打骂百姓和士兵的现象也还没有绝迹，打胜仗后将缴获的东西装进了私人腰包。打下茶陵后，部队缴到很多财物，可是拿的被拿走了，丢的丢掉了，公家并没有得多少，影响很不好。如此等等，致使军队与地方、军人与百姓、军人与军人之间产生了一定的矛盾，发生了一些纠葛。因此，加强纪律教育，完善革命纪律，克服不良倾向，就成了关系到建设一支新型的人民军队、关系到工农革命军成长壮大的一个重大问题。

如何建设一支完全新型的人民军队，使部队纪律严明、团结统一、战斗力强、深受群众的拥护和欢迎，毛泽东为此不断地进行努力。1927 年 10 月 24 日，工农革命军从江西遂川的荆竹山向井冈山进发，毛泽东在动员讲话中就要求大家上山后，一定要与山上的群众和王佐的部队搞好关系，做好群众工作，并宣布了三条纪律：第一，行动听指挥；第二，不拿工人农民一点东西；第三，打土豪要归公。1928年1月，工农革命军在遂川分兵下乡发动群众时，针对部队中所存在的一些问题，又提出了六项注意：一、上门板；二、捆铺草；三、说话和气；四、买卖公平；五、借东西要还；六、损坏东西要赔。这些举措收到了一定成效，工农革命军的纪律有所加强，遵守纪律、爱护群众的良好风气开始逐渐形成。

然而，由于各种原因，工农革命军的纪律仍然存在一些不尽如人意的地方。部队进入桂东境域后，在四都的东水、西水烧土豪的房子时，曾殃及旁边穷苦百姓的房屋。打土豪时，因调查研究不够，曾出现误将老百姓新媳妇的嫁奁当作土豪劣绅的财物，准备加以没收的情况。一些老百姓因对工农革命军缺乏了解，一见军队就跑，结果个别农民被当作逃跑的土豪劣绅抓了起来，甚至连给挨户团队长做木工的手工业工人也被抓走。在抓土豪劣绅时，也曾出现抓错人的现象。这些虽说是个别的情况，而且一经发现就很快得到了纠正，但仍然造成了不好的影响，引起老百姓的不安，甚至不满。

1928年4月2日晚，毛泽东与第一团团长张子清、党代表何挺颖商量，决定再一次重申工农革命军纪律，以保障部队革命军人的品质，树立工农革命军正义之师的形象。

4月3日上午，风和日丽，天气特别地晴朗。在桂东沙田圩老虎冲的三十六担丘稻田里，工农革命军第二师第一团800多人整齐地肃立在稻田中央；左边站着桂东县赤卫队员，右边站着桂东县少年先锋队队员，约300余人；周围站满了看热闹的农民群众。艳阳初照，金辉耀眼。师长毛泽东健步走上土台，面向士兵，大手一挥，爽朗而又威严地说道："同志们晓得么，我们的队伍为啥子叫作工农革命军？因为我们自己大都是从工人农民中来的，我们的目的就是为工人农民，换句话讲也就是为我们自己打天下的。可是我们有些同志冒得一点工农的觉悟，不尊重工农群众，不爱护工农群众，乱拿工农群众的财物，打土豪的浮财也私拿私藏，不交公家，咯是要不得的。我们是革命军，不是土匪。国有国法，家有家规，军队必须要有纪律。为此，我代表师党委宣布，正式颁布《三大纪律六项注意》，作为我们革命军的军规，任何人都不准违背，包括我毛泽东。欢迎大家监督。三大纪律：（一）一切行动听指挥；（二）不拿工人农民一点东西；（三）打土豪要归公。六项注意：（一）上门板；（二）捆铺草；（三）说话要和气；（四）买卖要公平；（五）借东西要还；（六）损坏东西要赔。……"

第一军规广场

　　90多年过去了，沙田圩老虎冲的地头仍然回响着历史的声音。中国共产党领导的人民军队，由工农革命军，到工农红军，到八路军、新四军，到中国人民解放军，名称不断变化，但《三大纪律六项注意》作为人民军队的军规没变，只不过三大纪律六项注意增加成三大纪律八项注意，在内容文字上作了进一步的充实调整，并谱成了歌曲，广泛传唱，使这一军规成了军歌。1971年8月27日晚，毛泽东视察湖南长沙，对当时的湖南省委书记华国锋再一次谈到《三大纪律八项注意》时，毛泽东深情地回忆说："我带了一个团到湘南去接他们（朱德、陈毅）。到了桂东沙田，我讲了《三大纪律六项注意》，后来逐步发展到了《三大纪律八项注意》。"由于毛泽东的提倡，当时军营、厂矿、学校、机关、农村……到处都响起了《三大纪律八项注意》的歌声。于是，军歌成了民歌，更成了名歌，被收进了各种"世纪名歌"集子。如今，在当年颁布《三大纪律六项注意》的湖南省桂东县沙田镇沙田圩，建起了第一军规广场，作为永久的纪念。

烽火遍地

> 什么叫烽火遍地？3个多月时间，61次战斗，11个县城，数百个乡村经历战火的洗礼，革命斗争如火如荼……

湘南起义，主要任务是武装斗争，因为共产党要"割据"湘南，就必须消灭敌方，消灭敌方的唯一有效手段就是以武装消灭敌人武装，只有这样，才能夺取政权，建立自己的政权。而地主劣绅也不是伸了脖子让农民砍的，他们会以百倍的疯狂进行反扑，这就有了湘南的烽火遍地！

从1928年1月12日朱德部与中共宜章县委共同策划智取宜章，到1928年4月20日毛泽东率第一团击溃追击朱德的国民党第八军张敬兮团的最后一战，整个湘南起义先后进行了有记载的战斗61次，先后夺取了宜章、郴县、耒阳、桂阳、永兴、资兴、安仁、桂东、汝城、酃县、攸县等11个县城。笔者依据湘南各县中共党史正本，按时间先后一一梳理如下：

1. **年关暴动**。（1月12日）朱德、陈毅与中共宜章县委共同策划智取宜章，由宜章县农军负责人胡少海乔装成国民革命军第十六军一四〇团副团长，以保卫家乡的名义率队入城，入城后，受到国民党县政府官僚们的欢迎和置酒款待。席间革命军出其不意，将国民党县政府一干人一网打尽，镇压前后二任县长等9人，缴获步枪350支，驳壳枪10支，俘400余人。

2. **坪石攻坚**。（1月15日）朱德派一个营，与坪石皈塘村共产党员李光中的200多农军一起攻打坪石胡凤璋。胡凤璋是国民党收编的地方惯匪，农军将其外围敌人肃清后，残敌躲进炮楼顽抗，其子胡昭南率1个连100余人由乐昌赶来救援被全歼，胡昭南被击毙。工农革命军和农军因没有重武器，使胡凤璋凭借炮楼得以残存。

3. **碛石暴动**。（1月18日—19日）在碛石支部书记彭晒的领导下农军发动了碛石暴动，没收32户豪绅3000多担谷、60多头猪牛分给贫苦农民过年。枪毙了曹育川、李天保、李畔池3名土豪和税警邓基；组织起碛石独立营，营长彭晒、党代表龚楷（朱德委派）、副营长萧克。

4. **夜袭沙田**。（1月20日）隐身于国民党第十六军特务营的桂东籍共产

党员郭佑林、黄奇志回到桂东，贯彻朱德汝城会议精神，筹备暴动。在组织了
40 余人的赤卫队的基础上，联络了近百名青年农民作为暴动的预备队。1928
年 1 月 20 日晚饭后，暴动队伍在郭佑林、刘雄、黄奇志等人的率领下，悄悄
分三路从东水出发，夜袭沙田圩。这次战斗，暴动队伍无一人伤亡，毙敌、俘
敌 18 人，缴枪 13 支、子弹 3 箱及其他一些军需物资。

5. **黄沙堡攻城。**（1 月 23 日）朱德与陈毅率部开赴黄沙堡城，用"引蛇
出洞"和"赶蛇出洞"的计谋，将当地农军围了三天两晚没有攻破的黄沙堡
城攻克，消灭盘踞该城的反动团防 100 多人。活捉宜（章）临（武）团防教
练李时春、杜焕章，缴枪 20 多支。

6. **观音寺战斗。**（1 月 26 日）朱德率部经过宜章观音寺、笆篱堡，遭遇
许克祥部先遣营。新成立的宜章农军第一连配合朱德的主力部队消灭许克祥部
1 个营和部分地方反动团防，并击毙敌先遣营营长。

7. **坪石大捷。**（1 月 31 日—2 月 1 日）朱德率部队主力 1000 多人抵达宜
章县城南 50 里的岩泉圩，向来犯的岩泉圩许克祥部发起突然袭击，胡少海率
领 2000 多宜章农军从侧后进攻，许克祥腹背受敌，无法招架，率部逃往自己
的大本营坪石。起义军一路追到坪石，抄了许克祥的老巢，许克祥化装逃跑。
此役打垮许克祥部 6 个团 8000 人，其中歼敌 1000 余人，俘虏许部官兵 1000
余人，缴获步枪 2000 余支，各式手枪 100 余支，重机枪 10 余挺，迫击炮、过
山炮 30 多门，子弹 400 多箱，马 13 匹，银洋和其他军需物资几十担。

8. **小溪伏击战。**（2 月 2 日）郴县县委接到朱德、陈毅的指示，要郴县独
立连追歼向桂阳方向逃窜的许克祥残部。郴县县委军事委员伍一仙，郴县县委
委员孙开球、李才佳率郴县独立连与部分农民赤卫队在小溪设伏，经过近 3 小
时的激战，全歼许克祥残部 1 个营，缴获步枪 200 多支、迫击炮 2 门、机关枪
3 挺及其他军需物资 70 余担。

9. **折岭歼敌。**（2 月 3 日）朱德大败许克祥后，郴县守敌王东原大惊，立
即派了 1 个营到郴宜交界处的折岭设防。2 月 2 日朱德率主力由皈塘出发北进
郴县，2 月 3 日行进到郴宜交界的折岭遇阻。折岭在宜章以北 30 里，山峦起
伏，地势险要，90 里郴宜大道蜿蜒其间，是宜章通往郴县的咽喉。朱德指挥
部队和农军分三路攻击，一路正面攻击，两路左右包抄绕到折岭敌后 10 来里
的石山窝，突然发起猛攻，敌人溃逃至两湾洞，被朱德部追上，国民党周澜部

1 个营 400 人被全歼。

10. **大铺桥俘敌。**（2 月 4 日）朱德在打垮折岭阻敌后，继续北进，在良田的大铺桥又遭遇国民党周澜部两个营的重兵把守。得知其中有 6 个连的国民党学生兵，朱德定下"打虎牵羊"之计，狠打老兵，不打学生兵，并对学生兵喊话。在郴州农军的配合下，最终击毙敌督战的团长周澜及顽兵 100 余人，俘虏敌 6 连学生兵约 600 余人，并于傍晚占领郴县。

11. **板梁暴动。**（2 月上旬）永兴县农民自卫队队长尹子韶和黄克诚组织起一支百多人的武装，在板梁刘家消灭了由宜章县逃来的一个叫吴国斌的挨户团头目，缴枪 18 支，正式宣布暴动。

12. **攻占永兴县城。**（2 月 9 日）朱德命张山川率领一个加强排在油榨圩与刘木率领的五六百农军会合，杀奔县城。沿途农民踊跃参战，队伍迅速扩大到 1000 多人。围城后又有陈伯诚、戴彦藻率城郊工农赤卫队，从龙门渡下游配合进攻；许郁、柳鼎三等人率领江右独立团，逼进北门和西门；城内县总工会纠察队队长傅赐骙率 30 多名纠察队员及码头工人，乘势占领了木江渡。围城参战的农军有 2000 多人。敌警备队队长戴子清、警察局局长李辅弼死命护着县长文斐从东门逃走，农军攻占县城，救出刘锄非等 30 多位革命同志。

13. **一打桂阳。**（2 月 14 日）1928 年 2 月 14 日，工农革命军第一师教导团由团长徐淳率领，配合郴县第七师（邓允庭率领）、桂阳农军师（杨赤率领）共 3000 人，分 4 路进攻桂阳县城。县长冯苍指挥驻城官军李云杰部和邓国元、邓耀之反动武装顽固抵抗数小时后，招架不住，弃城溃退至协和团乌石渡。工农革命军克城后，打开监狱，放出被囚禁的革命人士和无辜群众；没收了邓玉德、李敦波、李白志 3 户豪绅的财产，开仓济贫；焚烧了县署、监狱，处决了 1 名罪恶昭彰的大土豪邓子南。16 日敌人反扑，农军退出桂阳城。双方损失没有统计资料可查。

14. **攻占耒阳县城。**（2 月 16 日）耒阳县委邓宗海、刘泰等人率 3000 余农军，第一次配合朱德的主力部队攻打耒阳县城，击毙耒阳地方维持会主任王曾奎，活捉副主任王旷萱，消灭敌守城团防 300 余人。

15. **栗源保卫战。**（2 月 19 日）宜章县栗源区铲共队长胡绍唐与李树森、马昌纠集反动武装和地痞 800 余人围攻栗源堡城。县委委员陈策与区苏维埃政府主席陈仲章、赤卫队队长陈光一起，组织全村 150 户 700 多人集中在堡城内坚守抵抗。赤卫队以两门猪仔炮守住堡城门口，用打许克祥时缴获的十几支步枪，加上陈光献出的 10 多支枪，轮流防守，同时用各种土枪和鞭炮虚张声势，击退敌军一次又一次进攻。整场战斗毙敌 3 名，伤 10 余名，赤卫队牺牲 2 人。激战一整天，敌人无功而返。

16. **一打白沙**。（2 月 19 日）白沙是常宁县的一个小镇，位于常宁、永兴、耒阳 3 县交界处，其东靠近永兴县，河对岸是常宁县。湘南暴动期间，永兴、耒阳、常宁等县的一批反动土豪劣绅逃亡到白沙镇，与当地的土豪劣绅互相勾结，结成反革命同盟。1928 年 2 月中旬，三县召开联席会议，确定永兴、耒阳、常宁三县各调兵 600 人，联合会攻白沙镇，19 日天亮前三路会合。结果永兴农军先到先打，力量单薄，未能打下，敌人援兵已到。耒阳农军和常宁农军第二天才到，计划流产。双方损失没有统计资料可查。

17. **二打坪石**。（2 月 20 日）胡少海率宜章第三师及地方赤卫队 2000 余人，在乐昌独立营的配合下，第二次攻打坪石胡凤璋匪部，激战一天。因敌人凭借碉堡顽抗，我方没有重型武器，我方予敌以重创后当晚撤离。乐昌独立营编入宜章工农革命军第三师。双方损失没有统计资料可查。

18. **新市街歼敌**。（2 月 21 日）在朱德部与耒阳农军打下耒阳县城后，耒阳县政当局和总团常备队 300 多名团丁，在工农革命军的追击下退守新市镇，衡阳县挨户团 400 多名团丁则控制着北街，两支民团武装对新生的耒阳苏维埃政权构成了巨大威胁。2 月 21 日，朱德派遣 1 个主力连配合耒阳泗田、大市、敖山庙等地 2000 多名农军，分 5 路进兵，将新市街之敌击溃。这次战斗共毙敌 100 余人，缴获各种枪支 200 余支。

19. **水口山暴动**。（2 月 24 日）桐子山游击队在宋乔生的领导下，以调虎离山之计，杀回水口山矿，消灭水口山矿井队 50 余人，再次夺了矿井队 50 多支枪。

20. **衡阳扑城**。（2 月 24 日）陈佑魁等人率领衡阳各地农民武装开赴衡阳将军庙矮子岭整编，成立工农革命军第七师，屈淼澄任师长。在陈佑魁的策划下，屈淼澄指挥第七师战士出击南岳守敌，转战衡阳，史称 2 月扑城。农军牺牲惨重，但牵制了国民党反动派李宜煊师，配合了朱德、陈毅在湘南的行动。消灭敌人的数量没有统计资料可查。

21. **敖山伏击战**。（2 月 26 日）朱德获悉国民党桂系第十九军李宜煊师的先头部队将经过冠市街、新市街、大陂市向耒阳县城进犯，命令驻在高炉水口的林彪率一营二连的战士在耒阳县城北 20 公里处的敖山配合地方武装伏击该敌，击溃李宜煊 1 个团，取得歼敌 100 余人、缴枪 100 余支和军马 1 匹的胜利。

22. **二打庙下村。**（2 月 27 日）桂阳庙下雷家是一个拥有 500 余户人家的大村，也是桂阳县团防总局的所在地。这里地势险要，墙高院深，并筑有碉堡炮楼，是郴（县）、永（兴）、桂（阳）三县土豪劣绅的顽固堡垒。1928 年年关暴动期间，郴县的反动头目王瑶偕及永兴县江左的土豪劣绅纷纷逃到桂阳庙下雷家。农历二月初七，在郴桂边起义总指挥邓华堂的部署下，桂阳、永兴、郴县 3000 余农军及朱德部张山川排合攻庙下。由于庙下国民党 400 多团兵持有精良武器，又有工事、屋宇作屏障，进村隘口被机枪组成的火力网封锁，经过 3 个小时的激战，农军未能攻克庙下。部队撤往永兴县油麻圩。2 月 28 日，三县农军再攻庙下，三面围攻，一面伏击，终于攻下了庙下村。这次战斗，共击毙团兵 21 人，缴获步枪 17 支，捕杀土豪数名，烧毁雷潡等土豪房屋 10 余处，没收了土豪的粮食钱财分给当地贫苦农民。

23. **火烧水东。**（2 月 27 日）宜章胡少海与杨子达、张际春率领独立第三师出击临武县水东村，白沙区与黄沙区赤卫队 1000 余人随军参战。水东是宜章漏网的团防武装邝镜明、邓镇邦、李绍文和临武团防武装曹唯凡、李景山盘踞的反动大本营。经过一个多小时战斗，农军打垮了两县反动团防武装，毙敌 10 余人，缴获步枪 30 多支，活捉敌军一名书记官。战后，宜章农军放火烧了部分民房。

24. **一打资兴。**（2 月 29 日）资兴农军在永兴农军的支援下，猛扑县城，敌守军仓促退驻旧市。农军随即占领县城，救出被关在牢狱中的一百多名革命同志，并处决了几个罪大恶极的土豪劣绅。当晚，农军主动撤出县城，永兴农军返回永兴。第二天李正权重占县城。

25. **二打白沙。**（3 月初），永、耒农军重新约定时间再攻白沙镇。永兴仍由红色警卫团第二营营长尹镇南率领，耒阳由张凤光带队，两县各带 600 农军参战，这一次两县农军配合默契，仅用一天时间，就占领了白沙镇，大部分敌人被消灭，敌头目李国柱率残部逃往衡阳。

26. **二打耒阳。**（3 月 1 日）朱德指挥工农革命军与耒阳 3000 多农军配合攻城，打垮国民党正规军李宜煊师，赶跑县长谢清河，二次占领耒阳城。双方伤亡情况没有统计资料可查。

27. 象牙山阻击战。（3月1日）宜章独立第三师袭击临武县水东后，逃到临武县城的邝镜明、曹唯凡一伙不甘心失败，不久即拼凑宜章、临武反动武装2000多人、1000多支枪，聚集在临武元富头、溪江、龙水一带，准备对宜章黄沙区进行反扑。黄沙区苏维埃政府一声号令，千余名农军带着各式武器和被盖，在简载文、黄佑朝的带领下固守在宜临边境的象牙山，阻止敌人"围剿"。从清晨至晚上，农军打退了民团的多次进攻，后农军撤退至碛石，独立营连长彭立木牺牲。

28. 大黄家水楼保卫战。（3月2日—5日）邝镜明、曹唯凡越过象牙山后，于3月2日包围了宜章大黄家农军据点。大黄家农军在简载文、黄佑朝的率领下，以400户农民的力量，凭借水楼、围墙，与民团激战4天4夜，最后等来胡少海的宜章农军第三师主力，将两县民团打垮，解救了大黄家。敌我双方损失情况没有统计。大黄家一百多名青年当即参加了工农革命军。

29. 栗源堡保卫战。（3月2日）宜章国民党民团胡绍唐、马昌部纠集各路民团并伙同胡凤璋一部共1000多人，叫嚷"斩草不留根，见人杀，见屋烧，见了石头要过刀"，气势汹汹对栗源堡城进行更疯狂的二次围攻。陈光在坚持了一天之后，趁晚上将大部分群众转移。第二天敌人攻占村子，烧毁300多栋房子，杀死了未转移的农民。此次保卫战消灭敌人的情况没有统计资料可查。

30. 三公庙歼敌。（3月3日）3月1日，耒阳小水铺三公庙的团防局局长谭孜生率队袭击朱德部后勤军需队，造成30多人的重大牺牲。为雪此恨，朱德派出林彪的第二连打着"国民革命军第十九军"的旗帜到小水铺三公庙，敌团防局局长谭孜生误以为是真的"国军"，得意忘形地汇报了他们伏击工农革命军的战功。林彪乘势而上，建议谭孜生开个"庆功会"，将各村的土豪劣绅等"有功人员"都找来参加。包括谭孜生在内的20多个首恶分子全部落网，当即予以处决。

31. 二打新市街。（3月6日）耒阳县城被工农革命军第二次打下来后，新市街又被衡阳民团和耒阳县民团所控制。他们推行白色恐怖，将耒阳高炉乡3名卖菜农民以"共匪探子"之罪拘押，其中2人被酷刑迫害致死，1人侥幸脱逃。这起血案引起了农民的极大愤慨，他们强烈要求再次攻打新市街，消灭挨户团。3月6日，耒阳第十四区苏维埃政府主席曹仁梓，组织高炉农军1000多人，怀着为死难农民报仇雪恨的满腔怒火杀向新市街，挨户团溃不成军，退守衡阳盐沙塘、冠市街。国民党耒阳县县长谢清河只好将县衙迁至衡阳，成了名副其实的"流亡政府"。这次战斗双方的损失情况没有统计资料可查。

32. 西塘打援。（3月6日—12日）西塘是桂阳县的一个小镇，靠近永兴县第四区的公平圩。桂阳县挨户团团总刘鑫派驻于此。其团兵总数有1000余人，有几百支枪，经常骚扰永兴边境。桂阳、永兴、郴县3县农军在攻打庙下时，为牵制敌人兵力，确保攻打庙下战斗获得全胜，命令第四区苏维埃政府委员长康子良率第四区赤卫队近1000人攻打西塘，阻止挨户团向庙下增援。双方的部队在霭带村、公平圩、大岗脚一带，经多次反复，形成拉锯式战斗，特别是霭带村保卫战打得漂亮。霭带村地形易守难攻，群众齐心，第四区赤卫队坚持了6天6夜，以鸟铳、抬铳、梭镖、松树炮等土制武器，把装备精良的敌人打得寸步难行。尹子韶主力部队在攻下庙下后，移兵增援第四区农军，趁机收复大岗脚、公平圩等地，并攻下西塘，获得全胜。双方损失情况没有统计。

33. 血洒百里渡。（3月8日）农历二月十七日，耒阳县永济乡农会召开乡苏维埃政府成立大会之际，遭敌第十九军李宜煊部1个团兵力偷袭，县特派员谢维俊临危不惊，一面指挥群众撤离会场，一面挥枪迎敌，率赤卫军战士掩护农军转移，冲出了敌包围圈。但仍有乡苏维埃政府候选委员梁习之、蒋海平、陆桂林、蒋鹤轩、梁勋成、谢水周、蒋忠福等25名干部群众被敌人抓捕。当天下午，敌人将25位遍体鳞伤的干部群众，押往百里渡伍家祠堂予以集体屠杀。史称"百里渡血案"。

34. 宜章坪家塘、车头、水北岸反击战。（3月8日）胡少海率第三师主力经大井头到观音寺，发动农民去分皂角山土豪囤积在观音寺的粮食。这时，栗源区胡绍唐、李树森与马昌矿警在围攻掳杀栗源堡城后，又与笆篱区刘占甲一起，在水北岸逃亡土豪李宪文、李鲜利的煽动下，前来向坪家塘、车头、水北岸等村的农民协会反扑，胡少海指挥部队反击，打垮了敌人的疯狂进攻，班师回县，但战斗中宜章工农革命军第三师参谋长谭新不幸牺牲。消灭敌军人数没有统计资料可查。

35. 二打资兴。（3月9日）资兴县苏维埃政府在三都成立。工农革命军第一师党委、湘南特委命令永兴尹子韶率红色警卫团、郴县蒙九龄率独立第七师第三团，援助资兴农军第二次进攻县城，加上资兴本县李奇中的农军，总兵力超过3000人，于3月9日第二次攻下资兴县城。李正权因得汝城何其朗部600多援兵，反扑进资兴县城，又被农军赶出县城，撤至旧市。3月11日，为了消灭敌人有生力量，农军又主动从县城撤往碑记乡，诱敌入城。果然，李正权错误估计形势，以为农军武器低劣，不能守城，便又邀朱鸿仪（何其朗派来的营长）入城。

36. 三打资兴。（3月11日晚）当夜农军突然再度围城猛攻，李正权大败，仅以身免。朱鸿仪率残部逃回汝城。由土豪劣绅拼凑起来的所谓"资兴行政委员会"，至此彻底垮台。农军三打资兴，消灭了敌人大量有生力量。可惜三打资兴都没有双方损失统计资料可查。

37. 二打桂阳。（3月12日）郴县农七师师长邓允庭、独立团团长万伦，宜章碛石独立营副营长萧克，工农革命军教导团徐淳配合郴桂边农民自卫军共3000余兵力，再次攻打桂阳县城。攻城部队在工农革命军第七师师长邓允庭的统一指挥下，对桂阳县城形成夹击之势。总攻信号一发，枪炮齐鸣，炮弹在敌群中四面开花。守城之敌招架不住，纷纷弃城而逃。中午时分，工农革命军胜利占领桂阳县城。

当天下午4时许，桂阳逃敌联合新田县挨户团反攻县城。萧克指挥宜章农军从东塔岭上往下冲，徐淳等指挥教导团和郴、桂农军从山下两侧朝反扑敌军猛烈还击，激战到天黑，终于击溃敌人。当晚，萧克和徐淳等人在东塔岭鹿峰庵开会，分析、研究了各方面的形势，认为农军的力量不足以对抗国民党的重武器，不宜死守桂阳县城。第二天，萧克、徐淳、万伦、杨赤等各自率领部队撤回原处去了。双方损失没有统计资料可查。

38. 郴县歼敌。（3月13日）毛泽东奉湘南特委之命，率湘南工农革命军第二师两个团于3月12日由井冈山茨坪下山，参加湘南起义。3月13日在沔渡歼敌何其朗部1个营，在十都又歼敌1个团。

39. 攻占郴县。（3月14日）毛泽东率部到达郴县，将敌1个营的守敌打垮，占领了郴县县城。

40. 二打庙下。（3月16日）3月中旬，郴县秘密交通人员获悉庙下反动武装要血洗栖凤渡的阴谋后，立即向中共郴县县委密报。县委决定，联合永兴农军将这条毒蛇消灭在出洞之前。中共郴县县委一面派李佑如连夜赴耒阳，向朱德请求援兵；一面由王继武率农七师二团一营及丰乐、安善两区农军与尹子韶、刘水哉率领的永兴赤色警卫团会合。3路人马3000余人在油榨圩会齐后，于3月15日午夜出发，次日上午赶到庙下葫芦坝，将敌军四面包围之后，便发动进攻。庙下数百名反动武装抵挡一阵，便龟缩在碉堡内，居高临下，凭险固守。进攻部队遭到阻击，伤亡较大，退出战斗。第二天进攻部队重新组织战斗，调来一门大炮，王继武见情势危急，马上命令开炮。炮弹落在敌碉堡顶上，敌堡塌了一边，敌军死的死，伤的伤，纷纷向永兴曹家圩方向逃窜。尹子韶、刘水哉部堵住敌人逃路，使其腹背受击，敌军伤亡惨重。在这次战斗中，共打死打伤敌人100余名，缴获武器100余件，捣毁了雷澂、雷洪兄弟的老巢庙下。

41. 一打安仁。（3月16日）耒阳农军负责人曾木斋和周鲂，永兴农军负责人尹子韶及永兴第九区安福司的曹钧、许郁，安仁农军负责人侯岳生、刘峻极，等等，相约在安仁县龙海财神殿开联席会议，决定分东、北两路进军安平司和安仁县城。3月16日，安仁龙海区农军800多人，还有永、耒农军1000多人，进到承坪、安平一带；安仁华王区农军与耒阳农军北进到古䁥、灵官一带；耒阳农军一部分由王烈率领，从坪田进到洋际。永兴农军抵达安平司时，与安仁县城开出的敌军前哨遭遇。曹钧指挥队伍迅速抢占山头，击退了敌人的进攻。但农军初经恶战，伤亡甚重，退到了观音阁。这时，获悉安仁守敌1个正规营加上挨户团侯海鹏的300多人已经倾巢出动，企图分两路夹击农军。曹钧、周鲂等人即率农军机警地避开了敌人的锋芒。曾木斋等人也指挥部队绕道退到了永、耒边境。第一次打安仁宣告失败。农军损失惨重，消灭敌人数没有统计资料可查。

42. 朱德突袭小江口。（3月23日）小江口是衡阳县的小集镇，与耒阳县永济乡大河边隔水对峙，是驻衡阳国民党正规军队讨伐耒阳时的必经之地。朱德所部第一师于3月23日派出一个侦察班，在向导谢振堂的带领下，悄悄地潜入小江口。正在此时，驻衡阳东阳渡的国民党第十九军教导团派出1个营的兵力，也向小江口开来。其中1个连在河西缓慢前行，有2个连从马家潭过河向小江口运动。侦察班战士将敌军兵力情况火速派人报告上级。朱德立即调集2个主力连队和数百农军，分4路疾驰，将小江口包围。小江口突袭战，共消灭敌军1个整连，缴获各种武器100多件。工农革命军1位连长和10多名战士牺牲。

43. 二打安仁。（3月下旬）耒、永、安三县农军第二次进攻安仁县城。开始，敌人按兵不动，农军中计，以为敌人不堪一击，分头冒进。突然敌人倾巢而出，兵力火力远胜农军，农军损失惨重，三县农军二打安仁又失败了。敌我双方损失没有统计资料可查。

44. 黄泥坳歼灭战。（3月27日）朱德率工农革命军主力进抵安仁华王庙。安仁县农军开始攻打县城，将守城敌军1个连诱至黄泥坳，被陈道明率领的工农革命军1个营歼灭。

45. 三打安仁。（3月29日）唐天际率安仁农军配合朱德工农革命军陈道明营向安仁县城进攻，同时，永、耒农军近万人，也由尹子韶、刘霞等人率领，分三路直扑安仁县城。永兴第十区赤卫队架起3门松树炮，轰开了安仁县城毓秀门，敌营长江仪声吓得丧魂失魄，溜回了攸县，县长周一峰也仓皇逃到了衡阳。三县农军在朱德主力军的支持下，第三次打安仁终于取得全胜。双方伤亡情况没有统计资料可查。

46. 大岭坳歼敌。（3月30日）毛泽东于1928年3月28日从酃县中村出发，3月29日到达桂东的四都。毛泽东的计划是由桂东经沙田到汝城，阻击国民党从南面进剿湘南的敌人。但由四都过沙田必须经过一座叫大岭坳的大山。国民党桂东县政府安排数百挨户团地方武装，加上征募来的1000多"灶头勇"，在大岭坳布防阻击。毛泽东得知消息后，实行分化政策，专打挨户团，不打"灶头勇"，因为"灶头勇"多是国民党强行征集来的为了一口饭吃的穷人。战斗一打响，工农革命军的子弹专打挨户团，同时对"灶头勇"喊话：穷人不打穷人，灶头勇兄弟赶快躲开！"灶头勇"一听，一下就垮了下去，挨户团顶了一阵，死伤惨重，也一下子垮了。待挨户团团总何鉴收拢残兵败卒一清点，挨户团十剩其一，而拉夫凑数的"灶头勇"却无一伤亡。何鉴气得差点吐血。双方损失没有统计。

47. 攻打荫田圩。（3月31日）常宁荫田圩驻有国民党常宁县肖宜春民团300多人，肖宜春极端仇视工农运动，充当反共先锋。他为了防止耒阳苏维埃政权的影响向常宁扩展，阻止耒阳农军进入常宁，特在荫田桥东头建筑一座碉堡，取名"春宜亭"，日夜派出团丁盘查来往行人，戒备森严；还不时组织小股武装渡过菱河，骚扰耒阳南京桥等地，杀害农协会员多人，破坏耒阳苏维埃政权插标分田运动，公开窝藏耒阳外逃的土豪劣绅。耒阳工农革命军第四师师长邝鄘亲率数千农军，决心消灭这股民团，铲除这颗毒瘤。一声令下，农军如潮水般压过去，肖宜春见势不妙，不敢硬抗，急令团丁后撤。邝鄘见敌人逃遁，命令停止进攻，不进圩场，撤回耒阳。双方伤亡没有统计资料可查。

48. **春江铺阻击战。**（3月31日）两万多耒阳农军分别在春江铺、荫田圩、冠市街三个战场同时抗击国民党正规军两个师的进攻。战斗打得非常残酷，敌人以超强火力掩护，轮番冲锋；农军以一当十，拼死抵抗，子弹打完了打石头，石头打光了拼肉搏。尽管敌强我弱，但耒阳农军同仇敌忾，不怕牺牲，阵地始终没让敌人攻克。在春江铺阻击战中，第一区农军组织敢死队，绕过敌前沿阵地，去抢夺敌方那挺威胁最大的机枪，快接近目标时被敌人发现，敢死队队长梁育田不顾一切地冲了上去，抱定了那挺机枪，就在这刹那间，敢死队队员一齐冲上去，迅速

耒阳烈士纪念碑

解决了守敌，缴获了敌人的机枪。紧接着，几千农军一跃冲出战壕，猛冲猛杀，敌人招架不住，慌忙朝衡阳堆子岭方向败退。但农军的战斗力终比不过训练有素的湘粤军阀正规部队。由李朝芳率领的第七军第二师为第一纵队，由宝庆经衡阳，直趋衡耒大道，在春江铺突破耒阳农军防线后，于4月2日到达耒阳城，农军损失数千人。歼敌人数没有统计资料可查。

49. **茶园保卫战。**（3月31日）宜章农军余经邦部在茶园与来犯的范石生部1个营展开战斗，农军用土炮、大刀、长矛、石头与敌人激战一天一夜，打垮了敌人的围剿。歼敌人数没有统计资料可查。

50. **折岭阻击战。**（4月1日—3日）宜章农军第三师与郴县农军第七师，在郴、宜交界的折岭布防阻击来自南面广东的范石生第十六军3个师、许克祥师、胡凤璋师及一个教导团共5个半师的进攻。农军坚守了3天3夜，范部4月5日进占郴县。敌我双方的伤亡数字没有统计资料可查。

51. **菜园激战。**（4月2日）敌二十一军攻占耒阳后，在县城南门外一带

派驻 1 营正规军，拱卫县城，确保安全。中共耒阳县委按照湘南特委硬拼到底的指示，组织第一区农军独立团 800 名战士，实施攻城计划。4 月 2 日夜，县委宣传部部长徐仲庸、秘书长伍云甫与第一区独立团团长梁育东，率队分乘 30 多只木船从易口渡越过耒水，悄悄运动到南门外敌驻地附近的一个菜园中，用步枪射杀敌哨，发起攻击。战士们用排枪击毙十几名敌人，可龟缩在民房之内的敌人，凭借坚固的墙体工事，用密集的火力，封杀农军，双方对峙互射，彼此相持。农军取胜心切，没有注意节省子弹，弹药告罄，被敌发现破绽。敌军抓住战机，立即组织反冲锋。大部分农军被冲垮，随团长梁育东撤回河东。徐仲庸、伍云甫率领的 200 多名农军负责断后掩护，被敌人逼退至铜锣州河湾，背水而战，肉搏厮杀。有的战士抱住敌人同归于尽；有的砸碎武器纵身跃入耒水，被敌人射杀沉入江底；有十几位农军弹尽被俘，敌人用刺刀将他们手掌刺透，然后用铁丝将他们拴在一起用机枪射杀，战士们怒目圆睁，血肉模糊，场面极其惨烈。硝烟散去，菜园中横七竖八躺着 120 多名战死的农军战士。宣传部部长徐仲庸战斗到最后时刻中弹牺牲，秘书长伍云甫纵身跳河，跌入岸边荆棘丛中，侥幸脱险，直到鸡鸣时分，才泅水归队。这是耒阳农军在湘南暴动后期所进行的一场最悲壮的战斗，史称"菜园激战"。

52. 三枪下攸县。（4 月 3 日）根据朱德指示，为了摆脱敌人的追击，安仁县农军向北面的攸县进攻，做出北上长沙的假象，安仁县苏维埃政府主席唐天际率领安仁县 3000 余农军三面包围攸县县城，唐天际从朱德处借了 4 个号兵、3 面军旗，当他挥手向攸县县城连开三枪后，4 把军号在三个方向同时吹响，农军潮水般涌向县城。攸县县城有罗定警卫团和魏镇潘的教导团两个正规团，因不清楚朱德的底细，一见朱德大军来攻，早吓得屁滚尿流，退回衡阳去了。唐天际占领攸县，第二天下午撤回安仁。

53. 小溪偷营。（4 月 3 日）国民党第十六军军长范石生于 4 月 3 日率军部职员及总预备队第四十七师全部、教导队等部，进驻宜章。另一路由坪石到白石渡，并以一营兵力驻扎折岭南面的要道关口小溪，作为前哨监视折岭农军，准备大举进攻。宜章农军部分转移的军民被隔断在南面。为了打瞎敌人安在小溪的"眼睛"，胡少海派第三营于 3 日夜晚偷营，掩护转移的军民安全通过了小溪村。敌我损失没有统计资料可查。

54. 梅田袭敌。（4 月 3 日）宜章碕石独立营在彭晒调宜章县委工作后，由龚楷任营长兼党代表,萧克仍任副营长,在宜章西南方的黄沙区发动群众,未获转移通知,与上级失去联系。龚楷、萧克发现形势不妙后,将部队带到白沙区梅田,与欧阳祖光、王政领导的白沙区农军会合,合编为宜章独立营,有600余人,七八十支枪,300多杆梭镖。4月3日,独立营乘敌不备,袭击了离梅田13里处驻扎的邝镜明民团,给敌人以出其不意的打击,冲过封锁线,冲上骑田岭。战果未统计。

55. **攻打洋布坪**。(4月3日—6日)桂阳县洋布坪洋字团防局是雷澂直辖下的反动据点,湘南起义总指挥部决定倾全力拔除这个毒瘤,集合了桂阳、永兴两县农军5000余人,于4月3日开始攻打,至4月6日晨,捣毁了洋字团防局,烧毁了团兵住宅。双方损失没有统计。

56. **黄草追击战**。(4月4日)由井冈山下来的何长工、王佐率第二团2个营于3月28日由酃县中村出发,4月3日到达滁口。4月4日何长工率部与范石生的第十六军一部激战于黄草,两天两夜歼敌1个营,敌人溃逃。何长工部乘胜追击,追到汝城文明,遭遇敌人主力,遂撤退回资兴。双方伤亡情况没有统计资料可查。

57. **墙远坳阻击战**。(4月6日)宜章赤卫队与资兴西乡农军在余经邦的率领下,在资兴县城南墙远坳阻击白崇禧部追敌,激战一天,大部农军牺牲,余部被敌人截断退路,与主力失去联系,在余经邦的率领下突出重围,返回湘粤边大山坚持斗争。歼敌人数没有统计资料可查。

58. **寒岭界攻击战**。(4月6日)寒岭界是桂东沙田通往汝城的唯一通道,山高路险。右边是荷洞坳,左边是老虎坳,与中间的凉亭坳形成品字形,有一夫当关、万夫莫开之势。当汝城的地主武装头子何其朗获知毛泽东、张子清等人率领的工农革命军要进军汝城的消息后,立即带领1000余人的汝城宣抚团在寒岭界构筑工事,进行布防,毛泽东率张子清第一团分三路进击,各个击破,击溃汝城宣抚团1000余人的阻击,逼近汝城县城。双方伤亡情况没有统计资料可查。

59. **攻占汝城**。(4月7日—9日)7日拂晓,毛泽东率部由田庄出发向汝城县城进军。在暖水银岭脚、鸭屎片一带与何其朗另一部发生激战,给敌沉重打击,何其朗成了"光杆司令",仓促逃跑。其后,工农革命军又兵分两路,一路扼守县城附近的井水头、新木前一带,截断何其朗与胡凤璋部的联系;一路向何其朗驻地土桥圩进军。何其朗仓皇逃往乐昌麻坑。8日，在汝城党组织和群众的支援下，毛泽东率部一举攻占了县城，并在县城西面的曹家山、桂枝岭、会云仙等地击溃胡凤璋由粤北扑向工农革命军的1个连。激战四五个小时，击毙胡部排长何得高、胡昭珍，重伤罗石富，胡部连长胡宗毅率部溃逃至马桥下湾上古寨。革命军进城后，迅速打开县狱，救出一批被关押的革命同志和无辜群众，并放火烧了县公署、西垣何氏宗祠等。胡凤璋急调驻坪石、乐昌的3个营星夜驰援汝城。9日，工农革命军第二师第一团又与胡凤璋援兵在县城附近激战。考虑第一团已在汝城阻敌四日，为湘南起义部队向井冈山转移赢得了时间，毛泽东即命部队撤出战斗。战果情况没有统计资料可查。

60. 老虎山阻击战。（4月中旬）郴县工农革命军第七师第三团在团长蒙九龄的率领下，由资兴县城撤到城北的老虎山，阻击国民党尾追之第四十六师、四十七师，坚守半天，牺牲200多人，团长蒙九龄夫妇壮烈牺牲。敌方伤亡数没有统计资料可查。

61. 酃县阻击战。（4月20日）毛泽东与团长张子清指挥第二师第一团，在酃县城西接龙桥阻击尾追湘南起义主力部队的湘军第八军张敬兮团和罗定的挨户团，战斗6个多小时，打退了敌人的进攻，保证了朱德部的顺利撤退。这是湘南起义中的最后一战。团长张子清负重伤。双方伤亡情况没有统计资料可查。

从以上湘南起义武装斗争的情况我们可以看出：

一、战斗频繁。1月12日至4月20日的99天时间里，每一天半有一次战斗。其中还未包括一些小的遭遇战，区、乡暴动战，如果包括进来，几乎每天都有战斗。

二、起义军战绩辉煌。仅从以上有确切数据的数次战斗统计来看，消灭敌人3000多人，俘虏2000多人，缴获各种枪支3000余支，迫击炮等火炮32门，机枪13挺，马14匹，弹药、银圆等数百担。此外大部分战斗没有统计数据，其战绩无法估算。

三、从参战主体来看，朱德的南昌起义军及广州起义军第一师作战5次，毛泽东的秋收起义部队及井冈山农军第二师作战7次，湘南农军作战34次，湘南工人作战1次，湘南农军与朱德南昌起义部、广州起义部联合作战14次，战斗总数是61次。但这只是个不完全的统计，作战次数只有多，没有少。由此看来，湘南起义的战斗主力还是湘南农民起义军，朱德部（含广州起义部队）的绝大多数战斗，是与湘南农军共同作战，其5次独立作战都是小规模战斗：1月26日的观音寺反击，2月3日的折岭攻坚，2月4日的大铺桥俘敌，3月3日的三公庙歼敌，3月27日的黄泥坳歼灭战。即便是这五次战斗，仍有少部分的农军为其侦察敌情、引路、运送

郴州湘南起义烈士纪念塔

物资。国民党军是没有这种"待遇"的。毛泽东的湘南工农革命军第二师在湘南的7次作战分别是：3月13日的沔渡、十都歼敌战；3月14日的攻占酃县县城战；张子清第一团3月30日的桂东大岭坳歼敌战；4月4日何长工部第二团在资兴黄草对范石生部的追击战；张子清第一团4月6日的汝城寒岭界攻击战；张子清第一团4月8日的攻占汝城县城战；张子清第一团4月20日在酃县城西阻击国民党第八军张敬兮团战。尽管湘南起义主力军为湘南农军，但朱德率领的南昌起义军及部分广州起义军，毛泽东率领的秋收起义部队都是湘南起义的参战主体，说湘南起义聚集了三大起义精华，是客观事实，理由成立。

四、从以上战斗记录情况看，湘南起义是一场真正的觉悟了的农民起义战争。湘南起义中地方农军单独作战的战绩大多没有统计，伤亡情况也没有统计，如二打桂阳、三打永兴、三打资兴、三打安仁、二打耒阳、春江铺耒阳农民阻击战、郴宜大道的折岭阻击战、资兴墙远坳阻击战等，这些战斗的主要战力都是湘南农军，却没有任何统计数据，这是一个很大的遗憾。由中国人民解放军历史资料丛书编审委员会主编的《土地革命战争时期各地武装起义·综合册》对湘南起义武装斗争成就的表述是："毙敌数百名，俘敌1300余名，缴大炮30余门，子弹一批。"它与实际战绩相去甚远，即便与已有的统计相比，也是不足半数。何况已有的统计有70%的战斗没有包括。如果当年的调查更深入一些，如果我们的调查重点多关注一点湘南农军的战况，我想不会留下今天这个遗憾。

尽管如此，我们仍有理由认定，湘南起义是一场真正的觉悟了的农民起义战争。一是农民起义的主动性超越了一般的起义。各县农民武装，都是朱德未

到，早已拉起了队伍，扯起了大旗，开展了行动。二是参战的普遍性。几乎所有的湘南农军都投入了战场，与敌人展开殊死的搏斗。不管有没有主力部队，他们都打得顽强，毫不退缩。虽然他们没有经过正规的训练，不懂战术；虽然他们没有快枪，只有刀矛。但他们就像斯巴达克斯那样的勇士，无所畏惧，直至牺牲。三是以巨大的牺牲换取巨大的成

耒阳英烈墙

功。湘南起义中牺牲最多的是地方农军和赤卫队。例如，2月24日衡阳农军扑城，死伤数百人。安仁县前两次攻城，每次死伤都在数百人。3月29日至31日，耒阳数万农军在常宁白沙、荫田圩，衡阳小江口、冠市街，耒阳春江铺、泥田等处阻击国民党军几个正规师的进攻，农军死亡数千人。4月1日，国民党李朝芳师占领耒阳，一天就屠杀了干部农民1000余人。4月2日，耒阳县"菜园复仇战"，县委委员徐仲庸等120人战死。据黄克诚大将回忆，在湘南起义期间，仅耒阳一县，被杀农军在10000人以上，永兴被杀了3000人。宜章与郴县数千农军抗击了来自广东的5个正规师、1个教导团的敌人的进攻，牺牲上千农军。因敌人来势凶猛，加之湘南特委"左"倾思想轻敌，永兴县独立团主力和桂阳县农民赤卫军全部未及通知转移，牺牲无数。在永兴的张山川排因与农军执行平叛任务，未及通知转移，与永兴红色警卫团的500多农军一起牺牲了。在国民党三路大军围剿湘南时，阻敌进攻的郴县第七师蒙九龄团长夫妇牺牲。湘南起义工农革命军1万多人上井冈山，朱德部由1000人发展到2000多人，这些人全都上了井冈山。相比中共领导的其他历次武装起义，这是个多么大的胜利！但湘南人民却牺牲了两万多人，这个牺牲也是巨大的！巨大的牺牲才换来巨大的胜利，没有人可以忘记湘南人民的鲜血！

以上可以证明，湘南起义中，朱德的南昌起义军只是这场起义的一个"副力"，当然这是个关键的"副力"。但没有这个"副力"，湘南起义照样会发生，只是有可能会一败涂地。同样，湘南起义如果没有当地农民的广泛参与，朱德的一千余人在湘南也会无立锥之地，他们同样会面临全军覆灭的危险。

人民当家作主

> "人民"一词，古已有之。不同时代有不同内涵。1928年，"人民"就是穷苦老百姓的代名词。人民当家作主，即穷人当家作主。

人民政权设想

1928年3月21日，一纸快邮代电在湘南大地上到处飞翔传诵，中国农村的第一个地区级工农兵苏维埃政府宣告成立。所谓快邮代电，是民国时期以快速传递的邮件代替电报的一种公文。那则广而告之的快邮代电的内容是：

第三共产国际、中国共产党中央党部、湖南省党部、各省县市党部、中华苏维埃政府、各省市县苏维埃政府、中华全国总工会、全国农民协会、工农革命军总司令党代表、各路总指挥党代表、各师师长党代表暨全国工人农民兵士均鉴：

湘南工农兵代表会议，自三月十六日开幕，共开会五天，业于二十日午后九时闭幕。计议决（一）政治决议；（二）湘南工农兵苏维埃政府政纲；（三）暴动总口号；（四）工农武装；（五）土地问题决议；（六）肃清反革命条例；（七）县区乡苏维埃政府组织法等要案，并选出陈佑魁、刘冬生、李才佳、周淑良、王香和、何长工、余甫文、吴弻、陈毅、朱德、伍昭援、伍昭彦、梁钟楚、陈伯诚、尹子韶、刘英廷、朱克敏、李玉田、吴泗来、宋乔生、黄体国等二十一人为执行委员，组织湘南工农兵苏维埃政府。特此电达。湘南工农兵代表会议主席团陈佑魁、细格思、陈毅、杨靖、尚达甫叩。

三月二十一日[①]

这份公告清楚记载了湘南起义过程中召开的"湘南工农兵代表会议"的时间、内容、政权名称、选举结果。这份快邮代电何以能够保存下来？原来当

[①] 见李沥青等主编《湘南起义史稿》，湖南人民出版社1986年版，第120-121页。

时国民党"清乡剿共"时缴获了湘南苏维埃政府的这份快邮代电后，如获至宝，呈报给当时的湖南全省清乡督办署。湘赣"剿共"总指挥何键用湖南全省清乡督办署的通令，全文转发了这份快邮代电，通报全省缉拿快邮代电上的"要犯"。1984年一个叫钟捷的党史工作者从省档案馆保存的1928年清乡督办档案中发现了这份真实而珍贵的材料。虽然这份快邮代电上列举的会议内容只有标题而没有具体事项，有些可惜，但这份文件还是给我们提供了十分重要的信息：

1. 朱德、陈毅当选湘南工农兵苏维埃政府执行委员，陈毅和湘南特委书记陈佑魁同为大会主席团成员，朱德不是。可见当时军队党组织和地方党组织结合在一起，形成了总指挥部的格局，而总指挥应是湘南特委书记陈佑魁，陈毅是副总指挥。总指挥部统揽全局，不单纯管打仗，还管建党建政、发动群众、分田分土、镇压敌对势力、禁五毒、树新风等，实际上就是承担起新政权的任务。

2. 毛泽东秋收起义队伍中的第二团党代表何长工被选入湘南工农兵苏维埃政府执行委员，原始历史文献证明：井冈山秋收起义队伍参加了湘南起义及湘南的革命政权建设。此时的何长工所率队伍正在湘南的资兴县开展活动。

3. 会上议决的7个方面表明当时湘南起义总指挥部已经有了系统的执政理念、执政纲领、执政措施、区乡政权建设组织法。这些文件虽然在湘南来不及全面实施，但无疑对井冈山政权的建设有极大的参考价值。

4. 从快邮代电中的湘南工农兵苏维埃政府组成名单来看，可以确定身份的是，党政领导人：陈佑魁（特委书记）、李才佳（郴县苏维埃政府主席）、刘英廷（资兴苏维埃政府主席）；军队领导：朱德（师长）、陈毅（师党代表）、何长工（团党代表）、尹子韶（农军团长）；农民代表：王香和（郴县农民）、黄体国（郴县农民）、吴泗来（宜章农民）；工人代表：陈伯诚（永兴工人）、宋乔生（水口山工人）。其余的身份不明，难以归类。但就身份明了的人来看，它是符合中共中央关于苏维埃政权建设的基本要求的，体现了工农兵当家作主的愿景。

最早的中国共产党人对于革命要夺取政权，是有一个比较清楚的认识的，1921年7月中国共产党第一次全国代表大会通过的第一个党纲，第二条即规定"革命军队必须与无产阶级一起推翻资本家阶级的政权"。党纲中对于党的

湘南起义水粉画（李春祥）

各级领导机构有一个粗线条的构想，但对于国家行政政权机构建设却没有构想。对夺取政权之后要建立一个怎样的政权长期没有明确的认识，甚至要不要建立自己的政权也没有一个结论。

武汉汪精卫叛变革命以后，依附于国民党的路子走不通了。1927 年 7 月20 日中共中央发出《关于目前农民运动总策略的通告》，其中提到："土地革命只是一个过程，政权争斗是这一过程的主要特点。必有夺取政权的争斗，才能推翻封建地主的乡村统治，才能促进土地问题的爆发而且给他以解决的权力机关。"同时进一步明确指出："所谓政权的争斗，就是要建设农民的革命民权。换言之即农会政权之建设。"① 这算是共产党人最初建设人民政权的设想。

这个"农民的革命民权"叫什么？1927 年 8 月 1 日，中共中央在《关于组织湘南革命政府及特别委员会问题致前敌委员会信》中首次提出"革命政府"的概念。"决定由前敌分兵一团或二团交由郭亮处，希率领到湘南占据郴宜汝一带，组织湘南革命政府……"②

---

① 见《土地革命战争时期各地武装起义·综合册》，解放军出版社 2001 年版，第 98 页。
② 见《土地革命战争时期各地武装起义·综合册》，解放军出版社 2001 年版，第104 页。

这个革命政府是怎样的？8月3日中共中央在《关于湘鄂粤赣四省农民秋收暴动大纲》中明确将其分为两个层次，乡间政权为"农会"，县政权为"革命委员会"。原文是："以农会为中心，号召一切接近农民的社会力量（如土匪会党等）于其周围，实行暴动，宣布农会为当地的政府。""除夺取乡村政权之外，于可能的范围应夺取县政权，联合城市工人贫民（小商人）组织革命委员会，使成为当地的革命中心……"① 中共中央八七会议《关于农民斗争的议决案》强调："乡村政权属于农民协会。"

对于建设革命政权，1927年8月9日的《中共中央临时政治局对于湘省工作的决议》中有一段论述：

中央前次决定湘鄂赣粤四省秋收暴动计划，其意义是要我们党坚决的去领导四省农民革命高潮，发动土地革命的暴动，推翻四省反动统治，建设工农德谟克拉西专政的革命政权（在乡村一切权力归农民协会——农会政权，在城市一切权力归革命委员会。革命委员会在暴动前是指导暴动的机关，由我党指派同志及少数真正民左分子②组织之。暴动成功后即是临时革命政府的性质。至于口号上则为"民选革命政府"，"真正平民的民权政治"，故宣传上可说："革命委员会胜利后当召集工农会代表及革命的小商人代表选举会议，成立正式民权政府。"而实际上何时可以组织这种民权政府，则应看当地革命委员会权力巩固后再定）。③

1927年8月21日，《中共中央常委关于党的政治任务与策略的决议案》中首次提出了革命政府名称为"苏维埃"的构想：

工农兵代表苏维埃，是一种革命的政权形式，即是保证工农民权独裁制直接进于无产阶级的社会主义独裁制；这种形式之下，最容易完成从民权革命生长而成社会主义革命的转变，而且是保证中国之非资本主义发展的惟一方式。……所以我们现在就应当在党的机关报与劳动群众之中开始宣传苏维埃的

---

① 见《土地革命战争时期各地武装起义·综合册》，解放军出版社2001年版，第106页。

② 民左分子：指国民党左派。

③ 见《土地革命战争时期各地武装起义·综合册》，解放军出版社2001年版，第144页。

意义，以便到了必要的时期，立刻可以开始组织苏维埃。①

作为一种策略方式，《决议案》中提醒：

本党现时不提出组织苏维埃的口号——城市、乡村、军队之中都如此。

……为指导各地暴动起见，应当在各地建立革命委员会。暴动成功之后，这些革命委员会之中加入左派国民党人（但必须保持共产党在革命委员会之中的指导权），革命委员会就变成临时的革命政府之性质，全省范围之内，应当称为某省临时革命政府。

因此，在 1927 年 8 月 29 日《中共中央常委关于两湖暴动计划决议案》中，中共中央要求湖南建立的省的政权仍叫革命委员会，而不叫苏维埃：

暴动组织在中国革命委员会湖南分会，湖北分会之下，军事方面乡村用农民革命军，城市用工人革命军名义，简称农军、工军，合称工农革命军。某农民暴动区域军事的指导用某区农民革命军总司令名义，工农军的数量在暴动成功之后，须无限制的扩充成为正式的革命军队，同时仍保存地方军队性质的工军与农军，执行各境当地警卫，以之为革命的新警察的基础。②

1927 年 9 月 19 日，中共中央正式提出公开"成立苏维埃"。中共中央在《关于"左派国民党"及苏维埃口号问题决议案》中要求："现在的任务不仅宣传苏维埃的思想，并且在革命斗争新的高潮中应成立苏维埃。"③ 自此以后，在土地革命时期，革命政权便多以苏维埃命名了。

1928 年 3 月 10 日，中共中央《关于没收土地和建立苏维埃问题的通告》④ 详细规定了村、乡、县、市、省级苏维埃政权建设的要求，明确了各级苏维埃政府组织的组成人数、部门设置、会议要求、选举办法、代表比例。其中对市级苏维埃政府的要求是："市苏维埃执行委员会，由上项代表会议选举十五人至二十一人组织之（候补委员七人）。组织法与县苏维埃执行委员会之组织同。"

---

① 见《土地革命战争时期各地武装起义·综合册》，解放军出版社 2001 年版，第 149 页。

② 见《土地革命战争时期各地武装起义·综合册》，解放军出版社 2001 年版，第 157-158 页。

③ 见《土地革命战争时期各地武装起义·综合册》，解放军出版社 2001 年版，第 170 页。

④ 原载 1928 年 5 月 5 日出版的《中央政治通讯》第 24 期。

查 1927 年 8 月 1 日南昌起义以后，至 1936 年 8 月 13 日陕南起义之前，有记载的 577 次中共领导的武装起义，曾经建立过称为"政府"政权的起义有 119 次。最先开始叫"劳农政府"，然后叫"工农政府""革命政府""革命委员会"，再叫"苏维埃政府"。第一个劳农政府是 1927 年 8 月 20 日湖北通城县起义成立的通城县"劳农政府"。第一个工农政府是 1927 年 8 月 30 日湖北通山起义成立的通山县"工农政府"。第一个"革命委员会"是 1927 年 8 月下旬广东潮安县起义成立的潮安县"革命委员会"。第一个"苏维埃政府"是 1927 年 9 月 23 日广东全琼武装总暴动成立的"乐四区苏维埃政府"。第一个县级苏维埃政府是 1927 年 9 月 28 日湖南省汝城县起义成立的汝城县苏维埃政府。第一个城市苏维埃政府是 1927 年 12 月 11 日广州起义成立的广州苏维埃政府。第一个市（地区）级苏维埃政府是 1928 年 3 月 20 日湘南起义在永兴成立的湘南工农兵苏维埃政府。

人民政权建设

事实上，湘南起义的苏维埃政权建设，有的是自下而上地逐步展开的。如安仁县从华王乡 2 月 26 日成立全县第一个区苏维埃政府，到 4 月 2 日成立县苏维埃政府，先后成立了 14 个区苏维埃政府，89 个乡苏维埃政府，县苏维埃政府是全县最高政权机关。还有资兴、永兴皆如是。有的则是由上而下，先成立县苏维埃政府，再成立区、乡、村苏维埃政府，如宜章、郴县、耒阳。

湘南是最早成立县级苏维埃政府的地方。

湘南特别有群众运动的基础，这一点曾得到中央的肯定。

早在湘南起义之前，中共中央于 1927 年 12 月 15 日致湖南省委信中就指出，"湘南党的组织和工农的力量为湖南第二个有基础的地方"[①]。

早在 1926 年，湖南农民运动高涨时期，湘南各县就成立了县农民协会。"一切权力归农会！"那时的农会就有了部分政府的职能。这也正是国民党所不能容忍农民协会的重要原因。

湘南起义爆发后，苏维埃政权建设迅速。短短三个多月里，成立了 8 个县

---

① 见《中央政治通讯》1927 年第二十一期。

级苏维埃政府，94 个区苏维埃政府，799 个乡苏维埃政府。成立基层政府最多的是耒阳：37 个区苏维埃政府，325 个乡苏维埃政府。[①] 列表如下：

宜章县苏维埃政府（1928 年 2 月 6 日成立）

主　　席　毛科文

副 主 席　吴泗来

财经委员　吴汉杰

裁判委员　×××

土地委员　唐伯安

武装委员　×××

区苏维埃政府 5 个　乡苏维埃政府 11 个

郴县苏维埃政府（1928 年 2 月 7 日成立）

主　　席　李才佳

副 主 席　王湘和

秘　　书　陈代长

肃反委员　杨景初

经济委员　刘善淑

土地委员　戴书隆

粮食委员　曾子彬

区苏维埃政府 11 个　乡苏维埃政府 137 个

永兴县苏维埃政府（1928 年 2 月 11 日成立）

主　　席　刘 木

副 主 席　邓燮文

秘　　书　何宝臣

土地委员　刘让三

教育委员　刘在南

肃反委员　李腾芳

军事委员　×××

区苏维埃政府 15 个　乡苏维埃政府 137 个

---

　　① 见《湘南起义史稿》，湖南省人民出版社 1986 年版，第 119 页。其中缺桂阳县的统计。

桂阳县苏维埃政府（1928 年 2 月 15 日成立）

主　　席　徐树誉

副 主 席　刘树基

委　　员　刘煦基、何汉绫、杨　赤、徐　行、何　澄、杨呈样、李仲
　　　　　桑、李友成、曹立中

村苏维埃政府 4 个

耒阳县苏维埃政府（1928 年 2 月 19 日成立）

主　　席　刘泰

副 主 席　徐　鹤　李树一

秘　　书　钟森荣

军事委员　李天柱

财经委员　李树一（兼）

肃反委员　伍昭立

青年委员　刘德祖

土地委员　谢朝楚

区苏维埃政府 37 个　乡苏维埃政府 325 个

资兴县苏维埃政府（1928 年 3 月 6 日成立）

主　　席　刘英廷

副 主 席　黄义行

秘　　书　何子奇

军事委员　李奇中

财务委员　黎先谋

粮食委员　袁才奇

土地委员　李化之　胡昭日

肃反委员　朱　赤

青年委员　袁公亮

妇女委员　袁凤兰

区苏维埃政府 10 个　乡苏维埃政府 100 多个

桂东县苏维埃政府（1928 年 3 月 31 日成立）

主　　席　陈奇

区苏维埃政府 2 个

安仁县苏维埃政府（1928 年 4 月 2 日成立）

主　　席　唐天际

秘　　书　凡　寨　唐德丝

组织部长、赤卫队总指挥　龙文从

军事部长　颜文达

财经部长　樊坤光

赤卫队长　刘加可

区苏维埃政府 14 个　乡苏维埃政府 89 个

泥巴腿子当政

湘南起义人民当家作主的历史事例很多，很生动，但大多淹没在历史的烟云中。尽管如此，我们仍然可以透过一鳞半爪窥其全豹。

1928 年 6 月《团湘南特委徐林关于湘南暴动经过的报告》中写道：

（由县苏维埃政府把土地一律没收交于乡苏维埃政府以局部的分配，凡参加农业劳动的都有份的，多寨以那乡苏维埃政府所辖土地之多寨而定）于是湘南的暴动又开了一个新纪元。农民表现多在未分土地以前绝对不同的则有：

A. 对"埃政府"普遍的认识是他们的政府，随便什么事，都要到"埃政府"里面解决去。

B. 在未分土地以前，农民藏匿土豪劣绅，到分配土地以后，农民都不藏了，并且看见土豪劣绅即抓，抓到了就杀。

C. 农村中互相打仗的现象已经没有了，都一心的去抵抗敌人，唯恐敌人之到而使他们不能稳定所分得的土地。[①]

1928 年 2 月 6 日，宜章县农民毛科文当选宜章县苏维埃政府主席，由于他办事公正，敢于担当，斗争勇敢，说一不二，在宜章老百姓眼里，就像往年的好县官，因此，当时宜章的老百姓都叫他"苏大人"。《郴州英烈传·毛科文》有一段精彩的描述：

---

①　见中共郴州市委党史资料征集办公室编《湘南起义文献集》，中共党史出版社 2014 年版，第 162 页。

2月6日，湘南第一个红色政权——宜章县苏维埃政府成立，毛科文被各界群众推选为县苏维埃政府主席。

这天，春风和煦，阳光明媚。一万多名工人农民汇成一条澎湃的人流，出东门去迎接从前线回来的革命政府主席。人们兴高采烈地说："我们去接苏维埃的'苏大人'。"

毛科文来到群众队伍中，人们这才知道，"苏大人"原来就是自己爱戴的毛科文，都禁不住内心的喜悦。一时间，彩旗飞动，锣鼓喧天，口号声此起彼伏，惊天动地。毛科文满腔的热血在沸腾，不住地挥动双手，同欢跳的群众振臂高呼："苏维埃万岁！""革命胜利万岁！"

成立大会后，举行了游行示威。毛科文像平日一样，身着打了补丁的短汉装，腰系麻布汗巾，脚穿草鞋，走在游行队伍之中。经过文星街时，见有个衣裳褴褛的老妇提着一篮蘑菇在卖，便走上去，和蔼地问候她。当他知道老人家住西乡，生活困苦，又亲切地说："好，您老人家回去告诉您的侄子和乡亲们，组织起来，去没收西乡大土豪'源德胖子'和'永古佬'的家产，分给贫苦人，不要怕，现在是共产党掌权了。"

过后，毛科文来到了西乡。这里原是农会斗争最火热的地方，大革命失败后，豪绅对农会骨干杀戮甚惨。毛科文来后，替受害的农民撑腰、鼓劲。打倒土豪的"保产党"，严厉镇压恶贯满盈的劣绅。接着，他带领贫苦农民斗地主，分浮财，丈土地，插标分田，西乡成了全县土地革命闹得最火热的地方。

春耕时节，身为县苏维埃政府主席的毛科文，像普通农民一样，回到生子岭来耕种自己的几亩田土，同时把农会的事情一一挂在心上。贫苦农民李范洪因上学欠了族里十二担谷，毛科文为他多方奔说免了债，又亲自写好分田牌送到他的家里。

有时，办公务的人初次在田头找到毛科文，总有一阵惊讶："你是这个样子呀？叫人不敢认！"他平静地微笑道："我是下力气的人，不是这样，是什么样？"

毛科文工作非常繁忙，组织上安排战士小李做他的通讯员。小李有时要替他打水端饭，扫地抹窗，可他总是不让，常常慈祥地说："我是民众的公仆，不是过去的猪官老爷。"不久便把小李送回部队去了。

这是多么朴实的人民公仆！又是多么有担当的主人公！

其实，毛科文可不是一般的农民。毛科文，乳名月恒，号隆智，湖南宜章县城关毛家村人，生于 1898 年。他三岁时父母双亡，由大哥抚养长大。青少年时代的毛科文，经受了艰难生活的磨炼，十几岁便成为一把作田的好手，还跟大哥认了些字。面对当时黑暗的社会，毛科文并不满足于踏在自己的两亩旱田上，而希图改变现实。他反对赌博，常常严词批评爱赌钱的二哥；他崇尚武力，曾经从师习武三年；他希图天下太平，并抱着幻想进过洋人办的"福音堂"。但是，他的美好愿望，却在黑暗的现实面前化为泡影。1923 年，宜章进步青年高静山从湖南省立第三师范回到家乡，以教书为职业，宣传革命，经前在"福音堂"的旧友杨子达、吴泗来介绍，毛科文与高静山相识。他每天清晨进城拾粪，总要到高静山或杨子达的住所聊一聊，着迷地听他们讲些"新鲜道理"。晚上，他还与开杂货店的吴泗来等人邀请进步教员李宴春来家辅导他们读《新青年》《每周评论》《湘江评论》等一些进步书刊。1925 年 2 月，他面对有镰刀铁锤图样的鲜红旗帜，献上了一颗农民的赤子之心，加入了中国共产党。7 月，他被选为第一届中共宜章县委委员。1926 年 8 月 14 日，宜章县农民协会成立，毛科文被选为县农协副委员长。12 月，毛科文与县农协委员长杨子达、省农运特派员周振岳作为宜章县农民代表参加湖南省第一次工农代表大会。他在大会上发言踊跃，言辞生动，逻辑清晰，很有说服力和影响力，受到全体代表的推崇和拥戴。同时，会上他所在的宜章代表团提出提案达 10 类，占大会代表全部提案 21 类的几乎一半，而这些大多是毛科文提出的，因而毛科文被大会选为省农民协会委员。1927 年 4 月底，我党在武汉召开党的第五次全国代表大会，根据共产国际的指示，党的领导机关要有一定数量的工人、农民代表。因此，毛科文被大会选为候补中央委员，是我党中央委员会里最早的一位农民代表。有一则故事，很能反映他的素质：

离宜章县城 80 里外有一个满塘乡，号称宜章第一乡农会。乡农会为了保障农民过春荒，制定了一条土政策，限制豪绅以市场价卖粮给农民，要求一律平价。有个叫张作涛的财主却欺骗农民说："我每年都有粮食给你们渡荒，你们别跟我过不去，大树底下也好歇凉嘛。"有的农民觉得他说得有理，斗争进行不下去。毛科文闻讯后，领着农民涌进张作涛家，怒不可遏地斥责他："往年你利用'租会'夏荒借出一担，秋后收回两至三担，你发的是灾荒财。"他又对农民说："张作涛自称'大树'，依我看，大树底下连草也难长啊，阳光、肥料、水分都给大树强占啦；财主所以富，不就是因为吸去了我们身上的血汗吗?!"农民纷纷点头："说得对呀!"农民们恍然大悟，立即封禁了张作涛、张声九等豪绅的大小粮仓三十多座，不准他们抬高谷价。张作涛哑口无言。这样的苏维埃主席，真正代表了穷人，维护了广大贫苦人民的利益，他受到广大人民群众的热烈拥护，就不足为奇了!

1928年11月6日，毛科文被选为井冈山前敌委员会委员，是包括毛泽东在内的五名委员之一。1929年，毛科文为掩护战友被打散，回到宜章不幸被捕，7月12日英勇就义。他的战友何长工说：毛科文是我党早期农民运动的卓越领导人，是个在行的农民运动领袖。

1928年6月，共青团湘南特委徐林给中央的报告中有一段记述耒阳县苏维埃政府主席刘泰的话：

湘南各县的苏维埃政府主席，大半农民很信仰，尤其耒阳的刘泰，农民信仰他比埃政府还好。(刘即埃政府，埃政府即刘泰)。①

足见当年这些"泥腿子"是很能办实事，很能为贫苦人民撑腰的。人民当家作主，并非一句口号。

各县区乡苏维埃政府为使人民当家作主，主要做了以下几点工作：

一、依照中央关于土地革命政策要求，制定乡村土地改革具体实施办法。当时湘南苏维埃工农兵政府成立后，出台了一个土地问题决议案，但比较粗糙，于是政府组织了一个工作组到永兴县湘阴渡搞试点，在试点的基础上又制定了一个土地分配法。

二、镇压反动的土豪劣绅，为农民分田分土撑腰。为此各县区乡都成立了特别法庭，惩治不法地主和土豪劣绅。

三、发动成立各种群众团体，依靠人民群众，广泛开展反封建、禁五毒(赌博、卖淫、嫖娼、跳神、吸毒)、树新风活动。

四、插标分田，这是广大农民最为关切的问题，又是最为艰难的问题。湘南起义之初，因主要精力集中于作战，未能顾及土地问题，群众起不来。可是开始分配土地后，群众又顾虑重重，不敢要。

共青团湘南特委徐林在报告中写道：

① 见中共郴州市委党史资料征集办公室编《湘南起义文献集》，中共党史出版社2014版，第163页。

278

此时（一九二八年三月）湘南特委已迁到郴州，看见这种现象，很危险，同时也知道"郴州事变"是因为农民没有得到利益而起的，于是就具体的讨论土地分配问题，于最短期间把土地分配好了。①

　　可见土地革命的关键就是土地分配问题。

　　群众担心"变天"，不敢要地主的田土，最初是一个普遍现象。有一则陈毅分田的故事，说的就是这种情况——

　　1928年3月的一天，湘南起义副总指挥、工农革命军第一师党代表兼郴县县委书记陈毅，与郴县农七师师长邓允庭一起，到郴县白露塘视察农运工作。

　　当他们来到一个陈姓村庄时，在这里负责插标分田的郴县苏维埃政府副主席王香和垂头丧气地跑来诉苦。他说，陈书记，你说气人不气人，这里的农民分给他田都不敢要，硬是没办法。陈毅说，有这种事？你带我去看看。

　　王香和带着陈书记来到这个村里，一连问了十来户农民，都表示不敢要苏维埃分的田。是什么原因，大家都不敢说。后来有胆子大一点的说，其实，谁不希望分田呀，田是农民的命根子呢。可是，村里的田都集中在几个大户的手里，尤其是族长家田多。人家有钱有势，如果分了他的田，你们一走，我们可就没命了。没了命，要这田还有何用？

　　邓允庭师长一听，立即命令卫兵，去把那族长抓来，枪毙了他，看他以后还怎么作恶！

　　陈毅沉思了一下，说，慢！这事还是要从根本上解决问题，杀人不能解决问题。他叫王香和召集全村人开会，农民、地主、族长都要来。

　　听说陈毅来开会，全村百十来口人全部来了，族长也来了。

　　陈毅说，请族长坐上去。族长全身发抖，连忙推辞："长官在此，小民焉敢僭越。"那意思是说，你当官的在这里，我一个小族长怎么能跟您平起平坐呀！有文化哩，还能掉点文。要不族长岂不是白当了？

　　好哇，掉文么，也行。陈毅说："父母居上，大兵理当在末。"意思是说：你是地方上的父母官，我一个当兵的，怎么能排在你的前面呢？不由分说，陈毅硬是把族长扶上了主席台。

---

　　①　见中共郴州市委党史资料征集办公室编《湘南起义文献集》，中共党史出版社2014年版，第162页。

全场一见，这陈毅这么尊重族长，幸好没要他的田，要不然，可不得了。

陈毅站到台上，目光如炬，扫视了一眼台下，开始了他的讲话。从陈胜、吴广起义，到唐末黄巢起义，到太平天国起义，讲社会平等的意义，讲社会不平等带来的恶果；讲农民为什么要起义，为什么要分田分地。总而言之一句话，要让农民活得下去，社会才能太平。又讲一个村子要想太平，就要让乡亲们都能活得下去。一个村子，都是同一族的子孙，作为族长，是否有责任让乡亲们过得好一些？讲得族长大汗淋漓，不住地点头。最后，陈毅盯着族长说："族长是一个明白人，你的田愿不愿意分给乡亲们呀？"

族长连声说："愿意愿意！"

陈毅又问一句："台下的各位富户财东，你们愿不愿意把自己的田土分一点给贫苦的乡亲们呀？"台下没人答话。也有人小声说，这像什么话呀？

陈毅知道这话还没说到位，于是又清了清嗓子说："各位财东，你们晓得我是哪里人吗？"停了一下，又自问自答："我是四川的！我大老远跑到这里来干么子来了？打抱不平来了。讲句老实话，我老子也是个小地主。要不然我怎么能去法国留学呀。可是后来我家被别的地主欺侮，弄得家里破了产。这就是社会不公平的原因。从此我就走上了造反之路，这个社会的一切不平等都要推翻。今天我来这里，就是为穷人撑腰来了，哪个敢说不愿意分田的，给我站出来！"

台下更没人说话了。陈毅说："王香和，你给我点名，一个一个地点，问他们的田土愿不愿意分给乡亲们。"王香和立即点名，一个一个问到，都说愿意分给乡亲们。

陈毅说："乡亲们，大家听到了没有，各位财东都说了，他们愿意把多出来的田土分给乡亲们，你们要不要呀？"

台下又是一阵沉默。陈毅一看，还是不行呀！他一挽衣袖豪迈地说："好哇，乡亲们都不敢要，那我陈毅要了，我可就叫我四川的老乡来种了。以后别说我陈毅抢了你们的地！再问一句，你们到底要还是不要？"

"要！要！要！"山崩地裂一般，乡亲们欢呼起来。

陈毅笑了："你们不傻呀？我还以为都是傻瓜呢！"

邓允庭笑了，王香和也笑了。不过笑得最欢畅的还是白露塘的农民兄弟哩！

插标分田，是湘南百万农民参加暴动的动力，是农民渴盼翻身解放的本质要求。据党史部门统计：当时资兴全县耕地总面积 21 万多亩，插标分田达 10 万多亩，约占 50%；郴县耕地总面积 32 万多亩，插标分田面积达 18 万多亩，约占 56%；耒阳全县 355 个乡，约有 250 个乡进行了插标分田，占总乡数的约 70%。然而，当时的时间和精力主要花在宣读有关政策、清理在册人数、计算田土面积、制定分配方案、处理民众纠纷上，田土到户的仅有 50 个乡。永兴全县各区乡有 60% 以上的村都完成了插标分田的任务，共插标分田 140115 亩。宜章县由于敌人南北夹击，境内敌人顽强反扑，全县始终处在一种战争状态，形势日趋恶化，因而全县大部分地方只处于调查人口、土地，准备分田的阶段，全县清查人口土地、插标分田的在 5 万亩左右。其余如安仁、桂阳、桂东、汝城因暴动起步较晚，又地处偏僻，插标分田只处在筹备工作阶段，田土未能到户。但分田分土的行动，极大地调动了湘南农民参加暴动的热情。虽然后来国民党在湘南大举剿共，土地又被地主土豪夺回，但这次行动在湘南人民心中刻下了难以磨灭的印记。值得载入史册的是，有一个边远乡村，共产党 1928 年分配的土地，农民确确实实得到了收获。1982 年 8 月 25 日至 27 日，资兴市召开革命老人回忆湘南暴动历史情况的座谈会，会上有老人回忆，资兴浓溪洞地区的插标分田，农民还真获得了收成。会议纪要写到：

　　在湘南暴动期间，资兴曾进行了分配土地的运动，全县大多数地方的农民都在分得的土地上插上了写着自己姓名的牌子。但不久湘粤军阀"会剿"湘南，暴动失败。农民还来不及在分得的土地上进行耕种就又被夺去了土地。在这次会上却证实，龙（浓）溪特区是个例外，当地农民在红军游击队的支持下，不但分到了土地，而且在分得的土地上进行了耕作，并确确实实得到了收获。这恐怕是湘南地区土地革命时期农民分了土地，耕种了土地，并得到了收获的唯一的地区。①

---

　　①　见郴州地委党史办编《郴州党史资料通讯》第四期，1982 年 9 月 29 日，第 22- 23 页。

激流余波

> 霹雳一声惊天地，五岭惊雷醒八方。湘粤赣三省边界的工农起义在湘南起义的影响下呈风起云涌之势……

　　1927年3月30日中共中央通告说"湘南20余县都被工农割据"，这有点夸张。《上海申报》1928年4月16日刊登了一则《湘省大举剿共近讯》电文称："十日长沙通讯：湘南共匪首领朱德，勾结土匪，占据衡郴桂十余县。"这个报道倒是十分准确。但是，暴动影响所及，却超出了湘粤赣三省边界数十县。各县纷纷起来筹备暴动，派人与朱德联系，请求前去支援。可惜国民党来势凶猛，湘南工农革命军主力不得已东撤，很多县都来不及暴动，革命力量即被反动派扼杀了。

一

　　早在湘南起义之前，在湘南汝城县诞生了中共领导的第一支中国工农革命军：汝城县中国工农革命军第二师。在全国一片血腥的黑暗中，这里曾因农军云集，工农主宰天下，被誉为"新湖南"。汝城农军被编为第二师第一团。后来第二师被范石生部偷袭打散，汝城农军撤入江西，得以保存。朱德与范石生部合作后，汝城农军被编入范石生第十六军特务营，朱德脱离范石生部后，营长何举成不听朱德劝告，贪图安逸，未能及时从范石生部撤出，全营官兵被李济深派驻范石生部的特务组织围剿，只逃出党支部书记李涛和宋裕和等少部分人。李涛逃出虎穴直接去了广州，后由广州转道上了井冈山，宋裕和则在家乡躲了几个月后，直接上了井冈山。由于失去了武装护卫，加之当地大土匪胡凤璋、何其朗对工农革命恨之入骨，汝城地下党组织无法在本乡生存，遂纷纷转移。农会干部朱良才、朱赤到耒阳找到朱德后，随陈毅到永兴参加了湘南工农兵代表大会。会后，朱良才被分配到资兴担任组织工作，朱赤被分配到资兴负责镇反工作。1928年4月上旬，毛泽东率第一团攻到汝城县附近的田庄，汝城县共产党员何翊奎、钟碧楚、刘光明赶到田庄与毛泽东取得联系。毛泽东攻下汝城的第二天，部队即撤往资兴，毛泽东指示何翊奎等人留在资兴，组建了资汝边区支部，何翊奎任支部书记，钟碧楚任组织委员，刘光明任宣传委员，在此长期坚持游击战争。朱良才、朱赤堂兄弟在资兴得知毛泽东率队由桂东去了汝城，便匆忙赶回汝城，准备举行汝城暴动，但因局势变化太快，等兄弟二人回到汝城时，毛泽东的队伍已撤走，留在汝城的县委书记何日升亦已撤走。朱良才和朱赤只得急忙沿原路返回资兴。但这时资兴农军也已撤走，兄弟俩一路追赶，直到酃县才追上陈毅的部队，回到资兴独立团，一道上了井冈山。毛泽东虽然短暂占领了汝城县，但迫于形势的紧迫，最终没能在汝城发动群众，组织政权，重建农军。汝城少数几个逃出来的革命者，后来都成就了辉煌的人生，其中两人成了新中国的上将，一人成了共和国的副部长。

上将李涛（1905—1970），原名李湘舲，曾用名李湘民、李毓英，1905年9月4日生于湖南省汝城县延寿瑶族乡新坡村。8岁入本乡达德小学，后就读于县立模范小学和濂溪高小。1923年考入郴州省立第七联合中学，开始接受进步思想，因参加爱国学生运动，于1925年被校方开除。1926年春加入中国共产党，8月被派到常德国民革命军左翼总指挥部做宣传工作，不久以湖南省总工会工人运动指导员的身份回汝城开展工人运动，当选为县总工会委员长兼工人纠察队队长。1927年8月工人纠察队遭反动武装袭击，李涛率农军一部突出重围。9月他在桂东参加秋收起义，任工农革命军第二师第一团第一营党代表。11月，经朱德与范石生商议，李涛所在的部队编入范石生第十六军特务营。后他在遭范部围剿时逃往广州，先后在中共广东省委、香港区委工作。1929年李涛由上海到赣西南苏区，先后担任过红军连级至师级部队的政治指导员和政委、军团政治部主任，参加了红军长征。

新中国成立后，李涛曾担任第三届国防委员会委员，中共第八届中央候补委员和中央监察委员会委员。1955年他被授予上将军衔，获一级八一勋章、一级独立自由勋章和一级解放勋章。

1965年，李涛因病免职休养。"文化大革命"中遭受迫害，在身患重病的情况下被迫离开北京。1970年12月20日在广州病逝，年仅65岁。

上将朱良才（1900—1989），原名朱性明，字少时，号振声，湖南省汝城县外沙村人，1900年9月27日出生于一书香门第。其父朱邦藩以教蒙馆（即私塾）为生。他自幼读私塾，14岁考入县立高等小学，高小毕业后考入衡阳诚德中学。在这里他开始接受新思想。1925年，在轰轰烈烈的大革命运动中，朱良才任乡农民协会组织委员。1927年，蒋介石发动了四一二反革命政变，共产党人及积极分子遭到捕杀，血雨腥风一时笼罩中华大地。朱良才作为农会的领导骨干，被国民党逮捕入狱。1927年10月，朱良才被营救出狱后，毅然加入了中国共产党。

1928年1月初，朱良才经县委介绍，前往耒阳找朱德参加湘南暴动，后随朱德上了井冈山，开始了他的职业革命生涯，先后担任了各级部队的政委，直到1958年任北京军区政委。

朱良才作为军队政治工作者，在战史上宣传得极少，但他的一生有着许多的闪光点。他最让人难以忘怀的两件事，一是及时发现和宣传了"狼牙山五壮士"；二是亲笔写了《朱德的扁担》，这篇文章后来被选入小学课本，几十年来一直为人们传颂着，教育和鼓舞了一代又一代人。

朱德的扁担（苏教版二年级课文）

1955年朱良才被授予上将军衔，荣获一级八一勋章、一级独立自由勋章、一级解放勋章。1988年7月，他被授予一级红星功勋荣誉章。1989年2月22日，朱良才在北京病逝，终年89岁。他生前著有《风雨盘然：朱良才上将回忆录》长篇回忆录，1993年4月由解放军文艺出版社出版。

共和国副部长宋裕和（1902—1970），又名宋友训，汝城县延寿瑶族乡寿水村人。1926年，宋裕和在延寿参加农民运动，任第八区（延寿）农协筹备委员、农协副委员长。1927年5月，他加入中国共产党。

"马日事变"后，宋裕和奉汝城县农军总队部命令，率延寿农军参加县城保卫战。县城失守后他突围到达濠头，与何举成等人一起在湘赣边开展游击活动。9月下旬，他参加第二师第一团智取桂东、攻克汝城的秋收起义战斗。

1928年2月6日，何举成所率的特务营遭围歼，宋裕和在群众的掩护下突出重围，后曾一度与组织失去联系，暂回延寿家乡隐蔽。汝城大土匪胡凤璋闻宋裕和回乡，立即派人前往缉捕。宋裕和趁夜从村后大山逃脱，几经辗转，于井冈山找到朱德部队。他先后在红四军政治部任宣传员、连指导员、团政治委员。

在长期的革命战争中，宋裕和以毕生精力从事军队后勤保障工作。解放后，他历任食品工业部副部长、军委总后勤部副部长、建筑工程部副部长等职，被中央军委领导誉为"总后四大金刚"之一。他曾当选第一届全国人大代表，全国政协常委。"文革"期间，宋裕和受到不公正待遇，被强行"疏散"到江西省抚州市。1970年12月12日于抚州病逝，终年68岁。

而朱良才的堂弟朱赤，因没有文化，一生没有显赫的身份，但平安闯过枪林弹雨，高龄终老于首都北京。

二

临武、蓝山、嘉禾三县，紧邻宜章。宜章年关暴动的消息，迅速传遍三县。

1927年10月，临武县特支书记袁痴牺牲后，共青团湘南特委组织部部长贺辉庭、湘南特委青联委员傅昌表回到家乡临武汾市，恢复组建了中共临武汾市特别支部，贺辉庭任支部书记，发展了11名共产党员。贺辉庭先后与宜章碕石支部，嘉禾、蓝山支部取得了联系。嘉禾县萧克通过汾市支部恢复了党组织关系，回到嘉禾，联系上黄益善，恢复了嘉禾特别支部，黄益善任特支书记。随后萧克又通过汾市特别支部找到了碕石支部书记彭晒，参加了宜章碕石暴动。经与中共宜章县委联系，决定组建临武、嘉禾、蓝山三县暴动总指挥部，贺辉庭任总指挥。不料朱德部队向北发展后，形势不久逆转，工农革命军在国民党大规模围剿下向东撤退上井冈山。靠西边的临武、嘉禾、蓝山因交通闭塞，尚未起事即陷入了敌人的包围，临武、嘉禾、蓝山的共产党组织被国民党摧毁。贺辉庭、傅昌表及大多数共产党员牺牲。

三

湘南特委为发动湘南起义，于1927年11月底让特委委员罗醒吾以湘南特委特派员的身份到江华，组织以江华为核心的永明、道县、宁远四县年关暴动。罗醒吾原名彭钟泽，字觉如，湖南隆回县人，省立第一师范毕业。1926年秋至1927年5月任中共宝庆地方执行委员会书记，"马日事变"后调湘南特委工作。1927年9月，他主动承担去零陵争取匪首唐渌归顺工农革命军的工作，未成功。接着他去到江华，工作不久离去。秋收起义后，中共湖南省委部署年关暴动，才又派他去江华。12月，罗醒吾首先在城厢区党支部书记胡青松家传达精神，要求党员"严守机密，待机行动"。罗醒吾到中共江华县地方执行委员会办公地武子庙学校与韦汉会面，传达湘南特委和湘南暴动总指挥部的指示精神。湘南暴动的总计划中明确要求组织以江华县为基点的永明、道县、宁远等四县的总暴动，确定暴动时间为1928年3月10日，要求迅速发展党员，培养骨干，制订暴动计划。

1928年1月，江华县地方执委成立暴动指挥部，何云溪为总司令，罗醒吾任政委。计划第一步为夺取区公所、挨户团枪支，没收劣绅的财产济贫；第二步为攻占县城，成立县苏维埃；第三步，主力向蓝山、桂阳方向挺进，与湘南朱德的主力会合。2月中旬，刚准备就绪，岭东区赤卫纵队司令唐崇蓂叛变。2月21日，罗醒吾被捕。在狱中，他写信给县政府，说："来监已二日，未蒙'枪毙'，五内难安，请速枪决为快……"未几，惨遭杀害，时年32岁。由于暴动主要领导人被捕，领导机关被摧毁，湘南西南方的大暴动胎死腹中，给整个湘南暴动造成重大影响，工农革命军主力不得不东撤。

四

与此同时，湘南起义声势影响粤赣边，广东的乐昌、曲江、仁化，农民武装纷纷组织起来，向国民党主政的乡镇、城郊开展进攻。乐昌坪石疯塘成立的暴动营，多次配合宜章农军进攻盘踞在坪石的国民党第一游击师胡凤璋部。后疯塘暴动营随陈毅上了井冈山，编入红四军红二十九团。江西遂川、崇义、上犹、宁冈等地的暴动更是影响深远，为创建井冈山根据地创造了良好的群众基础。湘南暴动冲击波的涟漪，一波一波，传递之广之深，为中共武装斗争所罕见。以后，还有很多青年在湘南革命的影响下投奔延安。其中最有名的如出生桂东的邓力群。1935 年他在北京大学读书时参加社会主义青年团。1937 年 4 月，经党组织批准，邓力群奔赴延安，进入中共中央党校学习和工作，任中央党校教务处秘书、教员。1938 年 5 月，他被选派到延安马列学院，先后担任学院教务处处长、院党总支副书记。1982 年他在中共十二大上当选为中央委员，在十二届一中全会上当选为中央书记处书记。1987 年他在中共十三大上当选为中央顾问委员会委员。邓力群是我党思想理论宣传战线的杰出领导人，马克思主义理论家。2015 年他在北京逝世，享年 100 岁。

　　湘南百万工农参加暴动，烈火熊熊，声势煊赫，阻断了国民党军的南北交通咽喉，令国民党上层官僚坐卧不安，于是匆忙结束了狗咬狗的宁汉战争，以集中兵力对付朱毛起义军。

第七章　怨　火

1928 年的湘南起义，湘南特委忽视农民生存利益的"左"倾路线造成部分农民埋怨在心。

1928 年 3 月，从中央到省委到特委、县委、特支，都弥漫着一股头脑发热、好大喜功的情绪，大家超越现实，不切实际，盲目乐观，乱烧乱杀，不讲政策，侵害老百姓利益，把革命引向歧路。

正当国民党九个半师取西南北三面合围之势，欲"剿灭"共产党之时，中共湘南特委召开特委会议，研究部署如何抵抗国民党的进攻。其大致方略是：坚决抵抗，死守湘南，战斗到底，决不退缩。动员百姓，坚壁清野，烧光湘粤大道两旁 15 里以内（后改 5 里）民居，让国民党进入湘南后，没吃没住，不战而退。这样的决策，完全没有考虑敌我力量的悬殊，也没有考虑房屋被烧的农民的利益和意愿，结果引得部分农民怨气冲天，纷纷倒戈反叛……

中央的舵向"左"转

> 在中国革命历程中，党的领导有时徘徊在"左"与右的曲线中。"左"是冒进，右是保守。1928年上半年的中央，处在冒进的"左"倾盲动主义的领导下……

1927年8月7日，湖北省武汉市汉口鄱阳街135—139号，一群年青人在共产国际罗明纳兹的主持下，"缺席审判"了党的最高领导人陈独秀，与会人员一个个神情激愤，慷慨陈词，斥责陈独秀的右倾机会主义，一致决定开除陈独秀出中央，同时选出一位眉清目秀，才华横溢，年仅28岁的青年才俊为党的临时中央政治局常委负责人——他的名字叫瞿秋白。

瞿秋白，1899年1月29日出生于江苏省常州府。1904年，5岁的瞿秋白入学，11岁考入常州府中学堂。1915年7月，因交不起学费，瞿秋白被迫辍学。1916年年底，瞿秋白得到表舅母的资助，西赴汉口，寄居于在京汉铁路局当翻译的堂兄瞿纯白的家中，并进入武昌外国语学校学习英文。

1917年春，瞿秋白随同堂兄北上到北京。原本瞿秋白要报考北京大学，但因付不起学膳费，转而参加普通文官考试，未被考取，于是考入外交部办的"不要学费又有'出身'"的俄文专修馆，学习俄文。1919年5月4日，性格内向的瞿秋白参与了五四运动，加入了李大钊、张嵩年发起的马克思主义研究会。

1920年8月，瞿秋白被北京《晨报》和上海《时事新报》聘为特约通讯员到莫斯科采访。1921年他见到了革命导师列宁，并与之进行了简短的交谈。1921年11月7日，俄国十月革命四周年，瞿秋白在莫斯科第三电力劳工工厂参加工人的纪念集会，又一次见到了列宁，并聆听了他的演讲。1921年秋，东方大学开办中国班，瞿秋白作为当时莫斯科仅有的中俄文翻译，进入该校任翻译和助教。中国班单独编一班，该班学生有刘少奇、罗亦农、彭述之、任弼时、柯庆施、王一飞、肖劲光等。瞿秋白讲授俄文、唯物辩证法、政治经济学，并担任政治理论课翻译。1921年5月他由张太雷介绍加入共产党，当时属俄共党组织。

1922年春，瞿秋白正式加入中国共产党。

1922年底，陈独秀代表中国共产党到莫斯科，瞿秋白担任他的翻译。1922年12月21日，受陈独秀邀请，瞿秋白离开莫斯科启程回国工作。1923年夏，于右任、邓中夏创办上海大学，瞿秋白到上海大学担任教务长兼社会学系主任。

1925年1月起，瞿秋白先后在中共的第四、五、六次全国代表大会上当选为中央委员，成为中共领袖之一。

1927年7月12日，共产国际指令改组中共中央的领导，陈独秀被停职。7月13日，瞿秋白和鲍罗廷秘密前往庐山，一是商讨中共中央的领导改组问题，一是计划武装暴动。7月下旬瞿秋白回到武汉，参加了7月25日召开的中央常委扩大会议，讨论同意了南昌举事的提案。8月1日，南昌起义终于实现。8月7日，新来的共产国际代表罗明纳兹主持召开会议（八七会议），正式将陈独秀（缺席）免职，并指定瞿秋白担任临时中央政治局常委，并主持中央工作，自此，瞿秋白成为继陈独秀之后，中国共产党第二任最高领导人。然而，这个28岁的青年人，也许是太年轻经验不足，也许是出于对敌人屠杀共产党人的愤慨，也许是出于对美好理想的急于求成，也许都有……当他接下这副沉重的担子时，竟然蹒跚着走向了陈独秀的反面——"左"倾盲动主义。

由于7月15日汪精卫撕下国民党左派的外衣，叛变革命，追杀共产党人，中共中央机关在武汉风险太大，因此于9月下旬秘密迁往上海，瞿秋白随之潜往上海。他在上海创办了中共中央机关报《布尔塞维克》，并亲自撰写了很多鼓动革命的文章。但文章在方向性上极速"左"转，他认为工农运动仍在继续发展，工农斗争将"暴发而成全国的大暴动"，主张工人阶级应"率领几千万农民暴动起来"。

与此同时，这一时期在瞿秋白与秘书长邓中夏的主持下，中共中央文件中也逐渐出现了"左"倾内容，主要表现在对时局的判定和对敌斗争的策略上。

在对时局的判定上，错误地高估自己的力量，低估敌人的力量，因此盲目乐观地到处要求发动大规模起义，尤其是要求在全国大城市中发动起义，超越时代条件，造成许多不必要的牺牲。如发动广州起义，就是盲动主义的产物。再如要求秋收起义队伍攻打长沙，指责毛泽东适时撤退、保存力量是逃跑主义，甚至将湖南省委重要负责人全部撤职。

在对敌斗争策略上，强调"杀光""杀尽"，不作区别，不究实情，不讲人性。1927 年 8 月 3 日，中共中央在《关于湘鄂粤赣四省农民秋收暴动大纲》中说："夺取一切政权于农民协会，歼灭土豪劣绅及一切反革命派，并没收其财产。"这里用的是比较模糊的"歼灭"一词。歼灭是包括了打散、打垮、使其投降等。8 月 23 日，《关于秋收起义中建立政权和土地问题复湖南省委函》中就提出了"暴动杀尽豪绅反动的大地主"的口号，将模糊的"歼灭"一词改成了恐怖的"杀尽"一词。到 8 月 29 日，《中共中央关于两湖暴动计划决议案》中，更进一步提出了："暴动为实行彻底的土地革命，即没收大中地主的土地（事实的结果是全部），杀尽土豪劣绅及一切反动派与没收其财产，实行乡村一切政权归农民协会，城市民选革命政府，消灭一切非农民非工人革命的武装。"这个指示有两个改变：一是将原来说的土地在五十亩以下的不没收，改成了全部没收；二是将杀尽反动的大地主，改成了"杀尽土豪劣绅及一切反动派"，没有了"反动"和"大地主"的限制词，这就完全失去了界限。

　　从中央上述文件可以看出一个明显的"左"的发展轨迹，这就给各级基层党组织以极强的"左"倾影响，使得一部分人近似疯狂，没有理性可言。

　　幸好瞿秋白的"左"倾盲动主义很快就得到纠正，而且是瞿秋白在任上自己纠正的，这的确难能可贵。1928 年 4 月，瞿秋白在苏联召开中共六大前夕，写出了《中国革命与共产党》一书，全书八万多字，系统总结了中国共产党在领导革命中的历史经验和教训。其中就以沉痛的笔触写道："八七会议之后，除旧有的那些机会主义余毒还时时发见外"，"又发生了新的危险倾向——盲动主义"。在中共六大上他还做了自我批评，主动承担"左"倾盲动主义的主要责任。

　　瞿秋白虽然在中共中央文件政策的宏观指导上"左"倾，但他主持的中共中央对湘南起义的关注和指导却是十分正确的，前面已有专门的记述。不幸的是，瞿秋白后来在红军长征时留在中央苏区，因伤被俘，壮烈牺牲。笔者在此有诗赞曰：

　　　　　　　宁为阶下囚，不做座上宾。

　　　　　　　死去何所道，只要主义真！

　　　　　　　正气动天地，慷慨镇乾坤。

　　　　　　　榴花不结籽，同仇伴故人。

湘南特委的狂热病

> 有个成语，叫血气方刚，是形容年青人的。年青人，热血沸腾，冷静不足，遇事便容易冲动，不计后果……

1928年3月中旬。

郴县联郡中学。这所学校在清代是秀才考试的地方，叫考棚。往东不到100米，是中山北街；往南，是中山西街；显然是大革命时期为纪念孙中山先生才改的名。校园里，此时没有学生，来往的人却川流不息，其中有军人，有工人，有农民，也有商人。他们来去匆匆，多是办事的。一间房子的大门上，有一块醒目的大牌子：湘南暴动总指挥部。进大门后，一边是工农革命军第一师司令部，一边是湘南特别工作委员会（简称湘南特委）。

在湘南特委里面，一群年青人正在忙碌着接待各界人士。有来请示工作的，有来汇报工作的，也有来送信的。

突然，一匹枣红马出现在街口，飞奔而来，直接冲进了学校，马上的人跳下来就直奔湘南特委，进得门来就直叫："陈书记，陈书记，鸡毛信！"

这时从里屋走出一个剑眉星目的壮实青年，头发竖直，面如满月，皮肤白晰，他就是湘南特委书记陈佑魁。陈佑魁接过鸡毛信，赶紧打开读了起来："佑魁吾兄，唐部已投降白崇禧，拟调十余个师包围你们。特急。从速准备。"

"通信员！"陈佑魁喊道。

"到！"一个小伙子应声而入。

"你快去通知全体特委委员今晚到我这里开会。"

"好的！"小伙子十分机灵，一转身就跑远了。

夜，深沉。

郴县县城是个山城，四周是山，林木苍翠，中间盆地，"郴"字即是"林中之城"的意思。夜幕来得早，山民入睡早，因此全城一片黑，只有联郡中学里有点灯光。这里，湘南特委正在举行紧急会议。

"同志们，刚接到省委转来的急信，国民党狗咬狗的宁汉战争结束了，敌人重新勾结起来，调集10多个师，前来围剿我们湘南。我们必须要有所准备，怎样才能打破敌人的围剿，消灭敌人，并乘势前进，拿下长沙，以造成全国规模的大暴动，进而解放全中国。请大家畅所欲言，献计献策。"陈佑魁主持会议，先来了个高调动员的开场白。

"10多个师？那么多呀！一个师六七千，那是七八万人呀！这蒋介石真舍得下本哟！"特委秘书兼组织部部长杜家骏惊叹道，语气中多少流露出担忧。

"七八万有什么了不起，我们有朱德1个主力师，3个农军师，2个独立团，还有10万赤卫队，又是在我们的地盘上，怕他个鸟呀！"

"我们虽然人多，可是一没经过训练，二没有武器装备，全是梭镖、刀棍，人家是机枪大炮、步枪、手枪，人还没挨边就被人家撂倒了，怎么打得赢？"又有人提醒道。

"同志们，敌人没什么了不起！我们硬拼当然不是办法，我们可以采取坚壁清野的办法，把湘粤大道两边的老百姓全部撤走，粮食牲畜全部迁走，房子全部烧了，让他们来到湘南没有吃，没有住，饿也饿死他们。"省委特派员席克思①说道，"同时，我们要把湘南的反动豪绅地主杀光，把反革命的政治基础全部铲除，实行焦土战略，没有战胜不了的敌人。"

"好办法，还是省委有办法。"省特派员的妙法立即得到响应。

"嗯，这办法要得！"

"这办法要是要得，可湘粤大道两边并不都是土豪劣绅的房子，绝大多数还是农民的房子，烧他们的房子农民会同意吗？"郴县县委书记夏明震质疑道。

"中国思想文化落后的农民，要他们起来革命，只有用特殊办法去刺激他们，使他们与豪绅资产阶级无妥协余地。这次烧掉他们的房子，就是要逼迫他们起来革命。不同意也要烧，这是省委的意见！"省特派员说。

"可是烧多宽呢？总得有个限制吧？烧得太宽了也不好。"有人担心地说。

"烧50里吧。让敌人在两天的路程内找不到吃住。"

"不行不行，烧得太多了，那老百姓也没办法安置呀！全都住野外呀？"

"那就烧30里吧！"

"也来不赢呀！工作量太大了。到哪去找那么多人来做工作，要搬的东西也搬不动哟，叫花子都有三担家，你要搬空全部东西，哪家也得请十个八个劳

---

①　席克思，化名，又名细格思、习克思。本名尹澍涛，湖南宁乡人，共青团湖南省委书记，时任省委驻湘南巡视员（特派员）。

动力。何况人家还不一定愿意搬，工作量大着哩！"

"同志们，这次敌人派出这么多正规军队来围剿我们，对我们共产党人是个巨大的考验，我们决不能畏惧。工作越是有难度，越是能体现我们共产党人迎难而上的勇气和决心。我认为，省委的指示我们一定要贯彻好，要认真做好坚壁清野的工作，这是打破敌人围剿的基础。我们没有武器弹药，只有让敌人累趴下，饿趴下，才能发挥我们梭镖大刀的威力，才能消灭敌人。我看烧房子30里的难度太大了点，就烧15里吧。房子烧15里，粮食牲畜迁30里，让敌人15里以内没有住的，30里以内没有吃的。大家看怎么样？"陈佑魁见讨论得差不多了，他作总结性的发言。

"没意见！"

"行！"

"就这样。"

……

"好，那就尽快通知各县，尽快组织实施。宜章、耒阳是重点，郴县是重点中的重点，是中心，要抓紧。我去耒阳，明震负责郴县和宜章。其他同志按往常分片包干，下到区、乡去。"陈佑魁最后说。

散会了，大家各回住处，同在联郡中学校园里的工农革命军党代表陈毅，却完全被蒙在鼓里。

第二天清晨，陈佑魁到陈毅的住处传达特委会议精神。陈毅一听，感到问题严重，急忙问道："烧房子也布置下去了？"

"是的。先向县里传达，然后再统一行动。"陈佑魁说。

"农民受得了吗？会同意吗？"陈毅十分担心地说。

"放心吧，党代表，这正是逼农民起来革命呢！部队这边请您负责传达，请支持特委的工作。同时尽快研究对敌作战方案，看怎样保卫湘南的胜利成果。我去耒阳找朱德同志，你研究好方案后到永兴去组织湘南第一次工农兵代表大会，成立湘南苏维埃工农兵政府。我们永兴见。"说完，陈佑魁伸出手来，与陈毅握别。陈毅无话可说，只得伸手与他道别。这是地方党委的决议，按组织原则，他也是在特委的领导之下，他只能听从命令。

陈佑魁没想到，他的这个决议给湘南人民带来多大的损失，给他自己埋下了多大的祸患，那是中共历次武装起义中所从来没有发生过的惨案……

耒阳失去理智的枪声

> 冤杀自己人，是最令人痛心的事情，如井冈山杀袁王、赣南肃反、长征张国焘除异己、甘陕肃反、延安"抢救"……耒阳县委会上枪杀李慕白同志就是这样一桩冤案。

耒阳与衡阳交界，国民党在此驻有重兵。唐生智的残余兵力被白崇禧打败后，收缩到湘中，举起了白旗。国民党的新桂系，由南面包抄省城长沙的部队，便成了剿共的前哨。因此，朱德在耒阳感受到的军事上的压力，要比陈毅重得多。

早在2月23日，国民党桂系第十九军第三师李宜煊部就曾攻入耒阳，被耒阳农民和朱德的主力军打垮，缩回了衡阳。这次国民党又在北面集中了四个正规师和一个旅，由桂系主力李朝芳任湘南剿匪总司令，工农革命军如何应对，朱德心里实在还没底。

3月中旬的一个晚上，耒阳县委召开会议，研究部署反"围剿"，通知朱德参加会议。

耒阳县委设在耒阳县城的杜陵书院。朱德于2月16日配合农军打下耒阳城之后，耒阳县委就设在了这里。

朱德到这里开会已不是第一次，但第一次参加耒阳县委会议，就让他痛心不已。湘南地方党组织的"左"倾思想，让他不寒而栗。

那是2月19日，中共耒阳县委在打下耒阳县城后首次召开县委会议，传达湘南特委指示，增选县委委员，布置近期工作。县委书记邓宗海主持会议。会上，邓宗海在传达了中央关于杀尽一切土豪劣绅的文件精神后，开始布置全县杀土豪劣绅的工作。这时，县委宣传部部长李慕白提出了不同意见："我觉得贯彻中央的这个精神，还是要把握一个尺度。不能说杀尽杀绝。社会上的地主士绅并不都是劣绅，就算劣绅也有程度的不同，有的也罪不致死。我们共产党人应当有个是非标准，该杀则杀，不该杀的还是不杀为好。"

组织部部长谭衷一听，立即反对："土豪劣绅就是土豪劣绅，没有一个好东西，都该杀。"

李慕白说："有杀人命案的和没有杀人命案的不一样，对人苛刻的和不苛刻的不一样，杀人也要杀得人心服，否则适得其反，显得我们党太血腥了，对我们党的长远事业不利。"

邓宗海说："我们贯彻中央指示，中央文件里是讲杀尽一切土豪劣绅。我们应当不折不扣地执行。"

邓宗海

李慕白有点书生意气，据理力争："我觉得中央这个口号本身就不对！作为一个社会阶层，我们有从制度上改造它的必要，有从权力上打倒它的必要，但没有从肉体上消灭它的必要！那样做太残忍，太不人道了！"

"什么？你敢指责中央错误，我看你就是土豪劣绅在我们党内的代言人。"

"同志们，我觉得李慕白同志的话有一定道理，我们不宜杀人太多——"朱德想起范石生的那句"不嗜杀人者能一之"的话，感觉李慕白的话确实有道理，便站出来为李慕白说话。没想到话没说完就被人打断。

"朱师长，你不知道，李慕白就是钻进我们队伍的奸细，他在去年农民运动中，故意放走农会要斗争的大地主。现在他又为地主说话，还攻击中央'不人道'，他就是地主安插在我们党内的奸细！"谭衷愤怒地打断朱德的话。

"把他抓起来，交特别法庭审判！"邓宗海已经下达了指示。李慕白一看，自己已完全没有了说话的余地，情况非常不妙，他赶紧往前一扑，吹熄了桌上的油灯，转身就朝窗户奔去，刚跳上窗台，谭衷的枪响了，邓宗海的枪也响了，李慕白一头栽了下去，他被一顿乱枪打死在县委会上……

原来李慕白是一个很有头脑的知识分子，"慕白"者，"羡慕李白"也。1926年农会批斗土豪劣绅，他的一个亲戚在册，而他知道这个亲戚并无大恶，心生同情，便暗通消息，让他的亲戚逃走了。为此农会追查到他的头上，要抓他，他逃到山上一个山洞里躲了几个月。"马日事变"后，李慕白同样遭敌通缉，但他并没有投敌，因此，这次湘南起义，邓宗海派人找到他，通知他来开县委会议，本还是认他为党内同志的。没想到他的一席极有见地的话竟然转瞬间就使他断送了性命。朱德甚至还没有想明白是怎么回事，李慕白就横尸当场。杜陵书院的惨案让朱德痛心不已，刻骨铭心。

　　这次接到耒阳县委开会的通知，说是湘南特委书记陈佑魁来作指示，朱德当然要参加。于是朱德带了警卫员从邓家祠堂赶到杜陵书院来参加耒阳县委扩大会。

　　陈佑魁由郴县赶到耒阳，传达特委会议精神。

　　杜陵书院里，朱、陈首次见面，双手紧握，彼此都十分热切。朱德见这陈佑魁，剑眉星目，十分英俊，又很干练，心里先有了七分喜欢。

　　"朱师长大名如雷贯耳，久仰了！"陈佑魁真诚地说。

　　"陈书记青年才俊，年轻有为！"朱德也诚挚地说。

　　与会者陆续进入会场，纷纷与陈佑魁和朱德打招呼。会议在耒阳县委书记邓宗海的主持下进行。

　　"大家静一静，开会了。最近，国民党从南北两面向我们湘南进攻，形势越来越严峻。我们将怎样应对，要做哪些准备？最近湘南特委召开了紧急会议。今天，特委书记陈佑魁和朱德师长亲自参加我们的会议，将给我们传达特委的决定，结合特委的决定，研究我们的措施。先请陈书记给我们作指示。大家欢迎！"邓宗海的开场白说完，会场响起一片掌声。陈佑魁在掌声中站起来，扫了大家一眼，又朝朱德点了点头，说道：

　　"同志们，大家对外面的情况可能不太了解，在传达特委会议精神前，我介绍一下全国目前的形势和我们面临的任务。"陈佑魁将中央关于形势大好，革命处在高潮时期，全国大暴动即将到来的意思说了一通。然后说到白崇禧、唐生智战争的结局，敌人联合进攻湘南的形势。最后说到特委的决定：

　　"要求大家树立战胜敌人的信心，坚守湘南，向南防御，向北进攻，争取拿下长沙，促进全国暴动高潮的到来。我们的具体措施是：一、杀尽一切地主土豪劣绅，铲除敌人的社会基础。二、实行坚壁清野，烧掉湘粤大道两边 15 里宽的所有房子，迁走 30 里以内的所有食品牲畜，彻底破坏国民党在此生存的经济基础。三、在此基础上，主力部队北上攻打衡阳、进军长沙，拿下长沙后再进攻武汉……"

　　"哗！"掌声一片，很多人激动地说，"好！好！"仿佛已经胜券在握。但是，也有人小声议论："这不是烧农民自家的房子吗？""是呀，要是逼得农民造我们的反，那我们还搞什么革命？""地主土豪也不能全杀光呀？杀人是割韭菜吗？"……

朱德虽坐在前台，但一直没有发声。听了陈佑魁的话，他十分意外，也很震惊。大敌当前，还没打仗，自己家里先乱了，还说进攻衡阳、长沙、武汉，只怕湘南工农革命军要遭灭顶之灾！可是会上特委书记的话又不好反驳，怎么办呢？

"朱师长，您说说看，这仗怎么打？"陈佑魁以一种十分信任的目光看向朱德，希望听到他支持自己的表态。

朱德原本憨厚的笑脸此时变得异常的严峻："大家好，我说点不成熟的意见吧！陈书记刚才将我们当前的全国革命形势和我们面临的任务、措施讲得很详细。我认为树立战胜敌人的信心很重要，但一定要建立在科学的基础之上，不能盲目乐观。在对敌策略上还须从长计议。我想与陈书记先交换意见再说。陈书记看怎么样？"

"好的！暂时休会。"陈佑魁是聪明人，他一听就知道朱德不赞成特委的意见。

两人来到后面的一间小房里交换意见，朱德首先开门见山："陈书记，我作为军人，下级服从上级，听从党的指挥。但我作为一名党员，我想请求特委考虑：一是杀人不宜过多，杀尽一切地主劣绅的政策过了头，杀人要讲罪证，要服人，得人心者得天下，失人心者失天下。二是烧房不行，我们革命是为了什么？为了农民过上好日子呀，现在相反，把他们的房子烧了，让他们住到哪里去？要是农民一造反，我们就自毁长城，后果不堪设想！至于——"

"朱师长，我明白了，你是完全不同意特委的意见了。"陈佑魁不客气地打断了朱德的话，"但是，这两条都是根据中央和省里的文件精神提出来的，我们只有贯彻的责任，却没有更改的权力。"一句话就把朱德堵回去了。"工农革命军第一师准备如何坚守湘南？有什么打算吗？"陈佑魁最关注的问题是这个，所以不待朱德说就直接询问了。

"陈书记，工农革命军号称 1 个师，但实际只有 2 个团。敌人北面就有 4 个师，南面有 5 个师，给人家'包饺子'都嫌少呢！我们能硬拼吗？"

"朱师长，你要相信人民的力量，湘南并不只是你们 2 个团，还有宜章三师，耒阳四师，郴县七师，还有永兴、资兴 2 个独立团。还有 10 万赤卫队。"陈佑魁不再有原来的那种亲和感，他感觉朱德不是一条心的人。

"战争是无情的，子弹是远距离杀伤的，更不用说机枪、大炮了。你认为手拿梭镖的赤卫队能堵住训练有素、装备齐全的正规军吗?"

"朱师长,我们的梭镖并不需要面对敌人的机枪大炮。敌人进入湘南后,食无粮,居无室,用不了 3 天,敌人就连刀都拿不起了,别说拿机枪大炮了!"陈佑魁自信地说。

"陈书记,恕我直言,你太小看敌人了,我们要吃大亏的。战争的首要任务是保存自己,然后才能消灭敌人。你要杀光地主土豪,他们不会睡着让你杀光,他们会更疯狂地反抗;你烧光农民的房,农民会找你拼命,到时连梭镖都不是杀向敌人的,而是杀向我们的!"朱德激动起来,提高了声调。

"不,你太低估农民的觉悟了。我们今天的牺牲,是为了更美好的明天,农民会理解我们的!"陈佑魁怀着美好的一厢情愿,预测着美好的未来。

朱德苦涩地一笑:"陈书记,你不是农民,你不了解农民。"

"笑话,我自农民运动开始就跟农民打交道,我不了解农民?算了,这个话题不要争了。我只问你,你的主力部队怎么打算?"

朱德毫不犹豫地告诉他:"我上井冈山!"

"什么,上井冈山?我已经让周鲁上井冈山请毛泽东同志下湘南。加强我们的力量。"

"不错!毛泽东同志下山了。但他在酃县等着我们。他的弟弟毛泽覃带了他的意见来找我,让我们不要硬拼,适时转移到井冈山上去,保存力量。"

"什么?你要逃跑?"陈佑魁大吃一惊。

"不是逃跑,是战略转移!"朱德严肃地解释。

"我不同意!"

"我希望你支持!"

"为什么?"

"为了保存我们党这一支革命队伍不被国民党消灭!"

"你这是借口,是典型的逃跑主义。"

"陈书记,请您冷静地想一想,我们打下这点家底很不容易。希望你批准!"

"不要说了,我不会同意的!"

"好吧,我们不争了!出去吧,同志们在等着你。"朱德宽厚地一笑。但陈佑魁却难抑心中的情绪,一脸的愤怒写在脸上。

……

打开门，朱德走了。他没在会议室停留。因为没有任何意义。他痛楚地感到，李慕白的血白流了，他的血没能唤醒这批狂热青年的头脑。朱德不想在杜陵书院上演第二场悲剧，他不想做第二个李慕白……

然而，陈佑魁坚持他的立场不动摇，他责成耒阳县委和工农革命军第四师，严格按照特委的指示精神办，一时间，耒宜大道两边燃起熊熊大火，烧成一片火海。耒阳城乡的老百姓怨声载道，党的形象被极大破坏。

永兴 "老右倾" 的痛苦记忆

> 中共有一个著名的 "老右倾"。他的 "右" 倾帽子是在跟随朱德参加湘南起义时就被戴上的。他就是黄克诚大将！

当朱德在耒阳与湘南特委书记陈佑魁斗嘴时，永兴县委也正在批判 "右倾" 分子黄克诚。

黄克诚在湖南衡阳第三师范读书时即接触毛泽东，后来又考入广州农民运动讲习所学习，当时毛泽东在这里当所长并任教，可以说他是毛泽东的亲传弟子。黄克诚这人生性内敛，行事谨慎，前瞻性强，相较于急于求成、"左" 倾激进的人，显得 "右倾保守"，经常属于 "少数派"，处于被批判的地位。然而历史证明，他的意见始终是正确的。他坚持真理，勇于抗争，大有唐代魏征的风骨。

在共和国的开国将领中，黄克诚是因讲真话被罢官次数最多的一位。他一生以敢于直言著称，从不察言观色、人云亦云，也从不患得患失、违心屈服。1928 年 3 月中旬，当他听了永兴县委书记李一鼎传达的特委关于杀尽一切土豪劣绅和烧掉湘粤大道两边 15 里以内的民房的决定时，实在忍不住焦虑和担忧，不管三七二十一，坚决反对，于是招来一顶 "右" 倾的帽子，失去党组织的信任。他当时是永兴独立团党代表兼参谋长，县委委员。后来，他在《黄克诚自述》一书中痛苦地写道：

湘南暴动后，湘南特委自衡阳迁到耒阳。特委书记陈佑魁"左"得很，执行"左"倾盲动路线非常坚决。他下令各县大烧大杀，不仅烧衙门机关、土豪劣绅的房子，还要把县城的整条街道和所有商店都烧掉，而且还要将沿衡阳至坪石公路两侧15华里的所有村庄统统烧掉，使敌人来进攻时无房可住，想用这个办法阻止敌人的进攻。当时已是3月份，各乡农民已分配了土地，正忙于春耕。农民对这种乱烧的做法非常反感。我哥哥是个同情革命的老实农民，他曾悄悄对我说过：你们为什么要烧房子呢？把这么多、这么好的房子烧掉多么可惜！即使是土豪劣绅的房子也不应该烧掉，可以分配给穷人住嘛。烧房子的做法很不得人心，使老百姓不得安生。我哥哥的这席话，是人民群众的心里话，使我很受启示。我本就对这种做法有怀疑，很抵触。听了我哥哥的话后，更加坚定了自己的看法。当永兴县委开会讨论贯彻湘南特委的指示时，我坚决反对烧房子。县委书记李一鼎严厉地指责我右倾，并责成我负责烧县城。我拒绝执行。李一鼎以组织名义命令我必须执行，否则将受到严厉处分。我被迫服从了，但采取了折衷的办法，只在县城烧了衙门、祠堂、庙宇和个别商店，没有整条街地烧，最后永兴县城的大部分房屋商店还是保留下来了。当时郴县、耒阳都按照特委的指示，把县城烧得一空。

……

这时，湘南特委委员周鲁奉命到井冈山传达省委的指示，回来路过永兴，谈他在遂川的见闻，大讲毛泽东右倾，不实行烧杀政策云云。我一听说毛泽东也反对乱烧滥杀政策，心里很高兴，进一步坚定了我自己的看法。

不久，永兴县马田圩高亭司一带的农民，受到邻县农民"反水"的影响，在地主豪绅的策动下，也打出白旗，反对苏维埃政府。县委当即派尹子韶率领警卫团主力和张山川排前往弹压。尹子韶带队伍出发之后，我在县城里总是放心不下，担心他们会对"反水"农民采取乱烧滥杀的报复行动。于是，我乘夜离开县城，去追赶尹子韶的队伍。待我于拂晓前赶到马田圩时，尹子韶正指挥部队放火焚烧马田刘家。马田刘家是打白旗的村子，全村有三百来户人家，此时已笼罩在一片火海之中。我赶忙找到尹子韶问明情况，原来他们还准备去焚烧另外几个打白旗的大村子。我坚决予以制止，说明这种蛮干的做法太脱离群众，只会造成与农民的尖锐对立情绪，并有可能被反动派所利用。我先说服了尹子韶，然后召集干部开会，宣布今后不许烧农民的房子，并作为部队的一条纪律，严格遵守。

队伍返回永兴县城。正赶上桂阳派人来报告说，桂阳北乡发生了农民"反水"骚乱，要求永兴县派部队前去帮助平息。永兴县委决定仍由尹子韶带领警卫团主力和张山川排去桂阳，平息"反水"骚乱后，再协助桂阳暴动武装夺取桂阳县城。这时，永兴城里只留下不足三分之一的部队和妇幼老小，枪支只有二十余条，由我负责留守县城。

1928年4月间（是3月底），敌人集结兵力向我大举进攻。敌军自衡阳出发，向耒阳、永兴、郴县、宜章一路杀来。这时陈佑魁已被调回省委，由杨福涛接任湘南特委书记。耒阳县城烧毁后，朱德率红一师[①]移驻耒阳乡间，湘南特委机关亦经永兴迁到郴县。……

敌军占领耒阳后，即向永兴进攻。我当时带领少数部队和一批家属留守在永兴县城，由于不懂得要做必要的情报工作，外边的情况一点儿也不了解。县委书记李一鼎与朱德、陈毅所部及特委保持一定联系，对敌人大举进攻的情况他应有所闻，至少敌人进攻耒阳他不会不知道。但不知出于什么原因，他对我始终守口如瓶。直至敌军快打来了，我还蒙在鼓里，一无所知。后来我回顾这一段的历史，估计当时李一鼎已对我不大信任了，觉得我太右倾，处处与县委、特委唱反调。李一鼎对我存有戒心，像敌人大举进攻，耒阳失守这样的大事，他也不通知我。直至敌人快抵近

黄克诚回忆录

永兴了，我才从别处得知消息。情况已非常紧迫，我急忙找到李一鼎，建议速将尹子韶带领的部队和分散在各区的干部和武装收拢起来，到县城里集中，以应付敌人的进攻，一旦情况严重时，也便于组织撤退，免遭损失。李一鼎听了我的建议后，大骂了我一通右倾，又说我是怕死鬼，敌人还没有到就考虑撤退，等等。当敌军离永兴县城已很近的时候，我又建议县委乘夜撤离县城，李一鼎执意不肯撤。直至敌人兵临城下，敌我力量过于悬殊，我们根本无法招架，李一鼎才慌了手脚，命令我指挥县城里仅有的少数部队，掩护县委机关干

---

① 红一师：当时朱德部是工农革命军第一师，此时还没有"红军"的番号。

部和部分家属向资兴方向撤退。幸好敌军不明了城里的情况，攻势不算太猛，我们在县城里的这部分队伍、干部和家属总算安全撤出去了，但分散在各区乡的党员、干部由于事先毫无准备，全部被敌人打散，大部牺牲了。刘木、李腾芳、邝振兴、黄楚魁、龙先图、唐乐尧、罗树梅、刘芳全、何宝成、刘明初等一批干部，都是在这次敌人进攻时遇害的。还有一大批参加暴动的农民群众，也惨遭敌人的报复屠杀。更令我痛心的是，尹子韶所带领的警卫团主力和张山川排千余人武装尚在桂阳，由于事先没有得到县委的通知，毫无准备，全部被敌人消灭了，连一人一枪也没有回来。对于这一惨痛损失，我虽然不能原谅李一鼎那种刚愎自用、固执己见的不负责任作风，但作为县委主管军事工作的负责人，我还是深深地责备自己被胜利冲昏了头脑，过于麻痹大意，缺乏应有的警惕性，未能做到及时掌握敌情，以致在敌人迫近的情况下，来不及采取应变措施，而使我们的同志付出了重大牺牲。

……①

回忆是沉痛的。黄克诚因反抗"左"倾所遭遇的惨痛经历太多了。

"左"倾害死人！这是黄克诚最深刻的体验。

郴江水红了

> 一切都被朱德所言中，陈佑魁的烧杀"左"倾盲动主义政策，将本是工农革命军的依靠力量，变成了持刀杀向工农革命军的暴徒。

1928年3月8日晚，为了贯彻特委紧急会议精神，郴县县委在城东女校召开了扩大会议。参加会议的有：夏明震、邝朱权、杨景初、何善玉、李才佳、贺益生等同志。省委特派员席克思和湘南特委特派员何舍我参加会议。县委书记夏明震传达了省委的指示和湘南特委坚壁清野的决定。夏明震刚将特委

的决定一宣布，会场就闹成了一锅粥。一部分人大声喊好，一部分人激烈反对。双方争执不下，由于争执较大，会议开了三天悬而未决。县委书记夏明震本人也是反对的。但由于省委特派员和湘南特委要求强制执行的压力，会议决定郴县县城只烧横直五里，郴县县城的百姓一律搬走，党政机关搬到东塔书院办公。杀尽一切土豪劣绅的决议照常执行。会议决定，3月12日在郴县城隍庙召开群众动员大会，由夏明震代表特委在群众大会上做解释工作，然后安排执行。当邝朱权将烧房的告示贴出后，民众哗然，郴县城内百姓人心惶惶。这一局面，让隐藏的反动地主心中大喜，觉得报仇的时候到了。

夏明震

　　3月11日晚，破败的郴县城西骆仙庙，突然有了灯光。往日寂然无声的破庙，此时竟然人声鼎沸。二十多条人影陆续窜入庙内。灯光下，郴县大土豪崔廷彦、崔廷弼兄弟与来人频频点头致意、问好。

　　说起这崔氏兄弟，在郴县是有名的大土豪。他们还有个老二，叫崔廷隅，由于阴险毒辣，为人苛刻，欺压四邻，欠有血债，被农民协会公审枪毙了。在革命高潮中，崔氏兄弟无奈，不但没有表现出对立情绪，还逢人就说："老二太坏，该死！"那老大崔廷彦甚至伪装积极，出资出力，帮助农会工作，被选为郴县苏维埃政府委员。然而，他们内心深处却藏着对农民协会的仇视和报复欲望。当他们听说共产党要烧光郴县县城，烧光湘粤大道两边五里路的民房，农民对此强烈反对时，心下窃喜，认为时机来到，准备大干一场。于是，他们邀约了二十多个对新生的苏维埃政权心怀不满的地主土豪，准备发起暴乱。看到人员到齐，崔廷彦站起来说：

　　"各位乡绅，今日我崔氏兄弟敬邀大家前来商议一宗大事。明日，共党要在城隍庙召开烧房子动员大会，烧房子对穷鬼们来说，简直是灭顶之灾。烧了房子根本没能力再建。这是共产党要了他们的命。这个动员大会就是个火山爆发的大会。只要我们稍微做点煽风点火的工作，共产党就死无葬身之地。"

　　"好！这帮穷鬼是自己找死呀！崔兄你说，要我们怎么做？"

　　"干！我们都上家伙，混进去，趁机杀了姓夏的小子。"

　　"把农会的都杀光！"这群臭味相投的地主土豪一听来了神，纷纷发泄着压抑已久的怨愤。

崔廷彦兴奋地说："好，这次是天赐良机。借穷小子们的手，除掉共产党，回过头来我们再收拾这些穷小子。我的想法是：一要多放狠话，就说共产党为了自己，要搞光农民的房子、财产，要拿农民当替死鬼，让农民恨死共产党。二是多串联一些房子已经被烧和将要被烧的农民，要他们多带些棍棒锄头镰刀，一杀起来肯定就不是一边倒，还有很多赞成烧房的人会站出来阻止，这样就对打对杀起来，就有好戏了。不过先要找几个脾气暴的，敢动手的人开张。上去就杀，事情才能闹大，局面才能搞乱。三是我们在背后，先不要出场，等大乱了我们再出来收拾他们。"

"崔兄好主意！妙！"

"就这样，闹他个天翻地覆！"

"我们还是要有个标记，乱起来了别杀错人。共党用红布条，我们的人先佩红带子，到时再换白带子，口令就是'返白'。一说'返白'大家就换白带子。见红带子就杀。"有人补充说。

"对，这个办法好！"

……

一群土豪劣绅窃窃私语，密谋半夜，一场血腥屠戮即将上演，然而，郴县县委、农会的人却一无所知……

1928年3月12日上午，黑色星期一。

郴县县委秘书长曾志与同伴郭怀振，一大早就来到城隍庙察看。今天这里召开郴县农民动员大会，号召大家为了打破敌人围剿，牺牲一点眼前利益，烧掉旧房换新房。大会原定十点开始，曾志他们九点多就来到了会场。只见广场上已经会集了八九百人。同往常召开群众大会不同的是，现场的农民们手上都拿着家伙，有锄头、扁担、镰刀，还有枪、梭镖和大刀。个个紧绷着脸，表情阴沉沉的，有的还怒气冲冲。

整个会场上弥漫着一种恐怖紧张的气氛。曾志向他们解释，但他们根本听不进去，你一言我一语地反驳她。

"你们烧了房子，国民党部队就吃不成饭了？就能把他们饿死？"

"我们祖祖辈辈在这住，要我们烧了房子到乡下投靠亲友，我们的亲戚都很穷，让我们投靠谁去呀？"

这时，曾志在南乡搞土改认识的那个支部书记也来了，他把曾志拉到一边悄悄告诉她：

"反动分子秘密部署，可能会利用农民的抵触情绪发动叛乱，他们扬言今天谁要是叫我们烧房子，就给他点颜色看看。看来今天要出大事，怎么办？"

这时，主席台上出现一个人，大声说着："乡亲们！鸟都有一个窝，我们是人，上有老下有小，祖祖辈辈都生活在这里，不搬家还有一条活路，烧了房子就只有死路一条。现在，反对烧房子的站在这一边。"

他的话音刚落，参加大会的农民、居民几乎都站过去了。就剩下一些党员干部和骨干分子站在另一边，非常孤立。

"共产党一定要烧我们的房子，我们就反对共产党、打倒共产党！"接着那人又大声喊道。

曾志一听这样的口号都喊出来了，看来烧房子要出事，要发生流血事件。

形势万分危急！

曾志来不及多想就拉了郭怀振急忙溜出会场，向苏维埃政府机关跑去，想找苏维埃主席汇报。走出没多远，就听到会场那边响起枪声。郴县苏维埃政府机关此时已搬到城郊的东塔岭。等曾志和郭怀振气喘吁吁地爬上山时，夏明震和政府的几个主要领导早已从另一条路下山到会场去了。

会场上，崔廷彦、崔廷弼收买的地痞、流氓手持大刀、铁棍，趁乱混进会场。二崔的党羽到处散布谣言："共产党专门烧农民的房子。""共产党说得好听，说一套做一套，根本不顾农民的死活。"一边散布谣言一边煽动仇恨："谁烧房就打倒谁！""谁烧房就杀掉谁！"他们煽动大多数群众站到了不赞成烧房的一边。

曾志刚走，县委书记夏明震从另一条路赶到城隍庙参加大会。

走进会场，夏明震完全没有意识到危险，他像往常一样从容地向大会主席台走去。现场的人给他让开了一条路。夏明震走上主席台，扫了一眼黑压压的人群，亮开喉嗓，开始了演讲：

"农民兄弟们，大家知道，我们长期受地主土豪的欺压，苦不堪言，是共产党帮助我们翻了身。现在，国民党集结重兵要来打我们，我们要让他们来了后没有吃，没有住，所以，我们决定把湘粤大道两边的房子烧掉……"

台下立即有人打断他的发言，大喊："烧我们的房子不行！""谁烧我们的房子打倒谁!"会场一片骚乱。女界联合会委员长何善玉连忙上台发言,话音未落,台下就有人喊"杀"。只见有人将手一挥,连声说:"返白了,返白了。"立马就有一群人将臂上的红带子扯下换成白带子。郴县"瑞丰泰"丝线铺伙夫钟天球在喊声中冲上主席台,将夏明震一刀砍倒,其余暴动分子蜂拥而上朝主席台上的干部一顿乱砍。何善玉被暴动分子从主席台上推到台下,用梭镖捅死。县总工会委员长黄光书躲在庙里阎王菩萨的背后,也被反革命分子搜出用梭镖捅死。同时遇害的还有总工会财会委员焦育才,妇女宣传委员周碧翠,县苏维埃政府秘书陈代长,少先队员廖忠和朱德部队某部王营长与刘连长。会场一片大乱,到会的群众慑于暴乱分子的嚣张,纷纷扯掉红带子换上白带子,有的甚至撕下白衣服系在手臂上。城隍庙内,红白厮杀,刀光剑影,血肉横飞。这次暴乱被称为"返白事件"①,又称"白带子反水"。暴徒在城隍庙内行凶后,又向县总工会、少年先锋队等机关团体杀去。一路上,暴徒见系红带子的就杀,见商店就抢,见房子就烧。郴县县城内到处是浓烟烈焰。因此时陈毅带队到永兴筹备湘南第一次工农兵代表大会去了,邓允庭的工农革命军第七师主力去桂阳参加三县联合攻打桂阳县城的战斗去了,郴县苏维埃驻地只有1个班十几条枪,根本无法抵御数千反叛农民的冲击。一路上,他们先后杀死了200多名革命群众。暴徒洗劫了郴县县城,又一路杀向东塔岭书院县苏维埃政府机关和朱德部队驻郴教导队的驻地。曾志和20多名自卫队员突围不成,只好化装后隐藏在山上。下午刘之至带领驻扎在城外的革命军教导队30多人赶来救援。直到第二天清晨,曾志、刘之至等人才冲出暴乱分子的包围,前往永兴向湘南特委汇报。

夏明震牺牲时,年仅21岁。他的哥哥夏明翰在他牺牲后的第八天,也在武汉壮烈牺牲,留下"砍头不要紧,只要主义真。杀了夏明翰,还有后来人"的气壮山河的绝命诗!

13日上午,反革命头目崔廷彦在寿福殿召开了反共大会,崔廷彦当选为大会主席,廖镜廷为大会副主席。会上崔廷彦大肆进行反共宣传并且宣布:"凡杀死一个共产党员或共产党干部的赏80块大洋。"鼓动反革命暴乱分子继续与红色政权对抗。大会还推选了廖镜廷为铲共总队长,率暴乱分子和反水农

---

① "返白事件":取事件中反叛分子暗语"返白",意即用白带子换掉红带子,表示反叛开始。以前党史研究者将此事件写成"反白事件",不通,故纠正过来。

民守城企图继续对抗。

曾志逃出敌人的包围，与工农革命军教导队的几十个同志，到永兴去找陈毅。在永兴见到特委军事部部长周鲁，他刚从井冈山回来，闻讯吃惊不小，立刻找到陈毅，调了1个营的兵力回郴平叛。与此同时，良田镇最先得到郴县事件的消息，良田农军一面通知宜章农军，一面组织了5000农民反击，两边一夹击，叛军立即垮了。

当曾志回到郴县，看到的是惨不忍睹的场面——

第二天一早，我跟随部队返回郴州。天快黑时，队伍接近郴州。举目可见尸横遍野，有的肚子被剖开了，有的前胸被捅得像马蜂窝，有的脑袋还挂在灌木丛上……战士们悲痛至极，怒火中烧。进城后见街上的店铺都关了，也不管三七二十一，见人就打，也误伤了一些无辜的群众。

部队了解到，一批反动地方武装和受蒙蔽的反叛群众，见部队进城便逃到郴州附近的南塔岭。部队马上攻打南塔岭，消灭了地方反动武装，当场击毙反动豪绅崔廷弼。

仅仅时隔两天，当我再次看到的郴州城，却是另一番惨厉的景象。城中心大街一片残墙断垣，使我甚感震惊。我们没烧过房子，但眼前却是满目焦土，这究竟是怎么回事呢？

原来，当反叛的农民四处追杀共产党员和农会干部时，一些人死里逃生，跑到五十里以外的良田镇。当地党政组织惊悉郴州反动派举行暴乱，马上召集五千多农民，连夜开进郴州，同地方反动武装及反叛的农民激战，从当晚一直打到第二天上午。在混战中，反叛的农民把整条街的房子给烧了。

我还看到街上到处是血迹，尸体有几十具，横七竖八东倒西歪……

我四下打听夏明震等的下落，有人告诉我被杀死的干部都在河边。我和战士们急忙赶到河边，最不愿意看到的惨烈景象还是出现了。

河滩上摆着九具尸体。夏明震面朝苍天，躺在那里，脸是青紫的，眼睛闭着，两只手还紧握着，衣服被撕开，胸前被刺了三四刀，肩上、肚子上、脚上都有伤，大概被砍了几十刀，两腿伸直，一只脚光着……我眼睛都看呆了，心直往下沉，也说不出当时是什么心情。

特别是那个妇联主任，赤身裸体地躺在那里。两个乳房被割掉了，肚子上被挖了个碗口大的洞，肠子暴露着，外阴也被挖掉了……

真是惨不忍睹！①

这是一个革命亲历者的记述，是最真实的惨烈画面，几十年后的人们读到这段文字，简直不敢相信这是真的。

由于湘南特委的"左"倾盲动主义，郴县发生了"返白事件"大惨案，红白双方死亡1000多人，实际绝大多数都是农民。幕后策划暴乱的崔氏兄弟，崔廷弼在暴乱中被打死，崔廷彦却逃走了。

"你烧光农民的房，农民会找你拼命，到时连梭镖都不是杀向敌人的，而是杀向我们的！"朱德一语成谶，陈佑魁这时才明白，自己错了。然而，他明白得太晚，因此被湖南省委撤职。在回长沙述职时，陈佑魁的行踪被叛徒侦悉，不幸被捕。敌人千方百计地劝降，陈佑魁不为所动，大义凛然，从容就义，保持了一个共产党人的崇高气节。

郴江水红了，是无辜农民和革命者的血共同染红的，是"左"倾盲动主义导致无辜农民和革命者流血染红的。水能载舟，亦能覆舟。这是执政党不应忘记的一个铁律！

而见证这一惨烈历史悲剧的曾志，这位当年亲历湘南起义的巾帼英豪，后来成了中国共产党中央组织部副部长。

曾志，女，原名曾昭学，1911年出生于衡永郴桂道宜章县城厢镇汪家冲。

1924年秋，曾志考入位于衡阳的湖南省立第三女子师范学校。在校她积极参加反对旧礼教、反对男女不平等、反对官僚军阀的活动。

1926年8月，曾志考入衡阳农民运动讲习所，报名时改名"曾志"。同学问："为什么要改名？"她回答说："我就是要为我们女性争志气！"同年10月曾志加入了中国共产党。这一年，她才15岁。为了成为一个彻底的革命者，曾志给母亲写信，并在彭镜秋的帮助下，坚决解除了父母包办的婚约。

1927年春，曾志从讲习所毕业，担任中共衡阳地委组织部干事。1927年9月，曾志与夏明震被湘南特委派到郴县，恢复地方党组织。二人以夫妻名义建立郴县地下党联络站，开展地下工作，夏明震任中共郴县县委书记，曾志任秘书长。后经组织批准，二人成为正式夫妻。次年1月，曾志在郴县参加湘南起义。同年3月，夏明震在郴县"返白事件"中牺牲。不久，曾志调任工农

---

① 见曾志著《一个革命的幸存者》（上册），广东人民出版社1999年版，第59-60页。

革命军第七师党委办公室秘书，与党代表蔡协民结婚，并一起上井冈山。

曾志是一个极富个性的女中英杰，工作大胆泼辣，待人真诚坦荡。在中共党内，直呼毛泽东为"老毛"的女性只有曾志。

曾志一生十分坎坷。革命战争时期，由于"左"倾路线的迫害，她曾六次蒙受冤屈，六次受到严厉的党纪处分。家庭生活中，两位伴侣夏明震、蔡协民在血雨腥风的革命斗争岁月里先后为革命捐躯。为了革命，她曾将三个亲生儿子先后送人抚养。她只有一个信念：为了中国革命的胜利我舍得一切。

1977 年 12 月，曾志任中共中央组织部副部长，协助胡耀邦开展平反冤假错案及考察培养经济、科技战线干部和人才等重要工作。1980 年，她按照"革命化、年轻化、知识化、专业化"原则考察选拔了 200 余名优秀中青年高级干部。1982 年 9 月，在中共十二大会议上，她当选为中共中央顾问委员会委员，并任中顾委临时党委副书记。

曾志回忆录《百战归来认此身》

曾志一生对毛泽东怀有敬意。在她晚年时，女儿陶斯亮曾表示疑惑：父亲陶铸在"文革"中被整死，母亲曾志为什么不恨毛泽东？曾志表示，跟随毛泽东革命，是自己与丈夫的自觉选择。毛泽东的错误是探索中的错误，何况当时毛泽东已经 80 多岁了，那是一个老人的错误。这又是一种多么宽广的胸怀！

1998 年 6 月 21 日 21 时 39 分，曾志因病在北京逝世，享年 87 岁。中组部根据曾志生前遗愿，丧事从简，不举行送别活动。遗体于 1998 年 6 月 26 日在北京火化，骨灰撒在井冈山上。

曾志晚年著有长篇回忆录《一个革命的幸存者》（再版时改名为《百战归来认此身》），记录了她传奇的一生，也记录了湘南起义这一雄伟壮阔的武装起义历史场景以及那一场"左"得出奇的历史悲剧。

第八章 ｜ 野火

宁汉合流

<blockquote>
国民党是一个军阀的复合体。在历史上，他们因一己之私，互相大打出手，又因共同利益联合"剿共"……
</blockquote>

宁汉矛盾，只是国民党众多利益矛盾中最大的一组矛盾。宁汉矛盾形成于1927 年 7 月，9 月在北方军阀冯玉祥的调停下暂时弥合，被称为宁汉合流。10 月 18 日双方再次开战，史称宁汉战争。

1928 年 2 月 8 日，南京方面白崇禧率第七、第十九军占领衡州，15 日攻克宝庆，将唐生智手下包围在长沙。见情势不妙，唐生智自己宣布下野，惶惶东逃日本。23 日唐生智部属叶琪向程潜、白崇禧议和停战，愿受改编。3 月 4 日唐生智部属李品仙、刘兴、周斓通电停战，准备北伐。3 月 8 日，白崇禧由宝庆移师省城长沙，接受唐生智部属投降，11 日程潜、白崇禧、李品仙、鲁涤平等通电，西征任务已毕，移师京汉路北伐。至此，宁汉合流的结果得以保证，国民政府得以维持统一。

1927 年 9 月宁汉合流后的政府，仍称南京国民政府。但宁汉合流后，双方前台人物蒋介石和汪精卫均下野，宁方主事人物成了新桂系的李宗仁、白崇禧，汉方则成了实权人物唐生智。唐生智（1889—1970），字孟潇，号曼德，奶名祥生，湖南省永州市东安县人，1912年入保定陆军军官学校，毕业后进湖南陆军。他胆识过人，敢作敢为，不甘人后，具有极为明显的浪漫主义和理想主义的倾向。他曾参加辛亥革命和护国、护法战争，北伐时任国民革命军第八军军长、前敌总指挥、第四集团军总司令、湖南省主席等职。唐生智自以为实权在握，却没想到败在了"小诸葛"白崇禧的手下，落得个只身逃亡的下场。

汪精卫、唐生智派彻底归顺了李宗仁派。不久，蒋介石复出，李、白仍唯蒋介石马首是瞻，蒋介石成了最后的胜利者。

宁汉战争从1927年10月18日开战，至1928年3月8日双方签订合作协议，历时4个多月，给华中、华东地区的人民带来巨大的灾难。最终，由于他们所代表的共同阶级利益受到严重威胁，战争双方走向和解，狗咬狗的战事宣告结束，不久即展开大规模的湘南剿共。

疯狂反扑

> 鱼刺卡在咽喉的那种痛苦是不可忍受的！朱德就是那根卡在国民党咽喉部位的鱼刺，国民党必欲拔之而后快。

1928年3月8日，长沙。

新桂系军阀白崇禧率队由宝庆到达长沙。唐生智手下大将叶琪、吴尚、李云杰、熊震齐到城门口迎接白司令。

白崇禧，字健生，广西桂林临桂人，生于1893年3月18日。1916年毕业于保定陆军军官学校，后在广西陆军第一师任营长等职。1923年同黄绍竑在梧州组织广西讨逆军，任参谋长。随后与李宗仁的定桂军合作，于1924年6月打败旧桂系，占领南宁。同年他加入国民党并任广西绥靖公署参谋长，桂军第二军参谋长。1926年3月桂军改编为国民革命军第七军，他任参谋长。北伐战争开始后，任国民革命军副参谋总长。1927年初任东路军前敌总指挥，从江西攻取浙江，3月进抵上海郊区。当上海工人第三次武装起义胜利时他进入上海，任淞沪卫戍司令。随后，白崇禧积极参与蒋介石发动的四一二政变。由于他足智多谋，临机善变，又久任各级参谋之职，故人称"小诸葛"。1927年8月，他联合汪精卫等人迫蒋下台。宁汉战争打响，他率新桂系军队乘机占领两湖一带，直打到唐生智的后院宝庆，对长沙形成包围之势。唐生智见大势已去，宣布下野，东逃日本，其部属通电投降归顺白崇禧。于是白崇禧由宝庆进入湖南省城长沙，长沙一众唐生智降将齐集长沙南门口迎接白司令。白崇禧志得意满，威风凛凛，睥睨天下，任降将们口诵各种谀辞，他只微微一笑，直奔他的司令部，立即命令召集降将开会。

会议室鸦雀无声，败将们低头敛眉，大气也不敢出。白崇禧进得门来，全体肃立，多数不敢直视。其时，白崇禧35岁，与毛泽东同龄。但他衣食无忧，春风得意，衣冠楚楚，看起来比井冈山上那位胡子拉碴、不修边幅的毛老庚要帅气多了。白崇禧又微微一笑："各位将军们好，不要紧张，大家随便坐吧！"

人们这才敢抬起头来，众口一词："谢白司令不杀之恩！"

"哪里话呀，大家都是国民革命军兄弟，什么杀不杀的。坐下坐下。"白崇禧再次微微一笑。三笑过后，白崇禧浓眉一耸，话锋一转："话说回来，各位跟随唐孟潇犯上作乱，分裂国民革命军，削弱了国民革命军力量，给党国造成重大损失，致使毛泽东、朱德共匪坐大，这可是不可原谅的罪过。"

"唰"的一声，全体军官起立，冷汗直冒，静候白崇禧发落。

"不过，这主要罪过由孟潇兄承担。他已下野，各位改弦更张，弃暗投明，兄弟我热烈欢迎。但是各位既然洗心革面，归顺中央，不可再有朝秦暮楚的行为。因此，要言而有信，须立字为据，大家签一个和约备案，若有违约，全党共讨之，全军共伐之。"白崇禧不愧是小诸葛，一番言辞，令降将们一惊一乍，一张一弛，一颗颗高度紧张的心，七上八下，最终落入尘埃，一个个不由得五体投地……

"对对对，白司令英明！"

"唐司令糊涂。"

"从今以后，我们一定要一致对敌，我们最大的敌人其实是共匪。"会议室里似乎找到了共同语言，一片嘈杂声。降将们不得已，纷纷在和约上签字，其实就是立了生死簿。

3月11日，白崇禧的宁方才发出通电，宣布对唐停战。

蒋介石闻知湘南共产党朱德占领了10余县，急令东路军前敌总指挥白崇禧调兵由衡阳从北往南压，命国民革命军总司令部参谋长、广东省政府主席、国民革命军第八路军总指挥李济深调兵由韶关往北压，务必将朱、毛消灭在郴县，拔除这根卡在咽喉上的鱼刺。

白崇禧在整治唐生智部的同时，根据蒋介石的命令，在长沙召开剿匪军事会议，部署湘南剿共事宜。据1928年3月21日长沙《国民日报》报道：

白总指挥谋肃清湘南共匪，特派李师长朝芳为湘南剿匪司令，业经通电。其原电云：湘南共匪猖獗。业调大军进剿。急应统一指挥，以专责成。特派第七军第二师李师长朝芳为湘南剿匪司令，已令该司令率领所部于删（15）日由宝庆开往耒阳剿匪。所有由谭副师长率领赴耒阳之二十一军第一师，驻衡州十三军、十九军第二师、十七军罗旅，统归该司令指挥，以一事权而便运用，特电奉闻。即希查照，白崇禧叩巧（18日）等语。

又有《国民日报》1928年3月31日报道：

湘南剿匪司令李朝芳，昨来电云：勋鉴，前奉总指挥白巧电开，特派李朝芳为湘南剿匪司令。等因奉此，遵于陷（30）日由衡率各部向湘南耒郴各路进剿。谨电奉闻。

李朝芳是桂系军阀的一员干将，他是从士兵到中将，一步一步凭战功升上来的。李朝芳，字公泽，广西桂平人，生于1892年，保定陆军军官学校第三期炮兵科毕业。1922年5月出任广西自治军第二路（司令李宗仁）第一支队第一路第一营上尉连长。1924年7月升任讨贼军第一纵队（司令俞作柏）第一团第一营少校营长。1925年3月升任讨贼军第一纵队第四团中校团附，9月任代理团长。1927年2月调升第七军炮兵团少将团长，9月调升第七军（军长夏威）第二师中将师长。1928年2月25日第二师改称第三十四师，李朝芳仍任中将师长，兼任湖南省衡永区清乡司令部司令。国民党要剿灭湘南共军，派出了最得力的干将。然而他遭遇的并非朱德的主力军，而是黄埔名将邝鄘和李天柱率领的耒阳农军。他原以为这些农民就是一群乌合之众，却没想到全都是些不要命的。俗话说："武师怕猛汉，猛汉怕不要命的。"李朝芳带了4个师，碰上几万不要命的农民，自3月29日起，4个师打了3天，4月1日才攻进耒阳县城，而此时朱德已撤往安仁好几天了。他连朱德部队的影子都没见到，气得他大开杀戒，4月1日一天就在耒阳县城杀了1000多农军和地下党员。

1928年4月16日，《申报》刊登了一则《湘省大举剿共近讯》电文：

10日长沙通讯：湘南共匪首领朱德，勾结土匪，占据衡郴桂十余县。自经湘粤赣三省军队会剿后，湘军李即于1日克复耒阳，7日克复永兴；罗即2日克复桂阳，3日克复常宁，并肃清水口山，毙共匪400余人；粤军许（克祥），1日攻克宜章，5日克复郴州；胡凤璋师8日克复汝城，正向桂东进逼；范石生已于8日入驻宜章，指挥许胡等部追剿。共匪伪第二军总指挥胡鳌，原在郴州顽抗，郴县反赤农民自卫军乘其不备，聚集数百人，冲入胡匪司令部，将胡用梭镖击死，匪众无主，弃郴而逃。现在残匪尚有四五千人，由伪总司令朱德统率，窜往湘东酃县、安仁，与茶陵、攸县之共匪毛泽东联合，总计湘南各县，现未收复者，仅桂东、酃县、安仁三县，其余已完全肃清。唯各县经共匪蹂躏，几成一片焦土，军队到后，不但无屋可住，且无处得食。现程白两总指挥，除赶运军米前往接济外，并电请国府，速拨巨款，办理急赈。至湘东方面，茶陵因毗邻赣边，与安源接近，迭被共匪占据。近毛泽东在江西失败，又窜入茶陵，组织苏维埃政府，安仁、酃县亦被攻陷。程总指挥原调第八军吴尚全部往剿，正在开拔中，尚未到达。现湘南共匪失败，窜入湘东。闻程白为一劳永逸计，决分路会剿，以粤军范石生、胡凤璋两部，由桂东进攻酃县；湘省李朝芳师，与第二十一军向成杰部，由耒阳回师，进攻安仁；以赣军杨如轩、杨池生两师，在莲花、永新、湘东一带边境堵击；以吴尚全军由攸县进攻茶陵；并加派第六军第十八师兼长沙警备司令张轸全部，开往攸县，协同吴尚全进剿。省防则调胡文斗师担任。总计此次会剿部队，在10师以上，想不难包围歼灭也。①

这则电讯，对湘南工农革命军的情况多有误传，如“共匪伪第二军总指挥胡鳌”实为工农革命军宜章第三师师长胡少海。称“郴县反赤农民自卫军乘其不备，聚集数百人，冲入胡匪司令部，将胡用梭镖击死，匪众无主，弃郴而逃”，实际上胡少海一直在前线指挥阻击国民党范石生部，根本没在郴县。胡少海也没有死，他上井冈山后曾任红军第二十军军长，1930年在闽南战斗

① 见黄仲芳著《湘南暴动史要》，华文出版社2010年版，第219页。

中牺牲。"现在残匪尚有四五千人，由伪总司令朱德统率，窜往湘东鄱县、安仁，与茶陵、攸县之共匪毛泽东联合"，这里也不准确，工农革命军实际上井冈山的有1万多人，不是"四五千人"，朱德的职务是工农革命军第一师师长，不是什么"总司令"。这则电讯虽道听途说，对共产党方面的信息描述不准，但对国民党进剿大军的报道却相对准确。过去，党史部门对于国民党军的情况，根据当事人的回忆，有说7个师的，有说8个师的，也有说9个师的。耒阳党史部门调查核实，最终确认为15个师1个旅、1个教导团：

围剿湘南之国民党军序列

从1928年3月份起，湘粤军阀即积极调兵遣将，"会剿"湘南，北面以李朝芳兼"湘南剿匪总司令"，前线指挥部设衡阳。计有：

第六军第十八师（师长张轸）

第七军第二师（师长李朝芳）

第八军吴尚3个师进驻茶陵（军长吴尚）

第十三军的第二师（师长向成杰）

第十七军罗旅（旅长罗××）

第十九军第二师（师长不详）

第二十一军第一师（师长罗霖）

南面敌军有范石生、许克祥、胡凤璋三个部分，以范石生兼总指挥，前线指挥部驻曲江（韶关），计有：

新编第四师（师长彭俊初）

第十六军第四十七师（师长曾曰唯）

独立第三师（师长许克祥）

第一路游击师（胡凤璋）

第十六军第四十六师张浩（副官长）所率之一部

军官教导团（团长丁腾）

东面增加有国民党第九军第二十七师（师长杨如轩）、第三军第九师（师长杨池生）。

由以上资料可知，蒋介石对湘南起义心存恐惧，急欲一战定乾坤，所以一开局就上了9个半师对付朱德的1个师（实际只有2个团）。后又增加6个师，如果朱德不走，坚持死守湘南，即便打败15个半师，接下来面临的也将是20

个师、30 个师……总之，湘南不可能让共产党占领。朱德打下去的结局只有一个：全军覆灭！没有第二个选项。因此，朱德选择听从毛泽东的意见，抵制湘南特委的决定，及时主动撤向井冈山，完整保全了工农革命军的主力部队，无疑是十分正确的。

这南面总指挥范石生，便是与朱德合作的那位范石生。李济深明知范与朱的关系，为何仍用范石生来消灭朱德呢？其实这是一着阴险毒辣的棋：范石生用命，朱、范两败俱伤，李则从中渔利。范石生不用命，抓他个通共小辫子，告到老蒋那里，范石生也吃不了兜着走。李济深与蒋介石一样，早就想吞并范石生的第十六军了。

但范石生也不是傻子。他一面磨洋工，一面频频报捷。有三则电文为证：

范许克复宜章详情

十六军长范石生，奉命率师协同第三独立师许克祥部，第一游击司令胡凤璋部入湘，与白崇禧派出之第七军李师，三十五军向师，由衡州进发，两面夹击郴州宜章及湘南一带共匪。范许各部早已开到目的地，因后方布防未妥，故未进攻。昨二十九日范氏电令驻乐昌之总预备队四十七师，及教导队等师，开赴坪石，巩固后方。范氏以后方防务巩固，遂即下令左右两翼纵队于三十日晨向宜章进攻。左翼由坪石上之三十里白石渡地方，向宜章进攻；右翼由塘村同时并举。左翼为范部四十六师副师长张浩指挥，右翼为许克祥及胡师部会合，由许氏亲自指挥，即于三十晨向宜章进发，与匪鏖战一昼夜之久。范许各部，奋勇冲进，匪见势不佳，翌日（三十一日）午，纷向郴州溃退。左翼由四十六师及新编四师，乘胜击破匪后，连随尾追，俘获匪党及枪械辎重甚多，当我军未破坏以前，匪党在宜章肆行骚扰。宜城一带，荒凉满目，惨不忍睹。迨范氏抵宜后，立即布告调查灾民。即令四十六师向郴州衔尾追击。昨二日午范军后方主任接范军长由前方来电报捷云：一德路云南会馆范主任李主任览：（一）宜章已于三十一日完全克复，大破共匪，俘获甚多，已令四十六师直向郴州进剿。（二）军部冬日（二日）由坪石向宜章出发。（三）解来款械，已电请占师长沿途派队护送，范石生叩。东（二日）

（《广州民国日报》，1928 年 4 月 3 日）

范军围攻郴州之捷电

十六军长范石生，现以宜章已完全克复，为指挥便捷起见，特于三日率军部职员及总预备队四十七师全部，教导队等部，进驻宜章。并即日下令前锋四十六师长张浩，督率部队协同许师于四日向郴州进剿。该副师长即率所部及新编四师会同许克祥等部，于是日晨由宜章向郴州进攻，与匪鏖战，于是晚将郴州匪四面包围。昨五日下午六时，总指挥部接到范军参谋长李柱中来电报告如下：……克密，我军四十六师，及暂编四师，协同许师江日（三日）向郴州进剿共匪，胡鳌、邓允庭、杨子达、毛科文等，率匪党四五千，据折岭之险，死命抵抗。我军分途由左右翼绕岭后，以大部正面进攻，激战三时，匪势不支，纷向良田、郴州溃退，阵毙匪党三百余名，擒获百余名正法，夺获杂枪百余杆，骡马四十余匹，刀矢无算。我师阵亡兵士九名，伤二十四名，是晚追至良田宿营，刻续向郴州猛攻。经此痛创，匪胆已破，郴州本日即可克复。……李柱中叩，支（四日）印。

（《广州民国日报》，1928 年 4 月 7 日）

进剿湘南共匪之捷报

昨第八路总指挥部参谋处发出捷报云：奉总指挥发下郴州许师长克祥支电开：（衔略）捷报，宜章克复后，共匪胡鳌、杨子达、刘廷魁、李才佳等，纠集宜郴永耒共匪，约八九千名，占据折岭良田湾洞之线，凭险负隅，并于冬晚三袭白石行营。经职师驻扎小溪之徐汉臣团拦击，逆计未逞。江日职师任右翼，四十六、四十七各师分任左翼及正面，分进合击。匪殊力抗，幸托威福，将士用命，自晨至午，激战数小时，阵毙及生擒正法者，三方统计，约近四百名，匪始不敌，纷由郴州溃退，比经各部尾追至良田之线。支日职师改南左翼攻击前进，其正面及右翼之攻击部队，则由四十六、四十七各师分任之。职师驰抵伍家桥燕子坪时，有匪数千，凭险抗拒。经分队冲杀数次，毙匪二百余名。匪遂不支，纷向郴城溃退。迨左翼正面军同时到达，并闻在草鞋岭等处，毙匪甚众。迨我军攻抵城边，匪仍敢布阵苏仙岭，并在城市四处放火。经各部分途猛击，匪始向栖凤渡东江两方溃窜。据士民报称：朱德曾派一部来郴应援，其本人与毛泽东，仍在耒阳前线，似已与白军接触云云。证以匪众敢向栖凤渡而退，未始无因等语。又郴州范军长石生佳电开：（一）职部庚日抵郴州。（二）白总指挥部李师东日克复耒阳，虞日收复永兴，先头部队，已与职部联络，湘粤大道已通。（三）职已合四十六师，协同李师，会剿资兴共匪。第四十七师并许师，分途清剿外属各股余匪等语。……

（《广州民国日报》，1928 年 4 月 12 日）

由当年报刊报道的这些电文可以看出，国民党镇压湘南暴动确实出动了 15 个师、1 个旅、1 个教导团的正规军兵力，体现了蒋介石急于打通湘南的疯狂决心。所谓斩获的战果，均系"胡鳌、邓允庭、杨子达、毛科文""刘廷魁、李才佳"部农军，杀的 1000 余人，全是农军战士，并未伤及朱德主力部队一根汗毛。湘南农民付出的巨大牺牲，也在此得到史实的印证。

野火烧不尽，春风吹又生。国民党对湘南工农革命军的残暴屠戮，并没有吓倒湘南人民，湘南仍有 8000 余农军撤上了井冈山，成为井冈山斗争中红军的主力，叱咤风云，纵横天下。湘南起义后的 21 年间，湘南本地人民也从未停止过革命斗争，直到 1949 年 12 月，湘南游击纵队、湘粤边游击纵队配合南下的中国人民解放军解放了湘南全境。这是后话。

第九章　流　火

　　1928 年 3 月湘南特委书记陈佑魁在郴县"返白事件"的惨烈事实面前，不得不承认他的"左"倾错误是多么幼稚，多么可悲！他认识到自己给湘南人民带来极大的损失，不得不承认朱德的正确。朱德东撤井冈山，他不再想也无力阻止，因为他被湖南省委迅速解除了湘南特委书记职务，该职务由工人出身的杨福涛接任。于是，朱德的工农革命军第一师，宜章第三师、耒阳第四师、郴县第七师、永兴赤色警卫团、资兴独立团等 1 万多人，在毛泽东的湘南工农革命军第二师的掩护下撤向井冈山。

　　打着火把上井冈，一支 1 万多人的队伍，宛如点点流动的火焰，在湘东南分道前行，是何等壮观……

心灵的契合

> 　　有一种缘，是难解之缘。分不开，打不散。它是从心灵的契合开始的。朱伍缘是如此，朱毛缘亦是如此。

　　朱德 2 月 15 日到达耒阳，3 月 27 日离开耒阳，整 40 天。在繁忙的战斗工作之余，他竟然收获了一段美好的姻缘，在耒阳县委刘泰、邓宗海的关心撮合下，他与耒阳县女界联合会会长伍若兰结婚。他们的结合如同今日的"闪婚"。

1928 年 2 月 17 日，也就是耒阳被攻下的第二天，灿烂的朝阳仍像往日一样，把绚丽的阳光抹上耒阳城。耒阳群众大会召开，欢迎朱德领导的工农革命军第一师，街口响起了噼噼啪啪的鞭炮声。街上出现了三五成群的手持小红旗的妇女，领头的那位就是耒阳县女界联合会会长伍若兰。

"革命军进城啦！""革命军进城啦！"在大伙儿的叫嚷声中，只见身穿灰军装、臂缠红带、扎着绑腿的工农革命军，高举红旗，浩浩荡荡地向耒阳城开过来。

伍若兰不由地睁大了眼睛，踮起脚尖观望。她发现，领头的一位军官，身穿打了不少补丁的灰色粗布军服，脚穿一双草鞋，背上背着一个斗笠和一个公文包。斗笠的细竹片，已被雨水浇得溜光。由于日夜行军打仗，生活环境非常艰苦，军官结实的身躯显得黑瘦了些，四方脸庞上，连鬓胡子毛烘烘的，一双炯炯有神的眼睛，闪烁着慈祥而又深邃的光芒，给人一种威武而又亲切的感觉。伍若兰指着这位军官模样的中年人，直言问身旁的县委书记邓宗海："他莫非就是那个名扬湘南边界地区的朱德？""对，对。"邓宗海连声说，"他就是朱德，现在是工农革命军第一师师长。"

两天后，耒阳县第一次工农兵代表大会选举成立了耒阳县工农兵苏维埃政府，刘泰任主席，徐鹤、李树一任副主席，伍若兰任妇女部指导员兼妇女联合会主席。这天刚刚吃罢午饭，刘泰忽然进门，没有寒暄，劈头就说："兰妹子，朱师长请你去。""请我？"伍若兰有点不敢相信自己的耳朵，愣怔片刻以后，才和刘泰一起走进了朱德居住的邓家祠堂。发现伍若兰进来，朱德向伍若兰微笑着点点头，表示欢迎。

伍若兰坐下的时候，邓宗海向朱德介绍说："她叫伍若兰，1903 年出生于耒阳城郊九眼塘一个书香世家，毕业于衡阳湖南省立第三女子师范学校，1925 年秋加入中国共产党，一直做青年运动和妇女运动的工作，曾任共青团耒阳地方执行委员会委员，现在是妇女部指导员兼妇女联合会主席。她可是我们这一带有名的才女哩！"邓宗海还强调："1927 年 5 月'马日事变'后，伍若兰同志被耒阳反动当局悬赏通缉。但她坚持在当地斗争，化装为村妇，四乡联络同志。9 月，我被湖南省委派回耒阳，她协助我们重建了中共耒阳县委。今年，伍若兰与我们率领耒阳农军，配合你朱师长率领的工农革命军第一师攻克耒阳县城。她的贡献真是多多！"

"好啊！革命的才女！"朱德握着伍若兰的手，笑逐颜开，"听说祠堂门口的对联是你写的，我记得上联是'驱逐县团丁'，下联是'喜迎革命军'，横批是'赤遍耒阳'，对吧？"

"对的。"伍若兰高兴地回答。"你写得不错嘛，"朱德诙谐地说，"笔力好，内容也好。不愧是出自才女的手笔啰！""我没写好，请师长多指教。"伍若兰谦虚道。"你是啥时候从衡阳女三师毕业的？"朱德问。伍若兰答："去年夏天。"……伍若兰将自己的情况简单地说了一下。

刘泰插嘴说："兰妹子是我们耒阳的辣妹子，做事风风火火，泼辣得很。"

朱德笑了："哦，巧了！你是湖南的，我是四川的，你是不怕辣，我是怕不辣呀！哈哈……"

伍若兰一听，大笑不止，笑出了眼泪。她觉得这个朱师长真是太逗了。两人的距离感一下就消弭于无形了。

笑过之后，朱德说："叫你来呀，是希望你们妇女会的同志们多支持我们的工作。你看，我们好多战士都穿着破草鞋，你能不能想办法给我们的战士做点鞋呀？"伍若兰一听，立即表态："请朱师长下令，您要多少双？多长时间要？"

朱德一听，也就不客气了，严肃地说："不少哟，要一千双，半个月之内，行吗？"

"行！保证完成任务。"

时间如流水，稍纵即逝，很快五天过去。这天早晨，天空没有云彩，太阳一步一步地爬上来，通红的火焰照耀着军营。这时，伍若兰领着十几个姐妹，肩上挑着一捆捆黄澄澄的草鞋，说说笑笑地跨进了师部大门。朱德、王尔琢等师部领导刚从操场上回来，还没来得及坐下，听说伍若兰她们到了，忙热情地同姑娘们一一握手。阳光下，朱德的脸膛显得通红，闪着光彩。他瞅瞅面前的一担担草鞋，旋即望着姑娘们，乐呵呵地说："嗬！这下子你们真是帮了工农革命军的大忙，我这个当师长的要当面向你们致谢啰！"伍若兰嗔怪道："朱师长，说致谢那就见外了，我们军民本是一家人哪！""说得对。"朱德不无幽默地说，"好一个口齿伶俐的辣妹子，连一个谢字都要给免了！那么，说说吧，若兰同志，你们怎么这样快就编织了如此多的草鞋！"别看伍若兰毕业于衡阳女三师，喝过墨水，会写文章，平时说起话来一套一套的，可这会儿却坐在一旁，半晌不开口。她的伙伴伍德莲倒机灵，竟无拘无束地说开了："朱师长需要这些东西，又很急，我们怎敢耽搁呀。若兰大姐连夜开会给我们布置任务，还成立了临时编织厂呢。姐妹们昼夜不停地编呀，织呀，硬是只用五天时间就编织好了一千双草鞋。"听罢伍德莲的这番话，朱德心里禁不住又增添了几分对伍若兰的好感，觉得这个身材颀长、眼睛明亮的姑娘活泼热情，泼辣能干，不仅是衡阳女三师出来的高才生，而且是难得的优秀革命者。一时，朱德从心底里产生一种爱慕之情。其实，伍若兰也是一样，她对朱德的敬仰由来已久。还是在朱德率领工农革命军第一师进耒阳城之前，她就听说了朱德智取宜章的故事，不由肃然起敬。后来在耒阳城，她在几次与朱德的接触中，对他产生了极好的印象。要说爱慕，她对他确实未见面时就有好感，一见便钟情啊！

不久，工农革命军需要一些熟悉当地情况的同志随军做宣传工作，伍若兰被调到工农革命军第一师政治部，共同的战斗生活渐渐地使两颗纯洁的心紧紧相连。朱德当时孑然一身，战斗又如此频繁、残酷、紧张，善良纯洁的伍若兰觉得应该有个人来帮助照顾朱德的生活，使他有更多的精力投入战斗，便大胆冲破传统观念的束缚，毅然决定和朱德结为夫妻。

3月初的耒阳，春江水暖，草木葱翠，生机勃勃的山野洒满了阳光，干练自强的伍若兰在朋友的陪同下，来到朱德的驻地水东江的一间土屋里，和朱德举行了简朴而热闹的婚礼。此时伍若兰 25 岁，朱德42 岁。

伍若兰雕塑

因为当时战事紧张，朱德结婚时没有理发，一脸胡子也没来得及收拾。而伍若兰脸上则有几颗俗称麻子的雀斑。两人结婚后，喜讯传开，部队中有个调皮的宣传队员编了一首歌谣："麻子胡子成一对，麻麻胡胡一头睡。唯有英雄配英雄，各当各的总指挥。"这支歌谣，表达了工农革命军战士对这位勇敢且能文善武的女性的喜爱，亦表达了他们对她与自己敬爱的师长结为秦晋之好的由衷高兴。这种革命的自由婚配，真正体现了"志同道合"的最高境界。

1928年3月26日，安仁县委派唐天际到耒阳敖山庙找朱德，请求朱德派部队攻打安仁县城。朱德得到情报，国民党正准备以4个师从北面进攻湘南，形势处在极其危险之中。他多次与湘南特委的领导磋商，将部队撤向井冈山，与毛泽东会合。湘南特委新任书记杨福涛坚决不同意。他认为省委没有发话，必须坚守湘南，保卫湘南人民，责无旁贷。朱德再三分析说，以工农革命军目前这点力量，倘若死守湘南，不但保护不了湘南人民，连现有的一点宝贵力量也将全部葬送。但杨福涛认为，即便付出再大的牺牲也值得。在这种情况下，朱德果断地作出决定，以帮助安仁攻打县城为契机，将部队撤出耒阳，向井冈山转移。

3月27日，朱德率主力由敖山庙向安仁华王庙进发。伍若兰随朱德一道转移。

部队上井冈山后，伍若兰任第四军政治部宣传队队长，并刻苦学习军事技术，有"双枪女将"的雅称。1929年1月14日，红四军主力离开井冈山向赣南转移。2月1日，部队在江西寻邬吉潭同尾追的敌人激战后，转移到圳下休整。次日黎明，军部突然被国民党刘士毅部包围。伍若兰从睡梦中惊醒，她冲出屋子，手持双枪，和警卫一连的战士一道，拼死掩护领导转移。天亮后，朱德、毛泽东、陈毅等领导同志冲出了包围圈，安全脱险，伍若兰却身负重伤被俘。后来她被解押到赣州，经严刑折磨，但始终威武不屈。敌人无法，于1929年2月12日将她杀害，并将她的人头悬挂在赣州城门上，后又将其头颅解至长沙示众，时年26岁。美国作家史沫特莱在《伟大的道路》一书中记述道："她在农民中真是无人不知，是个坚韧不拔的农民组织者。"

朱德在湘南特委执意要他坚守湘南的情况下，选择了违抗上级命令，向井冈山"逃跑"，其政治风险之大，与毛泽东秋收起义后将队伍带向井冈山如出一辙。殊途同归，那也是一种心灵的契合，一种不解之缘。

湘南特委派周鲁上井冈山，强制命令毛泽东下湘南参加暴动。毛泽东服从命令，带队下了山。周鲁有权命令毛泽东下山，却没有能力指挥毛泽东下山后的行动。毛泽东将敌我态势、未来活动方向一分析，说出自己驻足酃县、不再前行的理由，周鲁无力反驳，同意了毛泽东的意见。于是，毛泽东在酃县就地搞土地革命，训导部队，观望局势。与此同时，毛泽东早派出亲弟弟毛泽覃去耒阳寻找朱德，期望朱德上山合作，共同开辟井冈山革命根据地。

朱毛之间相互联系，已有好几回。

早在 1927 年 10 月，毛泽东就派他手下得力干部何长工下山联系湖南省委，并寻找南昌起义的朱德余部。何长工费尽心力，历时两个多月，才于 12 月底在韶关犁铺头见到了朱德。双方进行了深入的沟通。

1927 年 10 月 23 日，毛泽东部在大汾镇突遭遂川反动民团袭击，队伍被打散，第一团第三营张子清部撤往赣南，在大余意外见到了朱德、陈毅，相互交流了情况。不久该营移到桂东的天鹅山区活动，后与茶陵的第一营取得联系，遂会合一起，回到井冈山，向毛泽东汇报了朱德部的情况。

朱德闻知毛泽东在井冈山，他也立即派出毛泽覃上井冈山找毛泽东。毛泽覃于 1927 年 11 月下旬在宁冈茅坪见到毛泽东，详细地介绍了朱德部队的情况。

据《中国共产党安仁党史》记载，得知朱德部迁往湘南，毛泽东又于 12 月派安仁人刘斌下山，到安仁一带联系湘南地下党、寻访朱德。还派宛希先率队打下了安仁县城，可惜那时朱德还在韶关，何长工也还没有见到朱德。以上史实说明，朱毛二人相互联系，渴盼相聚，早已是惺惺相惜、心灵相通了。陈毅在他的《八一起义》一文中回忆大余休整时说："正在这时候，知道毛泽东在井冈山，便更增强了勇气和信心。毛泽东同志是 1927 年大革命时期著名的共产党员，农民运动的领袖，他的湖南农民运动考察报告，在党内很有影响。部队的湖南人最多，毛泽东的影响很大，于是到井冈山找毛泽东去，便成为我们每个人的希望。"

1928 年 3 月下旬，毛泽覃率工农革命军第二师特务连抵达耒阳，与中共耒阳县委取得联系。得知朱德此时驻在上架，毛泽覃率部火速赶往上架与朱德会晤，转达了毛泽东对朱德、陈毅、王尔琢的亲切问候，向工农革命军取得湘南暴动的伟大胜利表示祝贺，将耒阳县委要求再次攻打城区的意见转告于朱德，双方还共同商讨了在井冈山会师建立革命根据地的计划。朱德火速派人赶往郴县，将毛泽东的意见转告陈毅。① 其后，毛泽覃便留在朱德军中，与朱德一道上井冈山。

---

① 见《中国共产党耒阳历史》，中共党史出版社 2008 年版，第 87 页。

　　耒阳党史正本的叙述过于简单。笔者相信，毛泽覃在耒阳上架交给朱德的信，一定是毛泽东对当时形势有分析、有判断、有建议的一封长信，而且毛泽东的分析、判断、建议完全符合朱德的心意，那是一种心灵的契合，朱德才敢于冒顶撞湘南特委的风险，不顾一切上井冈山。因为当时陈佑魁虽然被撤职，继任者杨福涛一样的"左"，且一样地坚决不肯上井冈山。湖南省委要求坚守湘南的命令也没有改。有关这一段的史实没有当事人的回忆，无法还原现场。但我们从史沫特莱的描述中可以感受两颗伟大心灵的共鸣——

　　土地革命的两大主流汇合了，这次会见是中国历史上最重要的事件之一。朱德曾经见过毛泽东一次，不过是在秘密会议的昏暗大厅中远远相对而坐，没有真正见过面。自从在鄜县第一次会见的一刹那起，这两个人的全部生活便浑然成为一体，好像同一身体上的两只臂膀。多少年来，国民党和外国报纸经常把他们说成"赤匪匪首朱毛"，而称红军为"朱毛军"。

　　他们具有令人吃惊的相似之处，但也有显著的不同。毛泽东比朱德小十岁。朱德当时是四十二岁。两人都是受过教育的农民，从辛亥革命以来，曾经参加过每一次革命斗争。毛泽东在伟大的五四运动中曾起过领导作用，朱德则处在运动的外围，在四川军阀主义的泥沼中彷徨犹豫。毛泽东曾经在湖南组织了第一个马克思主义研究小组，是建立共产党的第一次全国代表大会的代表。其后，他是共产党的主要领导人之一，又是国民党中央委员会委员。他是一个文笔具有雷霆万钧之力、观察深刻的作家——一个政治鼓动家、军事理论家，并且时常赋诗填词。

　　从风采与气质两方面来看，朱德比毛泽东更像农民。两个人都坦率爽直，和他们所出身的农民一样，讲究实际，但毛泽东基本上还是知识分子，他那与常人不同的深思远虑的思想始终考虑着中国革命的理论问题。毛泽东一方面具有女性的敏锐观察力和直觉力，另一方面也具有斩钉截铁的男子汉所有的一切自信心和果断力。两个人都勇敢倔强，坚韧不拔。这些特点在朱德尤为显著，他虽然在政治上有高超见解，但更是一个行动家和一个军事组织家。

　　朱德的性格存在着一种奇特的矛盾：在他刚强的外表里，蕴藏着极度的谦恭。这种谦恭的作风并不仅仅出于他贫苦的农民家庭出身，出于他作为一个农民对有文化有学问的人的敬重，而且，也许还因为做了多年军阀，不自觉地产生了以赎前愆之感。

带着这样的品格和正直感，朱德在会见（毛泽东）的一瞬间，立即觉得他遇到的是知心朋友，在今后的生活中，这个人的判断力是可以信赖的。①

正是这种"坦率爽直""讲究实际""自信果断""勇敢倔强"的共性，使他们心灵契合，走到了一起，成就了两人的友谊。毛泽东说："朱毛朱毛，朱在先。我是猪身上的毛，皮之不存，毛将焉附？"朱德说："朱毛朱毛，朱离不开毛。猪离开了毛就过不了冬！"诙谐、幽默，却蕴含深情。

由此可见，朱德像毛泽东一样，具备革命家的勇气，敢于担当，他冒着受处分、被开除甚至被枪毙的危险，为中国革命保存下一支未来的主力部队，他认为就是被枪毙都值了！

战略转移

> 打得赢就打，打不赢就走，这是毛泽东的思想，更是朱德的法宝。"不战而安全转移"，不是失败的溃退……

1928 年，3 月 16 日到 20 日，朱德出席中共湘南特委在永兴县城召开的湘南工农兵代表大会。会上成立湘南苏维埃政府，选举陈佑魁、朱德、陈毅、李才佳、尹子韶、宋乔生等 21 人为执行委员，陈佑魁为主席。会后，各县苏维埃政府制定《土地分配法》，开展插标分田的土地革命。在这里，朱德又见到了陈毅，两人久别重逢，分外亲切。然而这次相遇，两人在欢喜之余，更多的是忧虑。陈毅将郴州"返白事件"的来龙去脉，一一尽述，告知朱德。

朱德长叹道："中央的政策有问题哟！'杀尽一切'，不加区别的口号，把一些善良的绅士地主全推到了我们的对立面，增加我们的敌人的力量。"

"是呀！而且我们自己很多中高层领导都出身地主士绅，这个政策不但增加了敌人的力量，还伤了我们自己的很多同志。真是发了疯了！"陈毅忧虑地

① 见艾格妮丝·史沫特莱著《伟大的道路　朱德的生平和时代》，生活·读书·新知三联书店 1979 年版，第 261-262 页。

说，"烧农民的房子，激起农民反水，原本是为农民打天下，现在全都弄反了，危害不浅哪！"

"现在郴县那边怎样？"朱德问。

"夏明震书记死了，被叛军杀死的。好年青的一个小伙子。县委、工会、妇联的主要负责人全被杀了，惨哪！他们现在要我去当县委书记，没有办法，我说要我当可以，但必须得听我的。立即停止烧房，停止乱杀人，在大会上向农民道歉，不追究叛乱农民，叛乱农民照样分田分土，不得歧视。他们也没办法，都同意了。他们也晓得拐了大场，没法收拾了。"

"效果好吗？"

"还好，基本平息了。他娘的，开群众大会，让他们向群众道歉，那班人竟没有一个人愿意。还是我到台上去代表县委作检讨。"陈毅愤怒地说。

朱德拍了拍陈毅的肩膀："真难为你了！我在耒阳开县委会，他们中间有个很有头脑的知识分子，反对乱烧乱杀，说得很有道理，没想到他们竟然把他当叛徒给当场杀了。让人痛心不已！"说到这里，两人都有了泪花。

"更大的问题是下一步怎么办。宁汉战争结束，国民党现在可以联合起来对付我们了，我们处在交通要道上，四面敌人包围着，打是肯定打不赢，我们这点本钱不经花呀！"朱德忧虑地说。

"是呀，北西南都是国民党的防区，向东又是大山。"陈毅也清楚眼下的局势。

"是呀，我们只有向东一条路，那里有毛泽东同志，我们已经有过多次联系了，应该没有问题。只是特委不同意。我试过了，他们要死守湘南！"朱德十分遗憾又十分沮丧。

"师长，这关系到我们主力部队两千多兄弟的身家性命，也关系到一万多农军的生死。我们可不能让特委这班愣头青给毁了。"陈毅着急地说，"哦，忘了告诉你，特委派周鲁上井冈山调毛泽东下山了。周鲁已经回来，他说毛泽东右倾，也反对烧杀！"

"哦？那就好。毛泽东是中央委员，政治局候补委员。有他做主就好办了。"朱德高兴地说。

"嗨，别提了。他们把毛泽东的中央临时政治局候补委员、湖南省委委员、湘赣前委书记全撤了，还把党籍给开除了！说是中央临时政治局的决定。"陈毅苦笑道，"后来到酃县看到中央文件，才知道中央没有开除老毛的党籍，也没有撤销前委的决定，是特委乱搞的。井冈山那班人闹开了，周鲁下不了台，才又恢复了老毛的党籍。其他的没有恢复。"

"这样呀？"朱德刚热起来的心又凉了下来。

"走一步看一步吧！天无绝人之路，总会有办法的！"朱德振作了一下，安慰陈毅道，"老弟小心为上，多多保重。我们保持联系！"朱德紧紧握住陈毅的手，使劲摇了摇。

永兴工农兵代表会议上，朱德与陈毅都被选为湘南工农兵苏维埃政府执行委员，陈毅是大会主席团五名成员之一。会后，陈毅仍回郴县，开展分田分土的土地改革；朱德仍回耒阳，负责北面的战事。

这时，朱德已搬到了耒阳以北30里的敖山庙。他回到敖山庙不久，有人来报，说毛泽覃回来了。朱德一听，大喜过望，立即叫人带毛泽覃来。

"报告师长，我回来了！"

朱德抬头一看，眼前一亮，年轻俊伟的毛泽覃，腰束皮带，斜挎短枪，精神抖擞地敬着军礼。士隔三日，刮目相看。这与赣南分别时的形象相比大有改善。"来来来，坐下说，你去了这么久，终于回来了。"朱德表达着急切的期盼，多少也有点不见音讯的责备。

"对不起师长，我上山后，大哥就留我在山上了，他说他派了几路人马找您，其实目的就一个，希望您上山，一起打天下。"说着，毛泽覃从内衣口袋里掏出一封信，双手恭敬地捧到朱德面前，"这是大哥给您的信。"

朱德接过信，认真地看起来，边看边点头，越看越有神："好哇，好哇，毛师长说得好，说得透，说到我心里去了！泽覃呀，你大哥真了不起，句句话都说到点子上，让人打心里亮堂。"朱德高兴地说："泽覃你先去休息，晚上我们开个会研究一下，你也参加。"

"是！谢师长！"毛泽覃敬礼，转身，大步远去。朱德望着毛泽覃，心里赞许地说：天地少英才，毛家独占魁。中国革命要多有几个这样的英才就好了。

3月25日晚。

敖山庙东厢房。豆油灯下，一群汉子团团围坐。主位上是朱德，敦实的个子，一脸短须，两片厚唇，双目有神，腰杆挺直。左侧是参谋长王尔琢，一脸长须，极像关公，只是身材矮小了些。要是去了胡须，分明是个极清秀的青年。

"各位营长、连长、指导员，各后勤负责人：在湘南战斗有两个多月了，今晚开一个连以上负责人会议，以决定我们今后的斗争方向和任务，先请师长给我们讲话，然后大家发言，表达不同意见。师长，您看行吗？"王尔琢说了开场白后，转向朱德。

"行！"朱德接过话来，先把目前的严峻形势说了个透彻，然后把部队准备东撤的意思说了，以征求大家的意见，"同志们，形势是异常地严峻，现在最困难的是有两条路要我们选择，两条路都不好走。一条是听上级党组织湘南特委的话，死守湘南，准备牺牲，有可能是全军覆没，但这是光荣的，是为保卫湘南人民的胜利果实而战，死得其所；一条是审时度势，不战而退，保存实力，以利发展，但这条路违背特委命令，有可能被人误解为逃跑，说不定我们要被执行战场纪律，也冒杀头的风险。召集大家来开这个会，就是需要大家一起来权衡利弊，择善而从。"朱德说到这里，扫了大家一眼，"大家说吧，怎么办？"

"打吧！我赞成打。拼一个够本，拼两个赚一个。"先发言的多是炮筒子。

"我看先打后撤吧，这样上级那也交代得过去。又能保住队伍。"这人想得挺美，理想主义。

"留得青山在，不怕没柴烧。我看还是撤为上。"有人提出不同意见。

"不打就走，这恐怕说不过去吧？这不真是逃跑主义吗？追究起来谁负责呢？"有人反驳。于是双方就唇枪舌剑，斗起嘴来，谁也不服谁。直吵得耳根子生痛。

这时，一个一直没有发言的小个子军官说："大家别吵了，其实，师长早就有主意了，我们还是听听师长的吧。"

朱德一眼望去，这位清秀而瘦削的年轻军官就是最近提拔的一营营长林彪。他微微一笑："林营长，你怎么知道我早有主意了？我有什么主意？"

"师长，湘南暴动以来，你一直在强调保存自己，消灭敌人。不保存自己，怎么去消灭敌人？为了消灭敌人，先把自己拼光了，那不是南辕北辙吗？"三言两语，言简意赅，朱德心里震动不小。看来我的手下也是藏龙卧虎呀！朱德有了信心，他接过林彪的话说：

"林营长说得对！一个最浅显的道理，面对强敌，我们首先就是要保存自己，面对弱敌，我们自然张口就要吃掉他。问题就是首先要判明敌强敌弱。我在前面说了，这次敌人有9个正规师，且三面包围而来，来势汹汹，我们如果去硬碰，那不是等于自杀吗？你以为多拼一个就赚了，我说你亏大了！我们每一个战士，至少要赚敌人十个八个才划得来，赚一个两个的小买卖我们不能干。因此，我决定撤。要撤就要快撤，慢了被敌人粘上了就撤不了。结局跟不撤是一回事。因此，我已与陈毅党代表商讨过，他同意我的意见。今天，井冈山毛泽东师长让他的弟弟毛泽覃送来了邀请我们上山的信。毛泽东同志是我们党的中央委员，政治局候补委员，有很深的学问，他的意见跟我们一样，尽快向井冈山转移。这不是逃跑，是战略转移。战略转移是自己主动放弃，及时脱离危险，以利今后再战。与被敌人追着跑，丢盔弃甲，是两回事。至于责任问题，我想，理所当然是我与陈毅同志负，与大家无关。今天开这个会，让大家发言，就是把思想亮出来，把疙瘩解开它，大家统一思想，劲往一处使，别我往东走，你往西走，就这个意思！"朱德把话一气说下来，说得大家透亮，最终一致同意师部的意见。接下来就请毛泽覃介绍井冈山的情况，行军路线，时间安排。正好3月26日安仁唐天际来请朱德去攻打安仁县城，他有了一个最好的撤退理由。

3月27日，朱德开始实施自己的计划，他率工农革命军主力进抵安仁华王庙。这一天，安仁县农军第三次攻打县城，将守城敌军一个连诱至黄泥坳，朱德指挥陈道明率领的1个营将其歼灭。朱德接着出席在安仁华王庙召开的群众大会并讲话。他说：我们都是穷人，都受土豪劣绅的压迫。大革命失败后，敌人杀死了很多农民，你们吃了苦。我们是共产党领导的队伍，是为贫苦人民大众谋利益的，现在我们出头的日子已经来到了。

3月29日，耒阳、永兴、安仁农军近万人兵临安仁县城，开始总攻。国民党守城营长江仪声率残部连夜逃回攸县县城。江仪声营一走，上任才半个月的县长周一峰也摸黑逃到衡东去了。国民党安仁县政府宣告垮台。

3月30日，朱德率湘南起义主力军离开华王庙。4月1日，朱德率部队从山口铺出发，折转龙源冲、颜家冲至荷树，再由耒安大道浩浩荡荡地向安仁县城开进。工农革命军第一师进驻安仁县城和清溪大水塘后，朱德、王尔琢入住县城轿顶屋。

4月2日，朱德在安仁县城南门洲出席庆祝安仁县苏维埃政府成立大会，提名唐天际任县苏维埃政府主席，获得大会通过。主席台两边，以大红纸贴上一副唐天际亲笔写就的对联：安仁立政府，适逢桃开柳吐，处处十分春色；永乐庆翻身，兹当龙飞凤舞，人人一颗红心。朱德伸出大拇指，连声道：写得好！

安仁轿顶屋

4月2日晚上，朱德在轿顶屋亲自主持召开部队营以上军官及安仁县党政干部会议，改组了中共安仁县委，由徐鹤、唐天际、龙文从、唐德寅、唐德丝、彭八鸾等6人组成中共安仁县委。徐鹤任书记，唐天际任军事委员。因县委书记徐鹤在耒阳，会议决定，在徐鹤未到安仁任职时，由军事委员唐天际主持县委全面工作。同时还决定，安仁是湘南起义的最后一站，湘南起义部队不再往北，改道东进，从安仁出发，经茶陵、酃县上井冈山，与秋收起义的部队会师。为掩护部队东进，会上决定，由唐天际带领安仁农军北上，采取声东击西的战术，攻打攸县，达到"欲退先进，欲东而北"的目标，造成湘南起义主力部队北上长沙的态势，调动敌人在北方布防，为主力部队东进井冈山与毛泽东的秋收起义部队会师赢得时间与空间。

4月3日清晨，唐天际、龙文从、肖祖述率安仁3000余农民赤卫军，分左、中、右三路冒雨向攸县进发。进入攸县境内后，攸县南乡1000余农军配合安仁农民赤卫军攻占了渌田，随后向攸县县城发起攻击。两县农军由渌田蔡阳和、蔡俊清的农军担任向导，很快进入攸县县城对河南岸。当时雨雾蒙蒙，能见度极低，唐天际挥枪向县城打了三枪，从部队借来的几支军号同时吹响，多挂鞭炮被放在洋油桶内同时炸响，几千农军敲锣舞棒，齐声呐喊，声势浩大。驻扎在攸县县城的罗定警卫团和魏镇藩教导团虽然人马众多，武器精良，但不明农军的虚实，误以为是朱德率领湘南起义军主力打来，不敢出城迎战，只得弃城向衡阳方向逃跑。

安仁农军的声威，造成了国民党军的错觉。国民党驻衡阳的第十九军李宜煊师长听说攸县失陷，共军正准备打衡阳、株洲，立即在株衡一线紧急布防，同时调攻击安仁的部队赶往攸县，而唐天际却于第二天晚上率农军星夜撤回了安仁。朱德连声夸赞，这一仗打得好，为我军东撤赢得了时间。后来人们传得可神了，说："唐时雍（天际）好厉害，一个人单枪匹马，三枪夺攸县。"

4日下午，朱德在安仁县城轿顶屋召集工农革命军第一师营以上干部和安仁县党政负责人会议，研究工农革命军东撤井冈山的时间、行进路线和当地党政如何领导群众坚持斗争、开展土地革命等问题。会议决定，工农革命军主力4月5日撤出安仁，沿永乐江而上，从牌楼过界首，经茶陵、酃县向井冈山转移，与毛泽东领导的秋收起义部队会师，在井冈山地区形成红色武装割据；派人去资兴联络陈毅所部；唐天际率安仁农民赤卫军完成警戒任务后，与安仁党政负责人一起撤离安仁，向井冈山转移。

4月5日，朱德与王尔琢一同率工农革命军第一师从安仁县城和清溪大水塘出发，夹永乐江而上，过排山、牌楼，进入茶陵的界首，后经茶陵县的界首、湖口到达酃县的沔渡。4月下旬，陈毅、何长工指挥的宜章、资兴、永兴等县东撤的工农革命军亦到达沔渡，与朱德率领的主力部队会合，胜利完成湘南起义部队东撤的战略转移。

战略跟进

> 陈毅代表县委在大会上作检讨，亲自处理反叛农民，善后工作让他身心俱疲。刚扭转局势，朱德来信转移，他只能赶紧跟进……

郴县"返白事件"发生后，曾志到永兴找到周鲁，周鲁找到陈毅，陈毅带了工农革命军1个营赶回郴县平叛。

那一天，郴县县委秘书曾志和几个军人来到永兴，找到周鲁，周鲁带曾志去见工农革命军第一师党代表陈毅。曾志是个女同志，如今却女扮男装，头上缠着汗帕，身上穿一套青便衣，天寒地冻，她跑得满脸是汗，出气不赢。陈毅一看，猜想是出了事，连忙让她坐下，给她倒了一杯茶。曾志一口气把茶喝光，说道："郴县出事了。我是化装跑出来的。"原来，郴县大土豪崔廷彦、崔廷弼两兄弟，钻了湘南特委要搞"焦土战略"的空子，到处造谣说"共产党要杀人放火，工人要下乡来杀农民"。上千农民受他们的欺骗，参加暴乱。有几个暴徒趁县委召开群众大会之机，杀害了郴县县委书记夏明震和不少负责人。暴乱中，群众也死伤了两百多人。

听了曾志的汇报，陈毅马上带领工农革命军1个营到郴县平息暴乱。他们一路急行军，当天下午就到了郴县县城外。这时，四乡的赤卫队几千人已经到了。陈毅认为，暴乱分子里大多数都是农民，是受骗上当来的，要是打了他们，那不是伤了自己人么！他建议先喊话，揭露敌人的阴谋诡计，讲清楚只找崔廷彦几个为头的算账，上当的农民没有罪，要他们赶快离开。

大家认为陈毅的话有理，便听从他的指挥。果然，一喊话，山上反叛群众的阵脚就乱了，后来又看到部队朝天打枪，农民就跟潮水一样朝包围圈的口子跑，跑到最后只剩下几个顽固分子，部队冲上去把他们消灭了，反革命头目崔廷弼也被当场击毙。

只费了三个小时，陈毅就把这场暴乱平息了。

叛乱是平息了，但陈毅的心难以平静……

郴江河边，殷红的血水，散乱的尸身，狼藉一片的县城，让他真想大哭一场。红带子，白带子，死的都是农民啊！陈佑魁告诉他烧房的决定，他就心里不安，可是只淡淡地问了一句，也没作深入的探究，更没有阻止，没想到酿成如此惨案。他恨陈佑魁，也恨自己，当时就鬼蒙了心！

湘南特委陈佑魁将郴县发生农民反叛、夏明震牺牲的噩耗上报湖南省委，省委当即将陈佑魁撤职，然后任命杨福涛接任。新特委请示省委，决定调工农革命军第一师党代表陈毅兼任郴县县委书记一职，陈毅无法推辞，临危受命，立即宣布几点措施：一、重建县委，重建工会、农会、妇联、青年团。二、召开群众大会，公开向全县人民道歉，作出深刻检讨。三、对因误解参加反叛的的农民一律不追究。四、尽快分田分土，参加过反叛的农民不受歧视，一视同仁，享受分配权。

3 月 14 日，郴县平叛总结大会仍然在城隍庙召开，全县各乡农民都来参加。陈毅大步走上台去，立在台口，便深深一揖下去，然后抬起头来，大声说道："乡亲们，对不起了！今天，我陈毅代表共产党郴县县委，给你们道歉，给你们赔礼了！

"乡亲们，我们共产党本来是为农民翻身求解放来的，但当敌人来打我们的时候，只想到烧光了房子阻止敌人，没有想到老百姓没有了生存之地。鸟都要有个窝，何况人呢！农民的房子是农民的命根子，我们太片面了，太不懂事了。伤害了大家，大家起来反对，这不能怪大家。因此，我们今天在这里开大会，我首先给大家赔礼道歉。同时，我们一起为死去的农友们鞠躬致哀。不论红带子、白带子，都是我们的兄弟姐妹。也要为县委的夏明震书记和县委、工会、妇联等领导致哀，他们的本意是好的，是想反抗国民党反动派的进攻，同时，他们也是执行党的政策，他们个人的不幸，也是让我们十分痛心的。

"乡亲们，这次事件也不完全是误解，我们都看到了，这是有组织的阴谋，有少数土豪劣绅恶意挑拨，他们利用了我们的错误来达到打倒我们的目的。是崔廷彦、崔廷弼兄弟在骆仙庙开会安排的。我们农民兄弟上了他们的当，才闹成这个样，其实我们是可以坐下来和平解决的。正是由于土豪劣绅的阴谋策划，才让我们付出如此大的代价，我们决不能放过他们。把他们押上来！"

随着陈毅的一声断喝，工农革命军几个战士将几个参与策划煽动的地主土豪和杀害夏明震的凶手押上了主席台，宣读其罪状，执行枪毙。镇压了少数几个反动分子之后，陈毅又补充说：

"乡亲们，地主老财才是我们的共同敌人，我们农民兄弟内部的事，不能让地主豪绅插手。我们始终要团结一致对敌，共同对敌。这次参加了叛乱的农民兄弟，要如实说明情况，只要说明了情况，不是故意与工农革命军为敌，我们就原谅他，不追究他，照样分田分土给他。好不好？"

"好！"呼声海啸一般。

散会后，人们三三两两，议论纷纷，好多人都说共产党有肚量，还是共产党好。也有的说，嘴上说说还不容易？死了那么多人，共产党会放过你？哄你的呢！

平叛时，抓了一些有命案的，伤了人的，都要审一审，弄清事实真相，才能放人。农民最讲实际，最终还得要看对这些人的处理，老百姓才会信服。因要召开湘南工农兵第一次代表大会，陈毅将工作交给新接手的县委同志，自己就到永兴开会去了。他见了朱德同志回来，想着朱德的话，也不免心事重重。这湘南特委的"左"并没有因陈佑魁的去职而改变，新特委仍是"左"得出奇。前途堪忧啊！

那时候，郴县县城里真是凄凄惨惨。几天工夫，城外的山上就添了几百座新坟，城里烧了好多房子，到处都还在冒烟。西街北街的石板路上还留着一摊摊鲜血。县委、县苏维埃机关里，人来人往，闹闹哄哄，哭的哭，喊的喊，要求政府做主惩办凶手，给他们报仇。干部也是一样，一肚子火，提出"血债要用血来还！""对参加暴乱的要杀个鸡犬不留"。为首组织这次暴乱的大土豪已经得到应有惩处，参加暴乱的农民全县有上千人，他们都是受骗上当来的，混乱之中，有的人动了手伤了人，有的人参加了放火烧屋，这些人做错了事，心里害怕，家属也提心吊胆，搞得社会上很不安稳。按照党的政策，对那些上当受骗的人，决不能去搞什么惩办，那样做局面会更乱。但是不惩办他们，一时又难得说服干部群众。所以在家主持工作的同志不知如何是好。

过了几天，陈毅从永兴回来了，大家都如同遇到了救星，纷纷向他诉苦。他马上召集县里各部门负责人和附近的几个区、乡的负责干部开会，通知他们：从明天开始审理参加暴乱的人员。审一个，处理一个，该杀的就杀，该关的就关，该放的就放。因为这几天，各乡都扭送了一些"罪大恶极"的人到县里来，所以先从这些人审起。他还要大家选出一个人来当"法官"。大家推来推去，选了一个乡里的负责人。这个人长得鼓鼓墩墩，浓眉大眼，说话声音像打雷，大家说他"有杀气"，像个"法官"样子。

第二天，参加审讯的人很早就来了。那个"法官"还带来了两件东西：一个蒲垫，是给犯人下跪用的；一块木头，是给他自己当"惊堂木"用的。陈毅指着那个蒲垫说："我们是革命的法庭，这下跪就免了。"那"法官"只好把蒲垫撤掉。

审讯开始了，第一个带上来的是个高高大大的后生。他一上堂就转过身去，用背朝着"法官"，粗声粗气地说："好汉做事好汉当，要杀要打靶就快点动手!"

"法官"听这人的声音好熟,张开五指往桌上一拍:"你给我转过身来!"这后生只好转过身去。"法官"一看,立刻哇啦哇啦叫起来:"牛牯子,是你呀!你这个畜牲也反起共产党来了,老子敲死你!"说着就要跑过去打人。陈毅赶忙摆摆手,问是怎么回事。

原来,这后生是"法官"那个乡的人,家里穷,父母亲死得早,是个孤儿,小时候吃"百家饭",长大了帮人做零工。他力气大得很,有一次上山打野猪,一头大山牛朝他冲过来,他躲闪了一下,抱住山牛脑壳就往地下按,硬是把山牛按倒了。等同去的人拿来绳索准备捉起这条活山牛下山时,一看,那山牛已经给他压死了。以后,他就有了"牛牯子"这个外号。早几年,他招郎①招到外乡去了,也还常回老家来。"法官"看着他长大,晓得他的底细,没料想他会参加暴乱,所以气得想打他一顿。

审问停顿了一会,等"法官"冷静下来以后,又继续问:"你参加了暴乱没有?""参加了。""杀了人么?""杀了。""烧了屋没有?""没烧。""抢了东西没有?""在西街粮行里背了一麻袋米。""法官"又往桌上拍了一掌,说:"好哇,你这个死崽,又杀又抢,打靶打得成。""法官"审到这里停住了。他看了看陈毅,意思是:我问完了,你看如何发落?陈毅朝他笑了笑,回头来问牛牯子:"你既是个赤贫户,为什么要去参加暴乱呢?"牛牯子说:"共产党要烧我的房子。""你怎么晓得要烧房子?""听崔廷彦说的。""法官"拍了一下桌子插言说:"崔廷彦是什么人!他的话你也信?"牛牯子说:"开头我也不信,后来大家都这样说,农会里的公事人也这样说了。""法官"说:"未必农会的人叫你反水?"牛牯子说:"他们说白军要打过来了,让我们把房子烧了,困死他们。我想,我家里就一间屋,一个瞎子丈母娘,妇娘又坐月子,把房子烧了,我们一家老小,到哪里安身?只怕白军没困死,先把我一家人困死了。后来,崔廷彦又说,并不是白军要打过来,是共产党要烧农民的房子,还要派工人下乡杀农民,我就跟他们反水来了。"陈毅问他:"你讲的都是实话么?"牛牯子说:"有半句假话,甘愿打靶。"这时候,门外有些人在说话:"他讲的是实情,崔廷彦是这么说的。""好多人都信了崔廷彦的话,给他哄了。"原来

---

① 招郎:方言,即通常说的"倒插门"。

有些群众，听说升堂提审参加暴乱的人，都来听审，门外挤满了人。陈毅朝门外那些人点点头，又问牛牯子："不过，你也不该杀人啦！"牛牯子说："我没先动手，是别个在我身上打了几棒子，我火了，抢过一把柴刀就砍，有几个拿梭镖的人来戳我，我力气大，一下掀倒了几个。"陈毅问："你砍了几个人？"牛牯子说："搞不清。""砍的哪个？""不认得。""砍死了没有？""不晓得，那时候乱成一锅粥，你杀我，我杀你，哪个也分不清东西南北。"陈毅问场上的干部："情况是这样的么？"大家点点头。牛牯子那个乡里的干部说："几千人挤在城隍庙里，崔廷彦手下的几个人，一下子到东边砍，一下子到西边杀。大家都只想往外冲，一冲，就难免不动手，没动手的人只怕找不出几个。像牛牯子这号人，山牛都打得死，哪里会不伤几个人！"

忽然，牛牯子的老婆披头散发跑进来，一把抱住牛牯子，一边哭一边打："你上有老，下有小，你要是坐牢打靶，我们一家靠哪个？如今又说是要分田了，我家里田哪个耕，土哪个作，一家大小怎么活？"她哭得凄凄惨惨，好不伤心。牛牯子也真是条铁汉子，一滴眼泪也没落。他一把推开老婆，说道："杀人抵命，欠债还钱，我一人犯法一人当，我只求你把毛崽带大。"隔了一会又说："看在夫妻分上，我还求你一件事：要是真的分了田，你就把我埋在田里。我一家三代无田无土，在生我作不到自己的田，死后也让我到自己田里睡一睡！"说到这里，这个铁汉子终于忍不住"哇"地一声，号啕大哭起来。这话说得人鼻子发酸，屋外的一些群众流了眼泪，屋里的一些干部眼眶也是红红的。

看样子，这场审判难得审下去了。陈毅叫人先把牛牯子带下去，又招招手让屋外的群众都进屋来，要大家一起讨论讨论，对牛牯子这号人到底怎么处置。

大家七嘴八舌地议论了许久，最后得出这样的结论：牛牯子是一个赤贫户，跟共产党无冤无仇，是受了坏人的欺骗才反水的。他动了手，伤了人，是在那种混乱的情况下，又不是故意的。跟崔廷彦他们杀人放火，要推翻共产党和苏维埃政府的罪行完全不一样。如果把牛牯子这号人都办罪，全县少说有一千多人要办罪，这样做正是崔廷彦他们求之不得的。本来是件蛮复杂的事，经陈毅启发大家一讨论，很快就认识清楚了。

最后，陈毅要各乡把送来的人都带回去，如果情况都跟牛牯子差不多，就不要问罪。大家都同意,觉得这样办合情合理,也得民心。散了会,大家高高兴兴往回走,只有那个"法官"说他吃了亏:审案的时候拍桌子把手拍得火烧火燎。他是第一次坐公堂,准备好的那块"惊堂木",揣在衣袋里忘记拿出来用了。

在处理这场暴乱的凶犯时,除了崔廷弼等几个首要分子已经在战场被击毙外,全县只杀了几个暗中煽动的地主豪绅,还有一个是郴县县城里"瑞丰泰"丝线铺伙夫钟天球,他是第一个挥刀砍杀夏明震的暴徒。

陈毅实事求是、宽严相济地处理好了这件事,大家才信了陈毅的话,共产党说话是算数的!此后,群众都一心一意插标分田,共产党的威信更加高了。陈毅上井冈山时,郴县一个县跟他一起走的农军及家属有 6000 多人,有的全家都跟去了。后来家属大部分在半路被劝回来了,但仍有 2000 多人留在了井冈山。

大约在 3 月底,陈毅接到朱德来信通知转移,这已略显迟了些,因为范石生部 5 个师一个教导团早在 3 月 25 日就在宜章境内集结完毕。只是因为范石生磨磨叽叽,拖拖拉拉,不肯用命,加上宜章县的赤卫队拼命阻击、搔扰、袭击,才迟迟未到达郴县境内。

湘南特委执行中央乃至湖南省委的错误指示,采取过"左"的政策,特委书记陈佑魁遭到解职的处分,但接替陈佑魁职务的杨福涛,是工人出身,革命最为坚决,仍然"左"得出奇。杨福涛,湖南省长沙县人,1893 年 3 月出生于一个农民家庭,10 岁时接受启蒙教育,3 个月后失学,12 岁即学泥木工。20 世纪 20 年代初,他到长沙做工,积极参加湖南劳工会组织的各项活动。湖南的共产党组织成立后,他满腔热情地投入党领导的工人运动。1922 年 9 月,毛泽东领导成立了长沙泥木工会,他是最早入会的工人,还变卖

杨福涛

老家几亩薄田给工会做活动经费,被推举为工会委员。他是最早加入共产党的工人之一,后任支部书记、总支书记。1925 年,他任中共湖南区委委员、区委军事委员会书记。北伐军进入湖南时,杨福涛组织工人保安队,率团慰问前线将士,维持社会治安,工作卓有成效。大革命失败后,他留在长沙坚持斗

争，1927年10月任中共湖南省委工人运动委员会书记。朱德、陈毅率部到达湘南后，他又受命前往湘南，参与发动和领导湘南暴动，随后任湘南特委书记。

陈毅苦口婆心地劝说杨福涛，眼下敌人从四面向湘南包围，集中了9个师的兵力向湘南进攻，情况非常紧急，因此朱德迅速撤退的决定是正确的，要求特委尽快下决心撤退。

杨福涛对于陈毅的陈述，不以为然，认为敌人的进攻，那是事实，但我们不能因为敌人的进攻而惊慌失措。大敌当前，作为共产党员更应该无所畏惧，要沉着应对各种事态的变化。至于说到工作中的一些失误，那是极不公平的。湘南特委执行的是中央的指示，是湖南省委的命令，难道会有错吗？就是有错，那也是上级的错。我们作为党的指导机关中的一级，执行命令，这就是我们的职责。陈毅耐着性子劝说杨福涛，现在的形势不允许我们去争论，大敌当前，应以大局为重，在强敌进攻的情况下尽量少受损失。朱德的命令已经下达，我们应立即考虑着手执行。

然而，省委特派员席克思认为，避敌锋芒，做短暂的退却，这一点他不作反对。但是，往井冈山撤退，他不同意，并反复强调，湘南特委作为党在湘南的领导机关，应当在湘南开展工作，离开湘南，特委还有什么价值？当前的局势有些紧急，敌人加紧了对湘南的进攻，大敌当前，我们无须对中央、省委乃至特委指导方针上的问题进行评价，而应集中力量，应付当前敌人的军事行动。

陈毅只得明确地说："朱德同志统率主力部队及耒阳农军已转移到达安仁，他们将由酃县经茶陵上井冈山，我们只有这一条路可走。由我负责组织郴县、宜章、永兴、资兴一带的农军向井冈山转移。现在我不是与你们商量农军转不转移的问题，而是请问你们特委机关怎么办？我们的意见是请湘南特委领导全部一道上井冈山，先避免不必要的无谓牺牲。先避敌锋芒，待以后情况好转，再择机回湘南。"

正在这时，通讯员来报：宜章送来鸡毛信，国民党5个师已占领宜章城，正向郴县方向急进。

陈毅问："胡少海的宜章农军在哪里？"

通讯员答："已经撤到折岭，与邓师长在一起，已经跟白军打上了！"

杨福涛见此情景，已没有任何回旋余地了，便说："好吧，我们再具体商量一下。"

"我的个同志哥哇，没有任何时间好商量了，快作撤退的准备吧，不然就来不及了！梭镖是挡不住枪炮的，它只会让我们付出更多的代价。你们还不吸取'左'的教训吗？我可不等你们了，我要对上万的农军负责，对不起，失陪了！"说完，陈毅走出了特委。

陈毅顾不得湘南特委的拖延，立即着手布置撤退事宜。他草拟了几份命令，下发到附近几个县，命令各地农军迅速撤退至郴县，取道资兴，往井冈山方向转移。

各县农军接到陈毅的命令后，开始往郴县集中。但具体什么时间到达并没有确切的时间表。陈毅考虑到各县农军加在一起虽有万余人，但武器低劣，很难抵抗敌人的进攻，在这种情况下，应以保存实力为主，避免与敌发生大规模的战斗，能走则尽量走，能躲则尽量躲，只要能争取时间，撤退还是有保障的。为了保证各县农军与朱德的主力军战略跟进，安全撤退，陈毅亲自到折岭与郴县第七师师长邓允庭、宜章第三师师长胡少海商议共同阻击敌人的办法。安排好南线阻击后，陈毅又返回郴县县城，检查督促各单位撤退准备工作。4月3日，郴县各党政军部门陆续上路。因担心敌人来了会报复，很多干部、骨干的家属也都跟随上路。于是撤退成了大搬迁，到了夜晚，都打了火把前行，一路上，火龙飞舞，流火千里，极其壮观，但行军的速度却极为缓慢，一晚上也走不过二三十里。

4月5日，陈毅才率县委机关最后一拨人离开郴县，踏上了东去井冈山之路。湘南特委机关全体同志也随陈毅东撤。这时，胡少海与邓允庭在折岭已坚守了三天三夜，以两个农民师，阻击了5个国民党正规师，付出了惨重代价后撤到了资兴。

4月8日，陈毅才走到资兴。同日赶到资兴集结的还有黄克诚带领的永兴农军800多人，刘泰、邝郦、谭楚材带领的耒阳农军700多人（耒阳另一支农军由邓宗海率领，与宋乔生率领的工农游击队一道，经永兴、安仁、茶陵，到达河渡），黄义藻、李奇中带领的资兴农军1600人。宁静的山城，立刻沸腾起来。资兴人民热情地为农军烧茶送水，筹粮备草，不辞辛劳地支援农军转移。

农军在陈毅统一指挥下，浩浩荡荡继续向东进发。队伍还没有全部撤出资兴县城的时候，敌军已尾追上来。郴县工农革命军第七师第三团，在团长蒙九龄的指挥下，迎击来敌，在资兴城内与敌巷战。

　　25岁的蒙九龄，是贵州省荔波县南街人，布依族。1925年毕业于黄埔军校第三期步兵科，1926年参加北伐战争，1927年8月1日参加南昌起义，起义军余部开赴广州时，他曾任朱德部下教导大队副大队长，后跟随朱德、陈毅转战湘粤赣边界。为了加强农军建设，蒙九龄被调到郴县工农革命军第七师工作。他作战勇敢，指挥沉着，深受农军战士的爱戴。在资兴巷战中，他身先士卒，冲杀在前。双方战斗十分激烈，敌军伤亡惨重，农军的损失也很大，仅在城郊老虎山就牺牲了200多人。蒙九龄团长及其爱人也在这次战斗中壮

蒙九龄

烈牺牲了。农军撤至离城8里的白竹榴时，何长工、袁文才率井冈山第二师第二团前来接应，敌军于是不敢继续追击，撤回县城。

　　4月中旬，队伍到达资兴的彭公庙，湘南特委杨福涛提出与陈毅分手，要求回衡阳。何长工和陈毅苦苦劝留不住。杨福涛询问何长工，毛泽东何时才能到来，显然是想见毛泽东。但何长工说还要两三天才能到来，杨福涛便不愿等了，他把特委关于朱毛两军合编的方案意见，请陈毅转达给毛泽东。陈毅苦劝无效，没有办法，在彭公庙召集苏维埃政府和第一师党委联席会议，讨论特委的去向问题，他希望借助会议的形式，做通他们的工作，一道上井冈山。各县党组织负责人和农军负责人鉴于当前严重局势，全都同意上井冈山，杨福涛、席克思、周鲁要去衡阳的意见只占少数，但仍然劝说无效。午饭后，杨福涛率领特委机关几十号人与陈毅分手，往衡阳方向走去。

　　几天后一个血色黄昏，他们来到安仁县的龙潭镇附近一块洼地里露营。因特委机关官不官，民不民，穿着便衣却又背着枪，带着油印机，所以不敢入村进镇。没想到，正当他们熟睡到半夜时，却被敌人团团包围了。

　　包围他们的并非敌军主力，而是安仁县龙海塘的挨户团，团总叫胡子扬，是个非常狡猾的地方反动武装头子，他在傍晚时听说有支露宿荒野的队伍，人数并不多，穿着便服——耒阳、安仁已被国民党部队占据，朱德部队已经撤往茶陵，这伙人想必也不是什么正规军——于是立即率领民团将这伙人悄悄地包

围起来。

但胡子扬并不急于进攻。他的挨户团只有 100 多人，要全歼这伙人并不容易，他不想打散他们，他要的是全歼！他围而不攻，急派人向东湖圩的保安团求援。第二天上午 8 时多，东湖圩 200 人的保安团赶到，而且竟然还有一挺机关枪。

骤然枪声大作，特委机关的非武装人员挤作一团，已经有

1928年4月中旬，中共湘南特委与工农革命军负责人在资兴彭公庙召开联席会议。新任特委书记杨福涛不听劝阻，坚持不向井冈山转移，将特委机关带往衡阳，结果招致特委机关四十余人全部遇难。图为资兴彭公庙。

彭公庙

10 余人伤亡。杨福涛和周鲁想组织突围，但为时已晚，敌人的包围圈铁桶一般，警卫班还没有冲上山丘，就有五人倒在山坡上了。周鲁似乎要以自己的勇敢挽救自己错误造成的危局，他带头冲锋，当即身中数弹，最后血尽弹绝而亡。席克思悔不当初，不听陈毅的话，害得大家在此送命。他不愿意受辱，掏出手枪对着自己的太阳穴开了一枪，他以自杀的方式向大家谢罪。

杨福涛眼看遍地伤亡，已经绝望，让警卫员举着一件白上衣去和敌人谈判。他们放下武器的条件是放走两个妇女，其中有一个已有身孕。胡子扬微微笑着慨然应允，却在所有被围者停止抵抗后，立即杀害了他们。胡子扬命人割下了杨福涛的头，去向国民党安仁当局请赏，据说得了上万元的赏银。后来他听说还有两个人的头颅比杨福涛的更有价值，再去那块洼地寻找时，那些尸体早已为当地群众偷偷埋葬，已经无从找起了。万幸的是，省委特派员席克思不知是不会用枪，还是手指颤抖了一下，那一枪并没有击中要害，在老百姓收尸时，他竟然活过来了。

杨福涛牺牲时 35 岁。其时，党组织对他牺牲的消息还不了解，1928 年 5 月中共中央仍任命他为中共湖南省委书记，同年 6 月在中共六大上，他仍被选为中央委员。席克思死里逃生，回到宁乡一所中学任教，并继续做党的地下工作，1932 年 2 月被捕牺牲。周鲁及特委其他同志，全部遇难。

与特委杨福涛分手后，陈毅率队继续按朱德的战略转移路线跟进，这支庞大的农军队伍，有白发老翁，小脚老妪，拖儿带女的妇女，有的全家都跟来

了。沿途不断有群众走到队伍中来，队伍越来越大，行军速度因而越来越慢，有时一天只能前进二三十里。但是，由于陈毅等人的精心领导，人们始终朝向前方，保持着高昂的斗志和胜利的信心。4 月 22 日，当部队接近沔渡时，前面的便衣侦察回来报告："朱德同志带领的队伍已经到达沔渡。"大家一听非常高兴，加快了脚步。

在沔渡小街上的一间民房里，陈毅、何长工、袁文才和几个县的县委负责人见到了朱德。经过长途行军，朱德仍然神采奕奕，灰色的军装整整齐齐，绑腿打得结结实实。大家关心地问朱德："这次没有受损失吧？"朱德风趣地说："很好，没有受损失，就是忙，没有理发，胡子长得也盛了。"又对何长工说："家底还是很大的，缴了武器，队伍也扩大了，干部也充实了。"会面后，陈毅便留在朱德身边，农军也在沔渡驻扎。袁文才与何长工因要进行两军会师的准备工作，于 23 日带着第二团先回宁冈砻市去了。

战略转变

> 战场瞬息万变，一个优秀的军事指挥员必须有临机应变的能力，自觉、主动地适应战场的变化……

朱德、陈毅坚决抵制湘南特委死守湘南的命令，毅然率部队东撤，到达沔渡会合，临近井冈山。这时的毛泽东还在东南汝城方向。

周鲁命令毛泽东下湘南参加湘南保卫战。在酃县了解到国民党内部狗咬狗的战事结束后，毛泽东即预感到湘南将成为国民党的首要进攻之地，于是说服周鲁，止步酃县，建议朱德及时转移上井冈山，紧接着分两路深入湘南迎接朱德部上山。当得知国民堂重兵进入湘南，毛泽东又改变战略，主动投入掩护朱德部上山的战斗中。

3 月 25 日，国民党重兵集结于宜章一带。随后，许克祥西出桂阳，再北上郴县，范石生部正面北进郴县，国民党第一路游击师胡凤璋则向东绕道文明出汝城，企图由汝城出桂东迂回资兴，切断工农革命军上井冈山之路，包围工农革命军于郴县、资兴歼灭之。

然而，他们的算盘早为毛泽东识破。毛泽东命第二团开进资兴，他自己亲率第一团出桂东往汝城，将胡凤璋的如意算盘打得粉碎。

1928 年 4 月 8 日，汝城。

这天，毛泽东部在汝城党组织和群众的支援下，一举攻占了县城，并在县城西面的曹家山、桂枝岭、会云仙等地击溃胡凤璋由粤北扑向工农革命军的 1 个连。激战四五个小时，击毙胡部排长何得高、胡昭珍，重伤罗石富，胡部连长胡宗毅率部溃逃至马桥下湾上古寨。革命军进城后，迅速打开县狱，救出一批被关押的革命同志和无辜群众，并放火烧了县公署、西垣何氏宗祠等。

汝城虽地处偏僻，但历史文化源远流长。远古时期，中华民族的人文始祖炎帝神农氏就是在汝城城南的耒山发明了耒耜等农业生产工具，中华文明从此由渔猎生活时期进入农耕文明时期。宋代理学鼻祖周敦颐任汝城县令四年（1050—1053），功德卓著。他在汝城写下《拙赋》《爱莲说》等千古名篇，他的理学思想影响中国封建社会达千年之久。尤其是《爱莲说》为历代文人士子所钟爱，凡有幸到汝城者，必到濂溪书院一观，吟诵一番《爱莲说》。

然而，毛泽东一打下汝城，胡凤璋就急调驻坪石、乐昌的 3 个营星夜驰援，9 日，工农革命军第二师第一团即与胡凤璋援兵在县城附近激战。因此，毛泽东虽有诗文雅兴，奈何枪弹不容他赏文赋诗，他还来不及细细观赏周敦颐的遗迹，便撤出县城往田庄去了。

毛泽东曾于 4 月 7 日驻田庄指头春药店，他率部返回田庄后，又驻指头春药店。在这里，他接见了何翊奎、钟碧楚、何应春、刘光明等汝城地下党组织负责人，询问了汝城大革命以来的党组织建设和农民斗争情况。10 日，通讯员来报，朱德部已经离开耒阳沿安仁、酃县方向上井冈山去了。毛泽东指示村党支部书记何应春留下坚持斗争，然后带着何翊奎、钟碧楚、刘光明等人离开田庄进入南洞，在南洞捕杀了几个罪大恶极的地主土豪后，率队向资兴东坪濂溪洞进发。

1928 年 4 月 11 日，毛泽东在濂溪洞指示何翊奎、钟碧楚、刘光明留在汝城南洞、资兴东坪一带建立井冈山外围根据地，开展革命活动。12 日，毛泽东帮助组建了中共资汝边区支部，指派何翊奎任书记，钟碧楚管组织，刘光明负责宣传兼武装，并令组建资汝赤色游击队，赠步枪 5 支，子弹 300 发。当日，龚楷、萧克率宜章农军独立营也来到浓溪洞与毛泽东的部队会合。毛泽东命令宜章独立营与他的部队一起行动，继续掩护朱德、陈毅的湘南起义部队转移至井冈山。毛泽东离开浓溪洞后，钟碧楚等人在汝城南洞一带创建了井冈山外围根据地——西边山、浓溪根据地，何翙奎在东坪一带建立了苏维埃政府和农民赤卫队。南洞瀑水村青年农民郭秋林也随桂东县党组织负责人陈奇来到西边山、浓溪洞一带发展游击队。游击队以郭秋林家为联络站，沟通西边山、浓溪根据地与桂东的联系。此后，西边山、浓溪根据地不断巩固发展，游击队不断壮大，并顽强勇敢地坚持武装斗争，直至汝城解放，前后长达21年。郭秋林后来在斗争中被国民党军杀害。正是在这支游击队的保护下，浓溪农民1928年湘南起义时分得的田土才没有被地主土豪夺去。

接到萧克后，毛泽东率队赶往酃县。4月20日，毛泽东率第一团到达酃县，正赶上国民党湘敌吴尚第八军程泽润师的张敬兮团和罗定带领的攸茶挨户团，从茶陵方向追剿朱德，已逼近酃县。毛泽东得讯后，立即将何挺颖、张子清、宛希先等人召集而来，商量应敌之策。张子清等人在会上发表了意见，认为根据敌情，我们应就地相机应战，打击敌人的气焰，以便朱德大部队平安撤退。战场就选择在酃县城西的接龙桥，此地靠西，是茶陵进酃县县城的必由之路，且地形险要，可以利用山地做屏障，阻击敌人，易守难攻。会议采纳了张子清的意见，在接龙桥设伏，打击敌人。

当天上午，张子清下达命令，将第一团部署在接龙桥附近，开始挖掩体，构筑工事，以两个营的兵力沿线布防。中午时分，战士们正在吃中饭。这时，从湘山寺方向传来阵阵枪声。张子清立即警觉起来，迅速下达命令，全体准备战斗。

战士们听到枪声，撂下饭碗，按照预定的方案，抢占湘山寺和龙王庙两个制高点。敌人在迫击炮、重机关枪的火力支援下，开始向第一团的阵地发起攻击。毛泽东和张子清团长在接龙桥北边的山顶上指挥战斗。按预定作战方案，第三营的第八、九连迅速占领湘山寺高地，第一营和第三营的第七连占领草铺湾、龙王庙、咯嘛形等高地。这时敌人分两路进攻，一路在黄土坳登山，妄图用火力压制我军，我第一营和第三营第七连的战士居高临下，一阵猛打，把敌人压了下去；另一路敌人从双江口过河，企图占领湘山寺，我军充分利用有利地形，敌仰我俯，集中火力打击敌人，打垮敌人数次冲锋，尸横遍野。由于第一团占据了有利地形，敌数次冲锋都被我军击退，伤亡惨重。

战斗持续了几个小时。由于敌人的炮火猛轰，我军伤亡人数逐渐增加。下午4时，敌团长张敬兮见部队数次冲锋受挫，亲自督战，集中所有的炮火朝制高点猛轰，战斗打得难解难分，双方都有损失。战至下午5时，张子清命令部队一定要固守阵地，同时，又急调担任预备队的第三营第九连连长王良，党代表罗荣桓前来，面授机宜。

张子清简要地介绍了情况。王良报告了第九连的位置。张子清交代了任务：战斗已处于胶着状态，只要第九连在敌人侧后出现，就对敌一阵猛打，偷袭成功，使敌首尾难顾，这盘棋就走活了。王良、罗荣桓领着任务而去。

战斗仍处在相持阶段，敌人的攻势更为猛烈。约莫过了半个多时辰，敌人背后响起了密集的枪声，敌人顿时乱作一团。张子清意识到王良、罗荣桓率领的第九连偷袭成功，立即率领指战员跃出战壕，冲向敌群。敌人见势，纷纷朝四周逃窜。这时，一颗子弹飞来，正好击中张子清的左脚踝。张子清不幸负伤。

此次战斗，毛泽东以两个营的兵力阻击和重创了敌人的一个正规团和一个反动民团，又一次创造了以少胜多的战例。战斗结束后，工农革命军第一团仍然继续担任着后方任务，绕道坂溪、泥湖、石洲、十都，掩护南昌起义保留下来的部队和湘南农军胜利到达宁冈。然而，团长张子清却因这次负伤，后来竟不幸牺牲，使毛泽东失去一位得力的战将。

张子清负伤后，被抬下火线。5月间，中国工农革命军第四军成立，他任第十一师师长兼第三十一团团长。1929年1月，红四军主力出击赣南，张子清调任红五军参谋长，与彭德怀、滕代远、王佐一道，担负守卫井冈山的重任。1930年5月，由于严重的枪伤进一步恶化，张子清病逝于江西永新县，年仅28岁，张子清，号寿山。湖南省桃江县人。1920年从湖南讲武堂结业后，在湖南新军任上尉副官。1925年夏，加入中国共产党，年底入中央政治讲习班学习。在1926年6月结业后，他参加了北伐军宣传队，后任国民革命军第二方面军总指挥部警卫团连长、副营长。1927年7月，张子清与伍中豪一道，遵照党的部署，带领从警卫团分出的一部分官兵组建独立团。秋收起义失利后，张子清坚决支持毛泽东、卢德铭等人提出的弃攻长沙，进军罗霄山脉中段的主张，并随部队向井冈山进军。"三湾改编"后，他任工农革命军第一军第一师第一团第三营营长。10 月下旬，部队在遂川大汾遭反动民团肖家壁袭击，张子清与伍中豪率领的第三营与主力部队失去联系，他们按原定计划继续向湘南挺进。为保存力量，他们打出"国军"旗号，智取桂东县城，更新装备，筹集军饷，然后撤出县城，在桂东农村打出工农革命军旗号，扩大了革命影响。不久，他们与朱德、陈毅率领的南昌起义部队接上了头，在湘南作了短暂的补充休整后，于 12 月返回井冈山。当得知大部队在茶陵方向活动时，张子清率全营奔赴茶陵。临近茶陵时，正值国民党湘军吴尚部围攻在茶陵的第一营，他们与第一营在茶陵县城内外夹击，使围城敌人全线溃退。至此，逾时两个月，转战近千里的第三营在张子清和伍中豪的率领下胜利地回到了工农革命军第一军第一团。这时，团长陈浩、副团长徐庶、参谋长韩昌剑与第一营营长黄子吉密谋投靠国民党第十三军方鼎英部，危急关头，张子清与毛泽东、宛希先、何挺颖、伍中豪等人粉碎了陈浩一伙的阴谋，稳定了革命队伍。之后，张子清被任命为工农革命军第一团团长。1928 年 2 月，工农革命军恢复师建制，张子清任师参谋长兼第一团团长。在军事上，张子清为协助毛泽东创建井冈山革命根据地立下了汗马功劳。

接龙桥阻击战打退了湘军张敬兮团的追击后，毛泽东率队回到井冈山砻市，却发现朱德部并没有上山，于是毛泽东再度下山，赶到沔渡，实现了中国人民解放军建军史上的重要历史事件——朱毛井冈山会师。5 月 4 日，会师大会在砻市广场举行。关于朱毛两人首次会师的地点，有众多的当事人在回忆录中加以记述。

毛泽东的勤务兵龙开富回忆说：

（接龙桥）战斗结束后，当晚撤出酃县城，绕了很多弯弯曲曲的山道，经十都回到了砻市，得知南昌起义部队和湘南农军先到了酃县沔渡，毛泽东亲自带领我们去迎接、慰问他们。毛泽东带我们去看朱德的部队，同朱德的部队开了联欢会。[1]

曾在毛泽东部第三营第一连当排长的谭希林回忆说：

我们撤回酃县城，看到有湘南部队写的标语，知道他们比我们早到一步。我们在酃县城打仗时，湘南的部队已到了沔渡，我记得打完仗第二天，就从酃

---

[1] 见黄仲芳著《湘南暴动史要》，华文出版社 2010 年版，第 238 页。

县城出发，从酃县的东南方向回到了宁冈砻市，就听说湘南的部队到了沔渡，毛泽东立即带了三营一连去沔渡迎接他们。①

湘南暴动的参加者、耒阳农军战士王紫峰当年曾在沔渡，亲眼目睹了朱毛会面的情景，他回忆说：

部队在沔渡住了好几天，当时部队很多，宜章、永兴、郴县、资兴、耒阳等地的农军都来了，仅耒阳就来了二三千人。沔渡圩都住满了部队。这时，毛泽东来了，是来接朱德和湘南农军上山的。在沔渡，毛泽东和朱德、陈毅等人研究了部队的整编和上井冈山会师的大事。后来，部队由沔渡出发，到达砻市胜利会师，我们耒阳来的大部分编在了三十三团。②

湘南暴动的参加者，曾与朱德同一路指挥农军转移的安仁农军负责人唐天际回忆说：

当时，我是安仁县苏维埃政府主席，到耒阳向朱德报告了安仁的情况，后来，朱德率领部队打下了安仁。他们一走，国民党军队就尾追到了安仁，我也离开了安仁，在茶陵赶上了部队。我们从茶陵界首到了酃县沔渡，沔渡有个圩，逢圩的人很多。圩的侧边有一条河，朱德在沔渡的一个祠堂里，这个祠堂在沔渡圩靠河边的一头。1928 年 4 月底，毛泽东率领一支部队到沔渡迎接和慰问湘南农军和“八一”南昌起义的部队，我们在沔渡住了几天，就由沔渡去宁冈，在宁冈开了一个大会，成立了红四军。③

酃县当地战士和老百姓也有比较确切的回忆。朱祖森，酃县沔渡枧坑村人，1928 年 2 月参加工农革命军，后因病回到家里。他回忆说：

我们从汝城回到酃县城的第二天中午，和来犯的敌人打了一仗，击毙击伤了不少敌人。战斗结束后，我军当晚离开酃县城到坂溪宿营，第二天，经石洲、十都回到宁冈。刚回到宁冈，战士中便议论开了，传说朱德率领南昌起义和湘南暴动的军队到了沔渡，有几万人。4 月下旬，毛委员带三营八连去沔渡迎接他们，当我们到达沔渡时，发现沔渡圩、桥下、田心、圩背、大江、长江到处驻满了部队。因我是枧坑人，我便向连长请了 3 个小时假，回家看了父

① 见黄仲芳著《湘南暴动史要》，华文出版社 2010 年版，第 238-239 页。

② 见黄仲芳著《湘南暴动史要》，华文出版社 2010 年版，第 239 页。

③ 见黄仲芳著《湘南暴动史要》，华文出版社 2010 年版，第 239 页。

母，又立即回到了部队。①

武汉社科院研究员马社香所著《前奏：毛泽东1965年重上井冈山》一书记录了她在酃县沔渡采访当地群众何品亮、张志龙、叶瑞波等人时所了解到的情况：

解放前镇上的人都说，毛泽东到沔渡接朱德的部队，是骑的马，马就系在张家祠牌坊边的桂花树上。1928年4月，朱德先到沔渡镇，在张家祠住，毛泽东来接他们，住在镇上的何家祠，两人很快在镇上第一次见面，是毛泽东到张家祠去的。听说林彪当时也住在张家祠。"文革"中林彪派叶群到过沔渡，指定当年井冈山队伍和南昌起义队伍第一次会合的地方，说的就是张家祠这地方。②

最有说服力的是毛泽东自己的回忆。1965年5月22日至29日，毛泽东重上井冈山，陪同毛泽东重上井冈山的汪东兴，在5月22日的日记中写道：

我问毛泽东："当年井冈山的红军由哪几股部队组成的？"毛主席说："当年井冈山的红军是由四支部队组成的，……第三支部队是八一南昌起义的部队，这次起义打响了革命武装反抗国民党反动武装的第一枪。在不断向广东潮州、汕头进军时遭到失败，由朱德、陈毅率领的一部分部队退出广东，经闽、赣边境转入湘南和湘南农军会合，我曾带一个团到湖南桂东地区去接他们，结果由于当时联络困难，没有接到，只接到由萧克率领的一支小队伍。我们回到井冈山后，又听到有消息说，朱德、陈毅已提前到达酃县与攸县交界的地方，我们再次下山去接他们，与朱德、陈毅在湖南酃县会见，这样由朱德、陈毅率领的部队于1928年4月到达井冈山。③

由此可见，毛泽东率领的秋收起义湘南工农革命军第二师（原中国工农革命军第一军第一师），朱德率领的由南昌起义军余部、广州起义军余部所组成的工农革命军第一师，陈毅率领的湘南农军第三师、第四师、第七师、永兴赤色警卫团、资兴独立团，在酃县的沔渡实现了大会师。

有趣的是，中国共产党历史上有两个工农革命军第一师，他们的番号是怎么来的？为什么会相重？

---

① 见黄仲芳著《湘南暴动史要》，华文出版社2010年版，第239页。
② 见黄仲芳著《湘南暴动史要》，华文出版社2010年版，第239-240页。
③ 见黄仲芳著《湘南暴动史要》，华文出版社2010年版，第240页。

原来，毛泽东的第一师是湖南省委给的番号，而朱德的第一师是广东省委给的番号。

据苏先俊1927年9月17日《关于浏阳、平江、岳阳作战经过报告书》记载，他所在的秋收起义部队，第一期叫中国国民党湖南工农义勇队第四团，第二期叫国民革命军第二十军独立团，第三期叫工农革命军第一军第一师，而第三期是毛泽东到达铜鼓以后建立的。这说明秋收暴动开始时，部队更名为工农革命军第一军第一师。至目前为止，未见有中共中央文件通知湖南和前敌委员会用此番号，毛泽东到达铜鼓前，湖南省已成立湖南革命委员会。这应该是毛泽东在长沙与湖南革命委员会一起确定的。

而朱德方面是1928年1月13日在宜章年关暴动的第二天改名为工农革命军第一师的。中共中央1927年12月21日给朱德的信中明确告知："你们这一部分队伍的组织形式，广东革命委员会已任命为工农革命军第一师。"

将星云集

> 治国安邦，人才为急；贤才，国之宝也！经过湘南起义的烽火洗礼，涌现了一大批治国安邦的贤才！

湘南起义的伟大胜利，最主要的体现就在于有生力量的壮大、人才的奉献。湘南起义走出来的一万多人中，将星云集，虽然绝大部分在严酷的革命斗争中壮烈牺牲了，但仍保留下来一大批革命精英，他们成为中国革命与建设事业的宝贵财富！

由湘南起义走出来的革命先辈有：中华人民共和国主席、中共中央主席、中央军委主席毛泽东；全国人民代表大会委员长、中央军委副主席、元帅朱德；中共中央副主席、中央军委副主席、元帅林彪；国务院副总理兼外交部长、元帅陈毅；最高人民检察署署长、元帅罗荣桓；国防部副部长、中央军事委员会常委、中央顾问委员会常委、大将粟裕；中共中央纪律检查委员会第一副书记、大将黄克诚；国防部副部长、中央监察委员会副书记、解放军监察委员会书记、中央军委常委、大将谭政；国防部副部长、全国政协副主席、上将萧克；中国人民志愿军司令员、军事科学院副院长、中共中央军委委员、中共中央委员、上将邓华；第三届国防委员会委员、中共第八届中央候补委员和中央监察委员会委员、上将李涛；人民解放军武装力量监察部副部长、军事科学院副院长兼院务部部长、高等军事学院副院长、上将杨至成；中国人民解放军工程兵司令员兼特种工程指挥部司令员、政治委员，中共中央委员、中央军委顾问、上将陈士榘；北京高等军事学院院长、国防委员、上将陈伯钧；华北军政大学政治委员、华北军区副政治委员兼政治部主任、北京军区政治委员、上将朱良才；国防部副部长、解放军总参谋长、中共中央军事委员会常务委员、上将杨得志；国家计划委员会副主任兼第一、第二机械工业部部长，国务院国防工业办公室常务副主任，中共中央国防工业政治部主任，上将赵尔陆。其中元帅第一位、大将第一位、上将第一位（授衔名单上的排名）全都来自湘南起义中的工农革命军。

此外还有建国后未及授衔即已逝世的广州军区副司令员、著名战将陈光，中国人民解放军总后勤部部长、军队后勤保障工作领导人杨立三。

还有由军队转入地方工作未授衔的华东军区政治部主任、第二野战军副政治委员兼政治部主任、西南军政委员会委员、中宣部副部长、国务院文教办主任张际春，重工业部部长、地质部副部长兼中共党组书记、军事学院副院长、全国政协副主席何长工，华东军区后勤部司令员、食品工业部副部长、军委总后勤部副部长、建筑工程部副部长、全国政协常委宋裕和，中共中央组织部副部长曾志……

牺牲在井冈山上的著名英杰，有红四军参谋长王尔琢，红十二军军长、红二十军军长伍中豪，中国工农红军第一师师党委书记、中共湘赣边界特委委员何挺颖，红二十军政委陈东日，红八军军长李天柱，工农革命军第七师师长邓允庭……

牺牲在其他各地的著名英杰，有红十五军政委陈奇，红三十五军军长邓毅刚，福建省临时省委书记蔡协民，江西省军区司令员李赐凡，红五军团政治部主任、红五军团代政委曾日三，新四军副参谋长周子昆，中共中央候补委员毛科文，红九军政委高静山，红十二军军长邓壹，红二十军、二十一军军长胡少海，工农革命军第四师师长邝鄘……

这些著名的革命前辈，当年在湘南起义中，有的还只是普通战士，甚至是刚入伍的士兵。从湘南走上井冈山，是他们人生壮歌的序曲，也是他们人生中最重要的音符！

　　千流归大海，铁流上井冈。南昌起义余部、秋收起义余部、广州起义余部与湘南农军，一起荟萃井冈，星火传递，才燃起井冈圣火！

第十章 圣火

凤凰涅槃，浴火重生。

那火，是地火转成明火，明火化为血火，血火浇成星火，星火燃成烽火，烽火烧成烈火，烈火遭遇野火，不得已转成流火，流向一座高峰，再燃烧成圣火——井冈之火。

南昌起义、秋收起义、广州起义，血流成河，腥红的"失败"二字，笼罩在共产党人心头。"严酷的斗争现实，无情地考验着每一个人。那些经不起这种考验的人，有的不辞而别了，有的甚至叛变了。不仅有开小差的，还有开大差的，有人带一个班、一个排，甚至带一个连公开离队，自寻出路去了。其中也有一些人后来又重返革命部队，继续为革命工作。我们这支队伍，人是愈走愈少了，到信丰一带时只剩下七八百人。……"粟裕回忆说。

"在这段艰苦的日子里，部队像一炉矿砂，在熔炼中，受不起锻炼的渣滓被淘汰了，剩下的却冶炼成了纯净、坚韧的钢铁。"上将杨至成说。

南昌的、平浏的、广州的、湘南的……就是这些劫后余生的种子，历经淬火，撒向湘南，遍地开花，队伍发展成 1 万多人，齐聚井冈山，成就了真正属于中共自己的第一支主力部队——中国工农红军第四军！由此打出了八路军、新四军、中国人民解放军……

被誉为"延安五老"之一的谢觉哉，驻足井冈之巅，挥洒豪情，纵笔写道：火！好大的火。她燎遍全国，燎向无边的海外和天空。燎原之火，起于星星。……真理的火，永远照亮着人类的心灵。塑造着无穷美好的未来。井冈山呵！……

那是一束照亮穷人的圣火！

沔渡之夜

> 一个是天府武夫，一个是潇湘秀才，文武互补，成就了"朱毛红军"，他们都只为革故鼎新，改造中国与世界……

1928年4月21日上午，毛泽东率第三营第一连由砻市下山。此时，已是山花烂漫时节，虽偶尔也有点寒意，但总的来看已是春暖花开了。勤务兵龙开富牵着马，一路蹦跳着，看着漫山遍野的红杜鹃，问毛泽东："师长，这花火红火红，你知道它叫什么吗？"

"呵呵，小鬼，你考我呀？'蜀国曾闻子规鸟，宣城还见杜鹃花。'这就是杜鹃花呀！"毛泽东即兴吟出了李白的诗。

"师长，您喜欢吗？"

"喜欢呀，红红火火，热热烈烈，是喜庆之花哩！我们今天去迎接朱德同志，你摘一束送朱德同志吧，他们那里叫映山红，他一定喜欢。"

"哦，他们那里也有呀？"龙开富惊奇地问。

"是呀，我刚才吟的诗，就是大诗人李白写四川的杜鹃呢！诗歌里的'蜀国'，就是指四川。有个关于这花的故事，你想听吗？"年青人最喜欢听故事了，一听有故事，当然想听了。

龙开富说："师长，您快讲您快讲！"

"好吧！就讲给你听：在四川中部，每逢杜鹃花开的时候，有一种鸟就开始叫了。这种鸟叫子规鸟，又名杜鹃，花与鸟的名字相同。这鸟，传说是古代四川的一个皇帝杜宇的精魂化成。杜宇号称望帝，但他认为自己品德并不高尚，难以服众，就把皇帝位子让给别人坐，自己出游死在了外面。死后就变成了杜鹃鸟。每到暮春时节，它就叫起来，那叫声仿佛是呼叫着：'不如归去！不如归去！'一天到晚叫个不停，一直叫得嘴边流出血来。好悲伤的！那血流到地上，就开出花来，这就是杜鹃花！"毛泽东的故事，吸引了龙开富，他竟停下了脚步，故事讲完了，他还愣在那里。

"小鬼，去摘一束杜鹃花，送给朱德同志好吗？"

"好的，我这就去！"

毛泽东凝望着漫山红杜鹃，轻轻说道："'不如归去'改为'不如归来'吧！朱德兄，不如归来上井冈，革命才有希望啊！"

"走吧，师长！"龙开富采来一大束火红的杜鹃，牵上马朝沔渡走去……

今日之沔渡

毛泽东是在酃县打退追兵后回到井冈山的砻市的。回到砻市，他就听通讯员报告说，朱德大军到了沔渡，人山人海，好多队伍。毛泽东一听，高兴万分，立即又下山直奔沔渡而来。等到达沔渡，已是夕阳西下了。

毛泽东来到朱德住的沔渡张家祠门口，跳下马来，让龙开富将马系在张家祠牌坊边的桂花树上，自己便往祠堂里走。才到门边，得到讯息的朱德赶紧来到大门口迎接毛泽东。两人一碰面，一见如故，两双大手紧紧地握在了一起，久久没有松开。

"朱兄啊，我毛泽东找了你好久，盼了你好久了，今日才得相见，真是想死我了！"毛泽东此话非虚，他先后多次派人打听朱德的情况，没有半点虚情假意。

"毛委员好啊，我们对您向往已久。今天终于如愿以偿。"朱德更是发自内心地说。

"小龙啊，快快，你的杜鹃花呢？献上献上！"毛泽东回过头去找勤务兵。

"好嘞，来啰！"龙开富捧上杜鹃花，恭恭敬敬呈上，"朱师长，毛师长说

井冈山会师油画（李瑞祥 伍启中）

你们那也有好多这种花，是一样的，我们叫杜鹃，你们叫映山红，是吗?"

"不错不错！嗅着这花呀，就想起了我的老家，就跟到了家一样。有家的感觉哩!"朱德深情地说，"不如归去，不如归去哟!"

"井冈山，就是你们的家。我们共产党人，本就是一家。不如归来哟!"毛泽东一语双关，寓意深长地说。

"对对对！我们归来了！回家了!"朱德说。说完，朱德将陈毅、王尔琢等人介绍给毛泽东，毛泽东也将何挺颖、何长工、伍中豪介绍给朱德。

朱德握着何挺颖的手说："久闻大名!"转过身来又握住何长工、伍中豪的手说："呵呵，你们两位，老朋友了老朋友了。"

"朱师长好，欢迎你们来井冈山!"何长工、伍中豪真诚地说。

"张子清呢?"

毛泽东一愣："哦，我倒忘了，你们都见过的。子清他受伤了，在山上，没下来。"

"是呀，子清、中豪同志是在江西的大余认识的，长工同志是在韶关的犁铺头认识的。好快哟，就快半年了。"朱德感慨地说。

"对的，还搭帮你从范石生那搞回了好多武器和军服、被子，真谢谢你帮了大忙!"毛泽东真诚地说。

"呵呵，无功不受禄。那要谢谢范石生！"朱德谦虚地说。

"没有你老兄的面子，范石生哪会给我毛泽东送军火呀！"

"都是一家人，就别说了。看，大家都站在这里，说半天了，进屋，屋里坐。天都黑了，陈毅，给毛委员他们安排住处，就在这里吃饭，让勤务兵先去安顿，吃了饭再让毛委员过去休息。"朱德说。

陈毅接过话说："师长放心，早安排好了。毛委员他们住何家祠堂，那里宽敞。"

于是，龙开富与第一连连长将马牵到何家祠堂，毛泽东仍留在张家祠堂与朱德聊天。

夜幕降临，沔渡小镇上虽千军万马，军号一过，也是万籁俱寂。朱德、毛泽东，两个农家子，促膝而谈。一个高而瘦，一个矮而墩；一个白而净，一个黑而粗；一个眉清目秀，一个厚唇粗眉；一个秀才，一个武将。看上去外形截然不同的两个人，理想信仰却是高度的一致。他们的共同兴趣、共同关注，集中在国家民族的命运上、探求改变命运的道路上。

毛泽东有异于常人之处，肩膀宽，手特长；脸上极少胡子，久不刮须，也只有稀疏的几根；下巴处一颗黑痣，十分醒目。他说话像一块磁铁，善于抓住每个问题的关键，激起对方的共鸣，使人有一见如故之感。

"朱老兄，我俩硬是有缘哟！你是猪，我是毛，我是你身上的毛，没有你就没有我，看来这辈子我俩是谁也离不开谁哟！"

朱德大笑道："你说得没错，没有毛的猪，会冻死，我可得仰仗你老弟的保护哟！"

"皮之不存，毛将焉附？有你才有我！"毛泽东也笑道，"你小时候有奶名么？"

"奶名？"毛泽东的湖南话朱德没明白。

"是呀，就是乳名，也叫小名。"

"呵呵，有哇。就是不雅。我们那农村里刚出生的孩子取名都很贱，贱生贱养。我小时候就叫狗儿。"

"啊，狗儿？"毛泽东真的十分惊讶。

"是呀！后来读书了，私塾老师给我取名代珍。10岁时老师又给我取学名玉阶。1909年我报考云南讲武堂时，自己改名朱德。"

"'无德不贵，无能不官'。这个德字取得好！"毛泽东赞赏道。

"乡村都一样呀，没有文化，一切都称作命。我也一样，小时候叫我石头。石头命硬。我上面有两个孩子没有成活，我是老三，所以又叫我石三伢子。我现在的名字是私塾先生按族里泽字辈行起的。"

"是呀，我们的国家太落后了，穷人太多，太没文化了。尤其是农村，当政的尸位素餐，没有进取之心，不思改革之路，逼得人活不下去呀！要不然，你我也不会在这里相遇哟！"朱德感叹道。

"没错！我原以为就是清朝腐败。所以1911年10月参加了起义的新军，扛起枪去打清军。1912年清帝退位，建立民国，孙中山当了总统，我以为这下好了，天下太平了，国家会好起来了，我们只要好好读书就行了。于是退出军队，回到学校。没想到孙中山的大总统让给袁世凯。更没想到的是1915年袁世凯竟然接受日本人强加的、丧权辱国的二十一条，随后又称帝。接着就是军阀混战，民不聊生。那时我就恨不能再拿起枪来，我写下了'五月七日，民国奇耻。何以报仇？在我学子！'的誓言。可是报仇不易呀，十多年过去了，革命的力量仍然太小。"

"我跟你一样，恨不得早点打倒这个军阀政权，建立起一个公平公正的社会。我在20岁时才读到《革命军》《天演论》，我的老师张澜那时就说，要亡国灭种了，我们要牺牲身家性命去救国家。我曾给我的一位同学写了一首诗，表达我的心志：

> 骊歌一曲思无穷，今古存亡忆记中。
>
> 污吏岂知清似水，书生便应气如虹。
>
> 恨他狼虎贪心黑，叹我河山泣泪红。
>
> 祖国安危人有责，冲天壮志付飞鹏。[1]

我喜欢军事，很喜欢《孙子兵法》。为了实现我这个抱负，我才于1909年11月报考了云南陆军讲武堂。可是，这些年来的军伍生涯，打打杀杀，拼了性命，却成了军阀的炮灰，成了军阀们争权夺利的工具。我悔恨自己眼睛不明，这才去上海找共产党。可陈独秀不了解我，不接纳我。我才不得已漂洋过海，去了欧洲。读了马克思的书，才明白了一条道理，中国要改变落后，只能

---

[1] 见中共中央文献研究室编《朱德诗词集（新编本）》上，中央文献出版社2007年版，第1页。

走工农革命的道路。"

"老兄文武全才呀！仗打得好，诗也写得不错，壮志豪情，直抒胸臆。"毛泽东说，"改造中国与世界，看来，我们的目标是一致的！我们合起手来，一定能实现我们的神圣目标。"

"老弟谬奖了。我那哪是诗，只不过几句心里话而已。打仗也是学着来的。打点游击战还行。"朱德谦虚地说。

"你这次在湘南就打得不错，越打越人多，翻了好多倍，你是发了洋财哟！"毛泽东真诚地赞赏说。

"这可不光是我的功劳。湘南地下党发挥了很大的作用，群众发动起来了，威力真大。加上国民党狗咬狗的宁汉战争，让我们钻了他一个空子，才有今天的局面。只是我们中央的政策太'左'，乱烧乱杀，不得民心啊。"朱德的担忧，毛泽东更有体验，两人越聊越投机，直聊到鸡叫三遍，毛泽东才回到何家祠堂去。

文星阁之议

> 朱毛会师，兵源有四，如何共处，如何走下一步？4月25日，见证共产党人胸怀的砻市会议在龙江书院文星阁举行……

朱、毛沔渡夜谈，沟通了两军首脑的思想，为两军合编奠定了基础。

4月22日，毛泽东与朱德握别，各自带领部队向井冈山进发。4月24日，双方各自带队到达宁冈。毛泽东回到茅坪八角楼，这里是毛泽东上井冈山后通常的办公驻地。它位于砻市东南16公里处的茅坪村谢氏慎公祠后面，是一栋土砖结构的两层楼房，楼上有一个八角形天窗，故称之为八角楼。

朱德被何长工安排到砻市龙江书院。这龙江书院离毛泽东的茅坪八角楼有16公里，是由原宁冈、酃县、茶陵三县的客籍绅民捐款集资修建的，是当年三县客籍人的最高学府。书院始建于公元1840年（清道光二十年）春，完工于公元 1843 年（清道光二十三年）秋，位于江西省宁冈县城砻市西北的龙江河下游，背依五虎岭，面临龙江河。书院因龙江而得名。1927 年 11 月中旬，工农革命军在龙江书院创办了第一期工农革命军军官教导队。朱德上山，何长工很费了点心思，将朱德的师部安排在龙江书院，将各县武装安排在附近的几个小村庄。

八角天窗

毛泽东听说朱德已先他到达龙江书院，便带了张子清、何挺颖、何长工、袁文才、龙超清等团级干部到龙江书院去看望朱德，并商议两军合编的相关事宜。毛泽东和张子清骑马，其他人步行，到龙江书院时，已是下午。

井冈山砻市龙江书院

毛泽东一行来到龙江书院，朱德健步出迎。其他都是熟人了，大家相互招呼，也不用介绍。只有龙超清不熟，站在一旁。毛泽东拉过龙超清说："小龙啊，这就是大名鼎鼎的朱德同志，南昌起义时的第九军军长，现在降级为师长了。朱兄，这位是井冈山的地头蛇，宁冈地区共产党的创始人，现在的宁冈县委书记龙超清同志。"

"幸会幸会！"朱德一双大手，紧紧地握住龙超清的手摇晃着说，"这次在湘南暴动，多亏湘南地方党组织的大力支持，搞得轰轰烈烈，把老蒋惹毛了，把我们赶到你这里来了，还请地方上的同志多多关照，大力支持哟！"

"朱师长放心，都是一家人，有什么需要，尽管开口说，我一定尽一切努力。也请朱师长多支持我们打土豪劣绅！"龙超清爽快地说。

"一定一定！"朱德道，"走，我们上楼顶文星阁聊吧！"朱德说着，引了大家登上楼顶。

文星阁是龙江书院的最高层，四面有窗，可瞭望四周风景。室内光线敞亮，已摆好桌椅。大家团团围坐。显然，这是要研究两军会师后的一系列重大议题。

"朱老兄，今天我们过来，想商讨个两军合编的办法。形势急迫，早定早行动，争取主动为好。请你主持吧！"毛泽东谦让地说。

"毛老弟呀，论年龄我比你虚长几岁，可论党内资历，论理论水平，我可是远不及你呀！你主持才是名正言顺，理所当然。你就别一家人吃西瓜，还让来让去的。"朱德真诚地说。

毛泽东接过话说："我那些个政治光环早就被一撸到底，一点都没了。你老兄就别笑话我了！不过，我这几天想这事想得比较多，我先抛砖引玉，大家多提意见。三个臭皮匠，顶个诸葛亮。有不正确的地方，欢迎大家批评指正。"

文星阁

"好的好的，你先说说看！"朱德和大家都没意见。于是，毛泽东理了理长发，又摸了把下巴上的几根胡子，笑了笑，说道："时间紧迫，大家都一样，剃胡子的时间都没有啊！"他点了点朱德的络腮胡子，又点了点王尔琢的长须，继续说道："所以我也就不客气了。"

"我想讲以下几个问题：

一是我们的革命，是中国共产党领导的。我们必须要有党的领导机构。我们本来属于湘南特委领导，但他们不肯上山，据说在回衡阳的路上，全部被地方民团给杀害了。另外，我们现在所处地理位置在江西，又不属湖南。因此，我建议成立一个湘赣边特委来统一领导井冈山的军队和地方党的工作。军队支持地方，地方支援军队，便于统一指挥调度，形成合力。

二是我们的战略发展方向，我以为要根据湖南、江西两省的实际情况来开展我们的工作。我的意见是，对湘采取防御，对赣采取进攻态势。理由是湖南在交通要道上，敌人的兵力强大，以我们目前的力量还没有能力与其对抗。且湖南的地方民团反动武装也比江西的厉害。我们处在成长期，必须先保存自己，壮大自己，才能消灭敌人。

三是部队番号及整编办法。我们现在有12000多人，我看编一个军，应该是满员的了。此前湘南特委托陈毅同志转给我一个意见，说让我们将部队整合成一个军，并指定了朱德同志任军长，我任党代表。大家斟酌，发表意见，看特委的方案行不行。另外，编几个师、几个团合适？名称叫什么？我们的名称还是按中央的要求，取名工农革命军。我们原来叫中国工农革命军第一军，有点自称老大的味道，大家看是否合适？

四是军队党的组织系统。我们共产党的军队，一定要党指挥枪，而不能枪指挥党。这是个根本的原则问题。这就要求在我们军队内部，从上到下，一定要健全党的组织系统，要加强政治工作，提高队伍的思想素质。

五是军队做地方工作的问题。我们要建立起巩固的革命根据地，军队必须做群众工作，发动和动员广大贫苦人民，站到我们的旗帜下来，成为我们的依靠力量。这次湘南暴动最成功的地方，就是群众工作做得好，朱兄从南昌带出来几百人，打成了一万多人上井冈山，了不起呀！我毛泽东五千多人，打得还剩下几百人，逃到这山上来才立住脚。一个重要原因，就是秋收起义没有发动群众，吃了大亏！

六是建立政权的问题。中央要求我们，在割据的红色区域，要从下到上广泛建立苏维埃工农兵政府，工农兵当家作主，这是我们胜利的保障，也是胜利的标志。只有建立自己的政权，才能为人民大众做主，人民才看得到希望。

七是开展土地革命。朱兄在湘南已有很好的实践，有了基本经验，做起来应当不是什么难事。

八是要克服'左'倾盲动思想。这次湘南暴动，特委的一些政策是很错误的，虽然他们已经牺牲，不念旧过。但我们却必须接受教训。要做出几条规定，不准乱烧乱杀，不能侵犯人民群众的利益。否则，郴县流血惨案还会上演。

以上只是我所想到的几点工作，说出来供大家参考。我看我们今天一定要认真一条条讨论，得出个结论来。……"

毛泽东一气说出自己的看法，大家频频点头，感觉到毛泽东确有天才的组织才能和高深的理论水平。说实在话，他这一席话已经征服了不少人。大家不能不佩服毛泽东的领导。接下来的讨论，几乎就是细节补充了。

文星阁室内

朱德发言道："刚才毛师长的发言，既有条理，又很细致，他比我们想得多啊。我完全同意毛师长的意见。我想补充几点：

一是设立党的领导机构湘赣边特委，统一领导军队和地方党的工作，很有必要。我个人建议毛泽东同志任特委书记，陈毅、何挺颖、龙超清任委员。报上级批准。……"

"不行不行。我不同意！"陈毅是个急性子，朱德刚说到这里，他就出来打断了朱德的话，"我认为我不能进特委，还是朱德同志进特委，因为你代表军队的一把手，军长不进特委，工作起来不顺畅。"

"我同意陈毅同志的意见！"毛泽东鲜明的表态，一锤定音，大家鼓掌通过，是真心地拥护，足见朱德的威望之高。

"呵呵，陈毅老弟呀，你也太心急了哦，我的话还没讲完呢！"朱德嗔怪地说。

"没关系，您继续说。"陈毅笑道。

"关于我们部队整编的问题，编一个军，没问题。番号呢，毛师长刚才说了，用第一军，有点自称老大的嫌疑。我建议用中国工农革命军第四军的番号。把第一、二、三军的位子让给后来的兄弟部队吧。用第四军的番号，有两个意义：一是秋收起义部队主力，原是国民革命军第四军警卫团，南昌起义主力二十五师，也来自国民革命军第四军。是同一个源头。二者，国民革命军第四军，有我们共产党人叶挺独立团打出的军威，有铁军之称。现在国民革命军第四军已经被国民党撤编了。我们要重建第四军铁军的军威，我想大家应当有这个念想吧？"

"好！"

"有道理!"

"同意!"朱德的建议立即得到大家的认可。番号就这样定了。

"承蒙大家厚爱,让我当军长,我仗打得多一点,给的担子重一点,我接受了。我同意特委的意见,毛泽东同志任党代表。我建议王尔琢任参谋长,张子清任副军长,陈毅任副党代表。下面编三个师吧。……"

接下来,大家一项项议,一条条定。最后形成了一个统一的意见:

一、湘赣边特委:书记毛泽东,委员朱德、陈毅、宛希先、宋乔生、毛科文等。

二、同意毛泽东提出的井冈山发展战略,以井冈山为中心,向西防御,向东发展。

三、两军合编为中国工农革命军第四军,军队序列为:

中国工农革命军第四军

军 长:朱 德

党代表:毛泽东

参谋长:王尔琢

政治部主任:陈 毅

第十师

师 长:朱 德(兼)

党代表:宛希先

第二十八团(原南昌起义的部分队伍)

团 长:王尔琢(兼)

党代表:何长工

第二十九团(原宜章农军)

团 长:胡少海

党代表:龚 楚

第三十团(5月下旬,将三十四、三十五、三十六团合并而成,不久又撤销)

第十一师

师 长:张子清(因负伤由毛泽东代)

党代表:何挺颖

第三十一团(原秋收起义部队)

团　长：张子清（兼）

党代表：何挺颖

第三十二团（原在井冈山一带活动的武装）

团　长：袁文才

党代表：陈东日

副团长：王　佐

第三十三团（原郴县农军）

团　长：邓允庭

党代表：邝朱权

第十二师

师　长：陈　毅（兼）

党代表：邓宗海

第三十四团（原耒阳农军）

团　长：邝　鄘

党代表：邓宗海（兼）

第三十五团（原永兴农军）

团　长：黄克诚（后为戴诚本）

党代表：李一鼎

第三十六团（原资兴农军）

团　长：李奇中

党代表：黄义藻

副团长：袁三汉

军直特务营（原水口山工人独立团）

营　长：宋乔生

党代表：敬懋修

军部设军委书记，先是毛泽东，不久改为陈毅，陈毅的士兵委员会主任也改成政治部主任。当时，毛泽东部党的组织比较健全，2000多人里有100多党员，且支部建在连上，党的指挥十分有效，但南昌起义部队和湘南农军、广州起义部队党的建设相对较弱。因此，会上决定：整顿党的组织，大力发展工农士兵入党；进行纪律整顿，重申三大纪律六项注意；抽调有经验的工农干部，组成群众工作队，开展土地革命运动，分田分土，建立苏维埃政权；筹备庆祝两军会师大会。

从此，南昌起义 800 余人、秋收起义 800 余人，广州起义 200 余人，井冈山 1000 余人，与湘南农军 10000 余人，组成了中国工农革命军第四军（1928 年 6 月 4 日，中央来信更名为中国工农红军第四军），它成了中国共产党领导下的第一支正规主力部队。到 1934 年红军长征前，这支部队发展成为 11 万余人的劲旅。

这一成功合编，说明了当时各方合作的真诚与坦荡，这在国民党军队是绝对做不到的。之所以朱毛做到了，是因为信仰的力量，没有共同的信仰，各打小算盘，其结局就是大鱼吃小鱼，一方干掉另一方。

文星阁之议，成为中国共产党人军队内部合作的典范！

奠基之战

> 朱毛工农革命军立足未稳，敌人已尾随而来。大敌当前，如何开局？永新一战奠基……

就在朱毛合编，还来不及开展工作时，国民党对井冈山展开围剿的消息就已经传来。

湖南吴尚的第八军仍堵在湘赣边界的茶陵、酃县，江西杨如轩部的五个团向井冈山扑来，前锋七十九团由北面到达永新，直逼宁冈；南面八十一团已进到遂川，直逼宁冈。

永新、遂川与宁冈相邻，毛泽东妻子贺子珍便是永新人。可见敌人已到了家门口。毛泽东即与朱德商议，先打好这一仗再说。因为文星阁会议上毛泽东的战略是向西防御，向东发展，因此，打杨如轩部便是理想的选择了。

工农革命军第四军军部——龙江书院里，毛泽东与朱德、王尔琢、陈毅在军用地图前研究作战方法。

毛泽东说："各位，这是我第四军成立的第一仗，一定要打胜这一仗，以鼓舞军心。大家看怎么打好？"

朱德指着地图说："敌七十九团由北向南，八十一团由南向北，这是要包我们的饺子呀！向西回湘南肯定不行，两路同时打也不行，我们力量有限，我看选择其中一路，彻底打败他，包围圈就不成型了。"

"我建议先打八十一团。因为八十一团想包抄我们，孤军远离师本部，求援不及，力争歼灭他！"王尔琢说。

"嗯，有道理。"

毛泽东说："这样吧，我带十一师三十一团到七溪岭阻住七十九团，你们带十师二十八、二十九两个团向南面遂川方向攻击敌八十一团，任务完成后回师永新一起干掉七十九团。"

"行，让二十九团先出击，二十八团在后，先示弱，再以迅雷不及掩耳之势，一举打垮敌人。"朱德说。

意见统一，立即行动。二十九团要往遂川方向，就要过大小五井，翻过井冈山主峰。胡少海率二十九团从砻市出发，经大垅，过五井，到茨坪，住宿一晚，第二天到小行洲，又住一晚。陈毅在此等候，他与胡少海、龚楚率二十九团打前站。

二十九团是原宜章农军第三师，师长胡少海，党代表龚楚，有2000多人，除去眷属，能参加战斗的有1600人。这次出征，一共1200人左右。二十九团的特点是：真正的工农骨干多，思想纯朴，有阶级觉悟，作战勇敢；军中基层军官有不少是黄埔军校毕业的；又经历了坪石大捷、大黄家保卫战、水东之战、栗源堡之战等一系列实战的锻炼，有了丰富的战斗经验。因此湘南5个农军团中，数宜章二十九团农军能打。

陈毅率二十九团于次日凌晨5点从小行洲出发，经过朱砂冲直奔黄坳。二十八团殿后，以备情况明朗后实施雷霆一击。

黄坳驻敌八十一团一个营，有300多人枪，他们占领了黄坳街和街后两个小山头。胡少海率部展开。黄坳街前面是一条小河，河水不深，可以蹚水过河。农军人多枪少，一个团只有200来支枪，其他都是梭镖刀棍，但农军心中有目标，为阶级而战，牺牲光荣。萧克率独立营分两路沿田埂运动到河边，一跃而起，冲过河去，直接冲进了黄坳街，又直往山上冲。没有什么战术讲究，就凭血性之勇，前面的倒下，后边的跟上，一鼓作气，两个小时就打垮了敌人这个营，还缴了 60 余支枪。预备的二十八团根本没用着就结束了战斗，只是二十九团也伤亡了三四十人，代价有点高。

二十九团拿下黄坳后，二十八团和军部的朱德也到了黄坳。第二天，军部停在黄坳，二十八团追踪八十一团先遣营，开向五斗江。二十九团随后跟进。

黄坳之敌溃败下去后，直奔拿山八十一团团部。团长周本仁听说共产党来的都是梭镖队，没有几支枪，便率部直袭五斗江。由拿山到五斗江，先走六七里平路，然后就开始上山。这天细雨霏霏，山陡路滑。国民党军从黄昏爬到第二天拂晓，才到达五斗江，刚把二十八团包围起来，就被二十八团的哨兵发现了。这时国民党八十一团兵士又困又乏，东倒西歪，根本没有战斗力，加上以为对方是梭镖队，没把"农军"当回事，做梦都没想到对手是装备精良、久经战阵的英雄铁军。二十八团有 13 个步兵连，加上 1 个迫击炮连和 1 个机关枪连，火力很强。王尔琢指挥二十八团给敌人一个反击，第一营从正面打，另外两个营从后面撕开一个口子，跳出去反包围，把敌人打得晕头转向，打了个把钟头，就把敌人打垮了，缴到了几百支枪。可惜当时没有一鼓作气追击下去，让八十一团大部逃跑了，直接逃回了永新县城，敌人连拿山也放弃了。

下午，军部的朱德、陈毅和二十九团也开到了五斗江。住宿一晚后，部队进到拿山，敌八十一团已全部撤走，部队便在拿山休息一天。

与此同时，毛泽东率工农革命军第十一师第三十一团在永新与宁冈之间的七溪岭，阻击赣军杨如轩第二十七师第七十九团的进攻，三天时间，七十九团没能向宁冈前进一步，为朱德、陈毅的战斗赢得了时间。

第四天，朱德部二十八团向永新前进，途中与毛泽东部会合，击溃敌七十九团。二十八团在王尔琢的率领下趁势猛追，直追到永新县城。敌七十九团、八十一团残部与敌八十团都在永新县，本可与工农革命军决一死战，但他们在与二十八团的战斗中，被打得如惊弓之鸟，无心恋战，打了两个多小时，二十九团赶到，加入战斗，敌二十七师三个团竟然一下就垮了下去，逃出永新县，朱德、陈毅顺利占领了永新县城。

随后，毛泽东率三十一团也开进永新县城。

毛泽东一见到朱德，就高兴地说："朱兄，打得好哇！旗开得胜，开了个

今日永新

好头，好兆头！"

朱德说："呵呵，托毛委员的福哩！这'江西羊'真不经打，第一仗二十九团梭镖一上去就把他们打垮了。杀鸡不用牛刀，我二十八团还没动呢，敌人就跑了！"

王尔琢接过话说："还是党代表英明，看来你在会上阐述的发展战略对头，防湖南，攻江西，选择对路。"

毛泽东微微一笑："知己知彼，百战不殆。我们必须加强对敌人情报的了解，才能减少决策的失误。"

朱德、陈毅、王尔琢都连连点头，表示赞成。

当日，毛泽东、朱德、陈毅、王尔琢军部四巨头，都在永新城住了下来。

永新县是毛泽东妻子贺子珍的家乡。妻兄贺敏学是永新赤卫大队大队长。这天，毛泽东问贺敏学："敏学，永新县委书记刘真同志在吗？"

"能找到，你想见他，我去找他。"

"行，帮我找他来，我有些情况要找他了解一下。"

"好的。"贺敏学知道这位妹夫习惯调查了解，每到一个新地方，都要了解当地的各种情况，于是马上出门去找。不多久，中共永新县委书记刘真就来到了毛泽东的住处。

"毛委员好!"刘真人还没进屋,老远就喊开了。

"呵呵,刘真哪,来得好快!"毛泽东欣喜地说,"怎么样,最近还好吗?"

"好哩!毛委员你找我有事?"刘真是个爽直的年青人,进门就直奔主题。

"坐下聊。"毛泽东说。接着就永新党的工作情况、敌我状态、群众情况,详细询问起来。刘真都一一作答,简洁明晰,令毛泽东非常满意。末了,毛泽东说:"刘真,我想请你给我办一件非常重要的事,不知能做到么?"

"毛委员,你说,我一定做到!"刘真二话不说就答应下来。

毛泽东斟酌了一下说道:"我3月初下湘南去了,湘南在朱德同志的领导下,发展得非常好。现在国民党围剿湘南,朱德同志率一万多人上了井冈山。我们组建了中国工农革命军第四军,这个情况中央还不知道。我现在也不知道中央的联系方式,没法与中央联系。所以我想写封信交给江西省委,请他们将信带给中央,行么?"

刘真一听,这事果真重大,马虎不得。于是他慎重地说:"毛委员信任我,我一定努力。但我只能保证送到吉安县委,由吉安县委送省委,省委送中央,可以吗?"

"行!就这样。"

于是,毛泽东找了张纸,用密写水很快写了一张便条交给刘真。刘真将信紧急送往吉安,并请吉安县委紧急送江西省委。江西省委收到毛泽东的信,于1928年5月19日转送中共中央。这封毛泽东于5月2日在永新县城向中共中央发出的信写道:

中央:

……

(五)前湘南特委决定朱、毛两部合编为第四军,指定朱德为军长,毛任党代表,朱部编为第十师,毛部编为第十一师,湖南各县农军编入两师中,朱兼十师师长,宛希先党代表,毛兼十一师师长(本任张子清,因他受伤,毛兼代),何挺颖党代表。另一教导大队,陈毅任大队长。

……

工农革命军第四军军委书记 毛泽东

5月2日于永新城内

毛泽东的这封信函中，出现了一个不应出现的失误：没有湘南农军的第十二师。此外，文中称湖南各县农军编入两师中，不说湘南而说湖南。毛泽东为何这样写，这已成为千古之谜。

中共中央收到毛泽东的来信，真是惊喜万分。因为中央给朱德的几封信，都如石沉大海没有回音，中央一直不知道朱德部的情况。收信后，中央于6月4日回了一封一万多字的长信，阐明中央对时局的看法，对党内情况的介绍，对朱毛部的要求。信的开头写道：

德润二兄并转前敌诸同志：

数月来，你们转战数千里与反动势力奋斗，中央对于你们在这种刻苦的劳顿的生活中而能努力不懈的工作甚为欣慰。中央在这数月中也曾努力与党内的错误倾向、党外的反动势力奋斗，经过了去年八七紧急会议及十一月的扩大会，直到现在党内的情形的确已有很大的变化，党的工作亦较前有进步，这是可以告慰于转战数千里的同志们的。同时全国政治也有很多的变化，只可惜这些材料不能达到你们，以前中央虽曾派人来找你们，但以交通的关系而终无一次能与你们接头，以致中央和你们彼此间的意见互不能达到。这次由江西省委转来你们的信知道你们的近况，中央甚为欣慰！

......①

信中还指示朱毛将"中国工农革命军"改称"中国工农红军"。自此，井冈山工农革命军就成了"工农红军"，因为是朱德、毛泽东领导，故又称为"朱毛红军"。此后，毛泽东是几上几下，朱德在中共军事方面的核心地位却再没有动摇过，故后来朱德被称为"红军之父"。

这次战斗，称作一打永新。工农革命军第四军在井冈山与国民党军形成拉锯，先后4次攻打永新。一打永新之战，不但打破了国民党对井冈山的"追剿"，站稳了脚跟，还打通了与中央的联系，其意义非凡。因此将其称作第四军的奠基之战，是很契合的。

---

① 见《建党以来重要文献选编（一九二一——一九四九）》第5册，中央文献出版社2011年版，第223页。

砻市庆典

中国传统文化讲究仪式，以此表明某件事的正式、隆重。一件早已发生的事，也要来一个庆典纪念，以显示其重要性。"井冈山会师"之说就是这样来的……

1928年5月3日，朱德、毛泽东回到砻市。

留守井冈山的三十二团这几天也没闲着。在袁文才、王佐等人的领导下，他们在大小五井及周边地区筹粮筹钱，筹备会师庆典的工作。

此前砻市是个小山镇，全是单门独户的小房子，巴掌大的晒谷坪都没几个；龙江书院大一点，也挤不下几百人。工农革命军全体参会人员上万人，还有周边群众，去哪里找这么大的集会场地哟！袁文才说，往南龙江河边有一块大草坪，那里站万把人没问题。于是几人一起到草坪里去看了下，觉得不错，就定下来了。

砻市会师广场

可是开大会总得有个高一点的台子，否则上万人根本看不到讲话的人，没了那种韵味。要搭台子也不容易，小山村一时到哪里去找那么多木板呀？于是大家分工，到周边小村借门板、竹竿、禾桶、谷箩麻绳，好不容易把台子搭起来。

河边开大会，青山作背景。五月江南，绿野沃畴，山花烂漫；天公也作美，蓝天白云，分外晴朗。台上红纸横幅大书"井冈山工农革命军会师庆祝大会"，两边写着"庆祝两支革命队伍胜利会师""打倒国民党反动派"等标语。那场景如今的人很难想象，还是让我们来欣赏亲历者的感人描述吧——

五月四日这一天，山明水秀的沓市，显得更加美丽可爱，山茶花更红，油菜花更黄，溪水更清，秋田更绿。在沓市南边的一个草坪上，有一个用门板和竹竿搭起来的主席台，被无数的云霞似的红旗簇拥着。主席台两旁插满了写着"庆祝两支革命队伍胜利会师""打倒国民党反动派"的标语板。

一清早，人们川流不息地向会场走来，不到十点钟，二十里路外的部队也都赶到了会场。当两支部队进入会场时，千百双眼睛凝视着这支威武的人民武装，无比的兴奋，万分的激动。整齐的部队和湘南农军约一万多人，同喧腾的人群汇成了人山、旗海、歌声、笑语，此起彼伏，从秋收暴动、南昌起义以来，广大指战员从没有像今天这样欢乐过。

十点钟，由党、政、军、工、农各界组成的主席团在热烈的掌声中走上主席台。我担任大会司仪，高声宣布："大会开始！放鞭炮！"于是，从树顶直垂地面的鞭炮立刻响起来，经久不绝；排列在主席台前的司号员一齐吹响军号，号音整齐嘹亮，威武雄壮，远近的山峰都传来回音。

等军乐一停，大会执行主席陈毅同志就宣布大会开始。他说："今天是'五四'纪念日，我们今天来开会庆祝两支部队的胜利会师，是有特别重要意义的。"接着他宣布，根据红四军军委的决定，全体部队改编为中国工农红军①第四军，军长是朱德同志，党代表是毛泽东同志，参谋长王尔琢同志，政治部主任陈毅同志。同时宣布了师、团编制及负责人。

朱德同志接着讲话。他说，我们党领导的两支革命武装的会合，意味着中国革命的新起点。参加这次胜利会师大会的同志，一定都很高兴。可是，敌人

---

① 中国工农红军，应为中国工农革命军。当时还没有改名。

会师井冈国画（刘大为　苗再新）

却在那里难过。那么，就让敌人难过去吧。我们不能照顾他们的情绪，我们将来还要彻底消灭他们呢！这次胜利会师，我们的力量大了，又有了井冈山作为根据地，我们就可以不断地打击敌人，不断地发展革命。最后，他希望两支部队会师后，要加强团结。他又向群众保证，红军一定保卫红色根据地，保护群众分田的利益。他的话音刚结束，就响起了热烈的掌声。

接着是党代表毛泽东同志讲话。当毛泽东同志健步走上讲台时，全场广大指战员和革命群众都目不转睛地仰望着他。来自南昌起义的指战员们，心情十分振奋。他们中的许多人虽然第一次见到毛泽东同志，但早就知道毛委员。不少同志在大革命失败前读过《中国社会各阶级分析》《湖南农民运动考察报告》等光辉著作。今天终于见到了毛委员，都止不住内心的激动。秋收起义的同志，想起了毛委员领导秋收起义和上井冈山的艰苦斗争历程，桩桩往事涌上心头。是毛委员点燃了秋收起义的烈火；是毛委员在秋收起义失败以后，毅然率领他们来到了井冈山；是毛委员亲自在连队中发展党员，保留革命骨干；是毛委员要把支部建在连上；是毛委员指明了革命的道路。今天，朱、毛两股力量汇在一起了，革命前途光明，胜利有望。毛泽东同志那洪亮有力的讲话，把大家的情绪推向了高潮。他指出了这次会师的历史意义，同时分析了红军部队的光明前途。讲到红军任务时，毛泽东同志明确地指出：我们红军不光要打仗，还要发动群众，组织群众。现在我们虽然在数量上、装备上不如敌人，但是我们有马列主义，有群众的支持，不怕打不败敌人。敌人并没有孙悟空的本事，即使有孙悟空的本事，我们也有办法对付他们。因为我们有如来佛的本事。他们总逃不出如来佛的手心！我们要善于找敌人的弱点，然后集中兵力专打这一部分。十个指头有长短，荷花出水有高低，敌人也有弱有强，"雷公打豆腐，专拣软的欺"。我们抓住敌人的弱点，狠狠地打一顿，打胜了，立即分散，躲到敌人背后去玩"捉迷藏"的游戏。这样，我们就能掌握主动权，把敌人放在我们手里玩。毛泽东同志这一番话，把大家说得心花怒放，信心倍增。全场响起了暴风雨般的掌声和欢呼声。

红四军参谋长王尔琢同志讲了军民关系的问题。各方面的代表也都讲了话。大家都满腔热情地祝贺新成立的红四军，在将来跟反动派的斗争中取得更大的胜利，根据地能逐渐地发展和巩固。①

这是当年改编后的工农革命军第十师第二十八团党代表，新中国成立后的重工业部代部长、航空工业局局长何长工的亲历回忆。

五月初的一天，天气分外晴朗。在砻市镇河旁一个草坪即现在称为两军会师广场的地方，用竹竿、门板、木板、禾桶搭起了主席台，我们在这里举行了规模空前盛大的庆祝两军胜利会师的联欢大会。毛泽东同志和朱德、陈毅同志的部队与附近群众一两万人聚集在一起。大家开始认识了，互相交谈起来，各自介绍着自己的革命经历，欢声笑语充满着整个会场。大会宣布开始以后，鞭炮声，欢呼声，军号声响彻云霄，在远近山谷引起了阵阵回响。

会上毛泽东同志、朱德同志、陈毅同志先后作了热情洋溢、鼓舞人心的讲话，并宣布了全体红军统一改编为中国红军第四军。朱德同志任军长，毛泽东同志为党代表，陈毅同志为军政治部主任，王尔琢同志为军参谋长。大会还宣布了编制和干部配备，红四军共编为三个师九个团。同时，会上宣布了红军三大任务、六项注意。

接着，文娱节目开始。来自两军的干部、战士演出了许多短小有趣的节目，我们这些从湘南宜章僻远山区来的起义农军，怀着无比喜悦的革命激情，毅然登上了主席台，大胆地表演了一些节目，有宜章县委书记胡世俭的二胡独奏以及他和我哥哥彭琦表演的双簧，还有我的独自跳舞和唱戏。

从此，我们就在毛泽东同志、朱德同志亲自带领下，走上了井冈山革命斗

①　见中共郴州市委党史资料征集办公室编《湘南起义回忆录》，2015年内部资料，第109-111页。

争的道路，从胜利走向新的胜利。①

这是当年亲历会师大会的师部宣传员、宜章碛石彭家女将、著名的井冈三女杰之一的彭儒的回忆。字里行间，仍然能读出当年那颗青春炽热的心，读出那一代人革命的豪情壮志和对革命胜利的向往。

红四军成立那天，在砻市南边的草坪上，举行了庆祝两军胜利会师和工农革命军第四军成立大会。参加大会的人很多，真是盛况空前。人们用许多禾桶排成方形，上面铺起门板、木板，作为大会讲台和舞台。毛泽东、朱德、王尔琢在大会上先后讲话。我现在还记得毛泽东那天讲的几句话，他说：我们是工人农民的队伍，要遵守纪律，工人农民的东西即便一个鸡蛋也拿不得。

这段话给我留下的印象很深，因为以前也常听讲纪律，但没有像毛泽东讲的这样形象、深刻，特别是他说"我们是工人农民的队伍"，觉得恰如其实。北伐时期，我们唱过工农兵大联合歌，现在更现实了。②

这是当年宜章碛石独立营副营长、中国人民解放军上将萧克的回忆。

群山环抱的砻市，在初夏的阳光沐浴下，显得格外秀丽。清澈的龙江穿市而过，江畔屹立着一座古老而雄壮的建筑——龙江书院，毛泽东同志和朱德同志及陈毅同志在这里进行了历史性的会见。接着，两支部队合编为中国工农红军第四军，选出了四军军委，毛泽东同志任军委书记。五月初，又召开了庆祝两军会师大会，在会上正式宣布成立中国工农红军第四军，朱德同志任军长，毛泽东同志任军党代表，陈毅同志任军政治部主任，王尔琢同志任军参谋长。记得在如今称为建军广场的那个场地上举行的庆祝会师大会，真是盛况空前。人们用大量的禾桶排列成方形，上面铺起门板、木板，作为大会的讲坛和舞台，演出了许多在当时算是精彩的节目。部队和民众挤满广场，大家的革命情绪达到了一个高潮。

井冈山胜利会师和红四军的成立，是我军建军史上的光辉一页，它已成为中国革命和武装斗争的重大事件而载入史册。

……井冈山会师，具有伟大的历史意义，它不仅对当时坚持井冈山地区的斗争，而且对尔后建立和扩大农村革命根据地，坚决走农村包围城市的革命道

① 见《回忆湘南暴动》，江西人民出版社1981年版，第25页。

② 见《萧克将军回忆录》，载中共郴州市委党史资料征集办公室编《湘南起义回忆录》，2015年内部资料，第89-90页。

路，推动全国革命事业的发展，产生了极其深远的影响。①

这是会师大会亲历者，当年第十师第二十八团营长、共和国大将粟裕的回忆。

中国自古以来讲究仪式，以表明某件事的正式、隆重。一件早已发生的事，也要来一个庆典纪念，以显示其重要性。

朱毛两军的会师，最早是1928年4月8日陈毅率部与何长工在资兴相会；其次是毛泽东率部于4月12日左右在资兴的浓溪洞巧遇萧克的宜章独立营；第三次是毛泽东率部于4月21日在酃县的沔渡，与朱德会师并会晤；第四次是朱毛各自率军于4月25日在砻市相会。在两军合作打下永新之后，来一个会师庆祝大会。于是，就有了"井冈山会师"之说。

不要小看了这个仪式的重要性，这场会师大会有着无与伦比的深厚意义。

当毛泽东与朱德剃掉长须，精神抖擞、容光焕发地走上主席台的一刹那，一扫台下，那海样人群、威武之师、雄伟之势，给了他们无比巨大的信心。短短数月，他们各自以区区数百垂头丧气的残兵，成就了上万的雄壮之师，心头是何等地喜悦，何等地骄傲，何等地自豪！同样，台下的士兵也跟他们一样，见证了自己的艰难之路，一个仪式，给他们开了眼界，增强了信心，鼓舞了士气，增加了希望，坚定了对共产主义的信仰。这比发一百份文件，上一百堂政治课都要管用。

中国人讲实在，特别是底层人民，眼见为实。讲理论他们很难听得懂，也很难记得住，而轰轰烈烈的庆典仪式却让他们体会到了：共产党为人民求解放，谋幸福，不是虚的；共产党受人民大众拥护，不是假的。革命再艰难，迈过坎儿，就是胜利！仪式就是给工人、农民和士兵们看的，让他们明白，共产党人为穷人打江山，不怕艰难，千难万险都挡不住，终有一天，一定会胜利！这个道理入心入脑，化成了每个与会者心头不灭的圣火！这种信念成为普通兵士的理念后，还有什么可怕的？还有谁可挡得住他们的脚步？

"伟大的井冈山会师"，载入史册，传颂千秋！

---

① 见《粟裕回忆录》，解放军出版社2007年版，第47-48页。

后记

湘南起义，90多年了。

当年湘南这一集三大起义余部，带了1万多人上井冈山，成就了中国共产党第一支主力红军的伟大起义，在《中国共产党历史》正本中以290多个字（含标点）记述如下：

1928年1月，朱德、陈毅率领的南昌起义保留下来的部队，从粤北转移到湘南，在中共湘南特委和农军的配合下，发动湘南起义。起义军攻占宜章后，成立工农革命军第一师，朱德任师长，陈毅任党代表。起义军与当地农民相结合，打垮国民党军独立第三师许克祥部的进攻。宜章、郴州、耒阳、资兴、永兴等县，均在武装起义的基础上先后成立苏维埃政府。起义军占领湘南十多个县，广泛发动工农群众，建立革命政权，提出"打土豪，分田地"的口号，工农革命军很快发展到1万余人。由于中共湖南省委、湘南特委执行错误的烧杀政策，严重脱离群众。同年三四月间，在湖南、广东两省国民党军队的联合进攻下，起义部队不得不撤离湘南地区，向井冈山转移。

本书对以上有关湘南起义的记述，有以下几方面重大史实补充。

一、中共中央对湘南起义的关注与支持。在中共党史出版社2014年出版的《湘南起义文献集》中，中共中央自1927年7月至1928年5月提到湘南暴动的文件信函多达15件。其中有中央的暴动计划，有给湖南省委的指示，有给广东省委的指示，有给南昌起义前委的指示，有给朱德工农革命军的指示，多是正面支持湘南起义（湘南暴动）的，有的具有关键指导意义，十分重要。

二、毛泽东对湘南起义的历史作用。湘南起义没有毛泽东的基础工作和亲自参与，是不可能有多大作为的。其主要历史事实是：1. 毛泽东是湘南暴动计划最早的策划者和组织者，是湘南地方党组织的开创者和领导者。他于1927年7月底，最早以湖南省委的名义向中共中央提交了《湘南运动大纲》。当时他是湖南省委书记。接到毛泽东的《湘南运动大纲》后，中共中央将其纳入了《关于湘鄂粤赣四省农民秋收暴动大纲》，并组建了湘南特委，毛泽东被中央任命为湘南特委书记。而湘南当时的各县县委、特支书记，多是毛泽东直接发展或受毛泽东影响加入的早期共产党员。虽然后来中央组建的以毛泽东为书记的湘南特委没有到职，但湖南省委组建的湘南特委基本上履行了毛泽东《湘南运动大纲》的计划，起义的发展方向完全符合毛泽东设定的发展方向。湘南起义最大的成功是在湘南特委的领导下实现了百万工农起义，湘南地方党组织的有力配合在其中功不可没。因此毛泽东的基础作用不应忽视。2. 毛泽东是湘南起义的直接参与者与领导者。1928年3月上旬，湘南特委命令毛泽东下山参加湘南起义。3月12日，毛泽东率队从井冈山下湘南，到4月24日回到井冈山，历时44天。他的部队在湘南组建了2个县委，1个县级苏维埃，2支游击大队，先后占领了酃县、桂东、汝城3个县城，作战7次，并为朱德大部队断后，打垮了国民党1个正规团的追兵，保证了朱德大部队的安全撤离。3. 毛泽东与朱德战略思想不谋而合，毛泽东派三弟毛泽覃与朱德联系，请朱德上井冈山；而湘南特委要求朱德死守湘南，朱德不顾湘南特委的强烈反对，接受毛泽东的意见，毅然将队伍带上了井冈山，才得以完整保存这一支对中国革命至关重要的生力军。4. 毛泽东创下的井冈山根据地为湘南1万多生力军提供了生存发展的基地。没有毛泽东创下的井冈山根据地，朱德的2000多主力部队及湘南1万多农军将无处生存，前途堪忧。这是毛泽东对湘南起义的四大历史贡献。

三、湘南人民对中国革命作出的巨大牺牲。湘南起义的巨大成功，是湘南人民付出巨大牺牲换来的。当国民党以十多倍于我方的15个半师的正规军兵力围剿湘南工农革命军时，朱德的主力军"不战而安全转移"，湘南地方工农武装和赤卫队担负了艰难的一线阻击任务，掩护朱德主力安全转移。耒阳两万多农军于 1928 年 3 月 30 日在春江铺、荫田圩、冠市街一线正面阻击国民党 4 个正规师的进攻，时间长达 3 天，死伤数千农军，加上后来耒阳城破以后被国民党屠杀的农军和群众，牺牲了 19000 多人；永兴县死了 3000 多人；大叛徒龚楚的回忆录和 1928 年 4 月《广州民国日报》上范石生部的战报，生动记述了郴县、宜章工农赤卫队对广东方面 5 个半师的阻击，记述了农军的英勇无畏和重大牺牲。整个湘南起义期间，军民牺牲在 2 万人以上，这是中共土地革命战争时期有记录的 577 次武装起义（《土地革命战争时期各地武装起义·综合册》统计数）中牺牲农军最多的一次起义。湘南起义完整保存的 1 万多工农革命军主力，也是中共土地革命战争时期有记录的 577 次武装起义中保存力量最多的一次武装起义。最大的牺牲保障了最多的力量，因而成就了中共土地革命战争时期 577 次工农武装起义中最成功、最伟大、最辉煌的一次起义。但党史正本对此没有记述。

四、对湘南起义重大史实的详细记述。1. 湘南起义是南昌起义军、秋收起义军、广州起义军余部共同参加的一次具有特殊意义的武装起义，但以前的记录只写了南昌起义军的余部。2. 以前在记述这段历史时说"工农革命军很快发展成一万余人"。实际情况是：湘南起义当时发展了地方工农武装 3 个师，3 个独立团，2 支游击大队，共 15000 多人，朱德的主力部队由 1000 人增加到 2000 多人，另有红色赤卫队队员 10 万余人。由于国民党军的进攻，有相当一部分地方工农武装和赤卫队在阻击一线英勇牺牲，但实际到达井冈山的工农革命军仍然达到 12000 多人（包括秋收起义军余部、广州起义军余部）。这是中共土地革命战争时期 577 次工农武装起义中保存有生力量最多的一次。它是中共第一支正规武装主力部队的来源；既是奠定朱德"红军之父"军事地位的起义，也是奠定毛泽东"中国人民解放军缔造者"地位的起义。现有的记述，完全弱化了这种历史地位。3. 湘南起义，最早形成人民战争光辉范例。"坪石大捷"最早形成中共人民战争军事体制：野战部队、地方部队、游击部队（即湘南起义中的"主力部队、地方部队、赤卫队"）三结合；最早形成"独立自主统一战线原则"（即朱德与范石生的合作原则："组织上独立，政治上自主，军事上自由"）；最早形成优待俘虏的政策（坪石大捷后朱德与中共宜章县委共同研究的处理俘虏三条政策）；湘南最早成立地区级苏维埃政府，并颁发了"政治决议、湘南工农兵苏维埃政府政纲、暴动总口号、工农武装、土地问题决议、肃清反革命条例、县区乡苏维埃政府组织法"等许多政策条令、执政措施。4. 湘南起义最早实践"农村包围城市、武装夺取政权"的中国革命道路。湘南各县武装斗争，均是在农村发展后包围县城，打下县城后建立县苏维埃政权。因此，这些湘南起义创新经验，为井冈山的斗争积累了宝贵的经验，为毛泽东创立中国革命道路理论提供了最为宝贵的实践经验！但所有这些，党史正本都没有表述。5. 党史正本对湘南特委没有辩证地加以看待。没有湘南特委，湘南起义的朱德所部根本逃不脱被国民党围而歼之的噩运。对湘南特委的评价，应是功大于过的善意总结。湘南起义之所以成功，是因为湘南起义中特委充分发动了工农群众参与起义活动，并领导了大规模的土地改革、插标分田活动，让广大农民分享了"革命的红利"；湘南起义之所以发生农民反水杀共产党员的郴县"返白事件"，造成死亡上千人的罕见惨案，也正是湘南特委在考虑重大政策时没有顾及广大农民的利益所致。

中共党史正本对上述湘南起义重大史实内容的记述上的缺憾，有着错综复杂的历史原因。自湘南起义 60 周年以来，湖南郴州多次举行了全国"湘南起义学术讨论会"，来自全国各地的党史专家学者发表了大量的研究论文，对湘南起义的历史事实、历史地位、历史价值、历史影响进行了全方位的深入研讨，形成了全新的、一致的认识：湘南起义的史学价值、历史地位不应低于"三大起义"！

本着求真务实的史学原则，笔者历经八年，努力搜集湘南起义的有关资料，编出了《湘南起义文献集》《湘南起义回忆录》两部史料著作，写出了一部《湘南起义论稿》并由中共党史出版社出版。在此基础上，笔者又以粗陋的文笔，编著了这部《浴火湘南》纪实作品，试图还原当年湘南起义的壮丽场景和真实历史，并以此书纪念湘南起义 100 周年。

习近平主席在党的十八大上强调，共产党人要"不忘初心"。共产党人革命的初心是什么？读完此书，我想人们应当会有一个清晰的认识：那就是革命为民，执政为民，造福人民。人民是共产党的衣食父母，必须时刻记在心中。

水能载舟，亦能覆舟！水，就是人民！舟就是政权。古今中外，都是此理！

笔者在搜集史料的过程中，得到了中共郴州市委、郴州市党史办、郴州市各县市区史志办的大力支持，得到了文友欧阳启明、陈应时的帮助。本单位朱丽女士全篇核对了本书初稿，改正了诸多错别字。此外，李春祥先生为本书提供了他所创作的《湘南起义》画作，使本书增色不少。本书在出版的过程中，得到了湘南起义纪念馆杨太林主任、冯波主任的大力支持，得到了湖南省社科联、湖南大学出版社的资助和指导，在此一并致谢！

曾广高
2024 年 1 月于郴州